박철수의
거주 박물지

박철수 지음

박철수의 거주 박물지
ⓒ 박철수, 2017

초판 1쇄 펴낸날　2017년 11월 10일
초판 2쇄 펴낸날　2018년 3월 15일
초판 3쇄 펴낸날　2020년 6월 25일
지은이　박철수
펴낸이　이상희
펴낸곳　도서출판 집
디자인　로컬앤드

출판등록　2013년 5월 7일 2013-000132호
주소　서울 종로구 사직로8길 15-2 4층
전화　02-6052-7013
팩스　02-6499-3049
이메일　zippub@naver.com

ISBN　979-11-88679-00-3 03610

· 이 저서는 2014년도 서울시립대학교 교내학술연구비에 의하여 지원되었음.

박철수의
**거주
박물지**

박철수 지음

居住
博物誌

집

차례

책을 펴내며

우리의 생활세계를 해설해 보려 했다. 공부가 일천해 시선은 편협하고 능력은 보잘것 없으나 일상공간에서 흔히 볼 수 있는 소소한 것들을 통해 주변과 세상을 나름대로 해설하고 싶었다. 거창하게 들리는 '거주'라는 단어를 새로운 시선으로 풀이하고 싶었기에 눈에 띄거나 궁금하게 여긴 것들을 호기심으로 응시하고 '왜'라는 질문을 제법 오랜 시간 쉼 없이 해댔다. '백과(百科)'라는 익숙한 단어를 떠올리고 늘 보던 형식과 내용을 마음에 품었다. '한국주택 백과'라는 큰 그림을 흐릿하게 그린 끝에 몸담고 있는 학교에 이를 책으로 꾸려보겠노라 제안을 했다. 그리고 받아들여졌다. 스스로 옭매듭을 만든 셈이다.

마침 《경향신문》에서 '광복70주년 기획특집'을 몇 가지 꾸러미로 만들어 네 명의 필자들이 매월 한 번씩 돌아가며 쓰는 연재를 한다며 필진으로 참여해 줄 것을 요청해 왔다. 기왕 만든 매듭이니 풀리지 않도록 꽁꽁 조여보자는 생각에 기쁜 마음으로 연재에 응했고, 숨가쁜 1년을 보냈다. 신문 연재가 늘 그렇듯 하고 싶은 말을 담아내기에 지면은 좁았지만 필자의 글 솜씨와 갈무리 능력 부족으로 그 탓을 돌렸다. 무사히 연재를 마쳤지만 '백과'를 만들겠다는 의지는 여전히 안개 속에서 길을 잃은 채 헤맸다. 할 수 없는 일이었다. 전면적으로 다시 써야 했고, 연재 원고에 담았던 짧은 생각을 고쳐야 했으며 오래 묵은 사진이며 도면을 꼼꼼하게 보태고 챙기는 일은 전혀 다른 고통으로 다가왔다.

생각을 다듬고 정리하는 과정에서 '백과'보다는 오히려 '박물지(博物誌)'라는 이름이 원고가 담고 있는 내용과 의미를 훨씬 도드라지게 할 것이라는 생각이 들었다. 여전히 '거주'라는 단어는 놓치고 싶지 않았다. 둘을 합쳐놓고 보니 '거주 박물지'가 되었다. 조금은 자유를 얻었다. 무엇을 취하고 어떤 것을 버릴 것인가의 문제가 오로지 지은이의 몫으로 남은 느낌이었다. 다시 원고지의 빈 칸을 채우는 일에 몰두했다. 계절은 바뀌고, 시간은 쉼 없이 스쳐갔다. 다행스러운 일은 몰두하는 시간만큼은 늘 행복했다는 사실이다. 하루 온종일 책상 앞에 앉았다 집으로 향하는 길이 짧게 느껴졌고 생각은 점점 깊어졌다. 생각을 거듭할수록 '백과'를 만들겠다는 생각을 접었다는 사실이 역량 부족이라는 자책으로 돌아왔고 오랜 궁리 끝에 이 책과는 다른 책을 기회를 봐 펴낸다는 것으로 마음의 위안을 삼았다. 아직은 흐릿한 그림으로만 머릿속 귀퉁이에 똬리를 틀고 앉은 다른 책의 이름은 《한국주택 유전자》다. 언제 세상에 모습을 드러낼지 자신할 순 없지만 적어도 '조만간'이라는 부사는 달아두어도 좋을 듯싶다.

《박철수의 거주 박물지》는 늘 반복되는 일상이 그러하듯 얼핏 보기에 소소한 주제들을 다뤘다. 딱히 건축학이라 부르기에는 민망하고 주거학이라 분류하기도 쉽지 않은. 그렇지만 이들 학문의 분류 기준에 들면서도 그로부터 조금은 자유로운 소재를 발굴하고 풀이한 책이라 불러도 좋겠다. '맨션아파트가 어떻게 우리의 표준적 욕망이 되었나'를 묻기도 했지만 때론 '쓰레기 투입구'가 어떤 연유로 아파트에서 사라졌는가를 따져 묻기도 했다. 멀리 제주 이시돌 목장에서 세월의 더께를 얹은 채 방문객을 맞이하는 '테쉬폰'을 추적했는가 하면 서울의 중심가인 남대문로와 세종로 그리고 을지로에서 마주칠 수 있는 '상가주택'의 역사와 의미를 어떻게 볼 것인가의 내용을 다루기도 했다. 지금은 제주를 제외한 어느 곳에서도 찾아보기 힘든 '단지 내 야외수영장'의 등장과 소멸의 역사를 풀이하고 '테니스장의 기억'을 따져 묻기도 했다.

'불란서식 2층 양옥'을 전혀 다른 시선으로 바라보기도 했고 김현옥 서울시장이 '돌격 서울'이라는 글자가 인쇄된 노란 안전모를 쓰고 다니는 흑백사진을 오래도록 응시하기도 했으며, 1969년에 만들어진 '장독대를 없애자'는 제목의 홍보영화를 자막과 함께 흥미진진하게 구경하는 재미도 쏠쏠했다. 중산층 아파트의 등장과 함께 출현한 '식모방'이 어떻게 설계의 규범으로 만들어졌는가를 추론하기도 했고, 없는 이들의 서글픈 순방지인 '복덕방' 얘기를 백 년을 관통하는 시간을 거스르며 살피기도 했다. 혹시라도 오류나 편견이 작용할 것을 염려해 대학원 학생들과 원고에 담긴 내용을 토론하기도 했으며 때론 그들이 생각하는 전혀 다른 의미에 무릎을 치기도 했다. 모두가 고마운 일이 아닐 수 없다.

꼭지 하나하나가 제법 많은 글자로 채워지면서 걱정이 하나 더 늘었다. 꼭 그래야 할 이유란 없겠지만 책을 읽는 이들이 내용에 흥미를 가지고 책에서 눈길을 거두지 않도록 해야 할 것만 같았다. 그저 '맨션', '테니스장', '발코니', '식모방', '상가주택', '불란서식 2층 양옥' 등으로 늘어놓으면 그것이 지시하는 대상에 대한 의미 추론의 관성 때문에 독자들이 책장을 덮을 것만 같았다. 그래서 모든 꼭지의 제목을 영화나 소설 혹은 연설문이나 광고 카피, 구호 등에서 따와 그 궁금증으로 글 읽기를 이어가도록 궁리했다.

일례로 "쥐가 목욕한 간장도 그대로 퍼먹어야 하니 위생상 좋지 않습니다"라는 글 꼭지의 제목은 김현옥 시장의 의뢰로 국립영화제작소가 만든 홍보영상에 등장하는 시나리오의 일부다. 그리고 그 뒤를 이어 '애물단지 장독대 수난의 역사'라는 보다 구체적인 내용을 이어 붙였다. 물론 이런 제목을 단 모든 글에는 필자의 생각을 보태기도 했고, 때론 과격하다고 할 정도의 개인적인 주장을 덧붙이기도 했다.

이제 남은 일은 각 꼭지의 꾸러미를 만드는 일이었다. 매우 작위적이고 조작적이긴 하지만 서로 연관을 갖는 주제들을 한데 모아 모두 다섯 개의 꾸러미로 만들었다. 평면적인 주제의 배열에서 벗어나 조금은 입체적인 꼴을 갖추도록 의도한 것이다. 매 꾸러미마다 제법 많은 분량의 원고를 다시 세 개씩 배열하고 꾸러미가 마무리되는 끄트머리에는 각주를 하나도 붙이지 않은, 상대적으로 짧은 원고를 달아 마치 후식처럼 입가심을 할 수 있도록 배치했다. 그렇게 해서 모두 스무 개의 주제를 다섯 꾸러미로 구분했다.

감히 말하건대 스무 개의 주제를 다룬 각각의 글에는 이제껏 자세하게 알려지지 않던 사실들을 새로 밝히고 담아내도록 노력했다. 또한 각 주제마다 그동안 공개되지 않은 실제 도면이나 사진자료 등을 처음으로 발굴해 공개하기도 했다. 그러니 이미 널리 알려진 사실과 다른 추정을 한 경우도 더러 있고 틀린 사실을 바로 잡아야 한다는 조급함으로 단정에 이른 경우도 적지 않다. 그럼에도 불구하고 많은 오류가 드러날 것이 분명하다. 그 책임은 오로지 지은이의 과문함 때문이며, 바로 잡는 일에 대해 주저하지 않을 것이다. 발굴을 통해 역사의 일부가 새로 쓰이듯 독자들의 끊임없는 질책과 연구자들의 깊은 관심은 해석의 깊이를 더할 수 있기 때문이다. 잘못을 바로 잡는 일이야말로 다음 세대를 위해 서슴없이 나서야 할 일이며 분야를 막론하고 급히 지나온 시간을 더욱 촘촘하게 메워야 할 책무이기 때문이다.

책을 집필하는 과정에서 이루 헤아릴 수 없을 정도의 많은 사람들이 조언과 도움을 주었다. 국가기록원과 한국토지주택공사, 서울특별시 등 국기기관이나 공공기관이 공개하고 있는 많은 문헌과 사진자료들은 책을 쓰는 과정에 큰 도움이 되었다. 기록의 가치를 다시금 확인하는 계기가 됐다. 아울러 사회관계망서비스를 통해 도움을 주신 분들 역시 그 수가 결코 적지 않다. 이들의 성원과 도움으로 책이 만들어졌기 때문이다. 고마운 마음을 전하기 위해 책에 포함된 수많은 자료들, 특히 도면과 사진자료에는 일일이 출처를 명기하거나 도움을 주신 분들의 이름을 달았다. 저작권 윤리에 관한 일이기도 하지만 감사의 마음을 전하기 위함이다. 이런 이유로 책의 끄트머리에 달아두곤 하는 도면과 사진 출처를 열거하지는 않았다.

　오랜 세월 재미삼아 읽은 소설들이 책을 만드는 데 큰 도움이 됐다. 소설이 없었더라면 생각의 지평을 넓히거나 고개를 주억거릴 일이 적었을 것이다. 얼굴 맞대고 차 한 잔이라도 함께 나눈 작가는 거의 없지만 늘 곁에서 용기를 주신 분들로 기억하고 싶다. 소설을 읽는 시간도 행복했음을 밝힌다. 원고 마감을 앞두고 한동안 소설을 읽지 못한 것이 아쉽지만 곧 만회할 수 있으리라 여긴다. 앞서 언급한《경향신문》의 박구재, 김광호 에디터의 호의에도 감사를 잊지 않는다.

　마지막으로 원고 마감을 독촉하지 않고 오랜 시간 기다린 도서출판 집의 이상희 대표에게는 감사의 마음보다 훨씬 무겁고 커다란 마음의 빚을 지고 말았다. 출판계의 어려움에도 불구하고 책을 내겠다고 한 마음이 너무도 고맙지만 원고 마감 약속을 여러 번 어긴 미안함 때문에 감사의 말씀도 제대로 드리지 못했다. 게다가 잘 팔리지 않을 것이 염려되는 두꺼운 책을 만들어 또 신세를 지게 되었으니 부디 손해가 막심하지 않기를 바랄 뿐이다. 글을 쓰면서 컴퓨터에 아직 채우지 못한 새로운 폴더를 여럿 만들어 두었다. 기회를 보아 이 책을 통해 못 다한 얘기를 또 다른 책으로 따로 꾸릴 수도 있겠다 싶은 생각을 했다.

2017. 9
죽전 살구나무집에서 지은이

초고층
주상복합아파트의
원형, 상가주택

작사도방이면 삼년불성이라

제50회 국무회의

"작사도방 삼년불성(作舍道傍 三年不成)."

길가에 집을 지을라치면 분분한 의견 때문에 얼른 결정짓지 못함을 이르는 말로 조선 시대의 학자 조재삼(趙在三, 1808~1866)이 지은 《송남잡식(松南雜識)》에서 가져온 말이다. 중국 송나라의 범엽(范曄, 398~446)이 후한시대의 역사를 기록한 《후한서(後漢書)》에 나오 는 "작사도변 삼년불성(作舍道邊 三年不成)"에서 유래했다.

1958년 6월 3일 경무대에서 열린 제50회 국무회의에서 이승만 대통령이 손창환 당 시 보건사회부 장관을 나무라며 이 말을 인용했다. 1월 7일 제2회 국무회의에서 대통 령은 "(수도 서울의) 중심부 주요 가로에는 (토지수용령을 발동해서라도 정부가 주도하여) 4층 이상 의 건물을 짓되 1층은 점포로 하고 2층부터는 주택으로 사용하면 토지 이용 효율도 높 아지고, 외국인들에게도 부끄럽지 않을 것이라면서 독일의 베를린처럼 만들어 보라."[1] 는 지시를 내렸다. 그런데 다섯 달이 지나 열린 제50회 국무회의 자리에서 손 장관은 정부가 나서서 건물을 짓기 전에 먼저 토지 소유자들에게 건물 지을 것을 권고하는 시 간이 필요할뿐더러 서울시의 융자금 확보도 어렵고, 정부 주도로 건물을 다 지은 뒤에 원래의 토지 소유자들이 턱없이 높은 땅값을 요구할 경우 대책 마련이 곤란하다며 발 을 빼는 태도를 취했다. 게다가 대통령이 직접 지시한 상가주택보다 서민주택이 더 급 하다는 것이 대체적인 여론이라는 항명에 가까운 보고를 했다.[2] 이에 이승만 대통령은 정부에는 지도자가 없다며 국무위원들도 회의장 밖으로 나가면 딴 생각에 여념이 없다

1 — 《신두영 비망록(1) 제1공화국 국무회의(1958.1.2.~1958.6.24.)》, 국가기록원, 12쪽(19~20쪽). 이 기 록물은 1957년 6월부터 1960년 9월까지 국무원 사무국장을 지낸 신두영 전 감사원장이 이승만 정 부 초기의 국무회의 내용을 직접 기록한 비망록 가운데 하나이다. 국무회의 분위기며 참석자들의 발 언 내용과 말투까지를 그대로 옮겼다. 4.19 혁명 뒤 김기억 국무원 사무국장 비서관이 자료를 보관해 소각 위기를 넘겼으며 《경향신문》 특종 연재(1990.4.19. 시작)를 위해 이희영 노태우 정부 국무총리 민정비서관이 그 내용을 편철한 원본이 1990년 8월 15일 정부기록물전시회를 통해 처음 공개되었다. 당시 국무회의는 대통령 주재로 매주 화요일에 경무대에서 열렸는데 회의를 마치면 지시 사항이나 미 처 토론이 부족한 안건들을 가지고 대통령 대신 수석국무위원인 외무부장관이 주재하는 국무회의를 금요일에 중앙청에서 다시 열어 논의를 이어 가는 형식이었는데, 이 비망록은 경무대와 중앙청에서 있었던 국무회의 결과를 대통령에게 보고하기 위해 작성된 것이다. 국가기록원에서 공개한 비망록은 기록물 두 쪽이 A4 용지 한 장에 담긴 형식인데 각각의 쪽에는 손으로 쓴 쪽수가, A4 용지 각 장에는 도장으로 찍은 쪽수가 함께 표기되어 있다.

2 — 앞의 문서, 국가기록원, 204쪽(401~402쪽). 당시 주택 문제는 후생과 복지, 위생의 측면에서 논의되 었기 때문에 정부 주무부처는 보건사회부였다. 주택과 관련한 주무부처가 보건사회부에서 지금의 국 토교통부의 전신인 건설부로 이관된 것은 5.16 군사정변 이후다.

고 질타했다. 김태선 서울시장도 이런 태도 때문에 자리에서 물러나게 한 것이라며 크게 화를 냈다.[3] 토지 문제는 대통령인 자신이 책임을 질 테니 자리가 좋은 곳은 민간이 알아서 짓도록 하고, 그렇지 못한 곳을 골라 4, 5층 규모의 상가주택 지을 것을 재차 지시했다. 이 과정에 나온 말이 '작사도방 삼년불성'이다. 이래서 안 되고 저래서 안 된다고들 하니 속이 터지겠다는 대통령의 심경을 드러낸 말이다.

남대문로 현장 시찰

여기 한 장의 사진이 있다. 국가기록원이 "이승만 대통령, 서울시내 후생주택 시찰"이라는 이름으로 갈무리한 일곱 장의 기록 사진 가운데 하나다. 사진 촬영 일자는 1958년 4월 24일. 이승만 대통령은 이날 불광동이며 종암동 등 서울시내 여러 곳을 관계자들과 함께 둘러보았는데 포장공사가 한창인 남대문로에서 경찰과 요원들의 겹겹 경호를 받으며 설명을 듣는 장면이 카메라에 포착됐다. 연한 빛깔의 양복을 입고 왼손으로 도

이승만 대통령이 상가주택이 들어설 남대문로에서 상황을 보고 받고 있다. 1958. 4. 국가기록원 소장 자료

3 — 김태선은 5대와 6대 서울시장을 지낸 인물이다. 두 번째 서울시장 재임 기간은 1952년 8월 29일부터 1956년 7월 5일이다. 이승만 대통령이 김태선 서울시장을 물러나게 한 배경을 밝힌 것은 1958년 5월 27일에 열린 제48회 국무회의 자리에서다.

면을 받치고 있는 이는 대통령과 특별한 관계였다고 알려진 중앙산업[4]의 조성철 사장[5]이고, 그 맞은편에 검은 뿔테 안경을 끼고 무언가를 대통령에게 설명하는 이는 중앙산업의 정해직 전무[6]이다. 더블 버튼 정장을 갖춰 입고 대통령의 오른편에 선 체구가 큰 이가 바로 국무회의 때 대통령으로부터 잔소리를 들은 손창환 보건사회부 장관이다.

이 사진을 간접적으로 설명하는 기록도 있다. 대한주택영단(지금의 LH로 합병되기 전의 대한주택공사 전신)의 1958년 기록이다. 2월 14일 이승만 대통령은 국무회의에서 귀속재산 처리적립금 가운데 종래의 15억 환이던 자금을 60억 환으로 늘려 주택건설 부문에 충당한다고 의결한 뒤 국회의원들을 상대로 담화를 발표했다는 내용이다.

6.25사변으로 인하여 수많은 동포들이 가옥을 잃고 거처할 곳이 없어 거리를 방황하고 있는 형편이다. 특히 절박한 사정은 큰 도시에 운집한 이재민들이 아무데나 거적을 두르고 땅을 파고 대소변을 보아서 세균이 음료수에 침입하게 되므로 해빙이 되면 곧 공동주택을 건축하여 이재민을 수용할 작정인데 금년에는 우선 적산(敵産, '적의 재산'이라는 말로 주로 일본인 소유 재산을 미군정이 인수한 뒤 한국정부에 이양한 자산)을 처분하여 거기서 수입되는 자

4 — 중앙산업은 1946년에 조성철이 설립한 회사다. 건축 시공과 주택 개발을 주요 사업부문으로 성장했고, 건축 자재 생산과 유통 등 폭넓은 분야에 걸쳐 사업을 크게 확장한 기업이다. 특히 당시로서는 드물게 독일, 미국 등 외국과의 기술 교류를 활발히 추진했고, 정부의 특별한 지원으로 많은 건설 장비와 설비를 독일로부터 들여왔다. 조성철 대표는 독일인 마이어(Meier)를 기술고문역으로 초빙해 사업고도화에 주력하면서 다른 한편으로는 국내사업 확장에 주력한 인물로 알려졌다. 중앙산업과 조성철 사장에 관한 일화는 배병휴, "권력재벌의 몰락─중앙산업 창업자 조성철의 기업과 인생드라마", 《월간 조선》, 1984년 4월호, 331~349쪽 참조

5 — 이승만 대통령은 국무회의 자리에서 중앙산업의 조성철 대표를 자주 거론했다. "조성철은 사업 능력이 있는 사람이다. 그가 지은 아파-트는 잘 된 것이라고 생각한다. 이러한 사업가가 많이 생기게 해야할 것(제2회 국무회의, 1958.1.7.)"이라거나 "조성철 같은 사람은 사업을 알고 능력도 있는 사람이라고 생각한다. 국민에게 사업이라는 것은 무엇인가? 즉, 돈 만드는 법을 좀 가르쳐 주어서 조씨와 같은 실업가가 많이 나오도록 해야 한다(제11회 국무회의, 1958.2.4.)."는 등 조사장에 대한 이대통령의 신뢰는 대단했다. 조사장과 이대통령은 6.25 후 제주도청 준공식장에서 처음 만났다. 제주도청 시공사 대표 자격으로 참석한 조사장은 "과학을 무시하고 기술을 천시한 우리 조상들이 미장이와 땜장이라는 표현을 써온 것이 오늘의 후진성과 직결된다는 점을 상기할 때 이러한 퇴폐 요인을 탈피하지 않는 한 조국부흥은 있을 수 없다."고 해 이대통령에게 감명을 주었다고 알려졌다. 그 후 조사장이 경영하는 중앙산업은 경무대 수리 공사를 맡는 등 정권과 남다른 유착관계를 지속하며 승승장구를 거듭했다. 중앙산업은 해방 이후 서울의 대표적 아파트로 불리는 종암아파트를 건설했으며, 후일 중앙하이츠라는 아파트 브랜드를 내놓은 곳이기도 하다.

6 — 정해직은 중앙산업의 주거 개발을 총괄한 인물로 한때는 첨단의 건축을 자랑하던 조선호텔의 총책임자였고, 중앙산업으로 옮기기 전인 6.25 전쟁 이후 수년간 일본에 머물렀다. 장림종·박진희 지음, 《대한민국 아파트 발굴사》, 효형출판, 2009, 103쪽 참조

금을 대부분 건축비에 충당코자 하니 이 사정을 양해하여 국회의원 제현은 정당의 구별 없이 일치협력해 주기를 바라는 바……[7]

이때 언급한 공동주택은 곧 상가주택과 종암아파트, 개명아파트 등으로 구체화되었다.
　물론 이승만 대통령의 후생주택 시찰 사진이 촬영된 4월 이전에도 그는 서울시내 시찰에 자주 나섰다. 1958년 2월 11일 개최된 제14회 국무회의에서는 서울 시내와 시외 각처에서 시민들이 불결한 생활을 하고 있는 것을 보았다고 먼저 시찰 소회를 밝힌 뒤 "흙벽돌을 이용해 소규모 주택을 건설해 판잣집을 없애도록 하고, 문화인 생활을 하게 잘 연구해 보라."[8]고 지시한 적도 있다. 연구해 보라고 지시는 했지만 결론은 이미 정해진 상태였다. 1958년 1월 7일 제2회 국무회의 자리에서 시내 건축에 관한 지시를 이미 내렸고, 대통령의 이 지시에 따라 몇 차례의 회의와 논의를 거쳐 1958년 8월부터 '상가주택'이라는 특별한 건축 유형이 만들어지기 시작했다.

1958(단기 4291)년도 정부계획에 의해 충정로에 세워질 국민아파트 모형, 1958. 5.
국가기록원 소장 자료

7 ─　대한주택공사, 《대한주택공사20년사》, 1979, 219~220쪽. 이 내용은 1958년 2월 11일 열린 국무회의 후속 회의인 2월 14일 금요일 중앙청 회의에서 의결된 내용이다.

8 ─　앞의 문서, 국가기록원, 68쪽(130~131쪽)

공병단을 동원한 시범상가주택 건설

1958년 6월 3일 정례 국무회의가 경무대에서 있었는데 이례적으로 다음 날 국무회의 가 다시 열렸다. 다른 안건 검토에 앞서 '상가주택'이 가장 먼저 논의되었다. 내무부장관 은 대통령에게 다음과 같이 보고했다.

(육군)공병감은 법적으로 곤란하다고 대통령 각하께 보고하였으나 현행 법규로 실시가 가 능한 문제이며 건축은 (서울)시장이 맡지 못하여도 대지문제에 관한 제반 수속 절차는 시 장이 담당하기로 하였고, 건축(시공)은 중앙관서가 주체가 될 수 없어서 주택영단이 맡도 록 하여야 할 것.[9]

이 보고는 그대로 의결되었고, 상가주택 건설에 가속도가 붙게 되었다.

정부가 상가주택 건설로 수도 서울의 관문 만들기를 주도하려니 당시 기술력에서 가 장 앞섰던 육군 공병대의 동원을 요청했지만 육군은 법적 조건을 들어 어렵다는 의견 을 이미 냈다. 하지만 이러한 의견을 내무부는 묵살하고 군대 동원을 밀어붙였고, 서울 시장은 인허가 문제를, 대한주택영단은 기술 사항을 검토할 것이라는 결론을 내렸다. 물론 귀속재산처리적립금으로 충당할 융자금 관련 업무는 한국산업은행이 주관하도록 했다.

실무 준비와 건축 요강 마련 등 행정적, 기술적 준비를 거친 후인 1958년 8월 드디어 이대통령의 강력한 지시가 결과로 드러났다. 서울역과 시청을 잇는 주요 간선도로변에 5동, 중구 저동에 1동, 모두 6동의 상가주택이 착공되었다. 이 가운데 4동은 육군공병 단이 시공을 맡고 나머지 2동은 각각 중앙산업과 남북건설자재주식회사가 맡았다. 이 때 착공된 서울시내 최초의 상가주택 6동이 바로 '시범상가주택'이다. 국무회의 자리에 서 대통령이 주무부처 장관을 나무라며 지시한 내용을 이행하느라 서둘러 추진한 까 닭에 통상적인 경우와 달리 매우 특별한 것으로서 '시범'이라는 이름을 붙였다. 이후 건 축 공사비의 60%를 융자한 '시범상가주택'과 달리 건축비의 40%로 융자금을 축소해 지은 상가주택은 특별하달 것이 없어 '일반상가주택'으로 불렀다.

시범상가주택은 착공 후 4개월 남짓한 기간을 거쳐 그해 12월 말에 대부분 준공됐

---

9 — 앞의 문서, 국가기록원, 206쪽(405~406쪽)

a   남대문로5가 역전 시범상가주택인 관문빌딩, 1959. 출처: 대한주택영단, 《주택》 제2호, 1959. 11.

b   서울로 7017에서 바라본 관문빌딩, 2017 ⓒ박철수

다. 하지만 공사 지연에 따른 토지 소유자들의 집단 소송과 대한주택영단에 지불해야할 토지 소유자들의 감리비용 탕감 진정 등이 이어진 '관문빌딩'[10]은 해를 넘겨 1959년에 준공되었다. 시범상가주택과 융자금 조건이 다른 일반상가주택도 속속 착공하거나 완공됐다. 상가주택에 관한 행정 체계와 업무 처리에 관한 얼개도 얼추 자리를 잡아갔다. 보건사회부가 사업 전반을 주관하고 시공은 육군공병감실과 민간건설업체가 맡았으며, 대한주택영단은 사업별로 자금 지원 여부를 판단한 뒤 보건사회부 장관에게 가부를 추천하고 이를 서울특별시에 알렸다. 대한주택영단은 공사 감리를 맡아 전체 공사비의 4.5%에 해당하는 감리비용을 받았다. 융자금의 적립과 지불 등에 관한 일체의 사항은 귀속재산 처리에 관해 위임된 권한을 가진 한국산업은행이 맡았다.

당시는 민간 건설업체의 공사 능력이 취약해 미국에서 특수 공병교육을 받은 엘리트들이 포진한 육군 공병대가 건설에 참여했다. 그럼에도 기술이며 장비, 자재 등 여러 면에서 역부족이었다. 육군 공병대가 시범상가주택을 시공하는 과정에서 미국 공군이 사용하는 구멍 뚫린 철판을 공사장 발판으로 몰래 가져다 사용하다가 미군 헌병대의 심한 항의를 받았다는 일화[11]가 전할 정도였다.

상가주택 건설구역과 상가주택 건설 요강

1958년 1월 7일 국무회의 자리에서 대통령은 "중심부의 중요한 가로에는 4층 이상의 건물을 짓고 1층은 점포로 하고 2층부터는 주택으로 하면 토지를 이용하는 것이 되고 외국인들에게도 부끄럽지 않게 될 것"[12]이라고 했다. 이 지시는 서울시의 건축 요강 일부를 개정하는 것으로 이어졌다. 서울시내 간선도로변에는 철근콘크리트 구조의 4층 이

---

10 — '관문빌딩'이라는 명칭이 흥미롭다. 이 건물은 흔히 '역전 시범상가주택'으로도 불리는데 이승만 대통령의 수도 서울의 관문이 되어야 한다는 지시에 맞춰 이름을 정했을 뿐만 아니라 이 대통령과 특별한 관계였던 조성철 사장이 운영하는 중앙산업에서 시공했다는 사실도 그렇다. 그런데 이 빌딩은 다른 시범상가주택과 달리 토지 소유자들과 시공사 사이에 갈등이 적지 않았고, 급기야는 공사 기간을 지키지 못한 중앙산업의 조성철 사장이 토지 소유자들에게 이행 각서를 제출, 이를 근거로 토지 소유자들이 대한주택영단에 감리비 탕감 내지는 감액을 청원하는 진정서를 제출하는 등의 매끄럽지 못한 일이 불거졌다. 이는 대한주택영단과 보건사회부, 서울특별시 등을 오간 당시 문건으로 확인할 수 있다.

11 — 대한주택공사, 앞의 책, 1979, 357쪽 내용 정리

12 — 앞의 문서, 국가기록원, 12쪽(19~20쪽)

상 건축물만 신축을 허용하기로 했다.

상가주택 건설구역도 지정됐다.

갈월동-세종로, 시청-을지로 6가, 세종로-동대문, 남대문-화신 앞, 서울역-퇴계로, 갈월동-한강, 시청-조선호텔-한국은행, 서울역-도동, 종로 3가-을지로 3가-퇴계로, 동대문-청량리 쪽으로 200미터, 세종로-서대문 쪽으로 200미터, 을지로 6가-왕십리역 및 성동교까지.[13]

'상가주택 건설구역'은 차츰 늘었고, 1959년 12월에는 다시 '한강교-영등포구청 구간'이 추가되었다.

또한 토지 소유자들의 건물 신축을 독려하기 위해 건축비의 일부를 융자하는 제도가 마련되었다. 재원은 대통령이 국무회의에서 언급한 '국제은행에서의 자금 차용' 대신에 '귀속재산처리적립금' 가운데 일부를 주택사업자금으로 배정하는 방안으로 변경되었다. 1964년 3월에 발간된 《현대여성생활전서 ⑪ 주택》에 "정부에서 귀재주택사업 중 하나로 상가주택 건설사업"을 진행하고 있다고 나온다.[14] 간단히 말해 미군정으로부터 한국 정부에 이양된 적산을 불하해 확보한 자금의 일부를 상가주택 융자 재원으로 사용했다는 말이다.[15]

수도 관문으로서의 위신을 높이고 위생적 설비를 갖춘 도심주택을 공급한다는 취지에 따라 상가주택 건설구역으로 지정된 서울시내 주요 13곳의 간선도로변에서 정부의 재정 지원을 받아 상가주택을 지으려는 토지 소유자와 조합은 반드시 '상가주택 건설 요강'을 따라야 했다.

상가주택 건설 요강(요령)의 골자는 아래와 같다.

13 — 이수용, "주택자금은 어떻게 산출되나", 《주택》 제2호, 대한주택영단, 1959. 11, 54쪽. 서울시의 상가주택 건설 구역은 1958년 7월 최초 4곳에서 1959년 12월 12일에 다시 한강교-영등포 구청 구간으로 최종 확대되어 모두 13곳이 지정되었다. 이는 "보원 제2887호 상가주택 건설지구 추가에 관한 건"이라는 공문(발신 보건사회부장관, 수신 서울특별시장)으로 확인할 수 있는데, 공문 사본은 대한주택영단이사장과 한국산업은행총재에게 전달되었다.

14 — 이영빈, "원조주택의 실정", 《현대여성생활전서 ⑪ 주택》, 여원사출판부, 1964, 315쪽

15 — '귀속재산'은 1956년 12월 31일부터 시행된 '귀속재산처리법' 제2조에 설명되어 있다. "귀속재산이라 함은 1948년 9월 11일 자로 대한민국 정부와 미국 정부 사이에 체결한 '재정 및 재산에 관한 최초 협정 제5조의 규정'에 의하여 대한민국 정부에 이양된 일체의 재산을 말한다는 것이다. 保健社會部援護局編纂, 《住宅關係參考法令集》, 1959, 417쪽

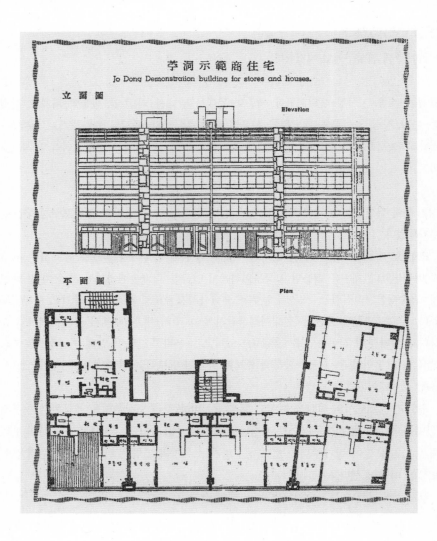

苧洞示範商住宅

Jo Dong Demonstration building for stores and houses.

立面圖
Elevation

平面圖
Plan

1958년 12월 준공된 서울특별시 중구 저동 시범상가주택 평면도 및 입면도.
출처: 대한주택영단, 《주택》 제1호, 1959. 7.

① 철근콘크리트 구조의 4층, ② 1~2층은 점포, 3~4층은 주택, ③ 벽체는 연와(煉瓦, 흙을 구워 만든 벽돌) 또는 콘크리트나 블록, ④ 바닥과 지붕은 콘크리트 또는 프리스트레스 콘크리트(pre-stressed concrete) 들보 구조(기둥-보 방식), ⑤ 도로에 면하는 부분은 타일 이상의 성능을 가지는 재료 사용, 다른 곳은 모르타르 뿜기, ⑥ 창호는 스틸 섀시(강철 프레임), ⑦ 정문은 철제 셔터, ⑧ 전기·상수도 시설 완비, ⑨ 3~4층의 양면은 캔틸레버 방식 채택, ⑩ 비상계단 설치, ⑪ 도로변 연통 설치 금지, ⑫ 변소는 수세식, ⑬ 옥상 난간 설치[16]

당시 대한주택영단의 여러 내부 문건을 살펴보면 영단 측은 한국산업은행으로 들어온 융자 신청 서류에 대해 기술적 항목인 건설 요강 준수 여부와 해당 필지의 건축 가능성 등을 검토하고, 결과를 다시 한국산업은행과 보건사회부 및 서울특별시 등으로 보고했음을 알 수 있다. 이승만 대통령의 특별한 관심과 지시가 유별난 탓에 융자 심의 절차를 거치면 마치 군사작전을 방불케 하는 군·관·민의 일사불란한 협력이 이루어졌다. 건설 과정은 국무회의를 통해 수시로 대통령에게 보고되었다.[17] 1958년 초만 하더라도 귀속재산처리적립금 일부가 주택 건설 사업 자금으로 들어오지 않으면 단 한 채의 집도 지을 수 없다던 손창환 보건사회부 장관의 태도가[18] 돌변한 것이다.

상가주택은 수도 서울의 미화사업인 동시에 주택난 해소를 위한 주택 보급 사업으로

16 ─ K.Y.K, "상가주택이란?", 《주택》 창간호, 대한주택영단, 1959. 7. 29쪽 내용을 알기 쉽도록 일부 내용을 풀이했다. 3~4층에 캔틸레버 구조 형식을 사용하도록 강제한 것은 해당 층이 주거용도로 사용되는 곳이므로 각 실의 경계에 기둥이 들어설 것을 염려한 것으로 추정된다.

17 ─ 일례로 1958년 8월 12일의 제72회 국무회의에서 손창환 보건사회부 장관은 시청과 역전 사이에 5개소, 저동에 1개소 등 모두 6개소를 공병단 4개소, 민간 2개소로 나누어 추진하고 있다고 보고했고, 이승만 대통령은 서울 시내부터 집을 지어야 한다는 말을 재차 강조하고 있다. 이후 국무회의 안건으로 '상가주택'은 여러 번 등장하고 논의된다.

18 ─ 1958년 2월 25일 국무회의에서 손장관은 귀재특례회계적립금 중 60억으로 일반주택 9,100동, 상가주택 15동, '아파-트'는 일반의 수요가 없을 것으로 보여 연립주택으로 계획중이지만 자금이 들어와 보아야 할 수 있는 일이므로 지금 무어라 말할 수 없다고 보고했는데 이에 대해 이승만 대통령은 국민이 싫어하더라도 '아파-트'를 많이 지어야 토지가 절약이 된다면서 '자금이 들어오는 것을 보아야'가 아니라 '거둬들여야 한다'고 장관을 나무랐다. 이어 대통령은 100억의 재정을 연구해 이 계획을 활발히 하라는 지시와 함께 국민 중에 자본을 가진 사람이 많이 투자하도록 지도해야 할 것이라고 덧붙였다. 또한 대한주택영단의 임대주택 일부에서 임대료가 밀렸다고 보고하며 임대료를 내지 못한 사람 중에 국회의원도 있다고 보고하자 대통령은 국회의원이라도 임대료를 내지 않으면 내쫓으라 했다. 이에 놀란 재무부장관은 대통령이 연구하라 이른 100억은 추가예산으로 확보하겠다고 답했다. 앞의 문서, 국가기록원, 90~91쪽(174~177쪽)

서 준비가 충분하지 못한 상황에서 정부가 주도해 속전속결로 이뤄진 도시건축 유형이다. '귀재주택'[19]인 까닭에 재원이 부족했지만 대통령 지시로 대책을 마련해야 했고, 이를 위해 처음에는 건축비의 60%를 융자금으로 지원했고(시범상가주택), 그 뒤를 이은 일반상가주택에는 건축비의 40%만 융자했다. 융자금에 대한 이율은 연 8%의 고정금리가 책정되었고, 상환 기간은 자주 바뀌었지만 대체적으로 8~10년으로 책정됐다.

말도 많고 탈도 많았던 상가주택

1959년 2월 20일 서울시 중구 태평로1가 28번지에 있는 덕수빌딩의 3층과 4층이 당초 계획과 달리 주택으로 쓰이지 않고 다방과 당구장으로 임대하기 위한 내부공사가 진행되고 있다는 고발 기사가 신문에 났다. 일명 '덕수빌딩 변조사건'이다. 이 건물은 건축비의 60%를 융자받은 시범상가주택이고, 공병대가 시공한 건물인데 정부의 융자금 상환 기간이 끝나기도 전에 건축주가 마음대로 용도 변경을 하고 있다는 것이다. 정부와 영단의 관련자가 조사를 받게 되었다는 언급도 곁들었다.

　덕수빌딩은 시범상가주택 6동 가운데 하나로 1958년 12월 준공 이후 이승만 대통령이 직접 시찰한 곳이다. 최초 계획은 상가주택 건설 요강에 따라 3층과 4층에 모두 14가구의 주택을 넣는 것이었다. 그런데 토지 소유자나 조합의 입장에서는 전세금을 받아 은행에 넣어봤자 매달 들어올 점포 임대료보다 못한 것이 자명했기 때문에 다소간의 부작용을 감수하고라도 용도 변경을 했다.

　상가주택에 융자된 "주택자금은 상인들 장사 밑천"이라는 등의 비아냥조 기사와 비난은 계속 이어졌다. '상가주택'이 아니라 '민간 상가'가 되고 말았으니 주택난 완화와 도시미관 향상이라는 구호는 허울에 불과할 뿐 결국 정부가 주택자금을 동원해 장사를 시키는 꼴이 되었다는 류의 지적이다.[20] 그럼에도 불구하고 이승만 대통령은 꿈쩍도 하지 않았으며, 도리어 국무회의에서 상가주택 건설 촉구를 재차 지시했다.

　계속된 신문들의 비판적 기사로 인해 불똥이 튄 곳은 주무부처인 보건사회부였지만

---

19 ── 귀재주택(歸財住宅)이란 귀속재산처리적립금을 재원으로 융자를 통해 공급된 주택 전체를 이르는 말로, 상가주택 외에도 1960년대 초에 공급된 10평, 13평, 15평, 18평 규모의 국민주택이 있다. 대표적인 경우가 불광동 국민주택이다.

20 ── "주택자금은 상인들 장사 밑천", 《조선일보》 1960년 2월 25일자

대통령과 마찬가지로 특별하게 대응하지 않았다. 대신 대한주택영단에 전수 조사를 지시하고, 1961년 8월 16일에는 상가주택 처리 방안을 마련하라는 공문만 보내는 등 미온적이었다. 이에 따라 대한주택영단은 각각의 지시에 대한 나름의 방안을 문건으로 정리해 보건사회부에 건의하거나 보고했다.

대한주택영단의 최초 대응 문건은 "상가주택 처리에 대한 건의"라는 제목의 공문이었다.

ㄱ 1958년부터 1960년까지 정부시책에 따라 수행한 상가주택 건설사업에서 제시된 '상가주택 건설 요령'에서 3층과 4층에 주택을 설치하라는 내용이 불합리하여 미결상태로 방치되고 있으니 건설 요령을 일부 조정할 것

ㄴ 시범상가주택의 경우는 한국산업은행의 융자금에 대한 적립 이행을 요구했지만 어려운 상황이어서 할부로 전환하며, 공사가 중단된 4건 가운데 융자금이 나가지 않은 경우는 이를 취소하고, 공사 진행인 경우는 잔액을 환수하거나 적립을 이행토록 조치한다.[21]

문건의 핵심은 도심에 들어서는 건축물에 주택을 넣으라는 상가주택 건설 요령이 불합리하다는 것과 함께 현실적으로 융자금 회수가 쉽지 않다는 것이었다.

두 번째의 문건은 "상가주택 처리에 관한 관계자 회의 보고"였다.

ㄱ 시범상가주택 적립금 불이행에 대해서는 자기자본 40% 부담(적립)이 원칙이지만 상환 능력이 부족한 경우에는 이를 할부 상환

ㄴ 일반상가주택 가운데 공사를 마친 경우는 준공검사를 실시하여 해당 건축물에 대해 저당권을 설정한 뒤 주택이 없는 곳은 주택을 넣을 것을 촉구

ㄷ 아직 융자금 수속을 마치지 못한 경우는 1961년 11월 20일까지 수속을 완료하고 그렇지 못할 경우엔 이유를 불문하고 취소

ㄹ 공사가 중단된 상가주택에 대해서는 1961년 10월 20일까지 속개하지 않으면 관리자금 잔액을 지불하지 않고, 이미 대출한 융자금은 전액 회수 조치

21 ─ 대한주택영단 내부 문건, "상가주택 처리에 대한 건의", 1961년 8월 23일

a   종로5가 상가주택 건설구역의 상가주택, 2016 ©박철수

b   상가주택이 사라진 자리에 들어선 호텔, 2017 ©박철수

ⓜ 아직 착공하지 않은 상가주택에 대하여는 무조건 취소[22]

앞 문건과 마찬가지로 융자금 회수의 어려움과 함께 상가주택 건설 요령에 대한 행정적 관리 부실, 나아가 상가주택 건설 전반의 행정 난맥이 점차 드러난 것이다.

이 문건에 붙은 당시 기록물을 통해 귀속재산처리적립금을 활용해 융자를 신청했거나 융자를 받은 서울시내 주요 가로변 상당수의 상가주택 위치와 규모 등을 파악할 수 있다. 1961년 4월부터 8월에 걸쳐 대한주택영단이 상가주택을 전수 조사한 문건을 확인한 결과 시범상가 6동을 포함해 모두 170여 동에 이르는 상가주택이 건설되었거나 공사가 진행중이었으며, 일부는 착공 예정인 상태로 파악되었다.[23] 따라서 1958년 8월 시범상가주택 6동이 착공된 후 3년 정도의 기간 동안 거칠게 잡아도 170여 동의 상가주택이 서울시내에 보태졌다는 사실을 확인할 수 있다.

이승만 대통령은 1960년 4월 26일 하야 성명을 발표하고, 국회에 사임서를 제출한 뒤 5월 29일 하와이로 망명했고, 1965년 7월 19일 호놀룰루의 요양원에서 사망했다. 이때 이승만의 나이는 91세였다. 유해는 1965년 7월 22일 한국으로 돌아와 지금의 국립현충원에 묻혔다. 상가주택과 관련해 여론이 심상찮아 논란으로 불거지고, 비난을 모면하려는 정부와 관계부처의 미온적인 대응은 결국 그가 미국으로 망명한 뒤에 벌어진 일들이었다. 그런 연유로 상가주택 건설 요령의 불합리를 조정해야 한다거나 융자금 회수에 대해 과감하거나 다소 유연한 입장을 취할 수 있었던 것으로 보인다. 권력자가 사라졌으니 가능한 일이다.

상가주택은 이승만 정권의 산물이다. 수도 서울의 관문이 될 곳의 미화와 더불어 위생 조건의 개선을 전제한 도심주택의 보급을 위해 정부가 주도한 주상복합건축물이다. 그러므로 특별히 꼬집어 말한다면 '서울형 건축 유형'이라 부를 수 있다. 대한주택영단의 내부 문건을 살펴보면 1961년 8월 현재 대전에 5건, 부산에 3건의 상가주택 건축 계획이 융자를 받기 위해 대한주택영단에 설계 도서를 제출했는데 이 가운데 대전의 2동만이 당시 건축 공사중이었고, 나머지는 모두 반려되었다는 사실로 미루어 볼 때 상가주택이라는 독특한 건축 유형은 서울로 한정해 살피는 것이 그 실상을 파악할 때 유용

---

22 — 대한주택영단 내무 문건, "상가주택 처리에 관한 관계자 회의 보고", 1961년 10월 30일. 1961년 10월 17일 보건사회부 국민주택과 요청에 대해 대한주택영단 이사장이 결재한 문건이다.

23 — 이는 1958년부터 1961년 사이에 생성된 대한주택영단의 상가주택 관련 문건을 통해 필자가 확인한 내용이다.

a   서울의 대표적인 초고층주상복합아파트인 도곡동 타워팰리스 ⓒ박철수

b   상가주택이 들어서 있는 1959년 당시 서울 남대문로 일대의 가로 풍경. 출처: 서울특별시 서울성장
     50년사 영상자료

하다고 할 수 있다.

상가주택에 대한 시선은 다소 비판적이었고 때론 냉소적이기도 했다. 당시 《보건세계
사》 편집장의 글은 이를 대변한다.

자유당 시절에 상가주택이라는 것이 계획되어 몇 군데 신축빌딩 꼭대기에 살림집을 짓고
들어가 살게 하였다. 도심지이니 편리한 점도 많지만 도시미관상으로는 그렇게 탐탁하지
가 않았다. 이곳에 사는 사람들이 하나같이 교양이 있다면야 문제가 다르지만 빨래를 잔
뜩 하여 늘어놓은 모양은 결코 아름다울 수는 없지 않은가. 속옷가지들이 바람에 하늘거
리고 있는 대도시의 경치는 참 어처구니가 없다.[24]

도시미화를 위해 상가주택에 투사한 정부의 전략이 갖는 단면의 속살을 훔쳐본 느낌
이다. 전근대적 풍경이라 여기던 장독대며 빨래 널기가 수난을 겪던 시절의 얘기다.

초고층주상복합아파트의 원형, 상가주택

상가주택은 유전적 변이를 거쳐 2000년대 이후 보편적인 도시건축 유형으로 새롭게 모
습을 드러냈다. 바로 초고층주상복합아파트다. 도심과 외곽, 구도시와 신도시를 가리
지 않고 마치 경쟁이라도 하듯 하늘높이 치솟고 있는 초고층주상복합아파트는 여러 가
지 면에서 상가주택과 동일한 유전자를 가졌다. 차이가 있다면 반세기 전의 상가주택
이 점포와 주택 모두에 방점을 두었다면 2000년대의 초고층주상복합아파트는 주택 공
급에 보다 집중했다는 점이다. 즉 초고층주상복합아파트가 폭발하는 도시지역 주거 수
요에 맞춰 민간이 주도한 상업지역의 기형적 개발 유형이라는 점에서 전체 건축 면적의
일정 부분을 차지하는 상업공간의 희생을 전제한 경우라면, 1958년에 시작된 상가주
택은 주거와 상업공간이라는 두 마리 토끼를 모두 잡을 요량으로 정부가 주도한 새로
운 건축 유형이라는 점이다.

특히 상가주택은 수도 서울의 관문으로서 부족한 상업공간을 확충하는 근대적 의미
의 도시미화 사업으로 위생적 설비를 갖춘 도심형 주택의 공급을 위해 정부가 나선 반

24 ─ 정전우, "내가 본 우리나라 주택", 《주택》 제8호, 대한주택영단, 1962.4., 27쪽

a   최근 철거된 남대문로5가 일반상가주택, 1959년에 지어졌다. 2011 ⓒ김성운

b   타일 마감으로 지금의 도시건축과는 다른 풍경을 만드는 을지로 상가주택, 2017 ⓒ박철수

c   상가주택 건설 요강을 준수한 을지로 상가주택의 모습, 2017 ⓒ박철수

d   모서리 처리와 당시 취향을 반영한 세로로 긴 창을 가진 을지로 상가주택, 2017 ⓒ이연경

면, 초고층주상복합아파트는 민간자본을 동원해 상업지역의 토지 활용 개념을 철저히 무시한 채 주택 공급에 주목한 경우다. 또한 상가주택은 적어도 도시 가로의 활력과 도심지 주거 기능 복합을 의도한 것이지만 초고층주상복합아파트는 급증하는 주택 수요에 기대 상업지역을 아파트로 채워 외로운 섬으로 바꾼 것에 불과하다. 도시적 활력과 가로의 공공적 활용을 외면하는 건축 유형이 되고 말았다는 사실이다. 상가주택 유전자의 돌연변이인 셈이다.

사라지는 상가주택

상가주택이 점점 사라지고 있다. 1958년 12월에 준공된 시범상가주택은 벌써 60년을 맞았지만 주목하는 이 없이 도심재개발사업과 함께 무더기로 없어졌으며, 일반상가주택 역시 재개발사업이나 개별 필지에 대한 신축 사업으로 사라지고 있다. 오래된 것은 다 아름답다고 강제할 필요는 없지만 곱씹어야 할 일들이 적지 않다. 그래서 아쉬움 또한 크다.

　빠짐없이 체계적으로 정리되었다고 단정할 수 없는 한국의 근현대 건축역사의 공극을 메우기 위해서라도 60여 년 전에 지어진 상가주택에 대한 충실한 조사와 의미 해석이 필요하다. 상가주택 가운데 일부는 나상진, 이희태 등과 같은 건축가에 의해 설계된 1950년대의 건축물이다. 이들을 포함한 다양한 건축가들의 작업이 한국 현대건축의 맹아가 되었다는 점에서 여전히 살피고 보충해야 할 과제가 남아 있으며, 상가주택에 대한 충분한 조사와 연구를 통해 평가되어야 마땅할 대상인 것이다. 거대건축물이나 특정 용도의 공공건축물 중심의 역사 기술에서 범주를 넓혀 건축사를 서술해야 할 때가 되었다는 점에서 더욱 그렇다. 아무런 기록조차 남기지 못한 채 낡고 늙은 건축물인 까닭에 새것으로 바꾸어야 한다면 서울을 역사도시요 문화도시라 부를 까닭이 없다. 제대로 꾸린 건축박물관 하나 가지지 못한 상황에서 안타까움이 큰 이유다.

　일제의 번역을 벗어난 서구의 모더니즘이 1950년대에는 과연 어떤 방식으로 수용되었으며, 또 어떤 태도로 이를 해석했는가, 구법과 재료, 혹은 다채로운 의장 요소들은 어떤 논의와 실천을 통해 사용되거나 재현되었으며, 건축가들은 자신의 설계를 통해 무엇을 건축 작업의 주된 과제로 인식했는가 등의 질문에 답할 수 있는 유일한 대상은 여전히 건축물이며, 현장이다. 서울 도시건축의 문화적 자산이 기록조차 남기지 못하거나 확인하지 못한 상황에서 멸실될 위기에 처했다. 적어도 충실한 기록은 다음 세대를 위해서라도 우리가 감당해야 할 당면 과제다. 아울러 당시 민간업체의 기술 수준이나 시공 능력이 어느 정도였기에 군이 동원될 수밖에 없었는가, 실제 동원된 공병단의 건설 역량이며 구체적인 시공 실적은 또 어떠했는지 등도 밝히고 갈무리해야 할 중요한 역사적 과제다.

상가주택만으로 범위를 좁혀 생각해 보더라도 이승만 정부 시절 국가 혹은 정부 주도의 건축이 어떠한 성격으로 정리되어야 하는지, 또 그 결과 오늘의 한국건축이 그 영향 아래서 제 모습을 찾아가는 과정은 어떻게 설명되어야 하는지 등의 이정표를 세우는 일도 필요하다. 건축가의 이름조차 확인할 수 없는 가련한 도시건축으로 남겨진 상가주택은 그저 누군가 벗어놓은 철 지난 외투처럼 누추하고 허름한 것이 아니라 서울의 도시건축과 국가적 건축문화 자산임을 밝힐 수 있는 응답소가 될지도 모를 일이다. 오래된 것은 다 아름답다는 말이 감춘 의미는 시간을 품고 있기 때문이며, 향수에 그치지 않고 오늘을 명쾌하게 설명함으로써 앞날을 비추는 등대가 됨을 뜻하는 것이기도 하다.

남대문로와 을지로, 퇴계로를 걷다 보면 여전히 그 자리를 지키며 서울의 건축 역사를 웅변하는 상가주택을 만나곤 한다. 녹슨 비상계단이 건물 외벽에 매달려 특별한 풍경을 만들어내기도 하며, 이미 다른 재료로 감추어진 표피의 속살에는 탈락한 타일이 때를 묻힌 채 오래 전 서울에 대한 얘기를 건네기도 한다. 닳아 없어진 계단의 화강석이며 손때가 반질반질한 계단 손잡이, 지금은 가능하지도 않고 만들지도 못할 화장실 바닥의 화려한 타일 무늬, 여전히 당시의 취향이며 유행을 전해 주는 조선식 창호 문양 등은 서울 도시건축의 참된 기억이다.

매물 정보: 주택. 공항동 소재 미니 불란서식 2층, 가격 450만 원

실체와는 거리가
먼 유혹의 형용사,
'불란서식' 주택

'미니 2층'이라 불리는 양옥집

《뿌리 깊은 나무》 1978년 9월호에는 불문학자 김현의 흥미로운 글이 실려 있다. "알고 보니 아파트는 살 데가 아니더라"는 제목을 달고 있다.

내가 맨 처음 문패를 단 집을 가졌던 것은 연희동이다. …(중략)… 마흔 평 남짓한 조그마한 땅을 사서 스무 평짜리 집을 짓고서 나는 평생 처음으로 거기에 내 문패를 붙였다. 길이 포장이 안 되어서 장마철에는 장화를 신어야 할 지경이었는데도, 앞뒤로 눈에 거슬리는 것이 없어서 꽤 편안하게 1년을 지낸 셈인데, 1년이 지나자마자 내 집 주위에 이른 바 미니2층이라 불리는 양옥집들이 들어서기 시작했고, 마지막으로 내 집 창 옆의 공지에 새 집이 들어서자, 내 집은 앞집, 뒷집, 옆집 사이에 파묻혀 가련한 난쟁이 집이 되어버렸다. 작고 낮은 집에 사는 것만으로도 기분이 언짢은데, 이제는 햇볕이 거의 들지 않아서 집안이 늘 눅눅했다. 다른 경제적인 이유도 있었지만 그 눅눅함을 벗어나려고 나와 아내는 복덕방에 그 집을 내놓은 지 반년 만에야 겨우 그것을 팔고, 스물두 평짜리 여의도 아파트에 전세를 들었다.[1]

1978년에 발표한 글이니 아마도 '미니 2층 양옥'은 그 전부터 크게 유행한 모양이다. 더욱 흥미로운 사실은 김현이 점잖게 표현한 "미니 2층이라 불리는 양옥"이 부동산 시장에서는 '불란서식'이라는 단어가 보태져 통용되었다는 점이다. '불란서식 주택', '미니 불란서식', '미니 불란서식 2층' 등으로 호칭도 다양했지만 빠지지 않은 단어가 바로 '불란서식'이다. 물론 불란서식이라는 말을 단독주택이나 2층 양옥에만 붙인 것은 아니었다. 아파트의 경우도 예외가 아니어서 분양광고에 '불란서식 최고급 아파트'라는 말을 덧붙여 마치 기존의 것들과는 다른 물건인 양 홍보했다.

얼마나 유행했는지 김현의 글이 발표된 같은 해에 프랑스대사관까지 나서서 "아파트보다는 단독주택을" 짓는 "계획성 있는 프랑스의 주택건설"이라는 글을 신문에 낼 정도였다. 프랑스대사관에서 제공한 기사의 내용을 추려 보면, 1960년대 이후 프랑스를 비롯한 유럽 대부분의 국가는 아파트보다는 단독주택을 주로 공급했는데 주로 도시 외곽 신규개발지역에 충분한 공공시설을 갖춘 뒤 평온한 분위기의 나지막한 주택지를 조

1 —   김현, "알고 보니 아파트는 살 데가 아니더라", 《뿌리 깊은 나무》, 1978년 9월호, 54쪽

《동아일보》1976년 10월 18일자에 실린 '불란서식 최고급 아파트'를 내세운 라이프주택의 경동
미주아파트 분양광고와 전경, 2017 ⓒurban lab

강병기, '이른 바 프랑스식 주택이란', "생활수상", 《동아일보》 1975년 11월 21일자

성했다고 한다. 이 글의 내용과 일치하는 것이라곤 '교외지역'뿐이고, 기반시설에 대한 언급은 부동산 매물 정보나 광고 문안에서는 찾아볼 수 없다. '블란서식'이라는 이름이 붙은 우리의 분양광고는 구체적인 내용보다는 허명을 판매의 내용으로 삼았음을 확인할 수 있는 대목이다.

이런 상황에 대해 신문을 통해 조곤조곤 설명한 이는 도시학자 강병기다. 그는 1975년 11월 《동아일보》 "생활수상" 칼럼에서 이른바 프랑스식 주택이란 "실체와는 먼 유혹의 형용사에 불과"하다고 타일렀다.

15, 16평짜리 아파트에도 이름만은 대저택을 연상하는 '맨션'이라 하고, 다락방이라면 흔해빠진 서민층의 주택을 연상하지만 같은 것도 '불란서식 주택'이라고 하면 갑자기 으리으

리하고 좋아 보이게 되니 우습지도 않다…(중략)…왜 불란서식 주택이어야 하는가는 알 길 없으나 아마 이것이 가장 고급이고 우아하게 느껴지는 형용사였다는데 문제가 있다. 이것이 외제라면 사족을 못 쓰는 우리의 소비행위에 깊이 뿌리를 박고 있는 것이다.

불란서식 주택의 유행 역시 외제 선호에 대한 의식에서 비롯됐지만 그것이 왜 불란서여야 하는지는 알 길이 없다는 진단이다. 기사와 함께 소개된 사진이 자못 흥미롭다. '八'자형이나 '人'자형의 경사 지붕에 현관 입구는 동그란 아치형, 2층 발코니 부분의 콘크리트 난간은 마치 장식처럼 붙인 것이다. 물론 경사지붕의 주위에는 투박한 콘크리트 흉장(胸墻)을 둘렀다.

1970년대 양식

건축가 윤승중은 강병기의 글에서 언급한 풍경을 일컬어 세계 어느 나라와도 구별되는 특유의 풍경인 건 분명하다며 이를 '70년대 양식'으로 규정했다. 물론 그 모습이며 유행이 기이하다는 말도 덧붙였다.

대부분 소시민의 주택들은 붉은 벽돌을 의장재로 즐겨 쓰는데, 남쪽 정면만은 한결같이 화강석 돌 붙임을 하는 것이 거의 신앙처럼 되어 있는 것, 집 주변에 콘크리트 난간을 장식처럼 붙이는 것, 기와 주변을 투박한 콘크리트 파라펫으로 둘러싸는 것들도 이해하기 어려운 점이며, 도시 마을의 풍경을 해치는 요소들이라고 말할 수 있다. 또한 멋없이 크기만 한 알루미늄 창들, 알루미늄 도어들, 어설픈 아취 오픈, 쓸모가 분명치 않은 베란다들이 공통적으로 갖고 있는 디자인 모티브들이다. 그로테스크한 지붕을 가진 한결같이 크고 높은 대문은 골목 분위기를 한껏 망치고 있으며, 마을의 이웃을 거부하고 있다.[2]

나아가 그는 도회뿐만 아니라 새마을운동의 일환인 농촌주택개량사업을 통해 이런 기이한 풍경이 널리 퍼지면서 얄궂게도 미니 2층, 불란서식 지붕 등 기괴한 유행어까지

2 — 윤승중, "한국 주택 건축의 실상: 1970년대 주택건축양식", 《건축사》, 대한건축사협회, 1981년 9월호, 38쪽

a   1976년에 벌교에 지어진 불란서식 뾰족집. 현재는 한겨레신문사 지국으로 사용되고 있다. ⓒ권이철

b   "이것이 바로 프랑스의 '멋'입니다"라는 광고 문구를 단 《경향신문》 1972년 3월 18일자에 실린 캉캉
         스타킹 광고

만들었어졌다고 아쉬워했다. 당시 발표된 남진의 노래 "님과 함께"에 등장한 '그림 같은 집'도 이런 모습이 아니었을까. 단독주택이라면 '八'자형이나 '入'자형의 지붕을 갖추고 얼굴쯤에 해당하는 전면은 화강석을 붙인, 그리고 지붕이며 어설픈 2층 난간에는 콘크리트 작은 기둥을 장식처럼 두른 것. 현관으로 사용되는 입구는 조금은 과해 보이는 아치 모양으로 한껏 멋을 부린 집을 기이한 풍경으로 일컬었다. 아파트도 다르지 않다. '불란서식'이라는 유행에 맞춰 경동 미주아파트는 "불란서식 최고급 아파트"라는 분양 광고를 내걸기도 했다.

왜 불란서식인가

김현이 본 '미니 2층 양옥집'에 윤승중이 지적한 '불란서식 지붕'이 보태지며 1970년대의 주택 양식은 '불란서식 미니 2층'으로 자리 잡았다. 프랑스에도 없다는 '불란서식'이라는 형용어가 집 앞에 붙은 까닭은 세련미와 더불어 이국적이고 고급스러운 그 무엇을 지시하기 위함이었을 게다. 더군다나 프랑스는 당연히 서양이고 그림 같은 집이 있는 곳으로 상상되었으니 '양옥'을 빼고 '불란서식 미니 2층'하면 욕망의 모든 것을 드러낼 수 있을 터. 그런 집을 지을 수 있는 부류는 상대적으로 많은 재물을 가져야 했으니 '부잣집'을 표상하는 것 또한 당연했다. 그러니 누가 더 많은 재물을 가졌는가와 누구의 취향이 훨씬 더 고급스러운가를 나타내기 위한 구별 짓기 경쟁이 지붕의 꼴이며 창문의 형상으로 과장되며 1970년대를 풍미했다.

그런데 왜 군이 '불란서식'이어야만 했을까. 베트남전쟁이 한창이던 1966년 4월 《경향신문》에는 기술자로 파견되었다가 안타깝게 목숨을 잃은 박영재 씨의 사연이 소개됐다. 아마도 고국에서 자신을 걱정할 아내와 다른 가족들을 염려하는 마음이 앞서 밥은 주로 계란이며 닭고기, 돼지고기에 후식으로는 바나나 따위를 먹고 있다며 혹시라도 여유가 있으면 고춧가루를 보내달라는 부탁을 참변 전 아내에게 전한 편지다. 여기서 눈길을 끄는 것은 "잠자리는 침대에 목욕탕이 달린 불란서식 주택"이라고 언급했다는 사실이다.

조금 더 시간을 거슬러 올라가보자. 1960년 10월 15일 신문사 특파원이 쓴 "구라파 순례" 가운데 '부릿셀' 소개 기사다. 브뤼셀은 상부도시와 하부도시로 구분된다. 주로 라틴계열이 많이 거주하고 있는 상부도시에는 넓은 도로와 왕궁, 관청, 일류호텔과 함

a 　매물 정보에 나오는 '미니 불란서식', 《매일경제》 1974년 12월 18일자

b 　매물 정보에 나오는 '미니 불란서식 2층', 《매일경제》 1975년 1월 9일자

c 　1980년대 초 반포 일대의 단독주택지 풍경, 1981년 2월 6일 촬영. 출처: 서울특별시 서울성장 50년 영상자료

d 　문화주택 유행기에 일본이 채택한 양풍주택. ④번이 프랑스 식민지 양식인 콜로니얼 스타일고 ⑥번이 우리나라 불란서식 주택과 매우 유사한 양식이다. 출처: 西村伊作, 《裝飾の遠慮》, 文化生活硏究會, 1922

께 '불란서식 주택'이 늘어서 있다고 소개했다. 물론 그것의 구체적 내용이 무엇인가는 언급하지 않았지만 대중매체를 통해 그저 불란서식 주택이 늘어서 있다고 한 것을 보면 적어도 한국인들의 마음속에 자리한 그에 대한 이미지가 있었으리라 짐작된다. 그 이미지가 설령 다른 것일지라도 말이다.

1970년대가 불란서식 주택 양식의 절정기였다고는 하지만 1960년대부터 불란서식 주택이라는 허명은 이미 널리 유포되어 있어 누구나 그 형상을 쉽게 짐작할 수 있는 대상이었다는 사실을 추측할 수 있다. 마음속에 도사린 그런 이미지와 욕망이 결합하면서 1970년대의 유행을 거쳐 영동(강남) 일대의 새로운 주택지에 본격적으로 실현되면서 1980년대의 풍경으로 이어진 것이다.

제1차 세계대전 후 미국에서는 교외주택지 개발 열풍이 불었고, 이때 유행을 주도한 단독주택 양식은 뉴욕과 뉴저지 일대에서 선풍적 인기를 끈 네덜란드 식민지 양식(Dutch Colonial Style), 남부 캘리포니아 일대 고유양식이라 할 수 있는 크래프츠먼 양식(Craftsman Style), 영국풍의 커티지 양식(Cottage Style), 그리고 미국 전역을 휩쓴 프랑스 식민지 양식(French Colonial Style) 등이었다. 이미 미국에서도 1920년대부터 1960년대에 이르기까지 불란서 양식이 대중적 선호를 가진 주택으로 시대를 풍미했다는 말과 다르지 않다.

일본의 경우도 1912년부터 1926년에 이르는 다이쇼기(大正期)에 문화주택이 선풍적 인기몰이를 했다. 이때 선호된 서구식 주택은 모두 10가지 정도였는데 이를 통틀어 '양풍주택(洋風住宅)'으로 불렀다. 이 가운데 콜로니얼 스타일과 미국 서부 양식에 주목할 필요가 있다.[3] 물론 보다 심층적인 문헌조사와 연구 검토 등이 뒤따라야 할 사안이지만 콜로니얼 스타일은 프랑스 식민지 양식의 주택이고, 미국 서부 양식은 우리나라에서 근거 없다고 한 불란서식 주택과 매우 닮았다. 당시 한반도는 일제의 식민지배 상태에 놓여 있었고, 일본과 거의 동일한 시간대에 그들과 마찬가지로 문화주택 붐이 크게 일었다. 따라서 거칠게 추정해 보면 일제강점기 시절부터 문화주택을 거쳐 해방 이후 미국 등 서구의 직접 세례를 받으면서 불란서식 주택이라는 용어며 이미지가 만들어진 것은 아닐까 생각해 볼 수 있다.

1920년대 신문기사 하나를 살펴보자. 기사가 전하는 내용은 1921년 11월 12일부터 1922년 2월 6일까지 워싱턴에서 열린 워싱턴 회의를 담은 것으로 미국에 체재하고 있

---

3 —　内田靑藏+大川三雄+藤谷陽悅, 《圖說 近代日本住宅史》, 鹿島出版社, 2002(3刷) 56〜57쪽 참조

던 이승만 박사의 활동을 소개했다. 여기서 주목하고자 하는 내용은 워싱턴 군축회의에 참석한 당사국이 미국과 영국 그리고 일본이라는 점인데 왜 프랑스가 빠질 수밖에 없었는가에 대한 진단이다.

문화 상태로 말하면 불란서가 물론 참가할 것이지만 육해군의 비례에 따라 군비축소 문제에 대한 관계로 말하면 불란서는 확실히 낙오자가 되었다.[4]

프랑스는 문화적 선진국가라는 인식이 이미 자리하고 있음을 알 수 있다. 한때나마 유행한 '불란서식 주택'이나 '불란서식 미니 2층' 등은 이미 일제강점기부터 그 뿌리를 내린 것이 아닐까 짐작하게 한다.

왜 미니 2층인가

그렇다면 왜 1970년대 부동산 매물 정보에는 '온전한 2층' 대신 '미니 2층'이 많이 등장했을까. 당연하게도 당시의 주택 수급 사정과 가정 경제 형편 때문이다. 1970년대 경제성장률은 연평균 7.2~14.8%를 기록했고, 1975년을 기준으로 할 때 서울의 주택보급률은 56.3%였지만 1980년에 오히려 56.1%로 낮아졌다. "주택건설촉진법"이나 아파트지구와 같은 특단의 대책을 마련해 집을 늘리려고 해도 늘어나는 인구를 감당할 수 없었다. 도회로 몰려든 사람들은 어떻게 하든 몸을 의탁할 거처가 필요했고, 부동산 가격은 천정부지로 뛰어올랐으니 주거공간을 이용한 임대수익은 중요한 재산 축적 수단이 되었다. 결국 지하와 지상에 각각 반씩 걸친 반지하층을 만들어 세를 들이고, 주인집은 그 위에 한 층을 점유하는 것이 보편화되었다. 꿩 먹고 알 먹는 셈이다. 그러니 그 모양이란 것을 온전한 2층이라 할 수 없고 달리 부를 방도가 마땅치 않으니 생겨난 것이 '미니 2층'이다.

당시 크게 유행하던 '미니 스커트'라는 이름의 짧은 치마에서 가져온 '미니'를 주택 이름에 보태 온전한 2층보다는 높이가 낮은, '반지하+1층'이 결합된 주택을 '미니 2층'으로 부르게 된 것이다. 맨션아파트가 대유행이던 시기에 잠실대단지 아파트단지에 지어

4 — 金東成, "記者大會에서 華盛頓會議에-李承晩 博士와 그 活動", 《동아일보》 1922년 2월 11일자

진 7.5평짜리 아파트를 '미니 맨션'이라 부른 것과 마찬가지다. 물론 드라마 세트라지만 드라마 "응답하라 1988"에서 정봉·정환과 덕선의 집이 바로 '미니 2층'이다.

붉은 벽돌 2층 양옥

'불란서식 미니 2층'으로 불리는 '1970년대 양식'은 어느 날 갑자기 생겨난 것이 아니다. 인류 역사에서 모양이며 내용이 가장 변하지 않는 것이 집이라는 사실은 그 이전의 것으로부터 매우 뛰어난 유전적 형질을 이어받은 상태에서 새로운 여건에 따라 아주 조금씩 형질이 바뀌거나 새 것이 보태진 느림보 양식이기 때문이다. 그런 의미에서 시간을 거슬러 올라가 살피는 것이 의미 있는 일이다.

건축역사학자 전봉희는 "한옥과 양옥은 개항과 함께 서구의 건축이 전래된 이후 재래의 건축과 외래의 건축을 구분하기 위하여 새롭게 만들어진 용어"라 설명하면서 이 가운데 양옥이 본격적인 모습을 갖춰 등장한 시기를 1960년대 이후로 잡고 있다.

양옥이 전면에 등장한 시기는 1960년대 이후다. 목재의 공급이 부족해지고 목조건축이 대량생산체제에 적응하지 못하며 새로운 건축법 체제에 적응하지 못하는 등 여러 가지 제약으로 한옥이 사실상 주택시장에서 물러난다. 그리고 그 자리를 벽돌이나 시멘트 블록으로 벽체를 올리고 트러스로 지붕틀을 짜고 그 위에 시멘트 기와를 올린 '양옥'이 빠르게 대체해 나갔다.[5]

이후 "주택시장은 한동안 '양옥'이 주도권을 공고히 하였으며, 1970년대에 아파트 건설이 활발해지면서 단독주택과 집합주택의 경쟁 구도가 만들어진다. 1970년대 이후 한국의 주택 건설은 '양옥'과 '아파트'로 크게 나뉘"[6]면서 '한옥'은 재래의 고유한 것으로 자리매김하는 대신 '양옥'이 보편적인 단독주택 양식으로 굳어졌다는 것이다.

결국 대한제국기 기록에서 확인할 수 있는 벽돌집(煉瓦建)이나 양철지붕집(洋鐵葺) 혹은 2층집(二階建) 등과 같은 '양옥'이 전래된 것은 이미 19세기 말에서 20세기 초로 판단했지만 벽돌이나 시멘트 블록으로 벽체를 올리고 트러스로 지붕틀을 짜 그 위에 시멘트 기와를 올린 보통의 '양옥'이 '조선가옥(한옥)'을 빠르게 대체한 시기를 1960년대로 판단하고 있다. 당연하게도 1960년대는 1950년대를 딛고 있으며 1970년대를 견인한 시절이다. 1950년대라면 6.25전쟁의 참화를 복구하기 위해 부흥과 재건에 힘쓰던 때였고, 정부 시책과 유엔 등의 원조에 의해 구호주택이나 국민주택, 외인주택 등이 등장한 시기였다. 남아프리카에서 흙벽돌 제작 기구를 들여와 750달러에 집 한 채를 지을 때였고, 재건주택, 희망주택, 부흥주택, 운크라(UNKRA) 주택 등의 이름을 딴 양식주택들이 보급되던 시절이었다. 당시 지어진 구호용 주택의 많은 경우가 집 안에 화장실을 갖춘 2층 연립으로 지어졌고, 서양식의 트러스 구조를 채용해 기와를 얹는 경우가 대부분이었다.

1960년대를 설명할 수 있는 조사 기록을 살펴보자. 대한주택공사가 1971년 4월 한 달 동안 주택센터를 방문한 무주택자 100명을 대상으로 주택 취향을 조사한 결과인데, 그 내용이 매우 흥미롭다. 설문에 응답한 100명 가운데 양옥의 다른 이름이라 할 수 있는 '문화식 주택'을 원하는 경우가 91%를 차지하고 있는데, 구운 기와, 시멘트 기와, 석면 슬레이트 등을 지붕 재료로 원한다는 대답이 86%에 이른다. 이는 곧 당시 응답자 대부분이 기와나 슬레이트를 얹은 경사지붕을 가진 집을 '문화식 주택'으로 불렀고 이를 누구나 쉽게 이해했다는 것이다. 결국 1970년대에 이르기까지 일제강점기의 서양풍 주택을 일컫던 '문화주택'이 매우 보편적으로 사용되었다는 말이니 거칠게 설명하자면

5 — 전봉희·권용찬, 《한옥과 한국 주택의 역사》, 동녘, 2012(초판 1쇄), 22쪽

6 — 전봉희·권용찬, 앞의 책, 22쪽

일제강점기에 조선에 소개된 소위 '문화주택'이 1950~60년대를 거치며 '문화식 주택'으로, 다시 1970년대에 '양옥'으로 변모한 것이 된다. 그리고 이것이 시장주택으로의 전환 과정에서 '불란서식 주택'이며 '불란서식 미니 2층' 등이 등장하게 된 것으로 볼 수 있다.
그리고 이는 다시 1980년대로 상황을 이끌었다.

1980년대 초반에는 주택 작품들에 스페인기와와 벽돌담을 사용하여 소재로부터 자연미를 추구했고, 오지기와 지붕 등도 한동안 유행했다. 후반부터는 좀 더 과감하게 지붕창, 전면 박공지붕, 망사르 지붕(mansard roof) 등으로 지붕을 과도하게 디자인하는 경향도 보였다. 문과 창을 장식적으로 처리하고, 입면에 다양한 패턴을 적용하거나 다양한 형태의 천창을 도입함으로써 한편으로는 통속적인 취향으로 흐르기도 했지만, 이러한 것들이 대중들에게는 부러운 '부자들의 집'의 전형적 모습이 되었다.[7]

이런 사실을 이어붙이면 주택의 전반적인 변천 양상이 완성되지 않을까.

불란서식 주택의 원형, 문화주택

이제 다시 시간을 거슬러 올라가 1930년대 석영 안석주의 만문만화 하나를 살펴보자. 1930년 4월 14일《조선일보》에 실린 것이다. 고약하게 생긴 사람이 대부(貸付)라고 쓰인 긴 쇠사슬로 서양풍의 2층짜리 교외주택을 옭아매고 있는데 그 안의 잉꼬부부는 나 몰라라 하며 스위트홈을 즐기는 삽화다. 유행과 허례를 좇아 서양풍 단독주택인 문화주택을 취하려다가 오히려 큰 화를 입을 수도 있다는 당시 세태를 상징적으로 묘사하고 있으니 요즘 사회문제로 등장한 가계부채나 '하우스 푸어'에 대한 걱정과 다름 아니다. 다음과 같은 냉소적 글을 그림 설명으로 보탰다.

요사이 걸핏하면 여자가 새로 맞이한 사나이를 보고서 우리도 문화주택에서 재미있게 잘 살아보았으면 해서 그런지는 몰라도 쥐뿔도 없는 조선 사람들이 시외나 기타 터 좋은데다가 은행의 대부로 소위 문화주택을 새장같이 거뜬하게 짓고서 스위트홈을 삼게 된다. 그

7 — 전남일,《집: 집의 공간과 풍경은 어떻게 달라져 왔을까》, 돌베개, 2015(초판 1쇄), 173~175쪽

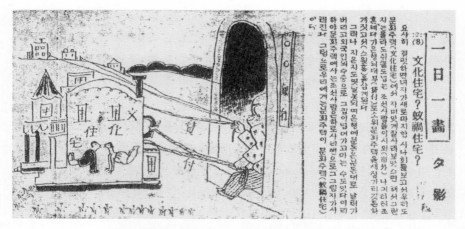

문화주택에 대한 욕망을 풍자적으로 묘사한 석영 안석주의 만문만화, 《조선일보》 1930년 4월 14일자

러나 지은 지도 몇 달 못 되어 은행에 문 돈은 돈대로 날아가 버리고 외국인의 수중으로 그 집이 넘어가고 마는 수도 있다. 이리하여 문화주택에 사는 조선 사람은 하루살이뿐으로 그 그림자가 사라진다. 그럼으로 우리에게는 문화주택(文化住宅)이 문화주택(蚊禍住宅)이다.[8]

일제강점기에 서구 문명과 생활의 표상으로 자리한 문화주택은 해방 후 20여 년이 지난 1960년대 중반에도 여전히 건재했다. 1963년부터 1964년에 이르는 8개월 동안 《경향신문》에 연재된 손창섭의 장편소설 《인간교실》의 한 대목에서 이를 확인할 수 있다. 주인갑이라는 소설 속 인물은 자유당 시절에 비닐 무역업으로 돈을 벌어 자기 집을 지었는데 한강이 눈 아래 굽어보이고 아카시아 숲이 절경을 이룬 곳 70평의 대지 위에 빨간 벽돌벽에 청록색 기와를 얹은 단독주택이다. 새뜻하고 이채로운 외풍을 갖춘 문화주택으로 설명한다. 이 집은 주인이 손수 지었는데 눈이 부시도록 하얀 페인트를 문틀마다 바르고 장문에는 화려한 색깔에 무늬가 장식된 커튼을 드리우게 했다. 당시 집을 지을 수 있는 사람들의 마음속에 어떤 이미지가 담겨 있었는가를 단박에 알 수 있다. '붉은 벽돌'이 보태진 것이니 '불란서식 미니 2층'과 더불어 '붉은 벽돌 2층 양옥'은 곧

8 — 안석주, "文化住宅? 蚊禍住宅?", 《조선일보》 1930년 4월 14일자

우리들이 '마음속에 그린 집'으로 자리하게 된 것이다.

문화주택이 크게 유행한 1930년대를 지나 1940년대에는 양옥이라는 말보다 문화주택이라는 말이 더 보편적으로 사용되었다. 당시의 문화주택 여부를 결정하는 주요 판단 기준은 '경제적, 과학적, 위생적인가'를 따지는 것이었다. 이런 점에서 재래주택인 '한옥'의 많은 부분을 개량해야 한다는 주장이 제기되었고, 그 대안으로 상정한 것이 문화주택이라는 점에서 결국 '양옥'이란 곧 문화주택의 유전적 성질을 다분히 내포한 것으로 볼 수 있다.

근래 우리 사회에서도 문화생활이라는 말을 흔히 듣습니다. 이는 우리가 다 아는 바와 같이 지나간 시대에 처하였던 이태백이나 혹은 도연명을 부활시키자는 것은 결코 아니겠습니다. 어떤 의미로는 그를 부활시키는데 갑갑하다 할지라도 이는 반드시 근대문명이라는 과학정신의 세례를 받은 후의 이태백이며 도연명이 아닐진대 이는 결코 지금 우리가 부르짖는 문화생활은 아니겠습니다. 그렇다고 우리는 오직 과학정신 그것뿐이 현재 우리가 요구할 문화생활로 오해하면 또한 아니 되겠습니다. 우리가 요구할 문화생활 그것은 무리한 침략을 일삼아 다 못 가진 사람을 살해할 경우에만 한하여 필요한 군기(軍機)와 무예를 중심으로 한 그 생활에서 떠나 사람은 오직 사람대로 인인(隣人)을 사랑하며 우리 앞에 무궁히 펼쳐 있는 미지의 경(境)을 개척할 것이 즉 우리가 요구할 문화생활일까.'

1920년대의 이 글은 근대문명이라는 과학정신을 바탕에 두고 인본주의를 추구하는 것이라고 나름 정의한 경우다. 문화생활을 이루기 위한 기본적인 입장은 서구 문물을 받아들이되 어디까지여야 하는가가 핵심이라는 주장이 제기되었다. 당시의 이중생활을 점잖게 꾸짖은 것이다.

편발(編髮)과 상투는 변하여 '돌중'이 되고 담소하나 귀찮게 너불너불하던 우리의 의복은 변하여 소위 양복이 되었으며 혹은 칼과 삼지창을 들어 서투르고 느린 솜씨로 양식이라는 것도 맛보고 또는 생활의 여유가 많은 양반들은 지붕이 뾰족한 소위 삼층 양옥에도 거처하는 등 얼른 손꼽아 헤기 어려우리만큼 많은 변천은 우리의 생활 가운데로 침입한 것은 어기지 못할 사실일 수밖에 없겠습니다. 이는 즉 우리가 구미문명이라는 한걸음 더

9 —   김유방, "문화생활과 주택", 《開闢》 1923년 2월호(통권 32호), 51쪽

진화된 계단을 밟으려 하는 동시에 그 배경이 되는 '의식주'를 어떠한 정도까지 본받아 우리 자신과 그 생활을 타협시키려는 노력일 수밖에 없겠다.[10]

그런데 내용보다는 외형을 장식하기 좋아하는 상황에 이르고 있으니 서구 문명에 대한 맹목적 추종이 빚는 피해, 즉 밥은 못 먹어도 안경과 양복 한 벌은 반드시 가져야 한다는 치레를 떨쳐내는 일이 무엇보다도 중요하다고 지적했다.

마치 '불란서식 주택'으로 불리는 1970년대의 주택 양식을 개탄한 건축가의 지적이나 세상 어느 곳에서도 그 근거를 찾을 수 없는 불란서식 주택이야말로 실체와는 거리가 먼 유혹의 형용사에 불과한 것이라는 불쾌감을 드러낸 학자의 글이 전하는 바와 전혀 다르지 않다. 조급함과 시장, 그리고 웅숭깊지 못한 대중들의 문화적 충격이 가져온 결과에 대한 우려인 셈이다.

마음속에 그린 집의 귀결

온전한 모양의 '붉은 벽돌 2층 양옥'은 도시 곳곳에 여전히 건재한 모습으로 남아 있거나 다른 모습으로 그 유전적 형질을 바꾸었다. 그렇다면 상대적으로 그 모습을 찾기 어려운 '불란서식 미니 2층'은 어떻게 변했을까. 당연하게도 그곳은 차츰 다세대·다가구주택으로 모양을 바꾸고 몸집을 불려 더 많은 세입자를 수용하는 고밀 주택으로 변모하였다. 팍팍한 살림살이가 빚은 결과일지도 모른다. 1980년대 중반 이후 새롭게 등장한 대량 주택공급정책에 발맞춰 바닥면적을 늘리고 층을 높여 원래의 집주인이 맨 위층을 차지하는 경우도 적지 않지만 일부는 세입자들만이 북적대는 고밀도 임대주택으로 남겨졌고 원래의 집주인은 마음속에 그린 또 다른 집을 찾아 거처를 바꾸었다. 그들은 어디로 갔을까?

그들이 마음속 깊이 품었던 온전한 집으로서의 '붉은 벽돌 2층 양옥'은 1980년대 중반 이후 등장한 저밀도의 고급 연립주택인 소위 '빌라'로 먼저 모습을 바꾸었고, 아파트에서 편리함과 쾌적함을 누린 다른 부류는 한때 큰 유행이었던 전원주택을 대신한 '타운하우스 붐'에 힘입어 아파트의 권태를 보상받는 방법을 택해 교외주택지로 옮겨갔다.

10 — 김유방, 앞의 글, 52쪽

민간 건설업체들의 발 빠른 주택상품 전략이 이들을 빨아들인 것이다. 마치 1970년대를 풍미했던 '불란서식 주택'이나 '불란서식 아파트'처럼 말이다. 물론 최근 대도시 주변 지역에 터를 잡아 마당을 가진 단독주택을 짓는 경우도 종종 발견할 수 있다. 흔히 하나의 필지에 동등한 조건을 갖는 두 집을 붙여 세우고 마당을 나눠 사용하는 '땅콩주택'은 '불란서식 미니 2층'의 다른 변형이다.

마음속에 그린 집은 누구나 있기 마련이다. 다만 오늘에 이르러 그 소망을 실천할 수 있는 부류가 지극히 한정된다는 것과 그 욕망이 드러난 결과가 아쉽다. '빌라'로 불리는 고급 연립주택, 누구와도 부대끼지 않는 단독주택의 고즈넉함에 더해 아파트의 편리함과 쾌적함을 두루 갖추었다는 '타운하우스'는 모두 소통을 거부하는 '자폐단지'로 만들어졌다. 구별 짓기만을 위한 철저한 구획 논리와 구획된 공간을 누구와도 공유하지 않도록 치밀하게 가두는 자폐주의가 '마음속에 그린 집'의 온당한 결과일까. 집이 아니라 동네, 다름과 차이를 인정하고 소통하는 더불어 사는 공동체야말로 마음속에 그려야 할 풍경이다.

흥미롭게도 '불란서식 주택'이나 우리가 흔히 사용하는 '빌라'며 '타운하우스'는 '단독주택'이나 '다세대주택' 등과 달리 어떠한 법적, 제도적 정의도 없는 흥미로운 호칭이자 용어다. 마치 최근 회자되고 있는 '공유주택(쉐어 하우스)'과 다를 것이 없다. 거칠게 풀이하자면 부동산 시장이 만들어낸 기형적 용어일 뿐인데 '빌라'는 고급 연립주택'을, '타운하우스'는 고급 연립주택이거나 고급 다세대주택'이긴 하지만 대도시 외곽의 교외지역에 위치하고 있음을 의미한다. 다만, 이들을 연립주택이나 다세대주택으로 부르지 않는 이유는 주택시장에서 철저하게 서열화 되어 있는 기존의 연립주택이나 다세대주택과는 다른 '상품'이라는 점을 드러내기 위함이다. 다세대·다가구주택에 별칭으로 부르곤 하는 '가든' 역시 그 속내를 들여다보면 '다세대주택'이거나 '다가구주택'인 것과 같은 셈법이다. 일제강점기의 '돈암장'이니 '연희장'과 같은 호칭과 전혀 다르지 않다.

시장은 이렇듯 교묘하고도 치밀하다. 문학평론가 김현은 "아파트는 하나의 거주 공간이 아니라 사고양식이라는 것"[11]을 확인한 바 있다. 그리고 그런 이들로 하여금 끊임없이 자신을 돋보이도록 시장은 욕망을 자극한다. "스물두 평에 처음 발을 디딜 때는 그렇게 적어 보이지 않던 공간이 서른두 평에 다녀온 뒤로는 그렇게 비좁을 수가 없었다. 그래서 스물두 평에 사는 사람은 서른두 평으로, 서른두 평에 사는 사람은 마흔두 평으

11 ─ 김현, 앞의 글, 56쪽

로 옮겨가려고 애를 쓴"[12]도록 꼬드기고 자극한다. 아파트에 살지만 이곳이 삶의 정착지가 아닐 것이라고 믿는 사람들에게 마당이 딸린 너른 단독주택을 가질 수 있다고 속삭이는 것도 시장이고, 더 나은 곳이 수두룩한데 왜 여기에 머물고 있냐고 꾸지람하듯 욕망을 자극하는 것도 시장이다. '미니 2층이라 불리는 양옥집'이나 '불란서식 2층 양옥'도 그런 속삼임이 만들어낸 지나간 시대의 헛된 풍경이다.

앞의 "1960년대 말까지 서울의 무주택자를 대상으로 한 조사를 보면 아파트 입주 희망자는 1.7%에 불과했고, 82.7%가 단독주택을 희망했다."[13]는 사실에서 우리는 '불란서식 주택'의 등장 이면사를 다시 확인한다.

12— 김현, 앞의 글, 56쪽

13— 《동아일보》 1969년 6월 4일자

오래되어서
귀한 것을
오래되었다고
버리는 시대의
착잡함,
제주 이시돌 목장
테쉬폰

흡사 구름다리처럼 생긴 집

a   제주 이시돌 목장의 개척농가 '테쉬폰', 2011 ⓒ서울시립대 주택도시연구실

b   테쉬폰의 마구리 부분 ⓒ손민아

c   2세대용으로 만들어져 출입구가 두 개인 테쉬폰의 측면 ⓒ손민아

제주 이시돌 목장의 '테쉬폰'

포털 사이트에 '제주 이시돌 목장'이나 '제주 웨딩 촬영' 등을 검색어로 넣으면 파란 하늘 아래 마치 드럼통을 반으로 쪼개놓은 것과 같은 낡은 건물을 배경으로 친구끼리 혹은 결혼을 앞둔 연인이 찍은 사진이 무더기로 눈앞에 펼쳐진다. 일상을 떠나 맑은 꿈을 품은 이들이 제주 한림읍 금악리 이시돌 목장을 찾아 소중한 시간을 추억으로 남긴 사진들이다.

이 건물을 마주 대하면 박노해 시인의 음유가 가슴속 울림으로 전해진다.

…

오랜 시간을 순명하며 살아나온 것
시류를 거슬러 정직하게 낡아진 것
낡아짐으로 꾸준히 새로워지는 것
오래된 것들은 다 아름답다

…

1961년에 지어진 것이니 이제 60년 정도를 앞둔 것일진대 마치 고대 유적을 대하는 느낌과 다를 것이 없으니 늘 새 것만을 고집하는 시대의 천박함을 꾸짖게 된다.

합판을 세워 윗부분의 양 끝에 못을 박고 쇠사슬을 늘어뜨린 뒤 자연스럽게 만들어진 곡면 모양을 따라 합판을 오려낸 목재 형틀을 여럿 만들고 이를 일정한 간격으로 줄줄이 세운 후 물을 흠뻑 뿌린 가마니를 덮은 다음 모래와 시멘트를 섞은 반죽을 그 위에 3~4회 덧씌워 지었다.[1]

일명 '테쉬폰'이다. 아일랜드에서 사제 서품을 받자마자 목포를 거쳐 제주도로 부임해 이시돌 목장을 개척한 맥그린치(P. James McGlinchey) 신부가 척박한 제주에 살림집과 양돈장으로 쓰기 위해 1961년에 지은 건축물이다. 이시돌농촌개발협회가 보유하고 있는

---

1 — 2014년 3월 5일 이시돌 목장으로 보낸 여러 질문 가운데 하나에 대한 대답으로 이시돌 목장의 개척자인 맥그린치 신부와 개척농가 입주자였던 박용근의 증언을 정리해 이시돌농촌개발협회 임건택 실장이 같은 해 3월 13일 전달한 내용이다.

a   이시돌 목장 개척 당시 테쉬폰 시공현장 사진. 1963년 촬영한 것으로 추정. 검은 사제복을 입은 이가
     맥그린치 신부이다. 이시돌농촌개발협회 소장 자료

b   테쉬폰 시공 장면. 이시돌농촌개발협회 소장 자료

c   사료 저장고로 쓰인 복합형 테쉬폰. 이시돌농촌개발협회 소장 자료

오래 전 사진에 맥그린치 신부가 증언한 테쉬폰 시공 방법이 고스란히 담겨 있다. 가마니를 씌운 구조체 위에 시멘트를 이용해 반죽한 모르타르를 바르는 모습이다.

이시돌 목장을 개척한 맥그린치 신부는 아일랜드 콜롬반선교회의 사제로 1954년 한국에 부임해 현지 적응을 위해 목포 교구에 머물다가 제주를 최종 임지로 부임했다. 매 7년마다 사제들에게 주어지는 안식년을 맞아 1960년에 고향인 아일랜드로 돌아가 14개월을 지냈는데, 이때 집 근처의 더블린 신학교 구내에 만들어진 테쉬폰 구조물을 보았다. 구조의 견고함과 빠른 시공, 비숙련자도 쉽게 지을 수 있는 시공성과 비용 절감 등으로 많은 선교사들이 자신들의 임지(특히 피지)에서 이를 지었다는 이야기도 들었다. 자신의 부임지인 제주를 떠올렸다. 아일랜드에 있는 테쉬폰 시스템 프레임 임대 업체로부터 형틀을 빌려 자신의 집 차고에서 형과 함께 테쉬폰 시스템으로 차고를 지어 보았다. 이 경험을 바탕으로 제주로 돌아온 뒤 이시돌 목장에서 1세대용과 2세대용의 간이 숙소를 여럿 지었다. 이들 가운데 하나가 바로 지금까지 이시돌 목장에 남아 있는 테쉬폰 주택²이다.

맥그린치 신부는 '테쉬폰 시스템'에 대한 전문적인 지식이나 정보를 특별하게 얻은 적은 없다. 단지 아일랜드에서 안식년을 보내는 동안 어느 아일랜드 엔지니어와 영국 엔지니어가 이라크 고대도시 크테시폰(Ctesiphon)에서 독특하면서 견고한 건축물을 발견했고 여기서 영감을 얻어 아일랜드에 회사를 차렸으며 다른 사람들도 쉽고 싸게 만들 수 있도록 프레임을 빌려 주는 임대사업도 한다는 말을 들은 것이 전부였다고 했다.³ 공학적인 전문 지식이나 구체적 매뉴얼 등을 입수한 것도 아니다. 체인(chain)을 늘어뜨려 생긴 자연스러운 곡선을 따라 건물의 하중이 기초가 있는 아래로 자연스럽게 흘러가는 구조가 매우 안정적이라는 점, 바닥 기초는 반드시 매트기초로 해야 한다는 점 정도만 아일랜드에서 일반 정보로 들어 알고 있었다.⁴

---

2 — 맥그린치 신부에게 2014년 3월 25일 전달한 질문지에 대한 4월 1일의 답변을 요약한 것이다. 맥그린치 신부는 아일랜드에 머무는 기간 동안 여러 곳의 미사를 집전하면서 전쟁을 겪은 한국의 재건과 제주도민들의 자활을 위해 성금을 모았고, 그렇게 모은 성금으로 제주로 귀환한 뒤 농촌 개척과 사역에 헌신하게 된다.

3 — 맥그린치 신부가 언급한 회사는 1913년 알프레드 드랩(Alfred Delap)과 제임스 월러(James Waller)가 아일랜드의 더블린에 공동 설립한 드랩앤월러(Delap & Waller)이다.

4 — 맥그린치 신부의 4월 1일 답변. 체인을 늘어뜨려 구조적 안정성을 획득하는 원리인 카테너리 시스템(catenary system)에 대한 기본적인 이해는 아일랜드에서 안식년을 보내는 동안 맥그린치 신부가 개괄적으로 획득했음을 알 수 있다.

1967년 촬영된 제주 이시돌 목장 일대의 항공 사진. 동그라미 표기가 된 곳이 현재의 목장사무실 입구 테쉬폰이다. 국토지리정보원 소장 자료

아일랜드에서 제주로 돌아온 뒤 1.5m 높이의 테쉬폰 구조물의 시험 시공을 거친 뒤 1961년부터 1962년까지 전문 업체의 어떠한 도움도 없이 이시돌 목장의 직원 숙소를 제주도민들과 함께 자력으로 건설했다. 그 후 목장 개척농가 조성사업이 본격적으로 시작된 1963년부터는 개척농가 분양을 목적으로 주택사업을 했기 때문에 대량건설이 필요해 서울에서 내려온 '공영'이라는 시공업체를 통해 자신이 고안한 테쉬폰 주택 100여 채와 창고 및 돈사용 구조물 200여 채를 짓도록 했다.[5]

5 — 이시돌농촌개발협회 임건택 실장이 2014년 3월 13일 전달한 내용이다. 제주 이시돌 목장 개척 과정과 맥그린치 신부의 역할 등에 대해서는 박재형, 《희망을 준 목자 맥그린치 신부》, 가톨릭출판사(초판), 2005; 제주 인터넷신문 《제이누리》의 〈창간 2주년 특별기획〉, "격동의 현장-남기고 싶은 이야기 (연재기사)" 참조

1963년부터 제주 개척농가 분양을 본격 시도하면서 자력에 의한 소단위 개척농가의 공급으로는 수요를 맞출 수 없다는 판단에 따라 서울 교구에 도움을 요청했고, 회사 대표가 가톨릭 신자인 시공업체 공영건업을 알게 되었다고 한다. 이러한 인연으로 제주 한림항에 위치한 이시돌 사료공장과 금능 공소 등을 김요한(세례명) 대표가 운영하는 공영건업이 시공을 했고, 개척농가 역시 상당수를 공영건업이 짓게 되었다. 하지만 바닷모래를 사용한 탓에 잔여 염분으로 인해 구조체에 심한 균열이 발생했고, 매트기초 대신 줄기초를 사용한 까닭에 하자가 생겨 해당 업체에 대한 불만이 적지 않았다고 한다. 그런데 그마저도 1966년이 되면서 베트남 특수가 생기자 공영건업이 그곳으로 건설 사업을 하러 간다는 이유로 더 이상 관계를 맺지 못했다.[6] 긴박했던 당시 제주의 상황을 회고하면 지금까지도 아쉬운 대목이라고 맥그린치 신부는 기억하고 있다.

1967년 촬영된 제주 한림읍 금악리 일대의 이시돌 목장 항공사진을 살펴보면 크기가 다양한 수많은 테쉬폰 구조물들이 목장 일대에 대규모로 산재했음을 확인할 수 있다. 이는 맥그린치 신부의 기억과도 일치해 사료 저장고와 돈사뿐만 아니라 목장에 필요한 대부분의 시설 공간을 거의 모두 테쉬폰 구조물로 대응했음을 알 수 있다.

동양의 먼 나라에서 계속된 맥그린치 신부의 농촌개척운동과 봉사활동은 그의 고국인 아일랜드에도 널리 알려져 1966년에는 아일랜드의 RTE 방송국에서 제주를 방문해 "Somewhere Island"라는 이름의 다큐멘터리를 만들어 방영했다. 이 영상물에서 60년 전 이시돌 목장의 상황이며 제주 사람들의 삶의 모습을 살필 수 있다.

수유리 시험주택 B형과 구로동 공영주택

제주 이시돌 목장에 농가와 양돈장 등이 한창 세워질 무렵인 1963년을 기점으로 서울의 행정구역은 그 이전에 비해 면적이 2.3배로 확장된 뒤 1973년에 일부 경기도 지역을 추가로 편입하면서 최대 규모를 기록했다. 이후로는 커다란 변화 없이 오늘에 이르고

6 — "월남에서 다른 어떤 분야보다 최고의 실적을 보이고 있는 건설업 계약 실적을 보면, 현대건설 500만 달러, 대림산업 200만 달러, 공영건업 210만 달러, 삼환기업 36만 달러로 당초 목표액 2,000만 달러의 절반 정도 밖에 도달하지 못했다. '캄란' 소도시 건설사업 중 1차년도 예산 약 1,000만 달러가 소요되는 약 3천 호의 민간주택 건립사업이 OICC(Office In Charge of Construction)와 한국 측에서 공사를 담당하는데 원칙적인 합의를 보았다는 1966년 11월 8일자 《매일경제신문》 관련기사 "越南通信"을 통해 공영건업의 베트남 진출 사실을 확인할 수 있다.

있는데[7], 당시 서울의 도시계획 쟁점 가운데 하나는 도심 인구의 교외 분산을 위한 대규모 택지 조성과 주택지 조성사업이었다.[8]

대한주택공사는 매년 6만 호에 이르는 주택 수요에 대응하기 위해 불량주택지구를 토지구획정리사업을 통해 택지로 전환한 뒤 국민주택과 아파트 등을 건설했다. 이와 더불어 교외 신도시의 확대를 통한 집합주택 건설의 필요성을 강조하는 정책을 펼쳤다. 이때 적극 검토된 것이 바로 '프리패브(조립식) 주택'이다.[9] 시험주택 건설을 통해 성능과 비용 등을 우선 검증하고 이를 기초로 계속 연구하고 실행에 옮긴다는 취지에서 시도한 것이 일명 '63 시험주택'이다.[10] 대상지는 수유리 국민주택지구였다.

조립 및 개량된 제반 자재와 목재의 절감방안에 입각하여 저렴한 주택의 다량건설을 시도하고 동 자재를 사용하여 건설한 주택의 예기치 않았던 문제점을 종합 검토하여 계속 연구 자료로 하여 명실상부한 국민주택의 혁신을 도모하기 위한 것이다.[11]

7 — 박철수, "박완서 소설을 통해 본 1970년대 대한민국 수도─서울 주거공간의 인식과 체험", 《대한건축학회논문집》 제30권 3호(통권 305호), 대한건축학회, 2014, 191쪽; 최근희, 《서울의 도시개발정책과 공간구조》, 서울학연구소, 1996, 120~138쪽 참조

8 — 권영덕, 《1960년대 서울시 확장기 도시계획》, 서울연구원, 2013, 129~133쪽 참조

9 — 대한주택공사는 1962년 7월 1일 창립과 더불어 주택문제연구소를 발족하였는데 '주택의 대량생산을 위한 대량건축의 방법을 연구'하기 위한 것이다. 건축연구실, 자재연구실, 단지연구실로 꾸려진 주택문제연구소는 《주택》 제11호에 "프리회보(조립식) 주택에 대하여", "시험주택 건설개요", "위성도시에 대하여"라는 제목의 글을 각 연구실 이름으로 게재했다. 대한주택공사, 《주택》 제11호, 1964. 1. 24~35쪽. 이때 프리패브 방식으로 건설된 것이 수유리 시험주택 D, E, F형이다.

10 — 이때 건설된 시험주택에 대한 기록은 일관적이지 않다. 대한주택공사, 《대한주택공사20년사》, 1979, 362쪽에는 시험주택 4동과 3호 연립식 주택 1동 등 5동을 건설했다고 언급하고 있으나 대한주택공사, 《주택》 제11호, 33쪽에는 7동 9세대를 건설했다고 쓰여 있다. 그러나 1964년 12월에 발간된 《주택》 제13호, 47쪽에는 다시 3호 연립주택을 포함해 5동을 건설했다는 기록이 나타난 것으로 기록하고 있다. 그러나 주택문제연구소 자재연구실, "시험주택 건설개요", 《주택》 제11호, 33~35쪽을 통해 시험주택 A─F형과 연립주택건물 개요가 상세하게 기록되어 있다. 같은 책 화보와 29쪽에는 시험주택 E, F형을 합친 R.C 조립식주택(일명 에밀레주택)의 조립 광경과 일반인들의 관람 모습이 사진으로 게재되어 있다. 수유리 시험주택은 공식적으로 기록된 준공일보다 열흘 앞서 언론과 일반에 공개되었는데 《경향신문》 1963년 11월 21일자와 《동아일보》 11월 22일자 기사 검색을 통해 확인할 수 있다. 그러나 대한주택공사, 《주택》 제13호, 47쪽과 대한주택공사 문서과에서 보관중인 서류들은 모두 B형이 1963년 12월 10일에, 3호 연립주택은 해를 넘겨 1964년 6월 10일에 준공된 것으로 달리 기록되어 있다는 점에서 1963년 11월 20일에 공개될 때에는 시험주택 B형과 연립주택은 준공되지 않은 상황이어서 당시 언론에 본격적으로 공개할 수 없었다.

11 — 주택문제연구소 자재연구실, "시험주택 건설개요", 《주택》 제11호, 33쪽

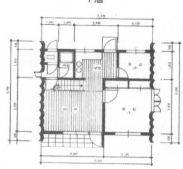

1963년 12월 서울 수유리 국민주택지구에 건설된 대한주택공사 시험주택 B형 평면도.
출처: 대한주택공사, 《대한주택공사주택단지총람 1954–1970》, 1979

당시 수유지구는 미아 부도심에 속했고, 1960년대 상반기에 토지구획정리사업 실시인
가를 받아 교외주택지로서 국민주택이 대량으로 보급되던 곳이다.[12]

서울시도 예외가 아니었다. 최초의 민선 서울특별시장인 김상돈 시장은 5.16 군사정
변으로 주어진 임기를 6개월도 채우지 못하고 물러났다. 그 자리는 쿠데타 참여 인물
로 만주 신경군관학교 출신인 윤태일 시장이 차지한 뒤 1963년 12월까지 재임했다. 육
사 8기 졸업생으로 군사정변 뒤 현역 군인으로 대한주택영단 이사장에 취임해 대한주
택공사가 발족되면서 초대 총재로 다시 임명된 장동운과 마찬가지로 윤태일 시장은 군
사정부의 정책을 현장에서 실천해야 했다. 이들은 모두 서울의 폭발적인 인구 증가에
대응해 새로 편입된 서울 교외지역에 서민주택을 어떻게 하면 빨리, 많이, 싸게 지을 것
인가에 골머리를 썩일 수밖에 없었다. 당연하게도 상당한 정책적 교감과 함께 동일한
실현 수단이 강구될 수밖에 없었다. 대한주택공사가 수유리 국민주택지구에 '63 시험
주택'이라는 이름으로 시도한 것이나 서울시가 구로동 일대에 시험적으로 건설한 공용
주택 역시 같은 내용이었다.

특별히 흥미로운 사례는 수유리 시험주택 B형이다. 시험주택 B형은 다른 것들보다

12 — 1963년 말 수유리에는 1지구에 국민주택 166채가 건설되었고(1963.11.5. 준공), 2지구는 국민주
택 87호, 연립주택 29호, 시험 및 시범주택 6호 등 모두 122호의 주택건설이 완료되어 모두 288호
의 주택이 준공되었다. "63년도 건설사업 현황", 《주택》 제11호, 99쪽. 수유지구 토지구획정리사업은
1969년 6월 종료되었다.

20여 일 늦은 1963년 12월 10일 준공되는 바람에 11월 20일에 열린 언론 공개 행사에는 선보일 수 없었다. 19평형짜리 단독주택인 시험주택 B형은 모양이 매우 특이했다. 한 번도 본 적이 없던 이 시험주택을 설명할 방법이 마땅찮아 "흡사 구름다리처럼 생긴 집"[13]이라고 했고, 주택공사 기술자들 역시 "벽체와 지붕을 한꺼번에 시멘트 모르타르로 지을 수 있는 쉘 구조"[14]인데 "미군용 퀀셋을 조금 아름답게 변형한 것"[15]이라고 얼버무렸다. 뿐만 아니다. 수유동의 경우 A에서 F형에 이르는 시험주택 가운데 B형만 유달리 "외국 문헌을 참고, 모방하여 초기에 설계하였으며"[16] "평면만 주택공사에서 작성하고 기타 사항은 제안회사 안대로 하였다."[17]고 언급했다.

이와 관련해 더욱 관심을 끄는 대목은 "서울시에서 시험주택으로 약 20동 가량이 구로동에 건설중"[18]이라는 기록과 함께 "삼안식 주택 건설은 수유리 시험주택 1동 및 구로동 시영주택 십 수동이 건설되어 있다."[19]는 주택공사 내부문건과 《대한주택공사20년사》에 나오는 내용이다.

1960년대 초에 조립식주택은 아니지만 공사기간이 빠르고 과거의 구조와 색다른 삼안식 주택이 있었는데 이는 당시 지상에 많이 선전되었던 벽체와 지붕을 한꺼번에 시멘트 몰탈로 지을 수 있는 일종의 쉘 구조로서 서울시에서 약 20동 가량의 시범주택을 구로동에 건설했다.[20]

이는 곧 수유리 시험주택 B형이 서울시에 의해 구로동에서도 건설되었다는 사실을 구

13 — "새로운 형의 간이주택", 《경향신문》, 1963년 10월 22일자

14 — 대한주택공사, 《주택》 제13호, 47쪽의 표3 구조개요

15 — 주택문제연구소 건축연구실, "프리회보(조립식) 주택에 대하여", 《주택》 제11호, 32쪽. 미군용 막사를 의미하는 퀀셋(quonset)과의 차이는 구조체를 이루는 프레임이 수유동 시험주택에는 제거된다는 점이고, 퀀셋의 경우는 구조 프레임이 외벽과 결구된 상태에서 사용된다는 점이다.

16 — 대한주택공사 내부문건, "63년도 시험주택 중간보고서", 9쪽. 이 문건의 작성 일자는 구체적으로 확인할 수 없으나 보고서 내용에 1964년 6월에 현장에서 발생한 문제 사항을 언급된 것으로 보아 그 이후 작성, 보고된 것으로 판단된다.

17 — 대한주택공사 내부문건, 앞의 글, 9쪽

18 — 주택문제연구소 건축연구실, 앞의 글, 32쪽

19 — 대한주택공사, "삼안식주택 참고자료", 1963, 2쪽. 이 문건의 작성 일자는 확정할 수 없으나 "64년도에 건설 사업에 반영되어야 한다"는 내용으로 미루어 1963년에 생산된 것으로 판단된다.

20 — 대한주택공사, 《대한주택공사 20년사》, 451쪽

a   수유리 시험주택 B형. 출처: 대한주택공사, 《대한주택공사30년사》, 1992

b   구로동 공영 시범주택, 1963. 11. 서울특별시 서울사진아카이브 자료

체적으로 언급한 대목이다.

실제 당시 언론보도 내용으로도 이를 확인할 수 있는데 1963년 8월부터 10월까지 집중적으로 보도된다.[21]

이시돌 주택은 지붕이 흡사 구름다리처럼 생긴 집. 지난 9월 10일부터 서울 구로동과 수유동에서 착공된 이 주택은 오는 하순경에는 그 산뜻한 모습을 드러낼 것이다. 이 주택은 시험 삼아 본보기로 세워진 것이다. …(중략)… 이시돌 주택은 재래식 주택에 견주면 아주 파격적이다. 우선 모양이 그렇고 집 짓는 방법도 재래식과는 다르다. 무지개처럼 둥그런 지붕으로 겉보기엔 벽과 지붕의 차이가 없다. 벽이 따로 세워지지 않기 때문에 철근이니 기둥이니 하는 것도 없다. 흡사 드럼통을 세로로 쪼갠 모양의 지붕을 덮어씌우면 집짓기 공사는 다 끝난다. 이 이시돌식 주택은 수학에서 쓰이는 수곡선(垂曲線)을 이용한 이론에 기초를 두고 설계되었다. 역학적으로 따져서 둥그런 지붕은 가장 안정된 형태인 것이다. …(중략)… 지금 서울 구로동과 수유동에 세워지고 있는 이시돌 주택은 시범 삼아 몇 가지 형을 취하고 있다. 6평, 7.5평, 10.5평, 20평, 28평 등이 그것이다. 7.5평, 20평, 28평은 2층집.[22]

뿐만 아니다.

서울시는 2일 하오 금년 안으로 시내 구로·오류·미아 등에 시영주택 1,040동을 지어 1,550가구를 입주시킬 계획을 세우고 우선 구로동에 시범주택 40동을 짓는 공사에 착수했다. …(중략)… 이시돌 주택의 특허를 받은 삼안산업과 조립식주택의 극동PC 콘크리트 회사와 절충, 두 회사에서 자비로 주택을 지은 다음 희망자들이 입주할 때 건축비를 한꺼번에 내게 하는 조건으로 이와 같이 많은 주택을 짓게 된 것이다.[23]

21 — "조립식 등 주택 2,000동 연내로 변두리에 건립", 《동아일보》 1963년 8월 26일자에는 "서울시는 금년 안으로 이시돌식 주택 1,000동과 조립식 주택 1,000동을 변두리지역에 마련할 계획을 추진중이다. 퀸셋트 형의 이시돌 새주택과 소형의 조립식주택은 보통 주택보다 값이 훨씬 적게 먹히고 또 쉬지을 수 있다는데 시 당국은 우선 구로동에 이 두 가지 식을 20동씩 지어 시민들에게 공개하리라 한다."는 기사가 실렸다.

22 — "새로운 형의 간이주택", 《경향신문》 1963년 10월 22일자

23 — "시영주택 1,040동 세워", 《동아일보》 1963년 9월 3일자

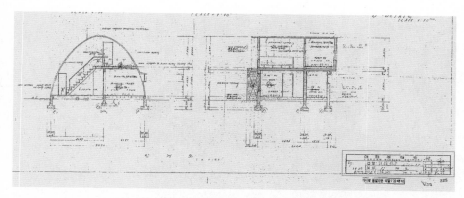

1963년 7월에 작성된 수유리 시험주택 B형 단면도, 대한주택공사 문서과 자료

지금까지 살핀 내용으로 다음과 같은 사실을 확인할 수 있다. 대한주택공사의 '63 시험주택'의 일환으로 건설한 수유리 시험주택 B형이나 서울시가 공영주택 혹은 시범주택 등으로 분류해 공급한 구로동 주택은 그 형태나 형상 혹은 구법 등으로 보아 동일한 것으로 판단할 수 있다. 아울러 이는 맥그린치 신부가 제주에 정착한 뒤 이시돌 목장을 개척하는 과정에서 지은 일명 테쉬폰과 동일하다. 이처럼 거의 같은 시간대에 이루어진 제주와 서울의 주택 혹은 구조물의 유전자가 동일하다는 확언은 1963년 수유리 시험주택의 도면에서 비롯된다.

1963년 7월에 작성된 수유리 시험주택 도면 귀퉁이에는 '19.25평짜리 B형 단면도'라고 밝히고 도면의 꾸러미 명칭이 언급되어 있는데, 아주 흐릿하게 '試驗住宅 ISIDORE'라고 기록되어 있다. 'ISIDORE'라니? '이시도레' 혹은 '이시돌'이라 읽을 수도 있겠다. 'ISIDORE'는 가톨릭 성인인 'St. Isidore'에서 가져온 제주 목장의 명칭이고, 맥그린치 신부는 제주 목장을 개척하는 과정에서 스페인의 농부였던 성인의 이름을 빌려 땀 흘리며 노동하며 찬양과 묵도로 목장을 개척하자는 의미에서 목장의 이름으로 차용한 것이다. 따라서 수유리와 구로동의 시험주택은 제주 이시돌 목장의 테쉬폰에 뿌리를 두고 있다는 추정이 가능하고, 대한주택공사의 여러 자료와 내부 문건을 통해서도 이를 구체적으로 확인할 수 있다.[24]

24 ─ 대한주택공사 내부문건, "시험주택건설계획", 6쪽의 '구조 개요'를 설명하는 표에는 시험주택 B형의 기초는 콘크리트, 지붕과 벽체는 '돔'이라 기술하고 있으며, 별도 비고난을 통해 이 주택의 별칭을 '이시도레식'이라 기록하고 있다. 경우에 따라 '이시도레식 돔(dome)'으로 표기한 것도 발견된다. 대한주택공사, 《주택》 제13호, 47쪽의 표3 구조개요

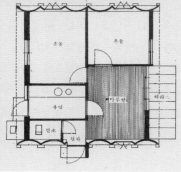

삼안식(三安式,이시돌식)주택
시멘트·몰탈의 쉘·카티나리(垂曲線)을 이용한 파곡면(波曲面)으로 이루어진 이국적인 이 주택은 시공법을 특수하게 해결하여 공사비를 현저하게 절약할 수 있다는 것이 우선 특색이다. 재래식주택에 비하여 목재의 소요양이 약 30% 절약된다는 점도 재목이 귀한 우리나라 실정을 참작할 때 어떤 가능성을 암시해준다고 볼 수 있다. 일부 외벽이 실내에서 경사지는 것, 개구부(開口部) 처리에 난점이 있다는 것 등 현재로서는 타개해야할 결점이 있으나 앞으로의 체험과 연구에 따라 충분히 시정될 여지가 있다고 본다. 특히 다양성있는 외관에 부합할 수 있는 평면계획에 주력한다면 텐탈지대의 주말주택등에 안성마춤이겠고 나아가서는 새로운 감각을 갖는 고급주택으로도 사용될 가능성이 없지않다.

39

안영배와 김선균의 공저인 《새로운 주택》에 소개된 삼안식(이시돌식) 주택

삼안식이라니

1963년 7월 대한주택공사가 작성한 설계도에는 '시험주택 B형'이라는 이름과 함께 '이시돌식', '이시도레식' 등의 별칭이 표기되어 있다. 수유리와 구로동에서 시공중인 주택에 대해 당시 언론에서는 '삼안식'이라는 또 다른 이름으로 불렀다고 먼저 밝혔다. 물론 대한주택공사의 기록에서도 이를 확인할 수 있다. "6개형의 시험대상 주택 중에서 (실제) 시험 건설된 주택은 A, C를 합친 아성식(亞成式) 주택과 B형 삼안식(三安式, 이시도레식), D형 P.C 조립식, E, F형을 합친 R.C 조립식 주택 4동과 3호 연립식 주택"[25]이라는 내

25 — 대한주택공사, 《대한주택공사20년사》, 362쪽

용이다.

시험주택 B형을 '삼안식'으로 부른 까닭은 수유리에 시도한 A~F까지의 시험주택 가운데 B형의 경우만 다른 것과 달리 민간건설회사인 삼안산업(1963년 설립)이 시공을 담당했기 때문이다. 그런데 이상한 점은 당시 언론에서는 삼안산업이 시험주택 B형에 대해 특허를 받았다고 전하고 있다는 사실이다. '이시돌 주택의 특허를 받은 삼안산업'이라는 것인데 그보다 2년이나 먼저 제주 이시돌 목장에서 지은 테쉬폰 주택의 아이디어를 삼안산업이 도용했다는 말인가. 만약 그렇지 않다면 제주 이시돌 목장의 농가는 삼안산업의 특허권을 침해했거나 삼안산업이 특허를 받은 기술을 이용해 삼안산업의 특허 취득 이후 지어진 것으로 봐야 옳다 하겠다. 무엇이 진실인지 호기심을 자극하는 대목이다.

게다가 수유리 시험주택 B형은 "건축가 예관수(芮寬壽)씨와 성익환(成益煥)씨가 설계"[26]한 것으로 기록되어 있다. 설계자 가운데 하나로 알려진 성익환은 1962년에는 산업은행 주택기술실 부실장으로서 '국민주택 양산의 필요성'[27]을 역설했을 뿐만 아니라 수유리 시험주택 준공 이후에는 "브라질은 기후가 온난하니(그곳으로 이민을 간 한국인들에게) 나의 회사의 삼안식 쉘을 손쉽게 한 개씩 덮어주고 싶다."[28]는 생각을 대한주택공사의 기관지인 《주택》의 건축가 수상(隨想) 칼럼에 "꿈"이라는 제목으로 발표하기도 했다. '나의 회사(삼안산업)의 삼안식 쉘'이라고 건축가가 직접 언급하고 있을 뿐만 아니라 1964년에 출간된 《새로운 주택》[29]에서도 구로동 공영주택을 사례로 들며 설계자는 성익환이고, '삼안식(이시돌식) 주택'이라고 설명하고 있다. 점점 미궁에 빠져드는 느낌이다.

규명해야 할 의문 사항은 두 가지다. 하나는 주택에 대한 특허권을 누가 가지고 있었는가, 다른 하나는 성익환과 함께 등장하는 예관수라는 인물이 건축가로서 과연 설계 주체였는가의 문제이다.

우선 특허와 관련한 사실을 확인할 필요가 있다. 이와 관련한 특허 기록은 다행스럽게도 단 하나가 존재한다. "돔'형 건물의 주벽체(周壁體)"로 알려진 '실용신안 등록'이 그것이다. 서양 건축에서 흔히 언급되는 돔 형상의 건물로 벽체가 마치 드럼통 모양으로

26 ─ 대한주택공사, 《대한주택공사20년사》, 242쪽

27 ─ 성익환, "국민주택 양산의 시급성", 《주택》 제8호, 1962. 4. 대한주택공사, 21~23쪽

28 ─ 성익환, "꿈", 《주택》 제11호, 75쪽. 이 글의 내용으로 보아 1964년에는 한국산업은행 주택기술실을 떠나 업계에서 급신장한 삼안산업으로 이미 자리를 옮긴 것으로 보인다.

29 ─ 안영배·김선균, 《새로운 주택》, 보진재, 1965

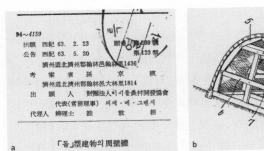
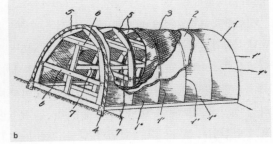

a   테쉬폰 실용신안 등록 공고 내용. 특허청, "'돔'형 건물의 주벽체", 특허공보 열람 자료
b   이시돌 테쉬폰의 실용신안 등록 공고 첨부도. 특허청, "'돔'형 건물의 주벽체", 특허공보 열람 자료

둥글게 만들어진 구조체라는 것이다. 1963년 2월 23일 출원되었고, 같은 해 5월 20일 94~4159호로 특허기관에 의해 등록, 공고되었다. 시기도 중요하지만 눈여겨보아야 할 사항은 고안자와 출원인에 대한 정보다. 고안자는 제주 한림읍의 손경모라는 인물이고, 출원인은 제주 한림읍 대림리에 주소를 둔 재단법인 이시돌농촌개발협회의 대표(상임이사) 피제·메·그렌지로 기록되어 있다. 이시돌 목장을 개척한 맥그린치 신부의 본명은 'Patrick James McGlinchey'인데 성과 이름으로 구분하는 한국인의 이름표기 방법에 따라 첫 글자를 따서 M.P.J로 쓰기도 하는데 특허출원 당시에는 지금과 같은 한국명 '임피제'를 사용하지 않고, 본명의 첫 글자 음을 그대로 차용해 '피제·메·그렌지'로 기록했다. 손경모라는 인물은 이시돌농촌개발협회 관계자로서 대관 행정업무를 위해 고안자로 이름을 올린 것이다.

특허공보 열람 자료를 통해 확인한 "'돔'형 건물의 주벽체"라는 제목이 달린 특허 문건(Int.CL E04B 1/32)[30]의 주요 내용은 "기초대(基礎臺) 위의 내벽면은 가마니나 마대포직(麻袋布織)으로 부착하고 외벽은 '시멘트 몰탈'을 도착(塗着)한 주벽체에 있어 내외면을 '돔'의 길이에 따라서 일정한 간격(間隔)으로 '아치'형 돌기골조로 만들고 돌기골조 사이가 내측으로 배가 불러지는(垂下彎曲) 파곡면"을 이루는 구조라는 것이다.

30 — 특허청 기록을 통해 당시 문건과 내용을 확인할 수 있다. 기호로 표시된 내용은 아치(arch) 구조; 볼트(vaulted) 구조; 절판(折板) 구조(볼트 지붕 E04B 7/08) 등을 의미하는 것이며, 자세한 내용은 특허청 홈페이지 IPC(International Patent Classification)를, 다양한 코드와 내용의 구체적 확인은 http://www.kipo.go.kr 참조

본 고안은 일종의 정밀 '콘크리트'의 자유형 구조로서 특히 그 구조를 '아취' 단면 중 최대의 지지력으로 지지되는 자연수곡선(垂曲線)[31] 형상의 단면을 응용하여 양측벽체를 삼고 '돔'의 기럭찌 방향에 파곡형(波曲形)을 형성하므로서 생기는 다수의 돌기골조(突起骨組)를 구성한 돔의 주벽구조에 관한 것으로 이 구조를 도면에 의하여 상세히 설명하면 다음과 같다. 내벽면은 가마니나 마대포직(麻袋布織)으로 부착하고 외벽은 '씨멘트 몰탈'층 1, 2로 된 기초대 위(上)의 주벽체에 있어 외내면을 '돔'의 길이에 따라서 일정한 간극(間隙)을 두고 '아취'형 돌기골조를 배설(配設)하고 그 각 돌기골조간은 내측으로 만곡(彎曲)되게 하여 주벽 전면이 파곡면으로 형성케 된 구조를 요체(要諦)로 하는 것이다. 이 파곡형으로 된 주벽체를 구성하려면 기초대 내측에 분해와 조립이 간편하게 된 '아취'형 지보(支保)와 평행지보 및 가로지르기 지보 등으로 견고히 지지하도록 세우고, 이 '아취'형 지보 사이에 가마니나 마대포직을 팽팽하게 펼쳐 붙인 다음 물을 추겨가면서 표면에 '씨멘트 몰탈'을 가마니의 짜임새가 메워질 정도로 얇게 도착한 후 적당한 시간을 두면 침수된 가마니와 '몰탈'의 무게로 수하(垂下)[32]하여 각 돌기골조와 파곡면이 형성케 된다. 또 다시 그 위에 '씨멘트 몰탈'을 약 3cm 이하의 두께로 균등히 도착하여 건조케 하고 다시 2회 이상 같은 방법으로 중첩도착(重疊塗着)한 다음 지보를 철거하는 것이다. 본 고안의 '돔'의 주벽체는 자연 수곡선형을 기본 단면으로 하여 여러 개 '아취'형 지보 사이에 가마니의 수하로 이루어진 파곡면 및 다수의 돌기골조를 서로 연결시켜 일체적인 '돔'의 주벽체를 이룬 구조로서 그 파곡면과 다수의 돌기골조가 서로 연결하여 일체적인 구조체로 항압력(抗壓力)[33]에 대(對)하게 되는 것이다. 그러므로 본 고안은 평면적인 '아취'형 '돔'의 주벽구조체에 비하여 외력에 의한 항압강도(抗壓强度)를 기등(起等)하게 증대시킨 '돔'형 건물의 주벽체의 구조이다.[34]

실용신안 1923호를 획득한 이유다. 제법 길게 인용했지만 간략하게 말해 대한주택공사

---

31 — 실 따위의 양쪽 끝을 고정시키고 중간 부분을 자연스럽게 늘어뜨렸을 때. 고정된 실이 이루는 지유곡선을 의미

32 — 아래로 쭉 늘어짐 또는 그리 되게 함.

33 — 재료의 단위 면적당 받을 수 있는 최대 압력을 나타내는 수치

34 — 1963년 5월 20일 획득한 실용신안의 상세한 설명을 그대로 인용한 것으로 설명 내용 가운데 도해(圖解)로 나타낸 각종 기호와 숫자만을 삭제한 것이다. 원문 그대로를 인용한다는 점에 주목해 현재의 맞춤법에 부합하지 않는 내용이라도 그대로 기술했다.

의 수유리 시험주택 B형과 동일하다.

다음은 수유리 시험주택 B형 제작 과정이다.

기초 콘크리트 위에 목조 아치형 형틀을 제작하고 가마니를 깐 다음 물로 충분히 적셔서 시멘트 분말을 뿌린 후 조합(調合) 1:2 모르타르를 2cm 두께로 바르고 24시간 경과 후 동일한 방법으로 두께 3cm씩 2회 바르기가 끝나면 최후 바르기부터 7일이 지난 후 목조 형틀을 제거하고 나머지는 재래식과 동일한 방법으로 끝맺음을 한다.[35]

목조 형틀을 기본 구조로 하는 일체형 구조물로서 11일 동안의 형틀 제작과 설치를 포함해 시공기간은 모두 69일이 소요되었다고 알려져 있고 이는 당시 작성된 공사 준공 조서를 통해서도 확인할 수 있다.[36]

특허권을 누가 먼저 취득했는가의 논란은 일단락된 셈이다. 그렇다면 '이시돌 주택의 특허를 받은 삼안산업'이라거나 한국산업은행에서 삼안산업으로 자리를 옮긴 성익환이 글을 통해 언급한 "나의 회사의 삼안식 쉘"은 어떻게 설명할 수 있을까. 실용신안 1923호의 특허등록 원부를 자세히 살핌으로써 그 전모를 파악할 수 있다. 특허법 제71조 3항에 따라 특허료 납부 기간이 경과되어 1970년 7월 30일자로 특허권리가 소멸되었음을 알려 주는 특허등록 원부의 내용을 꼼꼼히 살필 필요가 있다.

"'돔'형 건물의 주벽체" 실용신안 특허는 1963년 5월 20일 공고되고, 7월 29일 등록되었으며 1963년 10월 19일 등록권자의 명의가 '피제·메·그렌지'에서 농촌개발협회의 'Harold W. Henry'로 변경되었는데 그보다 두 달 정도 이전인 1963년 8월 12일 등록권자의 허락서에 따라 1963년 8월 12일부터 1973년 7월 27일까지 약 10년간 전국을 대상으로 해당 특허 권리의 제조, 판매, 사용, 확포에 대한 실시권을 1963년 10월 19일 설정, 등록하였다는 사실이 기록되어 있다. 간단하게 말해 1963년 8월 12일부터 10년 동안 이시돌농촌개발협회의 실용신안 특허 사용권한(실시권)을 삼안산업주식회사가 갖게

---

35 — 대한주택공사 자재연구실, "64년도 주택문제 연구실적: 수유리 시험주택에서 본 제 문제점", 《주택》 제13호, 48쪽의 표(6) 시공 개요 참조

36 — 대한주택공사 내부 문건, "공사준공 조사 보고서", 1963년 12월 19일에는 시험주택 B형인 이시도레 하우스가 1963년 9월 23일 착공해 같은 해 12월 10일 준공되었음을 밝히면서 1960년대의 주택 문제는 매우 심각해 조기 대량생산에 정책적 목표를 집중했다. 그래서 조립식 주택과 더불어 공기 단축이 절체절명의 정책 과제로 등장했기 때문에 시공 기간의 단축이 무엇보다도 중요했음을 알 수 있는 대목이다.

되었다는 말이니 그동안의 의문이 한 번에 풀리는 대목이다.

제주 이시돌 목장의 테쉬폰 주택 특허권을 가진 이시돌농촌개발협회의 특허 사용권한을 삼안산업에 10년 동안 양여했기 때문에 삼안산업은 수유리와 구로동에 지어진 주택의 대량 보급을 위해 '삼안식'이라는 일종의 브랜드를 마음대로 사용할 수 있었다. 그렇지만 특허 등록원부에 표기된 것처럼 1969년 3월까지 특허료를 납부한 이후 더 이상 특허를 유지할 필요가 없었는지 특허등록은 1970년 7월 말소됐다.[37]

설계자에 대한 기록 역시 확인과 검증이 필요하다. 시험주택 B형은 앞서 언급한 것처럼 "건축가 예관수 씨와 성익환 씨가 설계"한 것으로 각종 기록이며 논문 등에 반복 언급되어 있는데 다양한 관련 자료와 문헌을 통해 확인한 결과 오류가 있음을 발견했다. 특히, 성익환의 경우와 달리 예관수는 육군정훈학교장을 끝으로 전역한 예비역 대령으로서 시험주택 B형의 현장시공을 맡았던 삼안산업의 설립자이자 당시 회사 대표이기 때문이다. 이는 당시 준공조서를 통해서도 확인 가능하다.

예관수 씨는 만주군관학교 제4기 졸업생으로 1955년에 예편한 뒤 1959년에 수왕산업(首旺産業)을 설립하고,[38] 1963년에는 다시 삼안산업을 창립했는데 46세가 되던 해인 1969년에는 건설군납조합[39] 이사장에 취임했다. 그가 설립한 삼안산업은 설립 5년 정도 만에 당시 도급순위 5~6위를 기록하며, 1970년대까지 평균 도급순위 7위에 올라있던 기업이다.[40] 예관수 씨가 대표로 있던 삼안산업은 경부고속도로 일부 구간을 시공하고,

37 — 대한주택공사 자재연구실, "64년도 주택문제 연구실적: 수유리 시험주택에서 본 제 문제점", 49쪽에는 수유리 시험주택에 대한 성능평가가 자세하게 언급되어 있는데 상당한 정도의 개선 내지는 개량이 필요할 뿐만 아니라 수많은 하자와 생활상의 불편이 있었다는 사실을 기록하고 있다. 따라서 구조체 자체의 성능 확보 문제가 특허권 계속 유지의 필요성에 의문을 가져왔다고 추정할 수 있으며, 다른 하나는 1970년대에 들어서며 삼안산업이 상당한 문제 상황에 봉착했기 때문으로도 여겨진다. 불공정 거래, 국세체납 등의 이유가 있었다는 사실을 통해 이를 짐작할 수도 있겠다.

38 — 《매일경제》 1969년 1월 31일자 2면에는 예관수 씨가 수왕산업의 대표로 건설군납조합 이사장에 취임했다는 기사가 실려 있다. 수왕산업의 창립 시기는 다소 불분명하나 현재의 성원그룹(성원건설) 홈페이지에는 1959년 8월 창립된 수왕산업을 1991년 8월 성원산업개발주식회사로 상호를 변경했다고 기록하고 있다. 이런 사실로 보아 수유리 시험주택 B형 건설 당시에는 예관수 씨가 수왕산업과 더불어 삼안산업의 대표를 겸하고 있었던 것으로 판단된다.

39 — 《매일경제》 1969년 1월 31일자 2면 기사에는 그 해의 건설군납조합 사업 계획의 주요 내용은 두 가지로 정리하고 있다. 하나는 월남(越南)을 대상으로 하는 군납사업으로 ①건설 및 평정(平正) 계획에 대한 참전국으로서 우선 참여할 것을 교섭하는 일, ②미국 또는 월남업체와의 합작시공 등을 추진하는 일이다. 다른 하나는 국내 군납사업에 해당하는 사업으로 ①신규업종 개척, ②한미공동계약 시정 등을 추진하는 것이었다.

40 — 대한건설협회 보도자료, 2012년 4월 6일 보도자료에 따로 붙은 문건

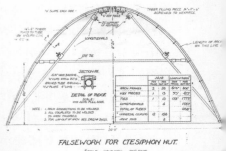

FALSEWORK FOR CTESIPHON HUT.

a   이라크 바그다드 근처 고대도시 크테시폰 유적. 출처: Veenendaal, "History and overview of fabric
     formwork: using fabrics for concrete casting Block", *Structural Concrete*, vol. 12, No. 3, 2011
b   크테시폰 구조물 원리를 설명하는 도면. 출처: Waller, "Method of molding in situ concrete arched
     structures", 1952

대한주택공사의 연희동, 화곡동아파트와 외기노조아파트 등 많은 시공실적을 기록했
는데 이 과정에서 회사 대표가 탈세와 외자 유용, 횡령, 배임 등의 혐의를 받아 도피하
다가 징역형이 구형되기도 했고, 결국 1974년 건설부에 의해 다른 여러 업체와 함께 건
설업 면허가 취소되면서 폐업에 이르렀다.[41]

그리스–이라크–아일랜드–제주로 이어진 건축술의 여정

이제 '테쉬폰'에 대해 얘기할 차례다. 무엇보다도 먼저 언급해야 할 인물은 바로 호주 태
생의 아일랜드 엔지니어 제임스 월러(James Waller, 1884~1968)이다. 호주에서 태어난 제임
스 월러는 1904년 부모의 고향인 아일랜드로 이주한 뒤 공과대학을 졸업하고 1910년
대 초반에 각종 현장에서 기사로 근무하다가 1913년에 영국인인 알프레드 드랩(Alfred
Delap)과 함께 드랩앤월러(Delap & Waller)라는 회사를 설립하고, 1937년에 테쉬폰 시스템
을 시도한 뒤 1940년에 이론을 완성하고 이에 기반한 구조 원리인 테쉬폰 시스템을 집

41 — 《매일경제》 1974년 4월 29일자 5면 기사는 4월 24일자로 모두 11개 업체가 불공정거래, 실적신고 불
     이행, 국세체납 등으로 면허 취소 되었는데 삼안산업은 자진 폐업했다고 전하고 있다.

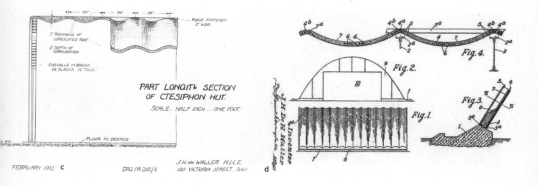

c 크테시폰 헛의 부분 단면도. 출처: Waller, "Method of molding in situ concrete arched structures",
   1952

d 제임스 월러의 특허 도면 일부. 출처: Waller, "Method of molding in situ concrete arched
   structures", 1952

대성한 인물이다. 특히, 그는 20세기 초 아일랜드의 철근콘크리트 구조 발전과 더불어 제2차 세계대전 과정에서 혁신적이고 실험적인 건축구조 개발로 건축구조기술의 역사에 막강한 영향력을 남긴 인물로 평가되고 있다.[42] 그는 제1차 세계대전에 영국군 공병으로 유럽 여러 곳의 전투에 참가했는데 그리스 살로니카 전투를 수행하는 과정에서 빗물에 젖은 텐트에 시멘트 가루가 섞인 흙먼지가 부착되어 굳으면 놀라울 정도의 강성을 갖는다는 사실을 발견하고,[43] 이를 바탕으로 섬유질 재료(Hessian)를 목재 프레임에 엮어 결속한 뒤 시멘트 모르타르를 개어 붙이는 구법을 최초 착안하게 되었다. 그후 1922년에 이라크 바그다드 근처의 사막에서 발견된 고대도시 크테시폰 유적지의 거대한 아치(Taq-i Kisra arch)를 방문하면서 자신의 최초 아이디어를 더욱 발전시켰고 동료와 설립한 회사로 돌아온 뒤 합판의 양 끝에 핀을 꽂고 체인을 걸어 자유로운 곡선을 만드는 테쉬폰 시스템의 구조 원리인 카테너리 시스템(Catenary System)을 완전하게 터득한다. 전쟁이 끝난 후 산업 설비와 자재가 절대적으로 부족했던 유럽의 보편적 상황을

---

42 — 제임스 월러에 관해서는 Diederik Veenendaal, Mark West, Philippe Block, "History and overview
     of fabric formwork: using fabrics for concrete casting Block", Structural Concrete, vol. 12, No. 3,
     2011; Jeremy Williams, "An Irish Genius: J.H. De W Waller 1884–1968", Irish Arts Review, vol. 12,
     1996, pp.143~146 참조

43 — Diederik Veenendaal, Mark West, Philippe Block, 앞의 글, 165쪽

감안해 강재 혹은 프레임이 필요 없는 구조에 골몰해 다채로운 실험과 시험 시공을 거친 결과를 논문으로 발표하고 테쉬폰 시스템(테쉬폰 헛)을 완성했다.

　제임스 월러의 테쉬폰 시스템은 1940년부터 1970년에 이르는 기간 동안 영국, 아일랜드, 짐바브웨, 탄자니아, 나이지리아, 케냐, 호주, 스페인, 그리스와 인도 등에서 다양하게 적용되었는데 대부분 주택, 창고, 공장 등으로 사용되었다.[44] 스페인 내전 이후 멕시코로 강제 이주된 칸델라(Felix Candela)에 의해 구조적 원리와 성과가 계속 발전하게 되었다는 것이 건축생산기술사의 보편적 시각이다.[45] 월러의 업적과 기술사적 성과 등은 이미 잘 알려져 있다.

　체인으로 만들어지는 자유 곡선을 이용해 약 6m 폭을 갖는 아치를 만들되 약 3.4m의 최고 높이를 갖도록 약 9.5m 길이의 곡면 목재 프레임으로 아치 형상을 만든다. 아치의 만곡부 정점은 휘어진 부재를 피스로 고정하고 이렇게 만들어진 아치 프레임을 약 1m 간격으로 세운 후 터짐 현상을 방지하기 위해 아치형 프레임을 지면과 삼각형을 이루는 가새와 고정하고 약 1.8m 높이에 수평대를 세워 아치형 프레임과 결구함으로써 구조체의 프레임을 완성한다. 바닥 슬래브에 고정한 프레임 외부는 촘촘하고 쉽게 찢어지는 일이 없는 섬유재료로 덮고 그 위에 시멘트 모르타르를 흡착시키되 파형(波形)의 최대 깊이가 약 15cm 정도가 되도록 하며, 시멘트 모르타르는 약 5cm의 두께를

44 — 제임스 월러의 성과를 기술사적 입장에서 매우 중요한 것으로 평가해 영국, 아일랜드, 호주 등 영연방 국가 대부분에서 테쉬폰 시스템에 의한 건축물 가운데 일부를 국가지정 건축문화재로 지정, 관리하고 있다. 호주에서는 1952년에 건설되어 현재까지 수퍼마켓과 주택으로 사용되는 테쉬폰 시스템 건축물을 'Victorian Heritage'로 지정하고 있다. Victorian Heritage Database 참조

45 — Diederik Veenendaal, Mark West, Philippe Block, 앞의 글, 166쪽

a   짐바브웨 무타리(Mutare)의 테쉬폰, 1949. 출처: Jeremy Williams, "an irish genius, J H De W Waller 1884–1968" *Irish Arts Review*, 1996

b   1950년대 더블린 스프링쇼에 출품된 제임스 월러의 헛간 모형. 출처: Jeremy Williams, "an irish genius, J H De W Waller 1884–1968" *Irish Arts Review*, 1996

c   스프링쇼에 출품된 제임스 월러의 헛간. 출처: Jeremy Williams, "an irish genius, J H De W Waller 1884–1968" *Irish Arts Review*, 1996

갖도록 하며, 구조체의 전후면 마구리 부분은 약 11.5cm 정도의 두께를 갖는 벽돌이나 시멘트 블록으로 마감하는 방식으로 마무리한다는 것이 제임스 월러가 완성한 테쉬폰 시스템의 구법이자 원리다.[46]

제임스 월러의 테쉬폰 시스템은 기본적으로 콘크리트 반죽을 이용한 성형 구조물을 만들되 별도의 다른 재료나 자재를 사용하지 않으면서 건축물이나 교량, 격납고, 창고 등으로 쓰일 구조물을 만드는 매우 경제적인 대안이다. 비용의 대폭 절감과 함께 현장의 비계나 거푸집 등의 감량에 목적을 두고 있다. 따라서 두 차례의 세계대전 이후 자재 부족을 지혜롭게 극복하면서 효과적인 건축 공간을 만드는 기술로 각광을 받았다.[47] 1950년대에 더블린에서 개최된 스프링쇼(Spring Show)에 출품해[48] 특별한 주목을 받았는데 프랑스 특허 획득 이전에도 이미 1934년 미국에서 '노프랑고 시스템(Nofrango system)'으로 특허를 획득했고[49] 크테시폰 유적지 방문 후 형틀을 일시적으로 설치했다가 시멘트 모르타르가 충분히 굳으면 이를 제거하는 특허기술을 '크테시폰 테크닉(Ctesiphon

46 — 제임스 월러의 특허 가운데 테쉬폰과 가장 밀접한 관련을 맺는 것은 1952년 11월 4일 등록된 "Method of molding in situ concrete arched structures", 1953년 3월 24일 등록된 "Arched Concrete Constructions", 1955년 4월 12일 등록된 "Method of Forming Reinforced Concrete Arched Structures" 등이다.

47 — United States Patent Office, "Method of Molding in Situ Concrete Arched Structure; Patent" Nov. 4, 1952, 2616149, p.3. 미국에서 획득한 이 특허는 1939년에는 프랑스에서도 특허번호 669990으로 이미 특허를 받은 것으로 같은 자료에서 밝히고 있다.

48 — Jeremy Williams, 앞의 글, 145~146쪽

49 — James Hardress de Warenne Waller, "Method of Building with Cementitious Material Applied to Vegetable Fabrics", U.S. Pat. no. 1955716, 1935

a　　창신동 시립양지회관 기공식 현장에서 보이는 테쉬폰 구조물, 1964년 12월. 서울특별시
　　　서울성장50년 영상자료

b　　테쉬폰 구조로 지은 수유리 시험주택 B형, 1964년 4월. 국가기록원 소장 자료

c　　테쉬폰 구조로 지은 구로동 공영주택의 항공 사진, 1972. 서울특별시 항공사진서비스

d　　제주 선흘리에 방치된 테쉬폰 ©황지은

e　　이시돌 목장의 테쉬폰 파편 ©주택도시연구실

technique)'이라 명하고 특허를 1952년에 미국에서도 획득했다.[50]

    제임스 월러의 발명은 쇠사슬을 늘어뜨릴 때 발생하는 곡선을 이용하여 아치형 셸 만드는 것으로서 제거 가능한 형틀 위에 방수막이나 섬유질 재료를 덮고 그 위에 콘크리트 반죽을 덮어 마감한 뒤 내부 형틀을 제거하는 원리다.[51] 제주 이시돌 목장의 '테쉬폰'이 유래한 배경이고, 원리가 동일함을 말하려는 것이다.

오래되어서 귀한 것을 오래되었다고 버리는 시대

1961년에 맥그린치 신부에 의해 이시돌 목장에 지어진 다수의 테쉬폰 구조물, 그리고 수유리와 구로동의 시험주택 B형과 제임스 월러의 테쉬폰 헛은 모두 구조적 원리와 시공 방법 등이 동일한 것을 확인한 셈이다. 특히 최초 시스템 발명을 고안한 제임스 월러와 같은 시기에 아일랜드 더블린에서 신학을 공부한 맥그린치 신부가 제주 이시돌 목장의 개척 과정에서 테쉬폰 시스템을 활용했다는 사실은 그 의미가 적지 않다.

    즉 1940년부터 유럽을 중심으로 활발하게 활용된 테쉬폰 시스템이 우리나라에서는 제주 이시돌 목장에서 최초 구현되었고, 그 핵심 원리가 서울의 폭발적인 인구 증가에 따른 주택 부족 문제를 해결하기 위한 방안으로 채택되어 대한주택공사의 수유리 시험주택 B형과 서울시의 구로동 시영주택에 삼안산업을 통해 실천된 것이다. 물론 1960년대 초 제주 이외의 지역에서도 테쉬폰 구조물이 상당수 있었음을 확인할 수 있고, 그 가운데 몇 가지 사례는 기록 사진을 통해 확인할 수도 있다. 그러나 아쉽게도 오늘날까지 온전한 모습으로 당시를 증언하는 경우는 제주도가 유일하다.

    "세계적으로 테쉬폰 시스템에 의한 구조물이 많이 남아 있지 않은 상황"[52]에서 제주 이시돌 목장 구내와 중산간 일대에 걸쳐 테쉬폰이 널리 현재하고 있다는 사실은 특별한 의미를 갖는다. 한국건축의 서술 보완과 더불어 매우 새로운 입장에서 그 역사적 가치와 생산기술사적 의미를 재평가함으로써 근현대 건축자산이자 문화자산으로 새롭게 인식해야 한다.

---

50 — 이 특허가 1952년에 특허를 획득한 U.S.Pat. 26164190이다.

51 — United States Patent Office, 앞의 문서, 3~4쪽 내용을 필자가 내용 요약

52 — Diederik Veenendaal, Mark West, Philippe Block, 앞의 글, 166쪽

제주 이외의 지역에서는 거의 원형을 찾아볼 수 없는 테쉬폰 구조물이 제주에서조차 거의 버려져 있거나 오랜 세월의 풍파와 함부로 다루는 습속으로 인해 날로 훼손되고 있다는 사실은 그런 이유에서 안타깝다고 밖에 할 말이 없다.

"오래되어서 귀한 것을 오래되었다고 버리는 시대, 바로 이것이 오늘날 우리가 현실이라고 부르는 것의 착잡한 실상"[53]이라는 문학평론가 신형철의 언설은 단지 황정은의 장편소설 《백의 그림자》에 배경으로 등장하는 1960년대 상가아파트의 대표로 꼽히는 서울 세운상가에만 그칠 일은 아니다.[54]

53 — 신형철, "백의 그림자에 부치는 다섯 개의 주석", 《백(百)의 그림자》, (주)민음사, 2015, 173쪽

54 — 이 내용은 박철수, "수유리 시험주택 B형과 제주 테쉬폰 주택의 상관성 유추", 《대한건축학회논문집》(계획계), 제30권 제7호, 2014; 권기혁·박철수, "수유리 시험주택 B형과 제주 테쉬폰 구조물 추적·조사연구", 《대한건축학회논문집》(계획계), 제31권 제2호, 2015 등을 중심으로 사진 자료와 도면 등을 추가 발굴해 새롭게 작성한 것임.

이름에 투사된
정치적 희구와
현실

역사의 현재성

고현학(考現學)이라는 학문분야가 있다. 오래 전 인류의 거취와 생활문화를 탐구하는 고고학과 달리 당대의 도시 풍속이며 세태를 꼼꼼하고 깊게 탐구하는 학문이다. 살아 있는 이의 기억과 잔상을 새로운 역사적 깨달음의 준거로 삼고자 하는 것이니 역사의 현재성을 질문하는 방법론이기도 하다. 일종의 정교한 아날로지를 통해 주변과 세상을 해설하는 방식이거니와 실존의 구체성을 드러내는 상징 기호 해석의 한 방편인 셈이다. 주택 앞에 붙인 요즘의 구호성 명칭을 살펴보는 일도 그렇다.

식민지 한반도의 전략적 경영을 위해 총독부 관료나 민간 관리들에게 일제강점기 총독부가 공급한 관사와 교수사택 혹은 식산은행 사택이니 하는 주택의 명칭은 광복 이후 적산가옥이나 미군주택 혹은 연합군 가족용 주택(DH주택, 일본에서는 이를 '점령군 주택'이라는 이름으로 부르기도 한다) 등으로 이름이 바뀌었다. 물론 일제강점기에 조선가옥 혹은 개량한옥, 절충주택 등으로 불렸던 변형된 전통한옥은 현재 도시한옥이라는 이름으로 불린다. 1941년에 설립된 조선주택영단(지금의 한국토지주택공사)이 지은 집도 1962년의 대한주택공사 설립 이전에는 영단주택이라 불렀지만 해방 직후에는 '기설(旣設)주택'이라는 모호한 용례로 구분한 적도 있었다.

이렇듯 주택 앞에 가져다 붙이는 명칭은 매우 정치적이고 상황적이다. 그 안에는 주택정책 입안 주체 혹은 정권의 안일하고도 낙관적인 전망이 담긴다. 물론 낙관적 전망이란 곧 현실의 신산스러운 풍경과 부박함을 애써 감춘 것이니 굳이 따져 묻자면 당대의 결핍과 다르지 않다. 박근혜 정부가 공을 들인 '행복주택'만 하더라도 가족과 혹은 홀로 일상을 누릴 거처에 대한 정권의 정치적 갈망과 판타지가 담겼다. '국민 행복시대'를 연다고 표방한 것이지만 현실은 그와 달리 한국인 삶의 만족도는 OECD 회원국 가운데 최하위에 머물고 있고, 유엔이 매년 발표하는 행복지수는 조사대상 160개 정도의 나라 가운데 50위권 후반에 머물거나 60위권으로 추락하기 일쑤다. 국내총생산이 세계 10위 정도라는 선전 구호 이면의 어두운 그림자다. 끊임없이 경제 환원주의를 선전한 탓이기도 하고 재벌 중심의 시장에 포획된 우리의 자화상이기도 하다.

한국 주택의 근현대 역사에 등장하는 주택에 '부흥'이나 '희망' 혹은 '재건'이나 '후생' 등의 어휘가 앞자리를 차지했다는 사실은 결국 전쟁으로 인한 폐허로 삶의 토대가 붕괴된 현실 혹은 절망적이거나 나아질 기미가 보이지 않는 부박한 상황을 고스란히 드러내는 것이기에 정반대의 뜻을 가지는 반대말이 동의어로 이해되었다고 할 수 있다. '복권주택'도 있었으니 더

a   운크라주택과 초가, 서울, 1955 ©UN Archives
b   1955년에 공급된 운크라주택 내부 ©UN Archives

말할 나위가 없다. 주택 앞에 붙인 명칭에서 우리는 당시의 시대상을 읽을 수 있으며 정치적 선전선동의 향방을 가늠할 수 있다. 우리의 기억 속에 간직된 100여 개에 달하는 해방 이후 주택의 명칭은 한국의 독특한 정치적 선동과 밀접한 관련을 맺고 있을 뿐만 아니라 대부분 전시성 구호에 그치고 말았다는 현실을 웅변하기도 한다.

9평의 꿈과 재건데이트

대한민국 정부가 주택 공급에 적극적으로 나서게 된 것은 6.25 전쟁 이후다. 즉 정책자금으로 주택금융을 담당하는 한국산업은행이 발족하면서 확보한 융자금으로 대한주택영단과 지방자치단체들이 재건주택, 복구주택, 외인주택 등을 건설했다. 1980년대 말 노태우 정부가 영구임대주택을 공급하기 전까지 정부가 직접 재정을 투입해 일반국민을 위한 주택을 공급한 것은 거의 이때뿐이다. 당시 등장한 몇 가지 대표적인 주택의 명칭을 열거하면 ICA주택, 운크라(UNKRA)주택, 재건주택, 희망주택, 부흥주택 등이다.

전쟁 피해국에 대한 외국의 구호가 주택 건설 재정으로 전환되면서 이 자금으로 공급되는 주택에 미국국제협력처를 뜻하는 ICA(International Cooperation Administration)를 붙인 것이 바로 ICA주택이다. 1951년 발족한 유엔한국재건단(UNKRA: United Nations Korean Reconstruction Agency)이 집 지을 때 사용할 수 있는 미송과 못 그리고 지붕을 덮는 루핑 등을 공급하거나 그들로부터 공여 받은 기구로 만든 흙

《동아일보》 1969년 12월 20일자에 소개된 1960년대 신조어

벽돌로 지은 집이 운크라 주택이다.

해외 원조의 주체가 되는 기구나 기관의 이름을 주택 앞에 붙였다. 6.25 전쟁 후인 1953년 8월에 만들어진 초등학교 교과서에는 다음과 같은 공지문이 따로 붙기도 했다.

이 책은 국제연합한국재건위원단(운끄라)에서 기증한 종이로 박은 것이다. 우리는 이 고마운 도움에 감사하는 마음으로, 한층 더 공부를 열심히 하여 한국을 부흥 재건하는 훌륭한 일군이 되자. 그런데, 이번에는 원조 종이가 제 때에 도착되지 아니하여 할 수 없이 따로 종이를 많이 사서 썼기 때문에 그 비용을 이 책값에 더하였다.

문교부장관 명의의 교과서 정가 인상 공지문에서도 원조의 주체를 밝혔다.

외국 원조주택이 지어지던 당시 3종 세트로 흔히 묶여 불리던 주택이 있었으니 재건주택, 희망주택, 부흥주택이 그것이다. 재건주택 역시 원조자금이 바탕이 되었지만 직접 원조 대신에 입주자가 공사비의 20% 정도를 먼저 부담하고 나머지는 5~10년에 걸쳐 상환하는 방식으로 전환되었기 때문에 그 의미가 다소 다르다. 재건주택은 9평짜리였는데 집의 규모를 9평으로 한 것은 UN의 세계주택 통계가 가구당 6평이므로 여기에 50%를 더 늘린다는 전망을 더해 정한 것이라고 알려져 있다. 물론 이는 현실과 동떨어진 판단이었다. 실무자의 증언에 따르면 입주자의 엥겔계수를 고려해 4급 공무원의 생활수준으로 했기 때문에 주택 입주 후 상환액 부담으로 입주자들의 불평이 많았다고 한다. 물론 어떤 구체적 기준을 따랐는지 확인할 길은 없지만 당시로서는 제법 수준이 높은 주택이었던 까닭에 이 집을 가지려는 사람들의 욕구가 '9평의 꿈'으로 널리 회자되었다지만 냉엄한 현실은 이를 외면했다.

6.25 전쟁 이후 한동안 국민동원의 수단으로 여겼던 '재건'이라는 단어는 5.16 군사정변 이후 정치 구호로 다시 등장했다. 1960년대를 마감하는 1969년 12월 신문에서는 1960년대의 유행어를 따로 정리했는데, '불도저', '정치교수', '부정축재' 등과 함께 '재건'을 꼽았다. 군사정권의 모토로서 청신한 기풍진작을 위한 것이라는 설명과 함께 '재건복'과 '재건체조'는 물론이거니와 '재건빵'이 등장했는가 하면 젊은이들의 데이트조차 '재건데이트'로 불렸다는 내용이다. 새마을운동이 한창이던 1970년대 대학생들의 가난한 교제가 마치 '새마을데이트'로 불린 것처럼 말이다.

희망주택 역시 9평의 꿈을 부추겼다. 집지을 땅값이며 공사비를 모두 입주자가 부담하되 자재는 대한주택영단에서 배정해 공급한 분양주택이 곧 희망주택이다. 역시 1950년대에 생겨난 것으로 서울의 경우에는 1954년까지 휘경동과 회기동, 창천동, 정릉동, 홍제동 등에 집중 건설되었다.

부흥주택과 '즐거운 문화촌'

부흥주택이 본격 공급되기 시작한 1950년대 후반은 '부흥부(1961년 건설부로 변경)'에 의해 경제부흥5개년계획이 수립될 정도로 '부흥'이 강조되던 때였다. 이때 서울의 청량리와 신당동, 홍제동 일대에 부흥주택이 건설되었다.

부흥주택이란 산업부흥국채를 재원으로 시행되는 주택 건설 사업에 따라 붙은 이름이다. 조금 복잡할 수도 있지만 한번 살펴보자. 정부는 6.25 전쟁 휴전 이후 전쟁 참화를 극복하기 위해 다양한 분야에 쓰일 자금이 필요했지만 재정 여건은 터무니없을 정도로 취약했다. 할 수 없이 국채를 발행할 수밖에 없었는데 이 국채를 통해 확보한 자금이 곧 부흥자금이다. 방법은 간단했다. 일제강점기의 식산은행에서 벗어나 1954년 새로운 모습으로 발족한 한국산업은행이 먼저 부흥국채를 발행하면 한국은행이 이를 모두 인수해 유동 자금을 확보하는 것이다. 물론 제도적 뒷받침이 선행되었다. 산업부흥국채를 발행하기 위해 '산업부흥국채법'으로 불리는 법률을 제정했다.

한국산업은행이 발행하는 산업부흥국채는 수리자금, 기간산업건설자금, 중소광업자금, 주택건설자금 등과 같은 여러 분야의 정책자금을 확보하기 위한 것이다. 결과적으로 시중에 현금이 많이 풀리는 것

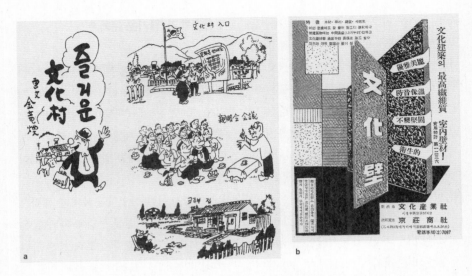

a 《주택》 제2호에 실린 김용환 화백의 홍제동 부흥주택 홍보용 삽화. 1959. 11.
b 내벽 자재에도 문화라는 이름을 붙인 '문화벽' 광고. 출처: 대한주택영단, 《주택》 제6호, 1961. 4.

이기에 인플레이션에 대한 우려가 적지 않았다. 그러나 미국의 무상 원조물자를 시중에 내다 팔아 자금을 확보하는 방식(이를 대충자금이라 부른다)이 운용되며 이런 우려는 점차 완화되었다. 우여곡절이 없진 않았지만 산업부흥국채는 몇 차례 이어졌고, 주로 7회와 8회에 발행된 산업부흥국채 일부를 주택건설자금으로 삼아 공급한 주택을 특별히 '부흥주택'이라 부른다.

그런데 문제는 융자금에 대한 이자가 너무 높았다. 무려 11%에 달했다. 게다가 원리금 상환기간은 고작 6년에 불과해 일반 입주자들을 대상으로 한 주택분양은 매우 저조했다. 홍제동 부흥주택의 경우는 이런 악조건에 더해 화장터 인근이라는 이유가

보태져 대학교수와 신문기자, 연예인들이 나서서 흉흉한 동네 소문은 미신에 불과하다는 등의 설득을 벌여 입주를 독촉했다. 좋은 말로 홍보지만 사실을 왜곡한 선전선동과 다를 바 없다. 마포아파트가 준공되었을 때 많은 예술가와 문화계 종사자들이 높은 층에서 바라보는 한강의 석양을 잊을 수 없다거나 한강맨션아파트 분양 때 유명 배우나 가수가 앞을 다퉈 입주했던 것처럼 홍제동 부흥주택에 입주한 김용환 화백은 '즐거운 문화촌'이라는 제목의 삽화를 그려 당시 대한주택영단의 기관지인 《주택》에 게재하기도 했다. 1959년의 일이다.

부흥주택이 세상 사람들의 주목을 받

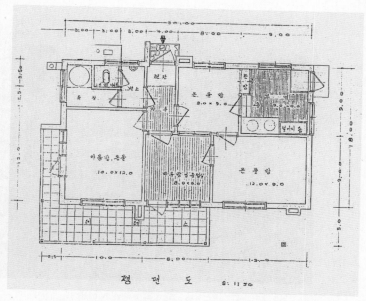

평 면 도   s: 1:50

1958년 5월에 작성된 15평형 부흥주택(보사부안) 평면도. 대한주택공사 문서과 자료

은 것은 1959년 봄에 벌어진 부흥주택 입
주민들의 집단 청원사태 때문이다. 융자금
이자가 턱없이 높고 원금 상환기간은 너무
짧다는 것이었다. 마침 언론도 이 문제에
주목하면서 급기야는 국회에 특별조사소
위원회가 구성되기도 했다. 입주자들의 울
분은 실로 대단한 것이었다. 1년 365일 피
땀으로 벌어들인 돈 모두를 부금으로 갚
아야 하는 것이 말이 되느냐고 한목소리
를 냈고, 없는 서민의 피를 뽑아 산업은
행 좋은 일 시킨다는 것이었다. 당시 우리
나라 사람들의 평균 국민소득보다 25배나
더 많은 미국 같은 나라에서도 벌어지지
않는 일이 한국에서 벌어지고 있다며, 이
는 언어도단에 불과하다고 정부를 맹비난

했다. 그때나 지금이나 없는 사람들에게는
무엇 하나 다를 것이 없어 쓸쓸하다.
　당시 널리 보급되었던 부흥주택 평면도
는 매우 흥미롭다. 도면에 표기된 모든 치
수가 피트 단위로 되어 있으며, 과할 정도
크기의 테라스를 갖추었고, 남측 아동방
또한 이채롭다. 부엌에 들일 찬장이며 설
거지통은 모두 입주자가 자기 비용으로 부
담하는 것이었지만 변소에는 양변기가 설
치되었고, 욕실에는 커다란 쇠가마가 걸렸
다. 물론 욕실 쇠가마는 일제강점기에 일
본인들이 사용하던 도구였고, 양변기는 원
조물자로 보인다. 피트 단위로 표시된 치
수 역시 원조국인 미국의 개입 흔적이기
도 하다. 당연히 그들이 공여한 목재를 이

공보실 공보관 주최 국가부흥전시회, 1957. 1. 국가기록원 소장 자료

용해 지어진 집의 지붕은 트러스 구조다. 1950년대 말까지 미국의 직접 영향권에 속했다는 의미다.

　미국의 영향이 아니라면 적어도 선진 기술이며 자재를 확보했거나 활용할 수 있는 충분한 능력을 갖춘 군대의 적극적인 건설 사업 참여가 있었다고 할 수 있다. 왜냐하면 당시 지어진 부흥주택의 상당수를 육군 공병대가 맡아 시공했기 때문이다. 서울역 앞에 나지막한 모습으로 지금도 웅크리고 있지만 6.25 전쟁 이후 가장 도시적인 풍경으로 수도 서울 미화의 본보기가 된 상가주택이 공병대에 의해 지어졌듯 군대는 가장 막강한 권력집단이었고 기술력역시 선봉이었다. '우리는 대한민국의 아들 딸. 죽음으로써 나라를 지키자', '우리는 강철같이 단결하여 공산침략자를 쳐부수자', '우리는 백두산 영봉에 태극기 날리고 남북통일을 완수하자'고 외친 이승만 정권 때의 일이다. 외침의 공허함 역시 오래 전과 오늘의 모습이 다르지 않다.

쥐가 목욕한 간장도 그대로
퍼먹어야 하니 위생상
좋지 않습니다

김현옥 서울시장의 장독대 없애기 운동

누나 순(順)이 김칫거리를 씻고 있는 수돗간 뒤로 돌아, 대문 옆에 달린 장독대 위로 올라 갔다. 광 위를 시멘트로 평평하니 다지고 가장자리에 쇠 울타리를 둘러친 장독대는 꽤 높 다. 골목 안이 잘 보인다. 아니 맞은편 국민주택 블로크 담 안 화단까지 빤히 들여다보인 다. 새로 이사를 와 아직 아무 것도 올려놓지 않은 장독대 위에는 늦가을 햇볕이 하얗게 깔려 있었다.[1]

단편소설 〈오발탄〉의 작가로 잘 알려진 소설가 이범선이 1968년 5월에 《신동아》를 통 해 발표한 단편 〈문화주택(文化住宅)〉 첫 장면이다. 집장수인 부모가 팔아치울 목적으로 후다닥 지은 서울 변두리의 '문화주택'으로 새로 이사 온 초등학교 4학년 '동철'이 집 밖 골목길에서 또래 소년이 다른 동무를 부르는 소리가 궁금해 광 위 장독대에 올랐던 풍 경 묘사다. 대문 옆에 달린 장독대, 시멘트를 바르고 가장자리를 쇠 울타리로 두른 장 독대, 제법 높아 골목 안이 잘 보이던 장독대, 맞은편 집 화단까지 빤히 들여다보이는 바로 그 장독대. 그 장독대가 비록 드라마에서였지만 1988년까지, 아니 지금까지도 건 재했다고 할 수 있으니 장독대 없애기 계몽영화를 한 해에 11편이나 만들어 서울의 각 극장에서 6개월 동안 상영한 김현옥 당시 서울시장이 놀라 자빠질 일이다.[2]

이범선의 〈문화주택〉이 발표되고, 김현옥 서울시장이 장독대 없애기 계몽영화를 만 들어 상영하던 그해 5월 16일 《조선일보》는 "일사일언" 코너를 통해 "호화찬란한 아파 트에 장독이 계단을 올라갔을 일을 생각하면, 아니 경우에 따라서는 엘리베이터를 타 고 올라갔을 일을 생각하면 무슨 희극 같다."는 내용을 골자로 하는 기사를 내보냈다. 오늘날의 입장에서 본다면 뭐가 그리 문제일까 싶겠지만 1960년대 사정은 그랬다.

이 글은 다분히 장류 식품공업의 문제점을 제기한 것처럼 보이지만, 실제로는 왜 아파트 에 장독을 두느냐는 문제제기에 더 가깝다. 그것도 그 시기에 한참 대단한 부자들만 살았

---

1 — 이범선, 〈문화주택〉, 《신동아》, 1968년 5월호, 409쪽

2 — 1968년 김현옥 서울시장은 '아파트'라는 새로운 주택을 건설하는데 장독대가 장애가 된다고 믿었고,
　　도시미화에도 어긋난 일이라고 생각해 같은 해에 '장독대 없애기'를 주제로 11편의 계몽영화를 만들었
　　다. 주영하, 《서울의 근현대 음식》, 서울특별시 시사편찬위원회, 2014, 203~204쪽. 1969년 국립영화
　　제작소가 만든 "식생활 이야기: 장독대를 없애기" 홍보영상은 현재 국가기록원이 소장하고 있다.

던 충무로와 을지로 일대의 상가아파트와 같은 고급 주택에 왜 장독을 두고 사는가 하는 것이다.[3]

1968년 새해 벽두부터 시작한 서울시의 '장독대 없애기 운동'과 1970년의 서울시 건축 행정 쇄신 내용을 보면 저간의 사정을 조금이나마 이해할 수 있다.

장독 혹은 장독대와 관련한 많은 내용들이 대부분 비위생적인 문제들을 지적하고 나섰지만 그 속내는 도시미화에 관한 위정자들의 조급함과 함께 서구종속적인 가로 풍경과 미학에 있어 거의 자학이라고 할 수밖에 없을 정도의 후진적 인식이 자리하고 있었다. 그보다 10년 전인 1958년 새해가 시작되자마자 열린 국무회의에서 이승만 대통령이 수도 관문의 위상을 바로 세우기 위해서는 번듯한 건물을 서울의 주요 간선도로변에 서둘러 지어야 한다고 지시했던 것과 크게 다르지 않다. 근대와 전근대, 문명과 비문명을 가르는 것이 장독대며 빨래 널기 풍경인 것처럼 주장한 김현옥 시장의 태도는 그로부터 10년 전 이승만 대통령이 판잣집을 없애고 문화인 생활이 되도록 하라던 것과 전혀 다르지 않았다.[4]

서울특별시가 제작 의뢰해 국립영화제작소가 만든 홍보영화 "식생활 이야기: 장독대 없애기"(1969)를 꼼꼼하게 살펴보면 많은 시사를 얻을 수 있다. 당대 유명 배우를 동원한 이 영상물은 손 없는 날을 이틀 앞두고 소금을 준비하러 나온 주부가 마침 집을 새로 장만한 친구 집에 들러 나눈 대화로 시작된다. 집주인이 친구를 집으로 들이며 마침 마당에 설치된 그네에서 놀고 있는 '정화'라는 아이에게 엄마 친구에게 인사할 것을 권한 뒤 그네가 놓인 자리가 바로 장독대가 있는 곳이라는 설명으로 재빠르게 전환된다. 이들의 대화를 조금 더 살펴보자.

주인: 사다리(그네)가 바로 장독대가 있었던 자리야. 얼마나 좋냐. 진작 없애려 그랬어. 장독대 없앤다니까 할머니(시어머니)께서 온통 야단이시더니 막상 없애고 나니깐 오히려 칭찬 하시더라.
손님: 아니 그렇지만 우리나라 풍속에는 장을 담그지 않으면 간장은 어떻게 먹니?

3 — 주영하, 앞의 책, 205쪽

4 — 《신두영 비망록(1) 제1공화국 국무회의(1958.1.2.~1958.6.24.)》, 국가기록원, 1990.8.15., 68쪽 (130~131쪽)

a　《경향신문》 1970년 10월 2일자에 실린 서울시 건축행정 쇄신 내용. 장독대 설치, 빨래 널기 금지가
　　눈에 띈다.

b　《동아일보》 1968년 1월 9일자에 실린 장독대 없애기 운동 전개 기사

주인: 어떻게 먹긴. 사먹지.

손님: 아이고, 너 팔자 한번 좋구나. 그런 것까지 다 사먹고.

주인: 얘, 사 먹어보니까 여러모로 아주 편리하더라.

손님: 아니 그럼 간장, 된장, 고추장 그런 걸 모두 다 사먹는단 말이지?

주인: 이제부턴 김치도 사먹을 작정이야.

손님: 얘, 얘, 얘, 누가 들으면 웃겠다. 젊은 것이 뭐가 귀찮아서.

주인: 아니, 귀찮아서가 아니지. 너도 알잖니. 장독대가 있으면 얼마나 힘이 들고 불편하
　　　다는 걸.

그리곤 남성 해설자의 설명이 이어진다.

네. 불편하고 힘들다는 거야 주부 여러분께서 더 잘 아실 것입니다. 우선 김장철부터 주
부의 마음은 무거워지는 것입니다. 해마다 한번은 꼭 겪고 있는 이 김장철에 너나없이 김
장을 합니다만, 목돈 걱정에다 온통 집안이 엉망이 되서 허리를 펴지 못하면서도 그새 이
렇게 야단 아닙니까. 김장이 끝나면 꼭 치르는 것이 몸살병이라는 거죠. 이렇게 무리하실
필요가 있겠습니까. 그뿐만 아니라 서울의 경우만 하더라도 이 김장 쓰레기는 트럭으로

장독대 없애기 계몽영화. "식생활 이야기: 장독대 없애기". 국가기록원 소장 자료

4만 1,424개를 쓸어내야 하니 자그마치 6,636만원이라는 경비가 듭니다. 이 돈이 다 어디서 나옵니까. 여러분의 부담이 그만큼 커지는 것이 아니겠습니까. 김장이 끝나면 김장 항아리를 땅속에 묻어두고 하루에도 꼭 두세 번은 꼭 허리 운동을 하시는 주부들의 모습을 보십시오. 그리 아름답지는 못하죠. 이제 또 봄이 되어서 집집마다 장을 담그고 있습니다만 이 콩 메주 좀 보십시오. 꼭 이렇게 불결한 것을 먹어야만 합니까. 우리 가정에서 장 담글 때면 이것도 김장 못지않게 요란합니다. 시골에서 메주를 날라 오는가 하면은 시골 할머니까지 동원되고 야단입니다. 그렇게 하지 않아도 간장은 먹을 수 있을 터인데 좀 생각하실 필요가 있지 않습니까. 그래서 장독대가 필요한 모양입니다만 이런 장독대 있는 집 치고 뜰 넓은 집은 드물 것입니다. 그러니 이렇게 높다란 장독대도 생기게 되고 주부들의 다리 운동은 고사하고 장독대 주위는 언제나 불결하지 않습니까. 이렇게 묘한 생리를 가진 장독대 위 된장독 속에는 그새 애써 만든 보람도 없이. 이거 말이 됩니까. 왜 이런 벌레가 생긴 것을 그냥 걷어 버리고 먹어야 합니까. 거기다 때로는 쥐가 목욕한 간장도 그대로 퍼먹어야 하니 위생상에도 좋지 않습니다. 그뿐입니까. 이사 한번 하려해도 그 장독대 때문에 골치를 앓지 않습니까.[5]

불편하고 보기 흉한 장독대를 없애고 그 자리에 정원을 만들거나 아이들의 공부방 혹은 놀이터 등을 꾸미는 것이 얼마나 현실적인 것이냐고 되묻기도 한다. 다시 이어지는 등장인물들의 대화는 조선간장이 소금이 조금 더 들어 있을 뿐 맛은 사먹는 간장이 더 낫고, 공장에서 만드는 간장은 게다가 값도 헐해 직장에 다니는 여성에게 제격일뿐

5 — 앞의 영상. 국립영화제작소

더러 식생활 개선에도 크게 기여할 것이라는 훈계다. 이어 1969년에는 간장의 70%, 된장과 고추장은 각각 50%씩 공장에서 생산하여 공급함으로써 1970년에는 모든 가정이 공장 제품을 쓸 수 있도록 할 계획이라는 서울시의 정책 홍보를 이어간다. 다만, 김치는 서울시에서 소채 단지와 김치 공장 건설에 착수했으니 연내에 상황이 좋아질 것이며, 위생상 염려는 품질검사를 철저히 해 제품별로 검사필증을 부착한다는 내용으로 구성되었다.

샘이나 샘표

이 홍보영상이 상영되기 8년 전인 1961년 샘표식품(주)에서는 '보고는 몰라요, 들어서도 몰라요'로 시작되는 "샘이나 샘표"라는 제목의 CM송을 만들어 인기가수 김상희를 통해 널리 퍼뜨렸고, 그로부터 5년 후인 1966년 10월 4일 대한민국 정부는 보건사회부령 제206호를 통해 국내 최초로 식품에 대한 규격을 제정, 공포했는데 그 대상 품목이 바로 간장과 주류였다.

왜 1968년부터 1970년 사이에 양조간장과 장독대 등이 커다란 사회 문제로 등장했을까. 일제강점기부터 서울에는 서구식 아파트가 건축되었지만 서구와 마찬가지로 아파트라는 공동 주택은 저소득층이 집단으로 거주하는 곳에 지나지 않았다. 하지만 1967년 제2차 경제개발5개년계획을 수립하면서 박정희 정권은 대도시의 불량지구를 재개발해 서민의 주택 문제를 해결하려는 방안을 마련했고, 1966년 취임한 김현옥 서울시장은 정권의 시책에 맞춰 지방행정에 이를 강제했다.

마포아파트의 뒤를 이은 도심부의 몇몇 소규모 아파트로는 서민의 주택 문제를 해결할 수 없었고, 도시미화 역시 쉽지 않았다. 이런 고민 끝에 전격적, 전략적, 군사적으로 실시한 사업이 바로 시민아파트 건립이었다. 물론 아파트를 많이 지어 도시미관에 악영향을 미치는 판잣집을 가리고 문화생활로 불리는 아파트 생활로 기거방식을 전환하면서 둘 곳이 마땅치 않은 장독대를 없애겠다는 부수적인 생각이 보태졌다. 하지만 얼마 지나지 않은 1970년 4월 8일 와우산 등성이에 지은 와우시민아파트가 붕괴되는 참사가 발생했다. 울고 싶은데 때린 격이라고나 할까. 부실시공의 책임보다는 장독으로 인한 하중이 아파트 붕괴의 원인이 될 수도 있었다는 여론에 힘 입어 발코니 장독대 사용금지 조치까지 시행되면서 아파트 붕괴 사고 이전부터 추진했던 장독대 없애기 운동은

a　위생에 주목한 샘표간장 광고, 《경향신문》 1954년 9월 23일자
b　미관에 방점을 둔 한국식품 장류 광고, 《동아일보》 1962년 2월 7일자

이제 위생과 미관을 넘어 안전 문제로 비화되었다.[6]

　1970년 4월 8일의 와우아파트 붕괴 사건으로 '불도저 시장'으로 불리던 김현옥 서울
시장이 책임을 지고 사퇴한 뒤 시민아파트 건설 사업은 중단되었다. 정치권에서는 서울
시가 추진한 시민아파트 건립이 제7대 대통령 선거를 위한 국민투표(1971년 4월 27일)를
앞둔 시점에서 정치적 전시 효과를 노린 사업이라는 질책이 이어졌다. 당시 야당이던
신민당은 "김현옥 서울시장의 책임과 임명권자의 책임을 묻고, 서울에 시의회가 구성
될 때까지 수도권 특별위원회를 두고 서울시정 전반에 걸친 특별국정감사를 실시할 것
을 요구했다."[7] 이렇게 여론과 정치권이 들끓자 박정희 대통령은 시민아파트 건립을 중
지하도록 지시하고, 안심하고 살 수 있는 새로운 아파트 계획을 다시 세우라는 지시와
함께 기존의 시민아파트 전체를 철저하게 점검해서 위험 건물은 철거하거나 상층부의
2, 3개 층을 제거해 안전을 기하라고 했다. 이에 따라 1969년부터 1972년까지 서울시
의 32개 지구에 425동 17,204가구를 기록한 시민아파트는 더 이상 건립되지 않았으며,
1970년부터는 시범아파트라는 이름의 중산층 아파트 건설 사업으로 바뀌었다. 그 대표
적인 사업이 여의도시범아파트 건설 사업이었다.

6 —　"서울 새 풍속도-시민아파트⑤", 《경향신문》 1970년 12월 7일자에는 시민아파트 거주자들이 김장을
　　　해도 마땅히 둘 곳이 없거나 밖에 둔다고 해도 얼어버릴 염려가 있어 할 수 없이 김장독에 가마니를
　　　둘러 발코니에 내놓는 방법을 택했지만 이것도 와우시민아파트 붕괴사고로 인해 사회문제가 된 하중
　　　문제와 미관상의 문제 때문에 구청에서 발코니를 장독대로 사용하는 것을 금지하는 지시가 있어 이러
　　　지도 저러지도 못하는 딱한 사정을 전하고 있다.

7 —　김규형, 〈서울 시민아파트 연구〉, 서울시립대학교 대학원 석사학위 논문, 2007, 28쪽

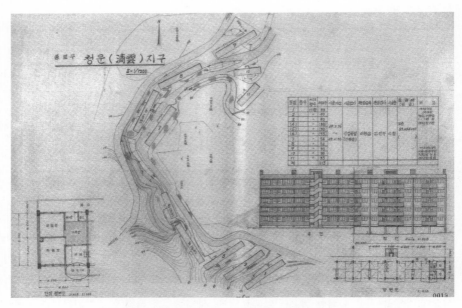

'69 시민아파트 건립 사업의 일환으로 지어진 종로구 청운시민아파트에 나타난 장독대.
서울역사박물관 소장 자료

홍미로운 사실은 김현옥 서울시장의 강력한 지시와 서울시를 내세워 국가적으로 주도한 장독대 없애기 운동의 와중에 설계된 시민아파트 대부분은 여전히 아파트 발코니를 장독대로 간주했다는 사실이다. 여기서 한 걸음 더 나아가 설계도면의 발코니 부분을 아예 장독대로 표기한 것도 적지 않다. 형식이 결코 생활을 규정하지는 못한다는 점과 더불어 당시까지만 하더라도 정책 홍보 영상의 대화 내용과는 달리 서민들에게 공장에서 생산되는 양조간장을 비롯한 다양한 장류를 사먹는다는 것은 현실적으로 쉽지 않았다. 값도 문제고, 위생도 신뢰할 수 없었지만 무엇보다도 장은 집에서 담가 먹는다는 인식이 강고했던 탓이다.

문화생활의 표본, 아파트에서의 장독대 논란

사실 장독대를 없애야 한다는 사회적, 정치적 강박이 1960년대 말에 처음 시작된 것은 아니다. 일제강점기부터 한 집의 체면을 드러내는 수단으로 여겨졌던 장독대를 없앨 마땅한 방법이 없어 고심이라거나 혹은 단출한 생활을 위해서라도 장독 처리가 필요한데 지하실이나 지붕에 올리는 방법 역시 마땅치 않다는 지적이 전문가 대담이나 투고 형식으로 자주 등장하곤 했다.[8]

한국의 주택에서 부엌이나 가사 작업 공간은 마당을 포함한 집 안의 너른 부분을 포괄하는 영역이었고 그중 중요한 것 중 하나가 장독대였다. 전통주택에서 장독대는 한 집 안의 살림살이 규모를 과시하는 역할도 했다. 그러나 도시화가 진행되고 주택의 규모가 줄어들면서 마당도 좁아졌고, 여기에 장독대를 두는 것은 여의치 않았다. 따라서 좁은 마당에서 창고 위에 장독대를 얹어놓고 공간을 입체적으로 사용하는 모습이 흔했다.[9]

흔히 광을 두고 그 위를 시멘트로 평평하게 다져 다양한 크기의 장독을 올려 사용했다는 것이다.

일제강점기인 1939년에 있었던 전문가들의 생활 개선 좌담회에서는 경성의 도시화로 인해 빚어진 대지 규모의 축소와 연립식 도시한옥의 등장에 따른 문제로 과연 장독 처리며 장독대 위치를 어떻게 할 것인지에 대한 건축가의 고민을 살필 수 있다. 좌담회에 참석한 건축가와 생활 개선 전문가의 언급이다.

박길룡: 우리 장독대가 문제인데 조선집에 있어선 마치 그 집 형세나 체면을 대표하는 것처럼 은연중 되어버려서 공연히 큰 빈 독들도 많이 늘어놓지 않습니까. 이게 큰 두통이에요. 처치를 어디로 잘 해야 할 텐데.

유각경: 장독대는 뒤 안 보이는 데다 높이 놓고 그 아래는 지하실을 만들어서 이용하도록 해야겠죠.

박길룡: 그러면 또 장독대가 높아서 올라 다니기 불편합니다. 하기야 어느 집에선 요새 지붕 위를 이용해 가지고 거기다 장독을 놓는 사람도 있습니다만. 그것도 다 불편해요.[10]

8 — 1937년 7월 22일자 《동아일보》는 봉건적 수공업을 도태시키고 20세기의 현대과학으로 조선 가정을 전환할 필요가 있다는 점을 강조하면서 땅 한 평이 아쉬운 도시생활에 있어 장독대는 최후의 봉건적 존재인 까닭에 이를 퇴거시켜야 한다는 글을 실었다.

9 — 전남일, 《집: 집의 공간과 풍경은 어떻게 달라져 왔을까》, 돌베개, 2015(초판1쇄), 81쪽

10 — "가정생활 개선 좌담회", 《여성》, 1939년 2월호, 22쪽

좁아진 터와 집에서 장독이며 장독대를 어떻게 할 것인가의 논란은 해방 이후 1958년 부터 본격적으로 등장한 연립형 2층 부흥주택의 공급 과정에서 고민거리로 다시 등장했다. 그보다 한 해 전인 1957년에 유엔한국재건단(UNKRA)의 원조[11] 자재와 정부 자금으로 대한주택영단이 서울 성동구 약수동에 건설한 10종, 33동의 시범주택의 경우에는 특별한 고민 없이 부엌에 면한 외부공간에 시멘트 등으로 포장한 자그마한 바닥면을 마당으로부터 10cm 정도 올려 장독대로 사용하도록 한 것이 나름의 해결책이었지만[12] 적층주택(積層住宅)이 출현하면서 1층 외부공간을 장독대로 사용하는 나름의 방식이 난관에 봉착했기 때문이다. 물론 2층으로 이뤄진 적층주택이라 하더라도 위아래 층을 한 세대가 모두 사용하면 문제될 것이 없었다.

1958년 9월에 작성된 부흥주택 평면도를 보면 당시 상황을 파악할 수 있다. 이 주택은 1층과 2층 모두를 한 집이 사용하는 것으로 현관에서 바라보이는 욕실 밖, 부엌에서 오갈 수 있는 곳에 적당한 크기의 장독대를 따로 두어 크게 문제될 것이 없어 보인다. 문제는 1층과 2층 혹은 3층을 각각 다른 세대가 살게 될 경우 1층을 제외한 다른 층에 들어가는 집의 장독대 처리가 골칫거리였다. 물론 적당한 방법이 마련되었다. 지금 보아도 아주 지혜로운 방법이 궁리되었다. 계단을 통해 2층 혹은 3층으로 올라오면 만나는 계단참을 중심으로 왼편과 오른편 세대가 선대칭으로 구성되는 3층 연립형 부흥주택 평면은 요즘의 아파트와 크게 다를 것이 없다. 현관을 열고 들어가면 어느 집이나 왼편 혹은 오른편에 변소가 위치하고 현관 반대 방향으로 현관 크기 2배 정도 넓이의 장독대를 두었다. 장독대는 바닥으로부터 60cm 정도의 높이로 난간이나 울을 두르고 그 안에 독이며 항아리를 두는 방식이다. 베란다와 같은 방향에 장독대가 놓인 것으로 보아 볕 좋은 자리에 장독대를 두었음은 분명하다. 괜한 걱정을 해 본다면 간장, 된장 혹은 고추장의 경우와 달리 김칫독의 경우 외기에 노출된 까닭에 숙성이 너무 빨라 새봄이 오기 전에 시어터진 김장김치를 먹을 수밖에 없거나 아니면 혹한에 김칫독이 깨지는 동파 사고가 생겼을지도 모를 일이다.

그렇다면 3층 연립주택이 지어지던 때와 거의 같은 시기에 중앙산업에서 지은 종암아파트와 개명아파트는 어땠을까. 베란다의 한쪽 귀퉁이에 1.5m² 정도 크기의 공간을

---

11 — 1952년 말부터 운크라는 식량, 주택, 의료, 교육시설 등의 부흥사업을 원조했는데 1960년까지 총 원조규모는 12,200만 달러에 달했다.

12 — 보건사회부, 《시범주택》, 1957년 12월. 이 자료는 일종의 팸플릿 형식으로 국가기록원에서 공개문건으로 소장하고 있다.

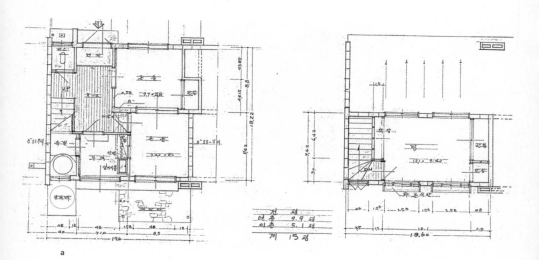

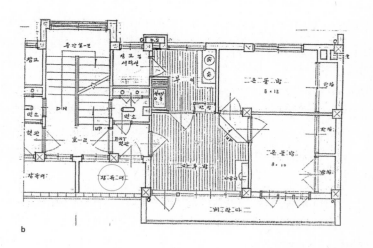

a   1, 2층 모두를 한 가구가 사용하는 부흥주택의 1, 2층 평면도, 1958. 대한주택공사 문서과 자료

b   3층 연립 부흥주택의 2, 3층 평면도, 1958. 대한주택공사 문서과 자료

마련하고 여닫이문을 달아 '광'을 만들어 주었을 뿐이다. 물론 이것으로는 평균 9개 이상의 독이나 항아리를 가진 모든 세대가 쓸 수 있는 장독대 구실을 할 수 없었으리라 판단된다. 할 수 없이 옹기며 항아리는 불편하더라도 마루방에 두거나 부엌 귀퉁이에 두고 사용하는 등 생활과 형식의 불일치를 감내했다. 이는 아파트라는 새로운 주거 형식과 불변의 관성을 유지하는 생활을 어떻게 대응시킬 것인가의 과제에 대한 당시 정부와 주택 공급 주체(대한주택영단, 중앙산업 등)의 생각이 어떠했는가를 추정해 볼 수 있는 중요한 단서가 된다. 그들은 서구의 근대적인 문화생활을 지지하기 위한 아파트와 척결 내지는 타파의 대상이 되어야 할 전근대적 구습 사이에서 당연하게도 전자를 선택한 것이다. '장독대가 필요 없게 되었다'는 1960년대 초기의 양조간장 광고문이 이를 웅변한다.

그렇다면 한국 최초의 대단위 단지형 아파트로 불리는 마포아파트의 경우는 어떨까. 물론 장독대 공간을 특별하게 고심하지 않았다. 오히려 그보다 5년 쯤 전에 지어진 종암아파트나 개명아파트보다 장독 공간에 대한 배려는 더욱 미약하다. 베란다의 귀퉁이마저 장독을 두는 공간으로 할애하지 않았기 때문이다. 아파트 입주자들은 소위 '문화생활을 보장하는 문화주택'으로 거처를 옮겼다지만 항아리며 장독들을 둘 곳이 마땅치 않은 상황에서 제각각 궁여지책을 강구했을 것이다. 마포아파트 입주 후 그들의 생활이 밖으로 드러난 사진은 당시 형편과 상황을 잘 설명한다.

당시 촬영된 사진을 보면 상당수의 세대가 발코니 창살 밖으로 별도의 철제 난간을 추가로 매달고 그 위에 옹기며 작은 항아리를 내놓은 모습을 확인할 수 있다. 물론 장독대와 함께 타파해야 할 구습으로 여겼던 빨래를 널어 말리는 모습 역시 그와 다르지 않다. 그렇지 않은 집은 아예 밖으로 면한 발코니 바깥으로 창을 돌출시켜 내달고 그곳을 실내공간으로 바꿔 사용하고 있다. 소위 발코니 확장을 통해 그 공간 전체를 전용공간으로 바꿔 사용한 것이다. 당연하게도 어느 집이나 몇 개씩 지니고 있을 장독들은 그 안 어딘가에 웅크리고 앉았을 것이다. 이런 모습에 대해 당시 마포아파트 입주민들 사이에서 불만이 적지 않았고 공무원이나 전문가들조차 아름답지 못한 풍경이라고 비난하며 바람직한 문화생활에 어울리지 않는다는 혹평을 쏟아냈다. 밖에서 빨래가 널려 있는 모습이 집값에 좋지 않은 영향을 주니 가급적 삼가라는 요즘의 고가 아파트단지의 구내 방송 내용과 전혀 다를 게 없다.

1970년의 풍경

'독'이란 김치, 간장, 고추장 따위를 오랫동안 저장하기 위해 사용하는 오지그릇이나 질그릇을 말한다. 항아리며 옹기를 모두 포함하여 일컫는 말이니 '장독'은 간장, 된장, 고추장 등 장류를 담아 두는 독이다. 여기에 오래 두고 먹을 수 있는 김장김치를 담으면 김칫독이 되고 쌀을 저장하면 쌀독이 된다. 그리고 이들을 모아둔 곳이 바로 '장독대'다.

이범선의 〈문화주택〉이 발표되고 얼마 지나지 않아서, 김현옥 서울시장의 장독대 없애기 운동이 본격적으로 전개되기 시작할 즈음에 장독과 관련한 아주 흥미로운 조사 결과가 발표됐다. 당시 서울에 있던 7가지의 서로 다른 대표적인 아파트 유형을 각각 50세대씩 골라 장독의 숫자를 조사한 것인데 "아파트 실태조사 분석"이라는 제목으로 대한주택공사의 기관지 《주택》 제27호에 실렸다.[13]

당시 아파트는 전국적으로는 1%에도 채 미치지 못하는 0.77%였고, 서울만 한정해도 3.9%에 불과했다. 전국적으로 1%에도 미치지 않는 아파트를 대상으로 각 세대가 보유하고 있는 장독의 숫자를 조사했다는 사실은 매우 흥미롭다. 토지 이용의 효율화와 근대적인 문화생활을 위해 본격 건설될 아파트라는 주택 유형은 마당을 가진 단독주택과는 전혀 다른 것인데 과연 장독대를 어떻게 하는 것이 좋을까에 대한 고민이 조사의 바탕에 자리하고 있기 때문이다. 물론 정부의 강력한 의지와 그 의지를 현장에서 실천

---

13 — 조사연구실, "아파트 실태조사 분석—서울지구를 중심으로(하)", 《주택》 제12권 제1호(통권 제27호), 대한주택공사, 1971. 6., 94〜112쪽. 이 조사에는 표로 정리된 항목만 45가지인데, 이 가운데 장독 관련 항목이 2개, 세탁물 건조 장소 항목 2개 등이 포함되었다.

마포아파트 입주 후 풍경. 대한주택공사 홍보실 자료

해야 할 대한주택공사의 입장이 모두 반영된 조사였다.

조사 결과를 들여다보자. 당시 가장 많은 숫자의 독을 보유한 경우는 공무원아파트로 세대별로 평균 12개 이상을 사용했고 아파트 종류에 관계없이 평균 9개 이상의 독을 가지고 있다. 크기별로 보면 작은 독은 공무원아파트가 가장 많아 평균 7개 이상으로 나타났다. 중간 크기는 맨션아파트의 4개, 가장 큰 독은 시민아파트가 평균 3개 정도를 보유하고 있었다. 크기별로 독을 가진 숫자는 아파트마다 달랐다. 아마도 없는 살림에 그득하게 무언가를 담아둘 용기에 대한 필요성이 가장 큰 경우가 철거민이 주로 입주한 시민아파트였던 모양이다.

같은 조사에 나타난 또 다른 결과를 보자. 이번에는 아파트마다 사용하고 있는 독을 어디에 두고 쓰는가에 대한 답변이다. 대부분 발코니를 장독대로 사용하고 있는 것으로 나타났지만 부엌에 두거나 마루(마루방, 혹은 거실)에 두는 경우도 더러 있었고, 응답자의 18% 정도는 설문지에 제시한 곳이 아닌 다른 곳에 두고 쓰는 것으로 답했다. 요즘의 거실에 해당하는 마루에도 두지 않고, 발코니나 부엌에도 두지 않았다는 응답이니 답은 뻔하다. 침실로 사용하는 방에 장독을 두고 사용했다는 말이다. 물론 당시에 만들어진 온돌방은 지금처럼 오로지 침실로만 사용하지 않았기 때문에 가능한 일이다. 때론 마당이 딸린 친척집에 김장독을 묻어두고 김치가 바닥날 즈음 아파트로 날라다

(표 14)

장 독 의 수 효

아파트별 \ 구분	김치독 대	중	소	장독 대	중	소	된장독 대	중	소	고추장독 대	중	소	기타독 대	중	소	계 대	중	소	평균 대	중	소
주 공 아 파 트	68	78	86	23	19	14	3	23	25	2	20	34	14	20	50	110	160	209	2 2	3 2	4 0
공무원아파트	60	79	22	40	21	10	8	38	14	2	17	50	1	263	111	155	359		2 2	3 1	
상 가 아 파 트	29	47	87	15	31	19	5	24	26	5	19	37	7	22	99	61	143	268	1 0 2 8	5 3	(7 1)
맨 션 아 파 트	26	96	78	9	30	15	5	30	16	5	28	20	9	19	21	54	203	150	1 0	(4 0)	3 0
민 영 아 파 트	45	73	89	4	34	13	1	36	20		28	25	3	8	41	53	179	188	1 0	3 5	3 7
시 민 아 파 트	81	69	62	33	21	7	16	26	11	5	27	27	16	5	116	151	148	223	3 0	2 9	4 4
시중산층아파트	53	74	56	9	33	15	3	28	16		31	24	6	33	16	71	199	127	1 4	3 0	1 5
계	362	516	480	133	189	93	41	205	128	19	170	217	56	107	606	611	187	524			

(표 13)

장 독 의 위 치

아파트별 \ 위치	발코니	부엌	장고	마루	기타	무응답	계
주 공 아 파 트	46(92%)				1(2%)	3(6%)	50(100%)
공무원아파트	35(70)	3(6)			11(22)	1(2)	50(100)
상 가 아 파 트	43(86)	1(2)	4(8)	1(2)		1(2)	50(100)
맨 션 아 파 트	49(98)	1(2)					50(100)
민 영 아 파 트	47(94)			1(2)	1(2)	1(2)	50(100)
시 민 아 파 트	33(66)	10(20)	1(2)	1(2)	5(10)		50(100)
시중산층아파트	39(78)	1(2)	10(20)				50(100)
계	292(83 42)	16(4 57)	15(4 28)	3(0 85)	18(5 14)	6(1 71)	350(100)

(표 18)

세 탁 물 건 조 장 소

아파트별 \ 위치	방	마루	발코니	부엌	옥상	기타	무응답	계
주 공 아 파 트			31(62%)	1(2%)	1(2%)	17(34%)		50(100%)
공무원아파트	2(4%)	2(4%)	37(74)		6(12)	2(4)	1(2)	50(100)
상 가 아 파 트	2(4)		43(86)		4(8)	1(2)		50(100)
맨 션 아 파 트		1(2)	47(94)		1(2)	1(2)		50(100)
민 영 아 파 트			35(70)	2(4)	9(18)	4(8)		50(100)
시 민 아 파 트	3(6)	4(8)	35(70)	5(10)	3(6)			50(100)
시중산층아파트	1(2)		49(98)					50(100)
계	8(2 28)	7(2)	277(79 14)	8(2 28)	24(6 85)	25(7 14)	1(0 28)	350(100)

(표 17)

세 탁 장 소

아파트별 \ 세탁장소	욕실	부엌	변소	발코니	기타	무응답	계
주 공 아 파 트	49(98%)			1(2%)			50(100%)
공무원 아파트	46(92)	1(2)	2(4)			1(2%)	50(100)
상 가 아 파 트	48(96)	1(2)	1(2)				50(100)
맨 션 아 파 트	22(44)	1(2)		27(54)			50(100)
민 영 아 파 트	48(96)	1(2)			1(2)		50(100)
시 민 아 파 트	2(4)	35(70)		8(16)	5(10)		50(100)
시중산층아파트	46(92)	4(8)					50(100)
계	261(74 57)	43(12 28)	3(0 85)	36(10 28)	6(1 71)	1(0 28)	350(100)

a   1970년에 조사된 서울지역 아파트 유형별 장독 보유 현황. 출처: 대한주택공사, 《주택》 12권 1호, 1971

b   1970년에 조사된 서울지역 아파트 유형별 장독 위치. 출처: 대한주택공사, 《주택》 12권 1호, 1971

c   1970년에 조사된 서울지역 아파트에서의 세탁물 건조 장소. 출처: 대한주택공사, 《주택》 12권 1호, 1971

d   1970년에 조사된 서울지역 아파트에서의 세탁 장소. 출처: 대한주택공사, 《주택》 12권 1호, 1971

먹거나 김치도둑을 염려해 공동으로 광을 만들고 반장이 열쇠를 관리하는 곳도 있었다고 하니 걱정이 적지 않았으리라 짐작된다.

이 조사는 아파트의 본격적인 확대 보급이 시작되었던 시기라는 점에서 '아파트라는 형식'과 '생활이라는 내용'의 불일치에 대한 적지 않은 고민을 드러내고 있다. 다시 말해 그동안의 보편적 주택 유형인 단독주택이라면 볕이 잘 드는 마당 한 귀퉁이에 장독대를 들이거나 이범선의 소설 〈문화주택〉이나 "응답하라 1988"에서처럼 대문간 위에 평평한 구조물을 만들어 얹는 형식을 취하는 것이었다. 물론 추위가 닥치면 김장독을 장만해 마당 한구석에 파묻거나 광에 두고 겨우내 가져다 먹으면 그만이었는데 각 세대가 위로 쌓이는 방식으로 만들어지는 아파트는 그 조건이 전혀 달랐기 때문에 설계자나 아파트 입주자나 그 고민이 적지 않았을 것이다.

그렇다면 장독대와 더불어 세탁물 건조 문제는 어땠을까. 역시 대한주택공사의 1970년 실태 조사 결과에 자세한 결과가 담겼다. 응답자의 80%에 육박하는 경우가 발코니를 빨래 건조 장소로 꼽았다. 발코니에 비하면 상대가 못 될 정도이긴 하지만 옥상의 경우가 7%에 가까워 이들의 경우를 합하면 거의 90%에 이른다. 대부분의 경우, 빨래는 발코니나 옥상에 널어 말렸다. 게다가 응답자의 10% 정도는 빨래를 발코니에서 한다고 했다. 그러니 장독대와 더불어 세탁이며 빨래 건조에 이르기까지 대부분 발코니를 이용했던 까닭에 마포아파트 준공 후 얼마 지나지 않아 촬영된 '마포아파트 입주 후 풍경'에 대해 전문가를 자처하는 이들 대부분이 이런 풍경이나 일상에 대해 '도시미관을 해친다'거나 '문화생활에 어울리지 않는다'는 등의 비난을 쏟아낸 것이다.

여의도시범아파트의 묘안

1970년대부터는 1960년대와 달리 아파트 공급이 본격 가동하기 시작한 때다. 와우시민아파트 붕괴 사고로 안타까운 인명의 손실이 있었고 그로 인해 서울의 경우 시민아파트 건설이 중단되고 김현옥 서울시장이 책임을 지고 시장직을 사임하는 등의 일이 있었지만 외형적으로 아파트가 전보다 많이 공급되었다. 지금의 강남인 영동개발이 본격화되었고, 청계천 판자촌 사람들은 쫓겨나 경기도 광주군으로 내몰렸다. 주거권 쟁취를 위한 이들의 저항을 일컫는 광주대단지주민소요사태를 거치며 아파트는 중산층을 위한 도시주택으로 급격하게 방향을 전환했다. 서울시가 주도한 여의도시범아파트가

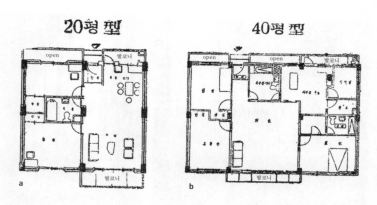

20평 型

40평 型

open 발코니

발코니

a

open open 발코니

발코니

b

a   여의도시범아파트 20평형 평면. 서울특별시 자료
b   여의도시범아파트 40평형 평면. 서울특별시 자료

우리나라에서 처음으로 12층의 고층으로 건설되었다. 그런데 앞서 언급한 장독대 숫자는 중산층을 위한 여의도시범아파트 분양공고가 있을 때였으니 당시 형편을 어느 정도 짐작할 수 있는 실마리가 된다. 과연 어땠을까.

매우 진기하고도 흥미로운 일이 벌어졌다. 앞서거나 뒤서거니 하는 비슷한 시기에 중산층을 위해 건설한 한강맨션아파트나 반포주공아파트와 달리 여의도시범아파트는 승강기를 갖춘 고층아파트이기 때문에 당시 사정으로는 별 수 없이 긴 복도에 의해 각 세대로 진입하는 '복도식 판상형 아파트'로 지을 수밖에 없었는데 입주자 모집공고문에 들어 있는 15, 20, 30, 40평형 모두 복도에 'open'이라 표시된 애매한 공간이 세대마다 주어졌음을 알 수 있다. 상대적으로 폭이 좁은 15평형과 20평형의 경우엔 현관을 중심으로 좌우에 각각 발코니와 'open'이라 쓰인 공간이 하나씩 주어졌지만, 30평형이나 40평형에는 세대의 폭에 여유가 있었던 만큼 발코니 하나와 'open'이라 쓰인 곳이 두 개씩 만들어졌다. 'open'이라 표기된 공간이 바로 장독대로 사용하도록 만들어진 공간이다. 복도 바닥과는 계단 2개 정도 높이 차이를 두고 평평한 공간을 만들고 낮게 쇠울타리를 둘러 각 세대가 보유한 항아리며 장독을 두도록 한 것이다.

거실과 침대가 놓인 장독대 반대 방향의 앞면에는 거실 폭 만큼의 또 다른 발코니가 제공되었는데 1950년대 말부터 1960년대 초에 지어진 종암, 개명, 마포아파트 등과 달리 베란다에는 '광' 따위의 공간이 만들어지지 않았다. 12층이라는 높은 거주공간과 내

101

a   여의도시범아파트의 복도 옆 장독대, 1998 ⓒ박인석
b   전이공간이나 장독대로 사용하던 곳을 모두 전용공간으로 바꾼 여의도시범아파트 복도 풍경, 2014
    ⓒ조정연

부공간과 외부공간의 매개 혹은 완충 역할을 하는 발코니가 높이에 대한 심리적 당혹
감을 완화하도록 하는 역할을 하도록 의도한 것이고, 세탁물 건조나 장독대로의 이용
자체에 대해 매우 부정적인 태도로 발코니를 둔 것이다. 그리고 그 대안으로 선택한 것
이 바로 외부에서는 절대 보이지 않는 곳, 복도에 잇대어 둔 철제 난간을 두른 별도의
장독대를 두는 묘안이었다. 적당한 타협이었던 셈이다. 도시미화에 거슬리지 않으면서
형식과 생활을 두루 아우르는 방식이었다.

   아파트 실내에 들어가려면 복도에서 높지 않은 계단 두 개를 올라야 하는데, 계단
두 단 높이로 장독대의 턱을 두고 턱을 따라 쇠 울타리를 두르되 장독대 바닥은 그보
다 한 단 낮춰 오목하게 만들어 둠으로써 이용 편의와 함께 도난 방지 등을 위한 대책
을 강구한 것이다. 거실 반대편 복도 방향에 장독대를 두었으니 직사광선은 피할 수 있
었겠지만 간장이며 된장이나 고추장 등을 갈무리하기에 필수적인 햇볕을 받기에 좋은
위치가 아니었다. 다만 여의도시범아파트보다 먼저 지어진 아파트에서 비난받았던 아파
트 풍경 만들기에는 나름의 해결책이 되었다. 물론 지금도 여전히 그 자리를 지키고 있
는 여의도시범아파트의 장독대는 거의 모든 세대가 유리 덧문을 해 달아 개별 세대의
허드레 물건을 내놓거나 계절 용품을 보관하는 장소로 바꿔 사용하고 있다. 공용공간
이 양적으로, 또 질적으로 열세인 우리의 공간 환경을 생각한다면 스스로 통제 가능한
곳에서 한 뼘이라도 전용공간을 더 늘려보자는 누구나의 생각과 다르지 않다.

쌀독에서 인심난다는 속담이 사라진 시대

그렇다면 그 많던 항아리와 오지독은 어디로 갔을까. 형식이 생활을 지배한 까닭인지 아니면 생활의 변모가 형식을 바꾼 것인지를 단정하기 어려우나 장독대를 둘러싼 고민은 이제 더 이상 논란의 대상이 되지 못한다. 아파트의 대량 공급과 가족 형태의 변화 그리고 아파트 공간에 대한 학습 경험이 쌓이며 단단해진 까닭에 간장이며 된장, 고추장 따위의 장을 담가 먹는 집은 절대적으로 줄었고, 추운 겨울에 앞서 김장을 준비하는 집도 확연히 적어졌다.

한때는 실내공간에 별도로 만들어진 주방 보조공간인 '다용도실'이나 전면 폭 전체를 차지하게 된 발코니 난간에 창틀을 새로 덧대 발코니 공간 모두를 내부공간으로 전용한 뒤 이곳의 일부를 이용해 장독이며 항아리를 두고, 거실 부분의 발코니만 비워둔 채 반대 방향 발코니에는 빨래걸이를 설치해 세탁물을 말리기도 했다. 물론 계단실형 아파트의 경우에는 거실 반대 방향에 만들어지는 후면 발코니를 이용해 그곳에 김치냉장고[14]를 두고 이용하거나 또 다른 빨래걸이를 두는 등의 방법으로 생활을 지속했다. 뒤주의 뒤를 이은 쌀독은 벌써 오래 전 싱크대 아래 좁은 서랍으로 들어갔다.

물론 이런 풍경도 이미 지나간 시대의 흑백사진처럼 그저 기억으로 남았다. 2015년 11월부터 시행된 전면적인 '발코니 구조 변경 합법화 조치' 때문이다.[15] 그동안 편법으로 발코니를 내부공간으로 전용해 장독대며 세탁물 건조 공간으로 사용하던 관행 아닌 관행이 아예 합법적 확장을 거쳐 실내공간인 침실이나 거실의 일부로 쉽게 전용할 수 있도록 법적으로 완전 허용된 것이다.

전용면적으로 산정되지 않는 발코니 확장 공간으로 인해 널찍한 느낌을 주는 실내공간 주방 한 귀퉁이나 다른 적당한 곳에 아파트 거주자라면 거의 빠짐없이 구비한 김치냉장고를 두고 사시사철 신선한 김치를 즐길 수 있게 되었고, 간장이며 된장, 고추장

---

14 — 최초의 김치냉장고는 금성사가 1984년 3월 내놓은 김치냉장고(모델명 GR-063)다. 당시 내놓은 제품은 플라스틱 김치통 4개(총18kg)가 들어가는 45리터 용량으로 광고 문안에 등장했던 것처럼 보조 냉장고로서의 역할도 강조하며 대대적인 홍보에 나섰고, 대우전자도 그 뒤를 이어 김치냉장고를 출시했다. '스위트홈'이라는 브랜드로 나온 이 제품은 18리터 용량에 김치 전용 보관 용기를 포함한 것이었다. 하지만 당시엔 '김치는 항아리에 보관하는 것'이라는 생각이 지배적이었고, 결국 이들 제품은 시장에서 퇴출되었다. 그 후 10여 년이 지난 1994년 12월 사업다각화를 모색하던 만도기계 아산산업본부는 김치의 옛말인 '딤채'라는 이름의 김치냉장고를 출시했고, 공전의 히트상품으로 자리매김했다.

15 — 국토교통부고시 제2015-845호, "발코니 등의 구조 변경절차 및 설치 기준", 2015.11.25. 시행

1970년대 미아임대아파트의 발코니 풍경. 대한주택공사 홍보실 자료

은 '각자 만들어 먹던 것을 사 먹게 한다'는 식품업계의 상품 판매 전략이 그대로 맞아 떨어지며 대형마트에서 구입해야 하는 품목으로 생각이 바뀌었다. 물론 그렇지 않고 여전히 집에서 장을 담그는 경우도 적지 않지만 말이다.

생활은 여전히 남았지만 거추장스럽거나 보기 흉하던 형식과 풍경은 홀연히 사라졌다. 당연하게도 '쌀독에서 인심난다'거나 '틈 난 돌이 터지고 태 먹은 독이 깨진다'는 속담을 사용하는 이들도 찾아보기 어렵다. 식당에서 밥에 곁들이는 김치는 다른 나라에서 수입한 것이 대부분이다. 다른 나라에서 수입한 김치가 싸고, 손 보탤 일 없어 편리하지만 이곳에서 자란 배추며 무와 국산 양념으로 버무린 김치며 각두기를 사 먹자니 그 비용이 만만치 않다. 할 수 없이 사 먹는 김치보다 내가 정성으로 만들어 먹는 것이 훨씬 낫다는 생각이 자라났다. 그런데 비용도 비용이지만 공을 들일 시간이며 솜씨가 또 문제다. 그저 선택만 넓어졌을 뿐이다.

'쌀독에서 인심난다'는 속담이 다시 흔히 쓰일지도 모를 일이다. 제 집에서 간장이며 고추장, 된장뿐만 아니라 김장도 담가 먹는다는 얘기가 이미 자신의 삶을 드러내는 상징기호로 자리하였으니 오래 전 장독의 숫자며 크기가 한 집안의 가세를 드러내던 것과 다르지 않은 세상이다. 빨래며 장독이 드러난 아파트 풍경을 하루 빨리 퇴치해야 한다던 식자들의 걱정도 결국 시간이 해결해 준 셈이다.

가난하게 자란, 볼품없는

계집애가 갈 수 있는 곳은

연줄로 선이 닿는

식모살이뿐

1960년대의 기억

일제 식민지 지배하의 조선사회는 소수 지식인이나 재력가를 제외하고는 연명조차 어려운 절대빈곤의 생활을 하였다. 일제가 조선을 강점한 1920년대는 토지조사사업을 시행하고 1920년대는 일본의 식량문제 해결을 위하여 산미증식운동을 시행하였다. 이러한 과정에서 생활터전을 탈취당한 농민들은 유랑민이 되어 임노동거리라도 얻어 볼까 하여 도시로 몰려들어 도시빈민층을 형성하였다. 도시빈민의 대다수는 경상도와 전라도 사람들이었는데 1924년과 1925년 사이에 두 배로 늘어났다.[1]

1928년 서울의 여직공 현황 통계[2]에 따르면, 33개 공장에서 2,677명의 여공이 하루 평균 열서너 시간의 노동을 하고, 월 평균 임금은 최하 30전에서 최고 2원까지 받았다. 여공의 나이는 열셋부터 마흔까지 분포되어 있었는데, 이는 온 가족이 일하지 않고는 먹고살 수 없을 만큼 빈곤했음을 말한다. 노동환경이 극도로 열악해 장기간 근무할 경우 직업병으로 사망하기까지 했다. 빈한한 농가에서는 입을 덜기 위해서 나이 어린 딸을 남의 집 아이 보기, 식모 등으로 보냈다.[3] 소위 직업으로서 식모살이가 처음 등장했다는 1920년대 얘기다.

식모살이가 여성의 새로운 직업으로 등장한 것은 노비해방이 이루어지고 봉건적 신분질서가 해체된 1920년대를 전후한 시기이다. 이는 당시 가난한 부인들이 돈을 벌기 위해 부잣집에 입주하여 부엌일, 세탁, 어린애 보기 등을 하던 데서 비롯되었다. 특히 한국전쟁 이후 대규모로 발생한 전쟁고아, 전쟁미망인, 실업의 증가, 생활고의 심화에 따라 식모살이는 더욱 일반화되었다. 식모살이를 하는 여성들은 대체로 20세 미만의 소녀들과 30세 전후의 기혼여성(주로 미망인, 이혼녀 등)으로 이 중 20세 미만은 농촌 출신이거나 전쟁고아가 대부분이었다.[4]

1 — 강만길, 《한국현대사》, 창작과비평사, 1994, 128쪽

2 — "경성 여직공 통계", 《조선지광》, 조선지광사, 1928년 5월호, 51쪽

3 — 문옥표 외, 《신여성》, 청년사, 2003, 77~78쪽

4 — 이임하, 《서해역사문고 1: 계집은 어떻게 여성이 되었나》, 도서출판 서해문집, 2004(초판2쇄), 118~119쪽

대구와 부산 등을 오가며 식모살이로 전전하던 어느 여성의 자살 소식을 다룬 《동아일보》 1962년 2월 5일자 기사

물론 한국전쟁 이후의 이런 풍경은 매우 이색적인 것이어서 주거공간에도 직접 영향을 미쳐 "부유한 가정의 경우 입주가정부를 두어 가사를 전담시켰다는 것이다. 그렇다 보니 상류층의 단독주택을 지을 때는 주방 바로 옆에 가사도우미의 방을 따로 마련하는 것이 일종의 관례처럼 되어 있었다."[5]고 원로 건축가는 회고한다. 그런데 상대적으로 여유가 있지 않은 경우에도 식모를 두는 풍조가 만연했다. "단칸짜리 셋방살이, 판잣집 살림에서도 환경과 가정 형편은 염두에도 없다는 듯이 서로 다투어 너도 나도 식모를 두고 있었다."[6]고 하니 이르는 말이다. 먹고 살 일이 막연한 사람들이 넘쳤고, 피붙이를 잃어 의지가지 할 곳 없는 고아들이 널린 상황에서 마침 미군이나 원조기관 관련자들이 거주하는 외국인주택의 생활풍경이 증폭되며 일종의 허영과 치레를 낳은 모양이다.

"우리들 가정에서 고용인이라면 가사를 돌보는 식모, 소제나 기타 힘든 일을 돕는 사용인(남성), 아이를 보는 소녀 등으로 이 중에서 가장 흔한 것이 식모"[7]라는 세태 묘사는 한국전쟁을 거친 뒤인 1960년대 이후의 풍경이다. 그런데 식모는 어디까지나 가사노동자이고, 노예적인 고용인의 관념은 이미 변했다고 하면서도 식모방은 부엌과 가까운 곳에 두고, 문간과 가까이 자리해 내객 응접에 편리하도록 하며 뒷문간이나 유틸리티 룸에 가까이 두어 행상들과의 교섭이나 장보기 등 출입에 편안하게 해야 한다고 했다. 형용 모순이요, 용두사미가 아닐 수 없다. 게다가 식모방의 향은 특별히 고려할 것이 없다 했으며, 면적은 1.5평에서 2평 정도면 충분하다는 것이 당시 전문가를 자처하던 사람들

5 — 지순·원정수, 《집: 한국주택의 어제와 오늘》, 주식회사 간삼건축, 2014, 41쪽

6 — 장창옥, "식모에 대한 대우를 개선하자", 《여원》, 1957년 11월호

7 — 정인국, "식모방", 《현대여성 생활전서 ⑪ 주택》, 여원사, 1964, 104쪽

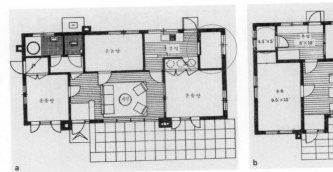

a

a 1960년대 초기 건평 20평인 민영주택의 평면 예시. 출처: 안영배·김선균, 《새로운 주택》, 보진재, 1965

b 1960년대 민영주택에서 식모방의 크기를 알려주는 평면도 출처: 안영배·김선균, 《새로운 주택》, 보진재, 1965

의 생각이었다. 이와 함께 될 수 있으면 식모방은 리빙룸이나 가족 침실 공간과는 완전히 차단하도록 만들어야 한다며 집짓기에 대한 조언도 보탰다. 당시 한창 유행이던 건평 20평의 민영주택 평면도는 이를 잘 드러낸다.

1965년 3월에 출간된 《새로운 주택》 개정판(1964년 초판 발행)에는 유명 건축가 10여 명이 설계한 주택 평면이 실제 사진과 함께 소개되었다. 안영배, 임승업, 김정수 등 몇 명의 건축가가 제시한 도면을 제외한 나머지 대부분의 평면도에서는 명칭을 달지 않거나 단순히 '온돌'로 표기했지만 식모방의 위치와 규모를 알 수 있도록 했다.

도면 표기 내용과 달리 식구가 많은 가족을 대상으로 온돌방을 다섯 개나 구비한 23평형 남향주택 설계에 대해 "온돌방이 다섯 개나 되기 때문에 식구가 많은 가족에 적합한 주택이다. 중앙에 있는 마루방은 다용도실이며, 그 옆의 넓은 온돌방이 거실로 쓰인다. 부엌 옆에는 조그만 식모방이 있고 현관이 남측에 있는 실용적인 주택평면이다."[8]라는 설명을 따로 붙여 도면에 표기하지 않은 방을 식모방이라 알려 주었다.

거실로 쓰인다는 넓은 온돌방의 크기가 2.9×4.5m로 1.4×1.5m 크기의 식모방에 비해 6.3배 이상이나 커다란 차이를 보이는 경우도 있다. 식모방은 채 1평도 되지 못하는 0.6평인데 반해 거실로 쓰이는 온돌방의 크기는 대략 4평으로 큰 차이가 나는 셈이다. 게다가 당시 고용인이라고 정의한 식모는 출입 동선도 가족들과 분리해 부엌에 따로 달린 쪽문으로 드나들 수밖에 없었으리라 짐작된다. 물론 공간의 크기 차이가 공간 점유

8 — 안영배·김선균, 《새로운 주택》, 보진재, 1965, 237쪽

자의 가족 내 정치적 위상과 비례하는 것은 아닐지라도 당시 식모살이의 설움과 부박함을 알게 해 주는 표식이었음은 분명하다.

제1차, 제2차 경제개발5개년계획과 체제 전환

우리나라의 1960년 대외무역 총액은 3억 7,600만 달러로 세계 67위였다. 이중 수출은 3,300만 달러로 세계 112위를 기록했는데 1964년에는 꿈에 그리던 '수출 1억 달러 돌파'를 실현했다. 당시 개발도상국 가운데 수출 1억 달러를 기록한 나라는 아프리카의 에티오피아, 튀니지, 카메룬 정도였고 아시아권에서는 필리핀과 대만이 각각 7억 달러, 4억 달러였다. 오늘날 한국의 경제 규모와 비교해 보면 격세지감이 아닐 수 없다.

정부는 수출 규모의 빠른 증가세에 힘입어 대외수출로 한국경제를 부흥시킬 수 있다는 자신감을 얻어 경제개발5개년계획을 수출주도형 성장 전략에 맞춰 가다듬었다.

대규모 생산능력을 갖는 공업자본의 형성을 강력히 지원하며 경제개발을 추진했던 이 시기에는 민간부문에서 생산능력을 기대하기 곤란한 부문에 대해서는 국가가 직접 공기업을 설립하여 생산능력을 집중시키는 정책이 병행되었다.[9]

일제강점기에 설립된 조선주택영단이 해방 후 대한주택영단을 거쳐 "대한주택공사법" 제정에 따라 1962년 7월 대한주택공사로 거듭나게 된 배경이다. 즉, 빠른 경제성장에 따라 증가될 수밖에 없는 주거 공간에 대한 욕구와 농촌 인구의 이탈로 빚어질 도시주택의 새로운 수요를 공공기관인 대한주택공사가 대응하도록 한 것이다.

수출주도형 성장 전략은 섬유, 합판, 가발과 같은 노동집약적 경공업이 중점 수출산업으로 육성되는 계기가 되었으며, 특히 가발산업은 정책적 지원에 따라 1970년에 10대 수출 품목에 자리하자마자 곧 대미 가발수출국 1위에 오르는 실적을 기록하기도 했다. 제2차 경제개발5개년계획이 마무리 된 다음 해인 1972년의 일이다. 눈금저울을

---

9 —   이 같은 정책에 의해 공기업 숫자는 1961년 34개에서 1964년에 61개, 1970년에 120개로 급증했다. 이들 공기업들은 1960년대 말부터 1970년대 초를 지나며 다수가 민영화되었고, 이후 중화학공업 추진과 더불어 민간부문의 대자본 형성의 토대가 되었다. 임휘철, "종속적 자본축적과 그 귀결", 《청년을 위한 한국현대사》, 소나무, 1992, 299쪽

보퉁이에 싸들고 '머리카락이나 은수저 팔라'고 동네방네 외치던 이에게 누이가 곱게 기른 머리를 잘라 팔아 몇 푼을 챙기고 우수리를 엿으로 바꾸어 먹던 바로 그 시절이다.

1965년과 1970년 우리나라의 전국 연평균 인구 증가율은 3.5%와 1.5%였다. 이때 서울의 인구 증가율은 놀랍게도 각각 9.2%와 7.8%를 기록하며 전국 평균 인구 증가율의 3~5배 이상을 기록했다. 65세 이상 인구 비율도 전국 평균이 3% 정도에 머물렀지만 서울은 예외적으로 1970년대 초반에 1.8%에 머물렀다. 서울로 대표되는 전국 대도시가 청년으로 북적이는 것이다. 활기차고 젊은 노동인구의 과잉시대였다. 그들은 과연 어디에서 무엇을 했을까. 몇 편의 소설과 인물들의 거취를 살펴보자.

이호철의 장편 《서울은 만원이다》는 1966년 신문에 연재되었고, 조정래의 중편 《비탈진 음지》가 발표된 것은 1973년이다. 당시를 증언하는 이 소설들은 당시 풍경이며 세태를 되살리는 데 결코 모자람이 없다. 그러니 어디에서 무엇을 했을까 물었던 그들은 통영에서 올라와 몸을 팔았던 '길녀'나 '미경'일 수도 있고, 이리 출신의 책장사 '상현'이거나 카멜레온처럼 이름을 바꿔가며 대도시 서울에서 무작정 살았던 '동표'일 수 있다. 어머니의 임종도 못한 채 소식이 끊긴 지 10년이 된 칼갈이 '복천영감'의 큰아들 '영기'일 수도 있고, 막내임에도 불구하고 장손인 영기 대신 큰 아들 노릇을 감내했던 '영수'거나 혹은 그의 누이 '영자'이기도 했다.[10]

1970년 4월 1일에 포항종합제철이 준공되었다. 그리고 그 해 12월 31일 드디어 수출 10억 달러를 '달성'했다. 경남 마산과 전북 이리의 수출자유지역이 본격 가동에 들어갔고, 1964년에 수출산업공업으로 지정된 구로공단이 확장되면서 섬유, 의류, 신발, 피혁 등의 경공업 제품 수출이 비약적으로 늘어났다.[11] 농촌에서 뿌리 뽑힌 이들이 공단으로 일상의 터전을 옮긴 뒤 값싼 노동력을 팔았던 곳이다. 서울 청계천의 재단사 전태일도 이들 가운데 하나다. 또 있다. 남의 집 배냇소를 훔쳐 팔고 야반도주한 '복천영감'이 서울의 아파트촌에서 칼을 갈다가 우연히 만난 보성 출신의 '금자'처럼 서울로 식모를 살러 온 여성도 있었으니 '금자'거나 영수의 누이 '영자'가 바로 그들이다. 김진초의 소설 《교외선》에서 서울로 식모살이 나간 영자언니를 따라 식모살이가 하고 싶었다는 송추의 열한 살 소녀는 다름 아닌 그네들의 동생이다. 조정래의 '영자'가 곧 김진초의 '영자'이고 조선작의 '영자'인 셈이다.

---

10 — 이호철의 소설 《서울은 만원이다》와 조정래의 소설 《비탈진 음지》에 등장하는 인물들의 이름이다.

11 — 대한민국 역사박물관, 《한국의 무역성장과 경제·사회변화 연구용역 최종보고서》, 2014, 5~6쪽

심심해 죽겠다던 영자언니는 그해 집을 떠났다. 서울로 식모살이를 간 것이다. 영자언니가 벌어 보내주는 돈으로 영자언니 아버지는 때를 벗었다. 다 쓰러져가던 집도 고치고 새 마나님도 얻어 들였다. 동네사람들은 영자언니를 보고 심청이 같은 효녀였다고 입에 침이 마르도록 칭찬했다. …(중략)… 서울사람이 된 영자언니가 명절을 앞두고 집에 왔다. 색동 저고리에 꼬리치마를 입은 영자언니는 딴사람이 되어 있었다. 수돗물을 써서 그런지 얼굴이 뽀얘졌고 행동도 말투도 조신해졌다. 여길 떠나면 다 저렇게 달라지는구나. 서울에 가서 살면 저절로 서울사람이 되는 거구나. 나도 따라 가고 싶었다. 영자언니 따라 학교에 가듯 영자언니 따라 식모살이도 가고 싶었다.[12]

1963년 4월 22일부터 1964년 1월 10일까지 약 8개월에 걸쳐 《경향신문》에 연재되었던 손창섭의 소설 《인간교실》은 식모살이의 구체적 실상을 들려준다. 5.16 군사정변으로 된서리를 맞아 실직자가 된 '주인갑'이 그의 두 번째 처인 '남혜경'과 전처 소생의 딸 '광숙', 그리고 '보순이'로 불리는 식모가 흑석동의 문화주택에서 살아가는 풍경을 그린 소설이다.

8월 생활비 / 주식비(배급 외) 2,000원, 부식비 3,000원, 연료비(연탄) 350원, 가장 용돈 1,500원, 주부 용돈 1,500원, 광숙 용돈 400원, 사교비(손님) 1,000원, 의복비 1,500원, 교육비 300원, 보건비 500원, 교양오락 1,000원, 인건비(식모) 600원, 수도전기 500원, 각종 세금 300원, 가족 저축 1,000원[13]

식모 '보순'의 한 달 인건비가 '주인갑'의 용돈 1,500원의 1/3 정도에 불과하고, 가장의 한 달 수입으로 추정되는 15,450원의 3.88%에 불과했다. 주문식 민영주택이 유행이던 시절이자 화폐개혁 이후의 일이니 대략 1962년경이다. 한강 인도교 부근이나 노량진 쪽에서도 단박 눈에 확 띄도록 새뜻하고 이채로운 외풍을 갖추어야 한다면서 굳이 선혈색 빨간 벽돌 벽에 특수한 청록색 기와를 주문해 지붕을 이은 본동의 하얀 돌기둥 집, 멋진 베란다를 만들고 문틀에는 돌아가며 눈이 부시도록 하얀 페인트를 칠하고, 창문마다 화려한 색깔과 무늬의 커튼을 드리운 문화주택에서 식모 보순은 채 1평도 되지

12 — 김진초, 《교외선》, 개미, 2009(초판1쇄), 140~141쪽

13 — 손창섭, 《인간교실》, 예옥, 2008(초판1쇄), 228~229쪽

못하는 0.6평에 기거하며, 가장이 벌어들이는 한 달 수입의 4%도 안 되는 정도의 돈을 받으며 온갖 굳은 일을 도맡았던 것이다. 그러니 '가장 흔한 고용인이 식모요, 그들의 노동조건은 형편없는 것'이었다는 사실은 새삼스러울 것도 없다.

노동조건뿐만 아니다. 기거하는 방이 그렇듯 먹는 것조차도 맘 편한 적이 없었다. 2017년 김유정문학상 수상작인 황정은의 소설 〈웃는 남자〉에는 이런 내용이 담겼다.

고경자가 친척의 집에서 식모로 자랐다는 사실은 d도 조금씩 들어 아는 일이었다. 그녀의 부모는 황해도 전쟁 난민 출신으로 경기도 강화에 정착한 뒤로 별다른 기술도 재산도 없이 품팔이로 먹고살았는데, 아들을 하나, 딸을 둘 낳았다가 장녀를 폐결핵으로 잃었다. 고경자는 이들 남매 중에서 막내로 자라다가 고등교육을 받게 해 주겠다는 약속을 받고 포목점을 하는 친척에게 맡겨졌으나 고등교육은커녕 공부는 일절 없었고 식모로 지내면서 친척 내외와 사촌들이 먹고 남긴 반찬들을 바가지에 모아 밥과 비벼먹는 생활을 했다. 너의 할아버지와 할머니는 살림이 너무 가난해 그녀를 친척에게 보낼 수밖에 없었다고 했지만 아들을 두고 딸을 보냈어. 가난 탓을 했지만 근본적으로는 그녀가 계집아이였기 때문이야. 그들은 식비를 줄이고 오히려 생활비를 보태는 노동을 하는 데 아들을 보내는 대신 딸을 보냈고 그 선택에는 아마…… 조금의 망설임도 후회도 없었을 거라는 게 고경자의 어린 시절을 d에게 전해들은 d의 생각이었다는 것을…… d는 떠올리면서 고경자가 먹고 남긴 딸기 꼭지를 바라보았다.[14]

소설 속 등장인물인 d가 오랜만에 집을 찾으며 가져온 딸기를 먹는 자신의 어머니 고경자를 보며 자신의 동거녀였던 d가 했던 말을 떠올리는 대목이다.

식모방의 출현

식모를 우리말로 고쳐 부른다면 가장 적당한 말이 무엇일까. 아주 오래 전에 쓰이던 '안잠자기' 정도가 아닐까. 물론 침모나 유모가 뜻하는 것처럼 '밥에미'라 부를 수 있겠지만 식모가 밥만 하지 않았다는 사실을 기억한다면 '안잠자기'가 외려 어울리는 말이

---

14 — 황정은, 〈웃는 남자〉, 《제11회 김유정문학상수상작품집》, 은행나무, 2017(1판 2쇄), 97~98쪽

다. 안잠자기란 말뜻 그대로 집을 들고 나는 일 없이 자신의 고용주 집에서 동거했음을
뜻한다.

물론 근대적 의미의 직업이라는 차원에서 언급하자면 일제강점기에 쓰인 '하녀'를 꼽
을 수도 있다. 1931년 삼천리에서 출간한 최서해의 소설집《홍염》에 실린 단편 〈갈등〉에
서 "우리집에서 '어멈'을 부리기 시작한 것은 금년 늦은 가을부터이었다. 처음 혼인하고
두 양주만 살 때에는 어멈이라는 것은 꿈에도 생각지 않았었다."[15]고 했던 것처럼 어떤
집에서는 여전히 '어멈'이나 '할멈' 등으로 불렸지만 소위 지식인들로 자신을 구분했던
부류에서는 이를 '하녀'로 고쳐 부르곤 했다.

소설가 박태원의 아들 박일영이 아버지 구보를 추억하며 기록한 일제강점기의 서울
살이 기억에도 '하녀'가 등장한다.

한 가지 흥미로운 것은 제일고보 입학 당시 학적부의 가족란 아래에 기타 동거 가족란이
있는데, 침모, 하녀, 하남(下男)과 소복(小僕)이 하나씩(실례) 있는데 찬모가 없다는 점이다.
내가 왜 이런 말을 하는고 하면, 앞에서 잠깐 언급을 했듯이, 아버지는 미식가여서 늘 맛
에 대해 많은 말씀을 하시곤 했는데, 그 말끝에 언제곤 따라오는 말은, '이제 느이 아빠가
원고를 많이 써 돈 많이 벌면 숙수를 하나 데려올 테'라는 소리였다.[16]

아버지 박태원은 일제강점기인 1922년경에 하녀와 하남, 소복을 거느리고 살았는데 미
식가였던 아버지가 음식 솜씨가 남달라 잔치와 같이 큰일이 있을 때 음식을 만드는 숙
수(熟手)는 두지 않았다는 기억이다. 어멈이며 할멈 등의 안잠자기가 일제강점기에 하녀
등을 거쳐 가정부나 파출부, 가사도우미, 가정관리사 등으로 명칭이 바뀌게 된 것이다.

대한주택공사의 전신인 대한주택영단이 주문주택인 민영주택과 달리 판매용 주택에
서 식모방을 처음 구상한 것은 1956년에 지은 35평짜리 이태원 외인주택에서다. 단지
안의 옥외수영장이나 테니스장처럼 그들의 일상을 상상하면서 구상한 것이다. 당시 외
인주택은 오로지 외화벌이 목적으로 공급, 관리한 경우지만 얼마 지나지 않아 남산외
인아파트 건설 자금 마련을 위해 외인주택 일부를 내국인들에게 불하했으므로 외국인
주택을 구입한 내국인 가운데 일부가 정해진 공간 형식에 맞춰 안잠자기를 두거나 하녀

15 — 최서해, 〈갈등〉, 《한국소설문학대계 12: 탈출기 외》, 동아출판사, 1996(초판2쇄), 138쪽

16 — 박일영 지음, 홍정선 감수, 《소설가 구보씨의 일생》, (주)문학과지성사, 2016, 68쪽

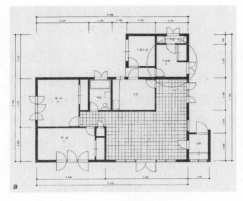

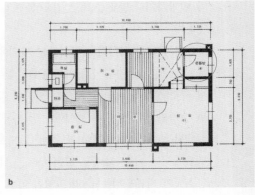

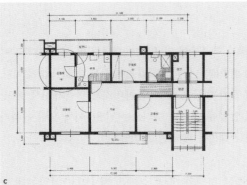

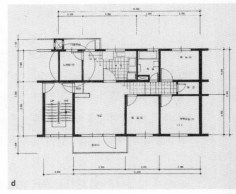

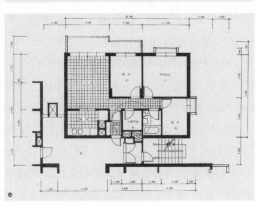

a   1956년에 건설된 이태원 외인주택
     35평형의 식모방. 출처: 대한주택공사,
     《대한주택공사주택단지총람 1954–1970》,
     1979

b   1968년에 건설 공급된 화곡동
     20평형 주택의 식모방(온돌방4).
     출처: 대한주택공사,
     《대한주택공사주택단지총람 1954–1970》,
     1979

c   1969년 한강맨션아파트 25평형의
     식모방. 출처: 대한주택공사,
     《대한주택공사주택단지총람 1971–1977》,
     1978

d   1970년 한강맨션아파트 32평형의
     식모방. 출처: 대한주택공사,
     《대한주택공사주택단지총람 1971–1977》,
     1978

e   1976년 잠실주공 5단지 35평형의
     식모방. 출처: 대한주택공사,
     《대한주택공사주택단지총람 1971–1977》,
     1978

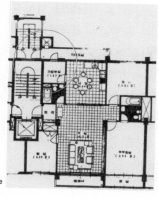

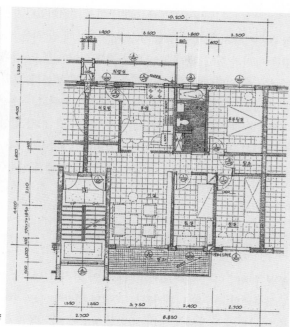

e 여의도 은하아파트 40평형의 가사실
f 반포주공아파트 32평형(C형)의 식모방

를 고용하는 과정에서 식모방을 사용했을 것이다. 따라서 그들은 간접적으로 외국인들의 삶을 경험했을 것이고, 경제적으로 여유가 있는 가정에서는 물론 단칸짜리 셋방살이, 판잣집 살림에서도 환경과 가정 형편은 염두에도 없다는 듯이 서로 다투어 너도 나도 식모를 두고 있었다는 1957년의 잡지 기사와도 그 시기가 일치한다. 국가가 강제한 문화생활에 대한 주입식 동경과 욕망이 허영에 가까운 치레로 치환된 것이다. 그렇지만 1950년대에 내국인만을 위해 공급한 공공주택에서 식모방은 거의 찾아볼 수 없다. 일부 상류층의 주문식 주택에서만 제한적으로 식모방을 두었으리라 추정하는 까닭이다.

이러한 상황은 계속되어 1960년대 중반에 이르기까지 한남동 등지의 외국인주택과 일부 중산층 주문주택이자 한국산업은행에서 표준설계로 공급한 중산층용 단독주택인 민영주택을 제외하면 식모방은 일반 주택에서는 잘 드러나지 않는다. 단독주택에 식모방이 등장한 것은 1968년에 공급된 화곡동 20평형 주택이다. 1960년대 초의 민영주택과 마찬가지로 북측 귀퉁이에 안방의 20% 정도에 불과한 규모의 온돌방을 두었는데 그 크기와 함께 부엌을 통해 들고 나는 방식 등은 당시 전문가들의 조언과 일치한다.

1960년대 초 민영주택들에 식모방이 보편적이었던 이유는 의외로 간단하다. 당시 민영주택은 융자를 얻어 집을 짓는 경우였는데 집 지을 사람은 융자금의 원금과 이자를 갚을 능력과 함께 집 지을 땅을 가지고 있어야 했고, 건축 비용 역시 스스로 충당할 수 있어야 했다. 당연하게도 경제적으로 안정된 부류다. 그들은 상대적으로 우월한 경제력을 바탕으로 집안일을 대신하는 사람을 고용했고, 이들에게 잠자리를 제공할 수 있는 집을 지었다. 드러내놓고 언급하지는 않았지만 20평 민영주택의 부엌에 인접해 자그마하게 자리 잡은 좁은 방이 바로 그것이다. 1.5평에서 2평 정도면 충분하다는 것이 당시 전문가들의 조언이었지만 실제는 이보다 훨씬 좁게 만들어졌다.

중산층 아파트와 식모방

주문주택이 아닌 아파트에서 식모방이 본격적으로 등장한 시기는 1968~1969년이다. 단독주택의 경우와 마찬가지로 20평형 미만에서는 전혀 등장하지 않던 식모방이 중산층 아파트의 등장과 맞물려 30평형 규모에 이르러 뚜렷한 모습으로 등장한다. 단독주택의 경우와 다른 것이라면 외부공간으로의 출입이 불가능하다는 점에서 부엌과 짝을 이루면서 다용도실이나 발코니와 같은 부엌 보조공간과 직접 접속하도록 한 것이다. 뿐만 아니라 많은 경우 중산층 아파트의 식모들은 창문도 없는 방에서 생활해야 했고, 대개는 부엌과 연결된 발코니 귀퉁이에 설치된 쓰레기 투입구(dust chute)를 이용할 정도의 공간만이 할애되었다. 방의 크기만이 아니라 일상의 영역도 이처럼 제한적이었다.

1970년대에 들어서 소위 중산층 아파트 혹은 맨션으로 불리는 아파트가 본격 출현하면서 일종의 규범을 만들게 되었는데, 통상 30평을 기준으로 그 밑으로는 식모방이 없지만 30평형대 이상에서는 예외 없이 식모방이 주어졌다는 사실이다. 1970년의 한강맨션 32평, 1973년의 반포주공 32평, 1976년에 완공한 잠실주공5단지 35평 아파트 등이 대표적인 예다. 세칭 '식모방'으로 불리는 공간이 1960년대 민영주택에서 시작해 1960년대 말부터 1970년대 초에 보편적인 중산층 아파트로 전이된 것이고, 20평형 단독주택에서 아파트로 이동하며 30평형 규모를 경계로 있고 없음이 관행으로 굳었다. 따라서 "1970년대까지 웬만한 중산층에서는 '식모'라 불렸던 가사도우미가 있는 것이 당연했고, 주부들에게 그들이 없는 살림이란 생각하기 어려울 정도로 가사를 '남의 손'에 맡기는 것이 일반적이었다."[17]는 언급은 단독주택과 아파트를 가릴 것이 없었다. 일정 규모 이상의 집에서는 대부분 식모를 두었다는 말이다. 물론 단독주택보다는 중산층 아파트의 다른 이름인 '맨션아파트'의 경우에 특히 더했음은 잘 알려져 있다.

한강맨션아파트, 반포주공아파트와 더불어 대한민국 중산층 아파트의 효시라 부를 수 있는 여의도시범아파트 입주자 모집공고에는 30평형대 이상의 아파트와 그 미만 규모의 아파트가 어떻게 다른지 분명하게 보여 준다. '식모방'이라 명명하는 것이 어딘가 자연스럽지 않다는 듯 이번에는 그와 달리 '가사실'이라는 명칭이 주어졌다. 식모방의 다른 이름인 셈이다. 부엌 보조공간인 복도 측의 발코니와 식당 겸 부엌 혹은 창고(40평형)로의 출입만을 보장하는 위치에 식모방이 자리하고 있으며, 30평형의 경우에는 현관으로 들어오는 즉시 바로 식당 겸 부엌으로 들고 날 수 있도록 설계되었다.

물론 이보다 더욱 심한 경우도 쉽게 발견할 수 있다. 삼익주택에 의해 한강변 맨션아파트 붐이 일어 점보맨션, 빌라맨션, 타워맨션, 로얄맨션, 골든맨션, 하니맨션, 파크맨션 등의 이름이 붙은 고층아파트의 경우다. 이런 곳에서 고용된 가정부는 창문도 설치되지 않은 골방에서 오로지 부엌과 식당만을 오가도록 동선이 구성되었으며, 식당이나 부엌에 면한 발코니 외부의 계단실에 설치된 쓰레기 투입구로 이동할 경우에만 외기에 면하는 삶이 가능했다.

맨션아파트에서의 식모방 구비는 곧 소득의 양극화 내지는 사용자와 노동자의 갈등과 같은 사회경제적 쟁점으로 부각되었다. 특히 1970년대의 고도성장을 바탕으로 발호한 아파트 건설산업을 특별히 '맨션산업'[18]이라 부르며 새로운 경제성장 동력이라 부추기면서 맨션아파트 입주자들의 과소비와 사치를 경계해야 한다는 지적이 이어졌다. 1979년 2월 23일자 《동아일보》가 전한 '사치 세태, 어디까지 왔나'라는 기사에서는 용역사업으로 큰돈을 번 34세의 젊은 사업가가 아내와 세 살짜리 어린 딸과 90평짜리 맨션아파트에서 거주하는데 세간이 모두 외제일 뿐만 아니라 식모를 거느리고 산다고 힐난한 바도 있다. 외화 낭비를 금기시했던 당대의 과소비에 식모를 고용하는 문제가

---

17 — 전남일, 《집: 집의 공간과 풍경은 어떻게 달라져 왔을까》, 돌베개, 2015(초판1쇄), 276쪽

18 — 1976년 6월 1일자 《매일경제신문》은 "불황 속의 이상 붐"이라는 제목으로 '맨션산업'을 다루었다. 아파트 건설업을 일컫는 맨션 산업이 새로운 성장 산업으로 각광을 받으면서 삼익, 한양에 이어 삼호, 삼부, 현대, 극동, 라이프 등이 민영주택건설업체로 자리를 잡아 호황을 누리기 시작했다는 것이다. 특히 맨션 산업은 1960년대 이후 경제 성장과 더불어 새롭게 등장한 주택 수요와 맞물려 생긴 것인 바, 1967년의 세운상가아파트가 효시였지만 1969년 4월 삼익주택의 전신인 삼익건설이 아현동에 삼익아파트 2개 동에 27평형 아파트를 공급하면서 본격적으로 불붙기 시작했다고 전한다. 한양주택은 동부이촌동에 당시 최고 평수인 92.94평의 코스모스아파트를 지어 본격적인 맨션화를 선도했다고 덧붙이고 있다.

보태진 것이다.

그렇다면 공공주택공급기관이라 할 수 있는 대한주택공사의 아파트는 어땠을까. 대한주택공사 역시 예외는 아니었다. 당시까지만 하더라도 영등포구 동작동이었던 반포에 공급하는 32평형 아파트나 그 뒤를 이은 잠실주공아파트의 35평 아파트 분양광고에서 알 수 있듯이 채 2평에도 못 미치는 식모방을 북측 발코니에 붙여 버젓이 분양하던 시절이었다. 공공이건 민간이건 30평형 이상에서는 식모방을 두는 것이 당연한 설계규범과도 같았으니 1970년대는 식모의 전성시대였던 셈이다.

대한주택공사가 1966년 11월에 분양한 연희동아파트에 살았던 어떤 이는 사진 한 장을 건네면서 다음과 같은 기억을 전해 주었다.

사진 속 식모 언니는 저희가 연희동 아파트 이사 오기 전 신수동에 세 들어 살았을 때부터 같이 산 언니였습니다. 저와 두 살, 네 살 터울로 언니 둘이 있기 전에 엄마가 유산을 하셔서(당시 고등학교 선생님이셨습니다) 제주에 사시는 할아버지(저희 아버지 고향이 제주도입니다)가 걱정이 되어 제주도에서 14살 언니(당시 고아였다고 들었습니다)를 저희 집에 데리고 오셔서 10년을 가족처럼 함께 살았습니다. 연희동 아파트로 이사 온 것이 1967년 초라고 하고(제가 첫돌을 맞이하기 전) 같이 살던 식모 언니와 함께 입주를 했다고 합니다. 큰방에선 부모님이 주무시고, 작은 방에선 딸 셋과 식모 언니를 바글바글 재웠다고 하는 놀라운 사실을 오늘 친정 엄마로부터 들었습니다. 저희는 1972년 초에 현재 행촌동 딜쿠샤 앞에 있는 대성맨션아파트로 이사를 했고, 그곳에는 식모방이 따로 있었습니다. 욕조 있는 욕실과 양변기·화장실이 분리되어 있었고, 식당과 거실 사이에 공간을 나누는 미서기 문이 있었던, 제법 좋은 평면이었던 것 같습니다.[19]

1960년대에서 1970년대 맨션아파트로 이어지는 시기에 서울의 식모살이가 이런저런 연줄로 이루어졌음을 알려 주는 내용일 뿐만 아니라 상대적으로 좁은 집에서도 식모를 들인 집이 많았다는 사실을 알려 준다.

이맘 즈음에 발표된 소설이 바로 조선작의 《영자의 전성시대》다. 1974년이었다. 시골 농사꾼의 딸에서 식모로, 그리곤 다시 버스 차장과 외팔이 창녀로 변할 수밖에 없었던 영자는 애면글면 모아놓은 돈을 모두 떼인 뒤 홧김에 지른 불로 창녀촌과 함께 자신도 한 줌 재로 변한다. 그녀가 살았을 적 기억했던 서울 식모살이는 이랬다.

"아, 식모살이라면 지긋지긋했어. 식모를 뭐 제 집 요강단지로 아는지, 이놈도 올라타고 저놈도 올라타고 글쎄 그러려 들더라니까요. 하룻밤은 주인놈이 덤벼들면 다음 날은 꼭지에 피도 안 마른 아들 녀석이 지랄 발광이고 내 미쳐 죽지 죽어……. 식모살이를 네 군데나 옮겨 다니며 살았지만 모두가 그 모양"이었노라고 말했다. 대학생들을 하숙치는 집에도 좀 살아봤는데, 배웠다는 사람들이 이건 뭐 더 악마구리떼 같았다.[20]

때론 서울에서의 식모살이가 다른 양상으로 전개되기도 했다. 한국의 민주화 과정에서 사회변혁의 주체로 나선 대학생들이 어설프게 신분을 숨기고 노동현장으로 달려가는 것보다는 조금 속도를 줄여가면서 낯선 도시에서 은신하며 정착하기 위해 서울로 올라온 학생들이 새로운 식모살이 풍경을 만들기도 했다.

새벽에 용산역에 떨어졌다. 날이 밝기를 기다려 역 광장으로 나왔다. 공중전화부스로 가서 《선데이 서울》에 나와 있는 '가정부 구함' 광고의 전화번호를 무조건 돌렸다. 일단 안락을 주던 집을 나오고 낯익은 고향을 떠나 서울이라는 낯설고 인정 없는 도시에 가정부로 안착을 해야 했다. 그 다음 코스로 공장이든, 버스 안내양 자리든 알아볼 생각이었다. 가정부 노릇을 하며 대학생 신분을 일차로 세탁하고 나서야 그 다음 코스가 가능하다는 것을 정신이는 알고 있었다. 어설프게 신분을 숨기고 공장으로 간 선배들처럼 위장 취업자로 낙인찍혀 곧바로 블랙리스트에 이름이 올라 낙향 기차를 탈 수는 없는 일이었다. 그것은 이십년 인생의 최대 굴욕이 될 것이다. 그리고 무엇보다 가정부라는 직업이 주는 이점

19 —   2015년 12월 25일 받은 전자우편 내용 일부를 인용했다.

20 —   조선작, 《영자의 전성시대》, 민음사, 1974, 66쪽

a   평상시에는 사용되지 않는 삼익비치맨션의 피난용 북측 계단실. 다른 곳과 달리 계단실이 모두
           외기에 노출되어 있다. ©최종언

b, c   피난계단과 지층 연결 방식 ©최종언

은 낯선 도시에서 먹고 잘 공간이 확보된다는 것이었다.[21]

직렬형 이중 계단실

당시 아파트 평면을 그저 무심하게 바라보면 계단실 두 개가 직렬로 배치되어 있어 누구나 가정부는 엘리베이터를 타지 못하도록 하고 높은 층까지 걸어다니도록 했으리라 생각하게 되지만 이는 전혀 그렇지 않다. 여의도시범아파트를 필두로 12층 이상의 고층 아파트가 공급되면서 고층 주거에 대한 불안이 증폭되었고, 높은 층에서 화재라도 일어나면 큰일이 아닐 수 없었다. 계단실이 엄청난 연기를 뿜어 올리는 연통 역할을 하기 때문에 자칫 고층아파트 거주자는 위험에 노출될 수 있었다. 따라서 '두 방향 피난'이라는 개념이 적용됐다. 현관을 이용해 밖으로 대피하는 방법 대신에 부엌이나 식당을 통해 이동할 수 있는 발코니를 따로 두고 여기를 통해 별도 계단실을 이용해 대피하도록 대안을 마련해 두었다. 따라서 북측 방향으로 따로 만들어진 계단실은 평소에는 거의 사용할 일이 없기 때문에 일부 세대가 사용하지 않는 물건을 내놓거나 계절용품을 두는 용도로 사용했다.[22] 이처럼 만들어진 소위 '직렬형 이중 계단실'[23]은 지금도 여전히 곳곳에 남아 당시 상황을 알려 준다. 이곳을 24시간 열어 둘 경우에는 각층 세대로 직접 진입할 수 있기 때문에 따로 관리하고 있는데 투시형 철문을 설치해 쉽게 드나들 수 없도록 한 뒤 외기에 면하는 계단실 공간은 인접세대가 에어컨 실외기를 두는 것처럼 적당한 방법으로 공유하고 있다. 그러나 이 계단실을 1층 캐노피까지 연결하고 그곳에 비상시에만 이용할 수 있는 별도의 사다리를 두거나 아니면 직접 1층까지 계단을 이어 놓은 경우 등 다양한 방법으로 설계되었음을 확인할 수 있다.

21 — 공선옥, 《내가 가장 예뻤을 때》, (주)문학동네, 2009(1판2쇄), 113~114쪽

22 — '두 방향 피난'이라는 개념은 여전히 건축법에 담겨 있다. 1970년대를 거친 뒤 남측 발코니가 일반화되면서 수평 방향으로 인접한 세대와 연결되는 발코니에 경량 칸막이벽을 설치해 화재 발생과 같은 비상시에 이를 부수고 옆집으로 이동할 수 있도록 했다. 발코니 구조 변경 합법화 조치 이후에는 별도의 대피공간을 각 세대의 외부에 설치하도록 하고 이와 함께 완강기를 두도록 강제하는 방법 등으로 '두 방향 피난' 개념이 유지되고 있다. 그러나 최근의 이러한 조치보다는 오히려 1970년대의 맨션아파트에 등장한 해법이 안전을 보장한다는 측면에서는 오히려 낫다고 평가할 수 있다. 일본은 두 방향 피난 경로 확보를 위해 고층아파트의 경우에는 외기에 면하는 발코니 바닥을 이용해 아래층으로 피난할 수 있도록 간단한 장치를 두고 있다.

23 — 마치 건전지 두 개를 직렬방식으로 연결한 것처럼 계단실 두 개가 일렬로 배치되었음을 말한다.

식모방의 소멸과 다른 이름들

우리나라는 1976년부터 1988년에 이르기까지 연평균 10%에 이르는 경제성장을 지속했다. 5.18 광주민주화운동과 6월 시민항쟁을 거쳐 획득한 것이 절차적 민주주의에 그치고 말았다지만 경제지표만으로 본다면 상황은 나아져서 먹고 사는 일만큼은 그 전보다 나은 상황을 맞이한다. 일자리는 늘었고, 선택의 폭은 넓어졌다. 계약이 아닌 상태에서 개인의 인신을 남에게 의탁하는 일은 차츰 사라지거나 모습을 바꾸었다. 몸을 의탁하지 않고도 일상을 영위할 개인적 역량과 함께 자신감도 붙었다. 인건비가 올랐기 때문이다. 한 마디로 사람 몸값이 전과는 달라졌다.

목동신시가지아파트, 아시아선수촌아파트, 올림픽선수촌아파트 등 그 이전의 중산층아파트와 유전적 형질은 같지만 전혀 다른 모습으로 새롭게 등장한 중산층용 아파트에서 더 이상 식모방은 등장하지 않는다. 삼베고쟁이 보리방귀 새듯 홀연히 식모방이 사라진 것이다. 물론 이들을 일컫는 말도 안잠자기나 밥에미에서 어멈이나 하녀로, 다시 식모나 가정부 혹은 파출부나 도우미, 가정관리사에 이르기까지 시류에 따라 변했지만 더 이상 집안에 이들이 거처하는 공간이 별도로 주어지지 않았다는 것이다. 그럼에도 불구하고 이들은 여전히 존재한다.

오래 전의 식모가 파출부나 가사도우미 따위로 호칭만 바뀌었을 뿐 세상은 크게 변한 것이 없다. 그저 '식모방'만 기억의 저편으로 사라졌을 뿐이다. 식모의 등장과 이들을 부르는 명칭의 변모는 분명 고단한 현대사의 한 장면이다. 그러나 라면 한 개가 도매금으로 18원이요 콜라 값이 물만 먹으면 40원이고 병째 사면 45원이던 시절에 국한된 것은 결코 아니다. 식모라는 이름으로 불리며 0.6평에서 고단하고 부박한 삶을 이어가던 이들은 오늘날 고시원의 1.5평에서 희망 없는 일상을 묵묵히 견디는 청년들의 다른 이름이기 때문이다. 그것도 아니라면 변기 뚜껑 위에 라면 냄비를 얹어놓고 식은 밥을 말아먹을 수밖에 없는 아르바이트 청년들의 원룸이기도 하다. "가난하게 자란, 볼품없는 계집애가 초등학교를 졸업하고 갈 수 있는 곳은 이런저런 연줄로 선이 닿는 식모살이"[24]라는 소설 속 단정은 예나 지금이나 달라진 것이 없다.

24 ─ 박종관, 〈길은 살아있다〉, 《길은 살아있다》, 도서출판 화남, 2005(초판1쇄), 211쪽

"키친에서
직접 던질 수 있는
쓰레기통",
더스트 슈트
존망사

이보다 더 좋을 순 없다

"아아, 아파트…"

영화감독 문여송을 아는가. 1933년 제주 한림에서 출생했지만 채 두 살이 되기 전인 1935년에 일본으로 건너간 뒤 일본대 예술학부를 졸업하고 그곳에서 잠시 영화감독 생활을 하다가 귀국해 1966년에 "간첩작전"이라는 영화를 만들었다. 당시 서른셋이었다. 그는 1976년부터 "진짜진짜 잊지마" 시리즈로 불리는 하이틴 영화를 만들어 흥행몰이를 하며 임예진, 이덕화, 김보연 등의 배우를 인기스타로 만들었다. 모든 이들이 그러하듯 그 역시 2009년 세상을 떠났다.

지금은 한국토지주택공사로 이름을 바꾸기 전 대한주택영단(대한주택공사의 전신)에서 1959년부터 발행한 기관지인 《주택》 통권 제22호에는 문여송 감독의 글이 실렸다.

아파트 자체에 설비되어 있는 목욕조, 웨스턴 토일렛, 응접실, 키친에서 직접 던질 수 있는 쓰레기통, 허리를 구부리지 않고 그릇을 닦을 수 있는 싱크대가 얼마나 더 실질적인 생활에 유용한 것인가.[1]

귀국 후 만든 영화 "간첩작전"이 개봉된 뒤고, 흥행에 성공한 "진짜진짜 잊지마" 시리즈는 아직 제작하기 전이니 형편이 그리 넉넉지 않았던 모양이다. 그가 살던 아파트가 당시에는 별 인기가 없던 마포주공아파트였기 때문이다. 당시만 하더라도 '아파트'는 인기가 없는 주택 유형이었고, 서울의 경우만 하더라도 그 숫자는 손에 꼽을 정도였다. 문 감독의 글에서도 자신이 주변 사람들에게 아파트에 산다고 하면 조금은 한심하다는 듯 '아아, 아파트…' 하며 탄식에 가까운 안타까움을 표했을 정도였다고 했다. 물론 형편이 괜찮으면 자신도 교통 편리하고, 물 사정 좋은 교외주택지에 들장미라도 한 그루 심어놓을 수 있는 독립된 집을 갖고 싶다고 속내를 살짝 드러냈다. 하지만 '웨스턴 토일렛'이니 '키친'이니 '싱크대'니 하는 단어를 썼듯 엿장수며 굴비장수, 하다못해 월부 장수들이 골목을 헤집고 문밖에는 쓰레기가 쌓이는 단독주택지의 풍경을 떠올리면서 비록 아파트 생활에 약간의 불만이 있다고는 하나 근대적인 문화생활을 할 수 있는 곳이라고 여겼다. 자신이 일본에서 서울로 돌아왔을 때의 판잣집 인상에 비하면 놀라운 도약이니 아파트 생활에 대한 불만도 따지고 보면 행복에 겨운 말에 불과한 것이라고 애써

1 ― 문여송(영화감독), "주택살롱", 《주택》, 제9권 제1호(통권 제22호), 1968. 12., 대한주택공사, 115쪽

a   서울시가 도입한 쓰레기 수거용 삼륜차, 1968. 서울특별시 사진아카이브
b   1960년대의 일반적인 쓰레기 수거 방식. 국가기록원 소장 자료

변명하면서 말이다. 잡지의 같은 꼭지에 가정주부, 여류시인, 여류화가, 공무원 등으로 자신을 소개한 다른 필자들의 글도 문 감독의 경우와 크게 다르지 않다. 대개가 문화생활을 지지하는 문화주택인 동시에 근대식 설비를 갖춘 아파트야말로 생활혁명을 이루는 수단이고, 편리와 쾌적, 합리적 일상을 지지하는 거주공간이라는 점에서 다른 사람들의 몰이해를 하루 빨리 타개해야 하고, 아파트 생활을 조롱하거나 가벼이 여기는 이들이야말로 태도를 바꾸어야 한다는 말을 마치 훈육하듯 강조했다.

다시 문 감독의 글로 돌아가자. 아파트에서의 실질적인 생활에 더 없이 유용하다고 그가 강조한 "키친에서 직접 버릴 수 있는 쓰레기통"의 편리함과 장점은 다른 이들의 글에서도 고루 등장한다. "먼지를 뒤집어쓰며 쓰레기차를 기다리는 노고가 필요 없다."[2] 거나 "주부의 골칫거리며 위생상 아주 나쁜 쓰레기 치우는 문제가 완전 해소되고 …(중략)… 위층에서 쓰레기 장통문(長筒門)을 열고 담배꽁초 하나도 버릴 수 있고, 일단 버리게 되면 아래층으로 낙하되며 …(중략)… 쓰레기차를 기다리는 주부의 고심, 쓰레기통의 더러운 냄새, 쓰레기통에 모여드는 파리떼 등을 상상해 보라."[3]고 단독주택에 사는 이들을 설득하면 듣는 이들은 대부분 아파트에 들어가기 위한 돈 마련 문제며 여전히 아파트를 꺼려하는 가족들의 설득과 동의 절차 등의 과정을 머릿속에 그리게 된다며 으스대기도 했다.

2 —   최은희(여류시인), "주택살롱", 앞의 책, 112쪽

3 —   강인희(공무원), "주택살롱", 앞의 책, 117쪽

"이보다 더 좋을 순 없다"

1997년 뉴욕을 배경으로 제작된 미국영화 "As Good As It Gets"는 미국 개봉 다음해인 1998년 3월 "이보다 더 좋을 순 없다"는 제목으로 우리나라에서 개봉했다. 모두가 싫어하는 괴팍한 로맨스 소설 작가 멜빈(잭 니콜슨)과 천식을 앓고 있는 아들을 돌보느라 혼자인 몸으로 자신의 삶을 포기해 온 식당 종업원 캐럴(헬렌 헌트)의 연민과 사랑을 다룬 제임스 브룩스 감독의 로맨틱 코미디 영화다. 한국에서 영화가 개봉된 그해 70회를 맞은 아카데미상 시상식에서 이 영화는 여우주연상과 남우주연상을 동시에 받았다.

영화는 멜빈과 그가 특별히 싫어하는 아파트의 이웃이자 동성애자인 화가 사이먼(그렉 키니어)의 작은 갈등이 잠시 그려진다. 멜빈이 어쩔 도리 없이 사이먼의 애견 버델을 돌봐야 하는 상황에서 멜빈은 치미는 화를 이기지 못해 같은 층 거주자들이 함께 사용하는 더스트 슈트로 사이먼의 애견 버델을 밀어 넣는다. 아주 잠깐 스치듯 지나가는 이 장면에 드러난 뉴욕의 아파트 내 장치가 바로 문여송 감독이 언급한 "키친에서 직접 던질 수 있는 쓰레기통"이다. 글로만 보자면, 문 감독이 마포아파트에 살며 실질적 유용함의 첫 손으로 꼽은 쓰레기 투입구를 대할 때마다 "이보다 더 좋을 순 없다"고 되뇌었을지도 모를 일이다.

그런데 이상하다. 문여송 감독은 분명 "키친에서 직접 버릴 수 있는 쓰레기통"이라 썼는데 영화 속 장면에서 애견 버델을 유기하는 곳은 이웃 주민들과 공동으로 사용하는 복도나 계단참 근처로 보이니 말이다.

작가 임재희의 장편소설 《비늘》에는 이런 대목이 등장한다.

《동아일보》 1961년 3월 3일자 "횡설수설" 란에 실린 쓰레기와 오물 처리 문제

현관문을 반쯤 열어놓는다. 시큼하고 후덥지근한 바람이 흘러들어온다. 과일들이 물컹하게 으깨어진 채 썩어가는 냄새다. 복도에 있는 오래된 카펫 냄새인지도 모른다. 그것도 아니라면, 층마다 설치된 쓰레기 배출구에서 올라오는 썩은 바람. 더운 습기에 끈질기게 기생하는 냄새는 강렬하고 집요하다. 하나의 긴 통으로 연결된 쓰레기 배출구는 이 건물의 척추다. 아파트가 거대한 인간의 식도나 위처럼 느껴지는 이유가 거기에 있다.[4]

층마다 설치된 쓰레기 배출구가 있었음을 그대로 드러내는 묘사다.

집 안에서 직접 쓰레기를 버릴 수 있는 경우도 있고, 이와 달리 각층에, 혹은 몇 개 층마다 설치해 여러 세대가 함께 사용할 수도 있도록 구비한 사례도 있다. 따라서 문여송 감독의 글에 나타난 '키친에서 직접 버릴 수 있는 쓰레기통'은 전용 쓰레기 투입구인 셈이다. 공용과는 다른 전용이다.

1960년대 당시만 하더라도 집 안에서 쓰레기를 버릴 수 있는 투입구는 거의 찾아보기 힘들 정도였다. 물론 아파트 자체가 여전히 드물던 시절이었지만 아직까지도 이를 지칭하는 용어가 자리를 잡지 못했던 때문인지 나중에 '쓰레기 투입구'로 정리된 용어를 때론 '쓰레기 장통문'이라거나 '더스트 슈트(dust chute)'라는 외래어 그대로 표기하거나 지칭했다. 당시 신문기사만 보더라도 쓰레기차와 똥차가 아침저녁으로 동네방네 고성을 지르며 돌아다니며 쓰레기며 오물을 다루는 모습과 악취가 진동하니 그 분위기가 공분을 살 정도여서 하루 빨리 비문화적 생활습속에서 벗어나야 공중위생이며 국민보건이 제 모습을 갖출 것이라고 질타했을 정도였다.

1935년에 태어나 대학 졸업 후 구조사건축기술연구소를 거쳐 대한주택영단 건축과에서 주택 재건 및 아파트 실무에 종사했던 한국 최초의 여성 건축사 지순은 구술 채록에서 다음과 같이 회고한다.

마포아파트(1964) 전에 서대문에 개명아파트라는 것도 하나 했었어요. 개명아파트 설계한 거는 얼마나 웃겼다고요. 초기에 개명아파트를 설계를 했는데 우리가 아파트를 본 적도 없고 살아본 적도 없잖아요. 아파트라는 걸 모를 때니까 이 책, 저 책 자료를 보고요. 그때 종암아파트를 뛰어가서 보고 그러면서 설계했어요. 제일 문제가 된 게 더스트 슈트였어요. 더스트 슈트의 밑에 참바(chamber)도 미국 책에 나온 것을 기준으로 해서 만들었거

4 — 임재희, 《비늘》, 나무 옆 의자, 2017(초판1쇄), 169쪽

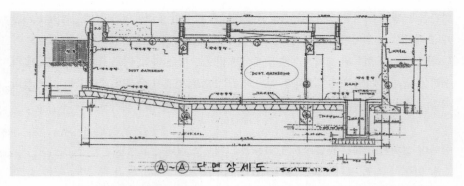

동대문아파트의 종단면도에 나타난 더스트 슈트와 지하층의 쓰레기 집하장. 대한주택공사 문서과 자료

든요. 그랬더니 이틀만 지나면 일층에서 문도 못 열 정도로 꽉 차는 거예요. 그때는 배추도 뿌리째 사다가 버리지, 연탄 버리지, 그러니까 참바가 꽉 차서 막 올라오는 거예요. 그래서 할 수 없이 주공에서 거기다 일꾼을 하나 두고 리어카로 매일 퍼내서 (웃음) 옆에 창고에다 갖다놓으면 트럭이 와서 쓰레기를 가져가는 그런 시대였어요. 지금은 다 없어졌지만요. 화장실은 파이프로 하니까 괜찮은데 참바는 우리가 써 본 일도 없고 본 일도 없잖아요. (웃음)[5]

설계 작업에 관여한 전문가들은 쓰레기 투입시설을 대체적으로 더스트 슈트로 불렀음을 알 수 있다.

5 — 최원준·배형민 채록연구, 《원정수·지순 구술집—목천건축아카이브 한국현대건축의 기록 5》, 마티, 2015(초판 1쇄), 115쪽. 채록 대상자 가운데 한 명인 건축가 지순은 1958년부터 1960년까지 대한주택공사 기사로 근무했으며 한국의 여성건축사 1호로 대한주택공사의 1950년대 말부터 1960년대 초의 여러 사업에 관여했다고 술회한다. 이 글에서 더스트 슈트는 쓰레기 투입 수직 통로, 참바는 집결소를 말한다. 개명아파트는 한국산업은행 융자금을 받아 중앙산업이 1959년 8월 15일 준공한 충정로의 아파트이며, 종암아파트는 그보다 두 해 앞서 역시 중앙산업이 종암동에 건설한 아파트인데 흔히 해방 이후 한국 최초의 아파트로 알려져 있다. 박철수, 《아파트: 공적 냉소와 사적 정열이 지배하는 사회》, 마티, 2013(초판1쇄), 57~76쪽 참조

전용 더스트 슈트와 공용 더스트 슈트

다시 마포아파트로 가 보자. 한국 최초의 단지식 아파트라 불리는 마포주공아파트는 크게 두 단계로 나뉘어 준공되었다. 1962년에 우선 단지 중앙의 Y자형 6개 주거동이 먼저 준공되었고, 이태 뒤인 1964년에 외곽을 경계짓는 모습의 일자형 주거동 4동이 준공되었다.

대한주택공사의 설계도면을 확인한 결과 마포아파트는 최초 세 가지 주거동 형식이 제안되었는데 일자형 주거동이 A형이고, 일자형 주거동의 중간쯤에 날개를 달아매 T자 모양으로 제안한 것이 B형이었다. 그리고 아파트단지 전체가 준공된 뒤에 촬영한 항공사진에서 알 수 있는 것처럼 단지 중앙의 Y자 주거동은 C형으로 불렸다. 그러나 여러 가지 실무적 검토를 거치면서 T자 모양을 한 B형은 각 세대가 직각으로 만나는 까닭에 C형에 비해 사생활 침해 등이 우려돼 거주성이 다소 떨어진다는 판단에 따라 제외되었고, 결과적으로 C형이 단지 중앙에, A형이 C형을 에워싸는 방식으로 마무리됐다.

다시 항공사진을 자세히 살펴보면, 이 두 가지 주거동 형식에는 다른 점이 있다. A형인 일자형 아파트는 복도 없이 계단실을 오르면서 좌우 세대가 각 층에서 마주하는 방식이다. 예를 들어 사진 중앙의 맨 아래쪽에 찍힌 일자형 주거동의 경우는 한 층에 8세대가 들어가는데 계단을 사이에 두고 두 세대가 마주하는 방식이었다. 흔히 계단실형 아파트라 부르는 형식이다. 이와 달리 단지 중앙에 제법 위용을 자랑하는 것처럼 보이는 C형인 Y자형 아파트는 날개가 만나는 부분의 계단실을 오르면 각각 120도로 나뉘는 각 층 날개로 복도가 이어지도록 조성된 복도형 아파트다. 물론 6층으로 이루어진 두 가지 주거동 모두 엘리베이터가 없기는 매한가지다.

마포아파트 준공 후 항공사진. 출처:
대한주택공사, 《대한주택공사주택단지총람
1954~1970》, 1979

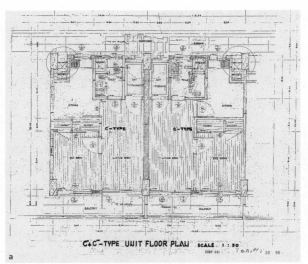

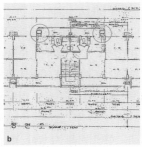

C&C-TYPE UNIT FLOOR PLAN SCALE . 1 : 50

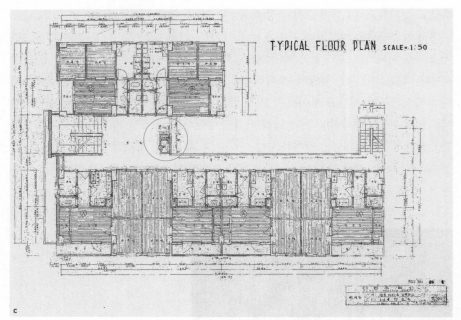

TYPICAL FLOOR PLAN SCALE=1:50

a   마포아파트 C형 주거동(Y자형) 단위 세대 평면도와 더스트 슈트, 1961. 대한주택공사 문서과 자료

b   마포아파트 A형 주거동(일자형 주거동)의 단위세대 평면도와 더스트 슈트, 1963. 대한주택공사 문서과 자료

c   정동아파트의 공용 더스트 슈트, 1964. 대한주택공사 문서과 자료

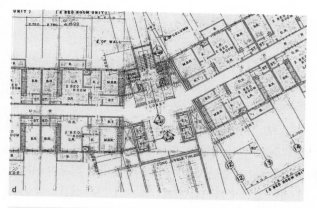

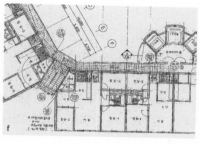

d   남산외인아파트의 층별 공용 더스트 슈트, 1972. 대한주택공사 문서과 자료
e   고덕주공5단지의 비대칭 더스트 슈트. 출처: 대한주택공사, 《주택건설총람 1981-1982》, 1987
f   상계 주공4단지의 초고층아파트 공용 더스트 슈트, 1986. 대한주택공사 문서과 자료

　이제 각 층을 대표하는 평면을 살펴보자. C형 주거동의 평면은 복도를 통해 각 세대 현관에 이르기 전 복도 방향으로 마치 서랍처럼 문을 열 수 있도록 되어 있음을 알 수 있다. 여기에는 'dust chute'라는 글씨와 함께 'X'자 모양으로 두 방향에서 빗금이 쳐져 있다. 건축 도면에서 빗금이 두 방향으로 그어진 것은 대개가 아무런 장애나 막힘이 없이 아래 방향으로 뚫려있다는 표식이니 복도에서 쓰레기 투입구를 열고 각종 오물이며 연탄재 등을 버리면 그대로 지하에 마련된 보관소(챔버)로 낙하한다는 뜻이다. 복도를 지나는 다른 이도 쓰레기 투입구를 열고 쓰레기를 버릴 수는 있겠지만 모든 세대마다 이런 시설이 주어진 것으로 봐 전용 더스트 슈트라 할 수 있다.

　문여송 감독이 한때 거주했을 것으로 여겨지는 일자형 주거동인 A형에 들어간 세대는 이와 사뭇 다르다. 모든 세대는 계단을 통해 세대로 진입한다. 거실과 부엌을 거쳐 발코니로 나가면 두 세대가 짝을 이루는 방식으로 평면이 구성되었고, 서로 인접한 각 세대의 발코니 끄트머리에 C형 아파트의 복도에서 본 경우와 유사한 여닫이 철문이 달려 있다. 더스트 슈트다. 그러니 추정해보건대, 문여송 감독이 대한주택공사의 기관지 《주택》에 글을 쓸 당시에는 일자형 주거동인 A형 주거동에 거주했었다고 추정할 수 있다. 그리고 문 감독의 글을 엄밀하게 수정하면, '키친에서 직접 버릴 수 있는 쓰레기통'이 아니라 '각 세대의 외부 발코니에서 직접 버릴 수 있는 쓰레기통'이라고 할 수 있다. 물론 발코니는 부엌을 통해 접속되니 그리 틀린 말은 아니다. 이 경우는 의문의 여지없이 전용 더스트 슈트인 것이다. 남이 집안에 들어와 쓰레기를 버릴 일은 상상하기 어렵기 때문이다.

잘 알려진 것처럼 마포아파트는 5.16 군사정변 주축 세력의 정치적 선전물이기도 하다. 박정희 당시 국가재건최고회의 의장은 마포아파트 준공식 치사에서 "마포아파트를 통해 군사혁명을 생활혁명으로 바꾸는 계기를 마련해야 하고, 구래의 고식적이고 봉건적인 생활양식에서 탈피"하는 수단으로 아파트와 같은 '집단공동생활양식'을 택해야 한다고 강조했기 때문이다. 따라서 그동안의 불결과 악취로 대표되는 비위생과 전근대는 척결해야 했고, 한국 최초의 매머드 급으로 추켜세운 마포아파트에는 당연히 근대적이고 문화적인 더스트 슈트가 설치되어야 했음은 어찌 생각하면 당연한 일이다. 공중위생과 보건으로 대표되는 위생학은 서구 근대의 주요한 맹아 가운데 하나였기 때문이다.

다른 사례를 하나 더 살펴보자. 건축가 엄덕문이 설계하고, 함성권이 구조계산을 맡아 1972년 11월 준공한 남산외인아파트의 경우는 영화 "이보다 더 좋을 순 없다"에서 멜빈이 홧김에 사이먼의 애견 버델을 유기하는 장면에서처럼 엘리베이터 홀과 마주하는 계단실 귀퉁이 두 곳에 더스트 슈트가 공용으로 마련되었다. 전용공간을 차지할 수밖에 없는 세대 안의 더스트 슈트를 밖으로 빼내면서 전용 비율을 높이려는 의도가 반영된 것이라 할 수 있다.

이런 이유가 반영된 경우는 서울 고덕주공아파트 5단지에서도 발견된다. 하나의 계단실을 사이에 두고 각각 24평형과 27평형이 이웃한 경우인데, 상대적으로 침실 하나를 더 가져 전용공간에 여유가 있는 27평형의 경우에는 외기에 면하는 세대내 다용도실 안쪽에 전용 더스트 슈트를 설치한 반면에 24평형의 경우에는 현관 밖으로 나와 계단을 통해 0.5층 올라야 만나는 계단참에 더스트 슈트를 설치한 것이다.

계단실형 아파트라 하더라도 상대적으로 규모가 크다고 판단되는 경우는 세대 내부

공간에, 그렇지 못한 경우에는 비록 한 세대만이 사용하는 경우라 하더라도 가급적이면 계단참 등 공용공간을 이용해 더스트 슈트를 설치했다. 그러나 이렇게 다른 방식을 택했더라도 세대별로 하나씩의 더스트 슈트가 제공되었다는 점에서 본다면 두 세대는 모두 전용 더스트 슈트가 마련된 셈이다.

따라서 단순히 계단실형과 복도형의 차이가 전용 혹은 공용 더스트 슈트를 결정하는 전제가 아님을 쉽게 짐작할 수 있다. 여러 가지 이유와 나름의 생각들이 설계에 반영되며 다채로운 유형이 궁리되었기 때문이다. 다만, 대체적으로 복도형의 경우는 공용을, 계단실형일 때는 전용 더스트 슈트를 널리 채택했다는 것이고, 단위세대의 규모가 상대적으로 큰 경우에는 부엌에서 직접 혹은 부엌과 쉽게 연결되는 발코니 구석 전용에 더스트 슈트를 두었다.

더스트 슈트 설치는 선의였을까, 아니면 강제되었을까

그렇다면 더스트 슈트는 아파트 입주자들의 편리한 생활을 위해 선의로 만들어진 것일까. 그렇지 않다면 제도와 법으로 강제했을까. 일제강점기에 근대적 법령으로 제정된 "조선시가지계획령"은 5.16 군사정변 이후 건축법, 도시계획법, 토지수용법, 공영주택법 등으로 나뉘었는데, 이 가운데 1963년 12월 31일부터 시행된 공영주택법 제7조에는 '공영주택의 건설기준은 건설부령으로 정한다'고 규정한 바 있다.

공영주택법의 위임에 따라 1971년 2월 19일 제정과 동시에 시행에 들어간 "공영주택건설기준령" 제7조의 ①항에 '공영주택은 매 호에 침실, 부엌, 변소 등을 두어야 한다. 다만, 아파트의 경우에는 욕실을 전용으로 두고, 더스트 슈트를 전용 또는 공용으로 설치하여야 한다'는 것을 의무 기준으로 강제했다.

따라서 1970년까지 법령의 강제가 없었기 때문에 아파트와 같은 고층주택이라 하더라도 더스트 슈트는 사업시행 주체 혹은 건설업체의 자체 판단에 의한 것이며, 그 이후로 한정하더라도 공영주택법에서 규정한 것처럼 더스트 슈트는 지방자치단체와 대한주택공사가 정부와 협조해 건설하는 무주택 국민을 위한 공영주택에만 제한적으로 설치되도록 했다. 민간아파트의 경우는 적용 대상이 아니라는 말이다. 하지만 1970년 12월 31일 "공영주택법"이 일부 개정되면서 지방자치단체 또는 한국주택은행이 주택이 없는 주민에게 저렴한 가임(家賃) 또는 가격으로 임대 또는 분양하기 위하여 자기자금으로

a   정릉스카이아파트 더스트 슈트, 1968. 서울특별시 서울사진아카이브

b   1980년대에 입주한 과천주공아파트의 쓰레기 저장소, 2016 ©최종언

c   1988년에 지은 상계 주공7단지의 각층 공용 더스트 슈트, 2016 ©최종언

d   상계 주공7단지 더스트 슈트 외양과 옥상 환기 설비, 2016 ©최종언

건설하는 주택에 대하여도 제6조 내지 제8조의 규정을 준용한다고 변경되었기 때문에 그 적용범위가 조금 넓어졌다.

그러나 이보다 더 큰 의미가 있는 조치는 "공영주택법"이 1972년 12월 30일 폐지되고 1973년 1월 15일 이후에는 법적 효력을 상실하도록 한 뒤 1972년 12월 30일 제정되어 1973년 1월 15일부터 시행된 "주택건설촉진법(흔히 '주촉법'이라 부른다)" 규정이다. 주촉법은 공영주택법의 내용 대부분을 그대로 승계하면서 적용 대상을 기존의 공영주택과 유사하다 할 수 있는 국민주택뿐만 아니라 민영주택으로 확대함으로써 적용 대상의 구분이 없어지며 민영주택까지 범위가 확대되었다. 따라서 정부와 공공기관이 주도하는 국민주택뿐만 아니라 민영주택에는 전기·도로·상하수도 기타 이에 준하는 것은 부대시설로, 어린이놀이터·시장·의료시설·공동욕장·집회소 기타 거주자의 생활복리를 위하여 필요한 공동시설을 복리시설로 구분하고 그 설치를 법적 강제로 의무화하게 된 것이다. 그리고 그 구체적인 내용은 하위 법령으로 위임했다.

주촉법의 하위 법령인 "주택건설촉진법시행령"이 제정, 시행된 것은 1973년 2월 26일이다. 시행령 제4조에는 '거주자의 생활복리를 위해 필요한 공동시설' 가운데 우선적으로 '오물 및 진개의 수거시설'을 꼽았고, 1973년 7월 12일 제정, 시행된 "주택건설촉진법시행규칙" 제5조에 '부대시설과 복리시설의 종류와 규모'를 별표에 명기하면서 '오물 및 진개 수거시설'에 대해 아파트의 경우라면 어느 경우라도 더스트 슈트 시설을 의무적으로 설치하여야 한다고 규정한 것이다. 그 후 주택건설촉진법이 여러 차례 개정되었고, 1991년 4월 12일에 다시 "주택건설기준등에관한규칙"이 별도 제정되면서 제9조에 '쓰레기 투입시설'을 따로 두고 '별표5'를 통해 '더스트 슈트의 낙하로, 저장소, 투입구, 배기시설 등에 관한 구체적인 규격과 마감 기준'을 규정하기에 이른다.

제법 복잡하다. 이를 이해하기 쉽도록 거칠게 정리해 보자. 1971년 2월 중순까지 주택건설사업 인가를 받은 경우 더스트 슈트 설치는 절대적 의무로 부과되지 않았고, 1972년 12월 말까지는 대체적으로 공영주택에만 더스트 슈트 설치가 강제되었다. 그러나 이것도 잠깐. 1973년 1월부터는 공영이나 민영을 가리지 않고 모든 경우에 더스트 슈트를 설치하도록 했지만 구체적인 기준은 정하지 않아 아파트 건설 주체마다 나름의 방법을 고안해서 적용했다. 이러던 것이 1991년 4월부터는 더스트 슈트로 불리는 설비와 장치를 투입구, 낙하로, 배기시설, 저장소 등으로 구분하고 이에 대해 각각의 구체적 규격이며 마감 기준을 정해 법적으로 강제하게 되었던 것이다. 전국의 더스트 슈트가 모두 한 가지 모양과 규격으로 표준화되었다.

이제 더스트 슈트를 자세하게 규정한 내용을 살필 차례다. 우선 전용이건 공용이건 투입구는 건설부장관이 지정, 고시하는 표준상세도를 택하거나 악취가 실내로 역류하지 못하도록 기밀한 구조로 시공해야 한다고 규정했다. 낙하로의 경우는 쓰레기가 떨어지는 내부에 혹시라도 오물이며 쓰레기가 걸릴 것을 염려해 매끈하게 처리하도록 규정했고, 그렇게 떨어진 쓰레기가 모여 쌓이는 저장 공간(챔버)의 높이는 1.2m 이상으로 하되 벽과 바닥은 반드시 방수처리를 해야 하고 이와 함께 별도의 급수 및 배수설비를 하도록 했다. 수시로 물청소가 필요한 정도로 쉽게 오염될 수 있었기 때문이다. 또한 낙하로의 맨 꼭대기 부분에는 반드시 악취 배기시설을 설치하도록 강제했다. 아파트 옥상마다 바람의 흐름에 따라 방향을 바꿔가며 실내의 나쁜 공기를 빼내는 환기팬이 설치된 이유다. 그러나 이러한 자세한 규정은 얼마 지나지 않은 1992년 12월 22일 "주택건설기준등에관한규칙"이 개정되면서 관련 규정이 전면 삭제되었다.[6] 궁리 끝에 마련된 기준이었지만 아주 짧은 기간인 1년 8개월 정도 강제 적용된 뒤 없어졌다는 것이다.

다시 더 추려 짧게 정리하자. 1960년대까지 아파트에서의 더스트 슈트 설치는 강제되지 않았고, 1972년까지는 대체적으로 공영주택에서 적용되는 강제 규정이었지만 1973년부터 1992년까지 아파트로 일컬어지는 주택 유형에는 공영, 민영을 가릴 것 없이 모두 더스트 슈트가 설치되었다. 법률적으로 더스트 슈트를 강제하지 않던 시기에 그 필요성을 자각해 거주자의 편리를 제공하기 위해 아파트 공급 주체가 이를 설치한 것을 선의라 한다면 선의와 강제가 갈린 시점은 1972년 말이고, 1992년에 관련 규정이 삭제되면서 이 시기를 전후해 아파트에서의 전용 혹은 공용 더스트 슈트를 둬야 하는지 설치하지 않아도 되는지를 두고 논란이 있었고, 해당 아파트의 사업승인 시점이 판단의 잣대가 되기도 했다는 말이다.

---

6 — 이에 앞서 1991년 5월 17일 대한주택공사 주택연구소는 지지부진한 아파트지역 쓰레기 분리수거가 실효를 거두려면 건립 당시부터 아예 투거함을 만들지 않도록 규정하고, 기왕에 투입구가 설치된 경우라도 유류 난방방식을 택한 경우는 이를 폐쇄하고 연탄난방방식은 연탄재만 버리도록 해야 하며 일반쓰레기는 모두 옥외에 설치된 분리수거함에 버려야한다는 것 등을 주장하는 내용을 "아파트 쓰레기 수거방식 개선안"이라는 이름으로 발표했다. 이와 함께 주공 연구팀은 이 개선안에서 옥외수거함 설치는 아파트 1층 계단 입구에서 100m 이내에 두도록 하고, 수거함은 작업의 편이성과 이동성을 고려해 플라스틱으로 제작할 것 등을 제안했다.

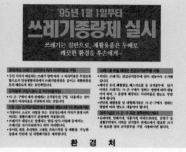

a 《한겨레신문》 1994년 12월 22일자에 실린 1995년 1월 1일부터 시행될 쓰레기 종량제 광고
b 《경향신문》 1995년 4월 30일자에 실린 쓰레기 재활용품 보관소 등장 기사

잠깐의 논란 뒤 유물로 남은 더스트 슈트

법령이며 제도란 대개가 매우 쌀쌀맞고 몰인정하다. "주택건설기준등에관한규칙" 개정
(1992.12.22.)을 통해 더스트 슈트 설치 의무제도가 폐지되었는데 이유는 그보다 보름쯤
전인 1992년 12월 8일에 "자원의절약과재활용촉진에관한법률(일명 자원재활용법)"이 제정
되어 1993년 6월 9일부터 시행되었기 때문이다. 그리고 1995년 1월 1일을 기해 쓰레기
종량제가 전격 실시되었다. 물론 이 조치에 앞서 1994년 12월 23일에는 그동안 '처'에
머물던 환경처가 환경부로 확대 개편되었다. 바야흐로 환경의 시대가 열린 것이다.

아직 더스트 슈트가 폐지되기 전인 1992년 10월 12일자 신문기사는 이런 정책 환경
변화에 따른 현장에서의 혼란을 다뤘다. 아마도 입법예고 때문이었던 모양이다. 이에
따라 아파트 쓰레기 투입구 설치 기준 적용 방식이 지방자치단체마다 들쑥날쑥 달라
어떤 곳은 설계단계에서 쓰레기 투입구 설치를 없애도록 하는가 하면 다른 곳에서 이
를 강제했다가 아파트 준공에 앞서서는 폐쇄 명령을 내리는 등의 혼란이 가중되고 있
다는 내용이다.

새롭게 변화한 정책 환경에 따라 서울시에서는 폐건전지 수거함과 함께 쓰레기 분리

아파트 편리 시대의 유물로 남은 고덕 공무원아파트의 쓰레기 저장소, 2017 ⓒ최종언

수거를 위한 장비를 시범적으로 공급하기도 했으며, 소각장 설치와 함께 지역난방공사 설치 등이 뒤따랐고, 아파트단지 조성시 소각로 설치 의무화와 함께 음식물 쓰레기 퇴비화 시설 의무 설치 등과 같은 다채로운 움직임이 이루어졌다. 기왕의 관성 때문인지 환경부 주도의 정책 철학은 다시 쓰레기 소각을 우선시하던 정책에서 대기오염 등의 문제 지적에 따라 소각과 함께 재활용 개념이 본격적으로 등장했고, 재활용품 보관소가 아파트단지에 들어서기에 이른다. 이어 1997년부터 음식쓰레기 분리 배출이 의무화되고 각종 환경관련 법률에 근거해 기초자치단체의 조례로 아파트단지 내 쓰레기 적치장이 설치, 운영된다.

어쨌든 더스트 슈트는 이제 아파트 편리 시대의 유물로 남았다. 지금은 더 이상 아파트에서 난방과 취사 원료로 연탄을 사용하지 않고, 음식물 쓰레기를 편리하다는 이유로 투입구에 던져 넣지 않기 때문이다. 1950~60년대 아파트에서 문화적 생활과 생활의 합리화를 위해 외쳤던 구호는 어느 순간 덧없는 가치로 전락하고 말았다. 세상의 이치가 늘 그러하듯 우리가 지금 옳다고 믿고 의지하는 가치며 세계관이 얼마 지나지 않아 비문명이나 반문화의 몰골로 변해 흘러간 노랫가락이 될지도 모를 일이다. 아파트 우선 시대의 쓸쓸함은 세월의 더께를 지고 녹이 슨 쓰레기 투입구로 남아 있다.

다용도실 소멸의
생활문화사

0.7평의 공간에서 누릴 수 있는 자유

강남에 있는 그의 아파트는 강가는 아니지만 밤에 북쪽으로 통유리가 달린 다용도실로 나오면 앞 동과 동 사이로 강변북로를 지나는 차들의 불빛이 보였다. 현금의 아파트를 알게 된 후로 그는 강변북로의 불빛을 볼 때마다 가슴이 후둑후둑 소나기 오기 직전의 숲처럼 설레곤 했다. 곁에 있어도 한강만큼의 거리가 느껴지는 현금, 헤어져 있어도 예민한 현(絃) 같은 게 당겨주고 있는 것처럼 느껴지는 그녀, 그 소통의 끈은 미세한 바람에도 오묘하게 떨릴 것처럼 긴장돼 있었고, 영빈은 그 소리를 가슴으로 들을 때 살아있음의 번뇌와 희열을 오싹하니 실감하곤 했다. 다용도실은 그의 집에서 유일하게 정돈되지 않은 채 버려진 여백이었다. 그 0.7평의 공간에서 누릴 수 있는 자유가 한 개비의 담배보다 더 속절없다 해도 그보다 중요한 건 이 세상에 아무것도 없다는 텅 빈 느낌은 얼마나 황홀한가.

박완서 작가가 일흔에 쓴 장편소설 《아주 오래된 농담》에 담긴 한 대목이다. 초등학교 6학년 때 앞으로 훌륭한 의사가 되어 돈 없는 사람들을 치료할 것이라고 답했던 '한광'과 한광에게 빼앗긴 모범답안 때문에 유명한 의사가 되어 돈을 많이 벌겠노라 답한 '영빈' 그리고 이들 사이에서 훌륭하고 돈도 많이 버는 의사와 결혼하겠노라 했던 능소화가 피는 이층집 딸 '현금.' 대물림으로 탈 없이 산부인과 의사가 된 한광과 적당히 존경받으면서 하자 없는 수입으로 윤택한 생활을 누릴 수 있는 직업이 의사라고 했던 어머니의 생각과 달리 오로지 현금에 대한 애틋한 기억으로 내과의사가 된 영빈이 초등학교 졸업 후 30년 만에 이혼으로 혼자된 현금과 재회하면서 일탈이 시작되는 소설 속의 풍경인데 등장인물 중 하나인 영빈의 심경 묘사다. 여기에 등장하는 0.7평의 공간이 곧 '다용도실'이다.

현대 자본주의의 상징을 '비만'이라고 명명할 수도 있지만 그 어느 누구도 '비만'을 원치 않는 모순의 사회를 기발한 착상으로 고발하는 소설이 박진규의 《수상한 식모들》인데 여기서는 조금 다른 내용이 묘사되어 있다.

이 세대를 버티는 현대인의 결정은 베란다에서 자주 이루어지게 된다. 지하실이 사라진 아파트에서 서재가 확보되지 않는 한 개인이 가족관계를 벗어나 자기의 자리를 차지할 장소는 없다. 그나마 공중에 떠 있는 베란다만이 프라이버시를 보장하는 유일한 공간이 된다. 피라미드에서 굴러 떨어진 뒤 아버지는 베란다로 나가 반나절을 지냈다.

두 소설에서 무엇이 달라졌을까. "유일하게 정돈되지 않은 채 버려진 그래서 자유를 누릴 수 있는 여백의 공간 0.7평"이었던 다용도실이 "프라이버시를 보장하는 유일한 공간 베란다"로 바뀐 것이다. 거칠게 보아 1960년대 아파트의 등장과 함께 만들어진 다용도실이 1990년대 이후 아파트의 보편화 시대에는 사라져 지금은 그 흔적조차 찾아보기 쉽지 않게 되었다는 말과 다르지 않다. 과연 그동안 무슨 연유와 사연이 있었을까.

부엌 보조공간으로서의 다용도실

우리나라 대부분의 전통주택에는 부엌 외에 별도의 보조공간이 마련돼 있었다. 각종 장류를 기초로 이루어지는 음식의 저장과 보관, 해마다 여러 차례 반복되는 의례와 피붙이들이 모여 음식을 나누는 크고 작은 행사들로 인해 일상공간인 부엌보다 넓어 여럿이 함께 조리하고 준비하는 공간이 필요했다. 뿐만 아니라 빨래 삶는 그릇과 같은 다양하고 큰 규모의 그릇들이 일상생활에서 늘 필요했다. 장독대를 별도로 두어야 했던 까닭이기도 하다. 전통주택은 따로 작업마당이 있기에 부엌 외의 장소에서 해야 할 일이 생겨도 큰 불편 없이 생활할 수 있었다. 비교적 규모가 큰 경우에는 행랑마당을 이용해 큰일을 치르거

나 때론 부엌에서 직접 출입할 수 있도록 마당에 광을 따로 두기도 했다.

이러한 전통적 주거 공간 구성 특성은 19세기 말에서 20세기 초에 걸쳐 일제가 훈육한 전근대와 비문명의 생활과 공간의 타파 계몽에도 불구하고 줄곧 유지되었다. 도시지역의 경우 1930년대 건양사와 같은 민간건설업체에 의해 대량 공급된 도시한옥에서도 부엌과는 별도로 뒷마당, 혹은 앞마당 등에 장독대가 마련되거나 별도의 크고 작은 가사 작업이 가능한 공간이 계획되었음을 발견할 수 있다.

6.25 전쟁 이후인 1950년대 후반에는 미국을 중심으로 하는 외국 원조물자와 잉여 식량 등이 한국으로 지원되었고 주택 부문에서는 부흥과 재건을 기치로 내건 근대적 주택들이 여러 이름으로 공급되었다. 이런 상황에서도 다용도실이라 부를 수 있는 부엌 보조공간은 여전히 그 명맥을 유지했다. 1957년에 작성된 건평 12.9평의 부흥주택만 하더라도 매우 협소함에도 부엌에서 직접 진출입이 가능한 외부공간을 두고 이웃집과 경계를 나누는 담장 쪽에는 평소에는 사용하지 않지만 커다란 가족행사나 의례 등 특별한 경우에만 사용할 수 있도록 별도의 아궁이를 두고 이를 '헛아궁(헛아궁이)'이라 도면에 명명한 경우도 발견할 수 있다. 헛아궁이는 당연하게도 협소하지만 마당과 함께 이용할 수 있도록 궁리한 것이다.

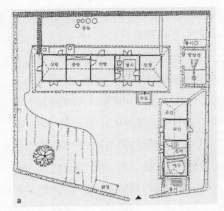
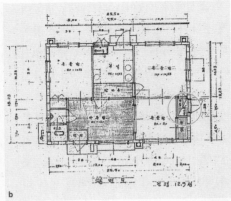

1958년 3월에 작성된 대한주택영단의 2층 연립주택은 더욱 흥미롭다. 한 층에 2세대가 나란히 배치되는 2층 구조물인데 각 세대마다 부엌에서 들고 날 수 있는 창고 겸용 세탁실과 장독대가 마련되어 있고, 또 마루방과 온돌방에 잇대어 베란다도 만들어졌다. 당연한 얘기지만 그 전과 같이 상대적으로 넓은 뜰을 가질 수 없는 공동주택이라는 점에서 외부공간에서 행해지던 다양한 가사 작업을 할 수 있는 공간들이 실내로 들어온 것이다. 결국 '다용도실'이란 전통주택의 부엌 보조 공간이라 할 수 있는 뜰이나 작업마당이 실내로 들어온 것이라 할 수 있다. 온 가족이 누릴 수 있는 전용 실외 공간이 없어지고 부엌 보조 공간이 실내로 한정되면서 다른 나라에서도 쉽게 발견할 수 없는 특이한 양상의 공간으로 등장한 것이다. 다시 말해

1960년대 이후 등장해 보편화되기 시작한 아파트라는 전혀 다른 주거유형에서는 주택 내부에 마당을 갖는 것이 불가능했다. 그러나 시간이 경과함에 따라서 다목적으로 사용할 수 있는 부엌 보조공간에 대한 거주자의 요구가 높아졌고, 그 욕구가 설계에 반영되면서 아파트 내에서도 다용도실이라는 공간 개념이 등장하기 시작했다. 이에 따라 별도의 다용도실을 계획하거나 부엌 후면에 서비스 발코니를 배치하는 것이 일반화되는 방향으로 변화되었다. 생활은 형식에 비해 그 변화가 느린 까닭이다.

중층아파트와 고층아파트의 다용도실

엘리베이터 없이 걸어서 오르내리는 중층

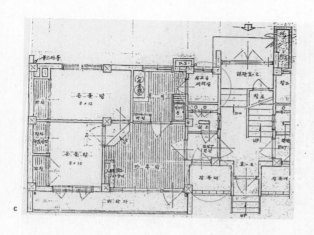

아파트만 건설되던 1960년대 중반 아파트의 주요 공간 중 하나로 다용도실이 등장했다. 물론 1960년대 이전의 초기 아파트와는 다른 모습이었다. 행촌아파트(1956), 종암아파트(1957), 개명아파트(1959) 등처럼 1950년대에 지어진 대부분의 아파트에서는 다용도실이 보이지 않는다. 물론 발코니 구석에 별도의 공간을 구획해 '광'의 용도로 사용할 수 있는 공간을 배려하기는 했다. 다용도실이 최초로 등장하는 것은 1962년 건설된 마포아파트단지 1차 복도형 아파트에서였다. 다용도실이 아파트에서 정착한 것은 1960년대 후반부터다.

중층아파트에서 다용도실이 성립하는 과정은 주동의 형식과 밀접한 관련을 갖고 있다. 마포아파트를 제외한 초기의 아파트 사례 가운데 다용도실이 없는 경우는 대개가 편복도형 주동이었다. 본격적으로 다용도실이 계획된 것은 계단실형인 마포아파트 2차가 도화선이 되었다. 이를 계기로 1960년대 후반 이후 다용도실 계획이 규범으로 정착된 이후로는 계단실형 중층아파트의 주동에서 다용도실은 생활공간의 하나로 확고하게 자리 잡았다.

아파트를 서구적 생활양식을 전제로 계획하던 경향이 강했던 1960년대부터 다용도실이 정착했다는 사실은 그만큼 우리나라 주거공간에서 부엌 보조공간의 필요성이 강했기 때문이다. 부엌 보조공간의 필요와 더불어 난방과 함께 취사 원료였던 연탄의 보관 공간의 필요성 때문이기도 하다. 당시 전체 아파트 공급량에서 절대 우위를 차지한 주택공사 아파트의 경우에는 1982년에 이를 때까지 연탄 온돌이나 연탄보일러가 주된 난방 방식이었다. 이에 소용되는 연탄을 보관해야 할 곳이 필

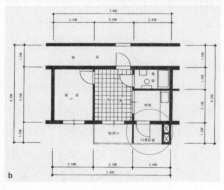

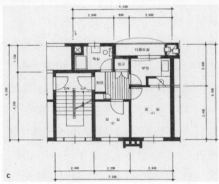

a   잠실아파트 단지의 간이 연탄 판매소. 대한주택공사 홍보실 자료

b   마포아파트 복도형에 등장한 다용도실, 1962. 출처: 대한주택공사, 《대한주택공사주택단지총람 1954–1970》, 1979

c   대구·부산 공무원 마포아파트 다용도실, 1967. 출처: 대한주택공사, 《대한주택공사주택단지총람 1954–1970》, 1979

144

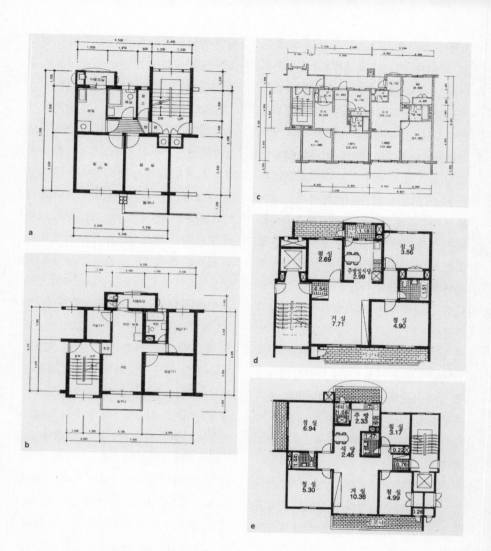

a   연희동 새마을아파트 13평형의 다용도실, 1970. 출처: 대한주택공사, 《대한주택공사 단지총람 1954–
     1970》, 1979

b   반포2단지 18평형의 다용도실, 1977. 출처: 대한주택공사, 《대한주택공사 단지총람 1971–1977》,
     1978

c   21평형과 23평형이 복합된 잠실5단지 편복도형 고층아파트의 다용도실. 출처: 대한주택공사,
     《주택건설총람 1981–1982》, 1987

d   대치 우성아파트 31평형의 다용도실, 1984. 출처: 세진기획, 《아파트백과》, 1998

e   개포 현대아파트 49평형의 다용도실, 1985. 출처: 세진기획, 《아파트백과》, 1998

요했다. 여기에 부엌 보조공간에 대한 필요가 결합된 것이다. 마포아파트의 경우는 단지 안에 별도의 연탄 저장소를 따로 두기도 했고, 잠실주공아파트의 경우는 단지 안에 연탄 간이판매소가 서기도 했다.

다용도실이 주로 계단실형 아파트의 주동에 등장하고 보편적 규범으로 자리한 또 다른 이유는 1960년대까지의 아파트들이 1970년대와는 달리 대부분 소형이었다는 것과 관련이 있다. 거실이 외부와 접하는 폭이 상대적으로 좁아 부엌과 분리되어 있는데 만약 이곳에 연탄을 저장한다면 실내에서 외부 개방감을 확보하기 어렵게 된다. 때문에 다용도실을 부엌 후면으로 돌출시키는 게 합리적이다. 실제 1960년대 이후 다용도실이 마련된 계단실형 중층아파트들은 거의 예외 없이 주택 후면에 발코니, 혹은 발코니와 유사한 형태의 독립공간을 설치해 다용도실을 확보했다.

엘리베이터가 설치되는 고층아파트에서는 중층의 경우와 달리 다용도실 구성은 주동의 형식과 주택 규모에 따라 비교적 복잡한 양상을 보인다. 고층아파트는 등장 초기부터 편복도형 주거동과 계단실형 주거동이 섞여 공급되었는데 1970년대에는 상대적으로 규모가 큰 중대형 평형에서도 편복도형 주동을 주로 공급했다. 엘리베이터의 경제성 때문인데 이미 다용도실을 구비하고 있는 중층아파트와 마찬가지로 생활의 필요에 따라 두지 않을 도리가 없었기에 모든 궁리를 동원해 주동 형식을 불문하고 예외 없이 다용도실이 마련된다.

편복도형 주거동의 경우에는 부엌의 가사작업 공간과 연결된 부엌 보조 공간으로서 다용도실이 설계되었고, 이러한 계획 방식은 이후 별다른 변화 없이 지속되었다. 부엌 보조 공간의 역할이 축소되고 세탁기가 보급되면서부터는 세탁 장소 기능이 훨씬 강화된다. 이런 추세를 반영해 다른 필요를 무시하고 오로지 세탁기를 둘 수 있는 공간으로 다용도실을 간주해 부엌과 분리된 발코니의 한쪽 구석에 세탁기를 두도록 설계를 변경한 적이 있었으나 사용 후 평가에서 거주자들이 불편함을 호소한 까닭에 더 이상 시도하지 못했다. 대한주택공사에서 벌어진 일이다. 필요성은 낮아졌다 하더라도 다용도실이 부엌 보조 공간이라는 사실을 새삼 확인할 수 있었다.

계단실형 주거동의 경우는 처음부터 중층아파트에서와 마찬가지로 주택 후면에 부엌과 연결된 공간으로 다용도실을 계획하는 방식이 마치 규범처럼 받아들여져 일반화되었다. 단, 중층아파트와는 달리 다용도실을 후면발코니에 설치하는 사례보다는 아예 별도의 공간으로 구획해 계획하는 사례가 훨씬 많았다. 이는 민간 고층아파트들이 대부분 주택 규모에 여유가 있었다는 점과 당시 민간 고층아파트 거주자들은 이미 세탁기 사용률이 높았으므로 발코니에 세탁기를 둘 경우 겨울철 동파 사고 등에 곤란을 겪을 것을 염려한 때문이다. 따라서 기존의 다용도실은 세탁기 설치 공간으로 이용되고 발코니가 오히려 부엌 보조 공간으로 바뀐 셈이 되었다.

조경란의 단편소설 〈2007, 여름의 환(幻)〉에는 이렇게 마련된 다용도실의 크기며 쓰임을 잘 묘사하고 있다.

남편이 잠든 것을 확인하고 발목에 얼음팩을 두른 채 절룩거리며 다용도실 문을 열었다. 세탁기 작동버튼을 누르고 그 위에 걸터앉았다. 건조기가 돌아가면 그 소음에 맞춰 소리 내서 울기 딱 좋다. 마땅히 혼자 울 데가 없어 이러지도 저러지도 못하는 여자가 세탁기 위에 걸터앉아 다리를 건들거리며 울고 있는 카툰은 나의 대표작이 되었다. 지금 갖고 있는 세탁기는 우리 세 식구가 사용하기 좋은 6.5킬로그램짜리지만 곧 10킬로그램짜리 대형 드럼세탁기가 필요하게 될지도 모르겠다.

《아주 오래된 농담》에서 영빈이 '0.7평의 공간에서 누릴 수 있는 자유'라고 했던 그곳의 쓰임과 크게 다르지 않다.

그렇다면 별도의 공간을 구획해 독립시킨 다용도실은 그 후 어떻게 되었을까. 우리에게 익숙한 내집마련 방식은 소위 '선분양 방식'으로 실제 집이 아닌 모델하우스에서 주택을 구입하는 방식이기 때문에 전용공간에 다용도실을 두는 방식은 당연하게도 거부되었다. 구입할 집이 좁아 보이기 때문이다. 게다가 내부공간과 외부공간을 완충한다는 의미에서 두었던 발코니를 너 나 할 것 없이 모두 섀시가 설치된 내부의 전용공간으로 변용하는 일이 일반화되면서 다용도실은 서서히 사라지고 후면 발코니의 일정 부분을 차지하는 방식으로 변모했다. 주택 공급업체도 발코니에 별도의 수전을 설치하고 발코니 한 쪽의 바닥공간을 다른 곳에 비해 10cm 이상 높게 만들어 이곳에 세탁기며 김치냉장고 등을 두도록 했으니 입주자 입장에서는 그 지시를 충실히 따르기 위해서라도 후면 발코니 전체에 섀시를 설치해 내부 공간으로 바꿀 수밖에 없었다. 이제는 별도의 공간이 아니라 흔적으로 바뀐 채 후면 발코니로 나가게 된 것이다.

조금 복잡하게 말하면 이러한 현상의 배경에는 1990년부터 본격화된 민간주택업체들의 분양 경쟁과 우리나라 특유의 주택 공급 제도가 주요한 원인으로 작용했다. 민간업체들의 분양 경쟁에서 중요한 전략은 주택 분양면적에 포함되지 않는 발코니 면적(서비스 면적)을 최대로 확보하고 내장재를 고급화하는 등 전용공간의 충실함을 주택 선택의 우선 고려 사항으로 삼는 수요자들의 선호에 부응하는 것이다. 이러한 설계 전략의 일환으로서 다용도실을 서비스 면적인 발코니 공간으로 이동하고 다용도실이 차지하던 전용면적을 다른 실을 확충하는 데에 할애하는 설계 전략이 보편적으로 채용되었다. 그렇다면 그 이후는 또 어떻게 되었을까. 모두들 아는 바와 같다.

2005년 전격 시행된 발코니 구조 변경 합법화 조치로 인해 이제는 그 마저도 모두 침실이나 거실로 확장되었으니 거칠게 말하면 다용도실이 사라진 것과 다르지 않다. 다용도실은 여전히 한국인의 생활에 요긴하게 쓰이는 곳이기는 하지만 공짜로 전용면적을 늘리기 위한 욕심에 비해서는 그 필요성이 낮다고 판단한 것이다. 확장이 어려운 곳에 세탁기만 두거나 부엌 옆에 김치냉장고가 오도카니 자리하게 된 것이다. 빨래를 널어 말리는 것조차도 모두 확장해 전용공간으로 편입시켰으니 건조기를 구입해야 하고, 늘어난 살림살이는 아무리 치워도 정돈되지 못한 채 이곳저곳 눈살을 거슬리는 풍경으로 남았다.

국가와 시장이 강제한 개인의 취향과 기호

단지의 자랑
'야외수영장'과
구보의 영어 일기에 등장한
'방과 후 정구'

a　　1976년에 대한주택공사에서 발간한 화보집 《주택건설》에 실린 아파트 거실 모습

b　　1970년 11월 준공한 한강외인아파트 단지의 옥외수영장. 출처: 대한주택공사, 《주택건설》, 1976

1970년대 중반의 아파트 거실과 옥외수영장

'소파'라는 단어보다는 길거리 간판에서 흔히 볼 수 있는 '쇼파'라고 불러야 더 어울릴법한 의자들이 약간은 버거운 느낌으로 자리 잡은 아파트의 거실. 장판이 깔린 거실 바닥에는 왕골을 이용해 여러 문양을 수놓은 강화 특산 화문석이 펼쳐 있고 그 위로 조선시대를 풍미했던 연꽃문양 교자상을 닮은 소반이 놓였다. 코바늘뜨기로 정성을 들인 탁상보가 덮인 소반 위에는 꽃병과 함께 재떨이와 담배통이 가지런히 놓여 있다. 벽면을 따라 놓인 소파 뒤로 여러 개의 트로피가 자리를 잡았는데 일정한 간격을 두고 나란히 배열된 것으로 보아 선반과도 같은 평탄한 받침대가 있었을 것으로 보이니 추정컨대 난방용 라디에이터를 목재 그릴을 이용해 감싼 소위 장식장으로 보인다. 천장에는 튤립 꽃 모양을 본뜬 샹들리에가 걸렸고, 창문형 에어컨 뒤로 보이는 외기에 면해 햇볕을 직접 받을 수 있도록 배려한 베란다에는 빨래건조대가 놓였다. 제법 큰 유리창이 달린 거실 전면에는 안쪽으로 이중 커튼이 걸렸다. 화문석의 오른편 귀퉁이에는 등에 작은 코끼리를 태운 코끼리상이 놓였고, 라디오나 오디오로 보이는 기기와 작은 사진틀 그리고 받침대를 갖춘 수석은 서랍장으로 보이는 가구 위를 차지했다. 소파가 등을 기댄 벽면에는 부분 조명등이 설치되었고 달력과 함께 'Wilson'이라는 상품명이 분명하게 드러나는 테니스 라켓 몇 개가 마치 전시품처럼 걸려 있다.

이 사진은 대한주택공사가 1976년 10월에 펴낸 화보집 《주택건설》에 실린 홍보용 사진이다. 당시 대한주택공사의 사장은 서울시장을 지낸 양택식이었다. '불도저 시장'으로 불렸던 김현옥 시장이 와우시민아파트 붕괴사건의 책임을 지고 물러난 뒤 그의 후임으로 서울시장이 된 양택식은 여의도 개발사업 마무리와 잠실단지 건설 및 강남개발, 지하철 건설 등 서울의 굵직한 건설 사업을 주도하면서 건설 사업 현장마다 예고도 없이 불쑥불쑥 나타나는 바람에 '두더지 시장'으로 불렸다. 그러나 그 역시 전임 시장과 마찬가지로 서울지하철 1호선 개통 당일인 1974년 8월 15일 발생한 육영수 여사 저격사건의 책임을 지고 시장직에서 물러나고 다음 해인 1975년에 대한주택공사 사장으로 취임해 1980년까지 재직했다. 김현옥 전 서울시장이 와우아파트 붕괴사고에 대한 책임을 지고 물러났다가 다시 내무부장관으로 기용된 것과 크게 다르지 않다. 요즘 같으면 정치권에서 회전문 인사라고 한 마디씩 했을 법하다.

화보집의 컬러 사진 가운데 흥미로운 또 하나의 사진은 아파트단지 내 '옥외수영장'이다. 사진은 화보집 발간보다 5년이나 앞선 1970년 11월 준공한 동부이촌동의 한강외인아파트 옥외수영장을 촬영한 것이다. 수영장과 더불어 잘 정돈된 정구장에서 운동하는 아파트 주민들의 모습도 같은 쪽에 나란히 편집해 아파트 생활에 대한 욕망을 부추겼다. 이미지를 이용한 국민 동원쯤으로 보아도 될 만한 것들이다.

주택건설촉진법-특정지구개발에관한임시조치법-아파트지구 신설-제4차 경제개발5개년계획

1972년 12월 공공주택자금의 지원 대상을 공공주택에서 민간주택으로 확대하는 "주택건설촉진법"[1]이 제정되었다. 이는 정치적 위기에서 출발한 유신정부가 유신 직후 "250만호 주택건설 10개년계획"을 실천하기 위한 구체적인 수단이었다. 결국 민간이 정부의 주택정책에 협력하게 하는 유인책으로 작용했다. 여기에 더해 "특정지구개발에 관한임시조치법"도 1972년 12월 제정했다. 영동, 잠실 등 서울 강남개발지구 내의 일정 규모 이하의 주택 건설에 대해서는 양도소득세를 비롯한 8가지 조세 항목을 면제하는 조치이다.[2] 1970년대 초기를 '아파트 시대의 개막'으로 꼽는 배경이다.[3]

당시를 설명할 수 있는 중요한 사실은 또 있다. 1976년 1월 경관지구, 미관지구, 고도지구 등과 같은 용도지구 가운데 하나로 '아파트지구'가 새로 만들어졌고, 같은 해 8월 서울의 반포, 잠실, 여의도, 압구정 등 11개 지구가 아파트지구로 지정되었다. 이 조치는 종래의 토지구획정리사업에 의한 단독주택 공급방식에서 벗어나 주택공급의 대상을 중고층 아파트단지로 전환한다는 선언과 다르지 않으며, 아파트지구 지정을 통해 토지이용 및 주택 공급 효율을 높이는 동시에 강남 등 신개발지의 개발을 기존의 여러 가지 행정적 절차를 뛰어넘는 아주 간단한 방식으로 촉진하려는 목적이 함께 담긴 것이

1 — "주택건설촉진법"은 1970년대 들어 강화된 정부의 민간 중심 주택 공급정책이 구체적으로 반영된 것으로, 공공주택 자금의 지원 대상을 민간개발자에게까지 확대해 민간부문에서 정부의 정책 수행을 돕도록 유도·조직화하기 위한 법안이다. "주택건설촉진법"의 제정과 함께 1963년에 제정된 "공영주택법"이 폐지되었는데 이를 단초로 공공주택의 개념이 공공부문을 공급주체로 하는 '공영주택'에서 민간까지를 포함하는 '국민주택'으로 바뀌었다. 임서환 외, 《공동주택 생산기술의 변천과정》, 대한주택공사, 1995, 237~238쪽; 대한주택공사, 《대한주택공사30년사》, 1992, 484쪽

2 — 공동주택연구회, 《한국공동주택계획의 역사》, 세진사, 1999(제1판1쇄), 46쪽

3 — 그 결과 1976년부터는 대기업들이 중소건설업체를 인수, 50여 개 회사가 주택사업에 참여했으며 1979년에는 연간 50호 이상의 주택을 건설하는 주택건설등록업자가 824개에 달했다. 임서환 외, 앞의 책, 66~67쪽

다. 게다가 제3차 경제개발5개년계획을 마무리하는 시점이기도 했다. 1970년대 10년 동안의 연평균 경제성장률은 10.5%를 넘었으니 정권 차원에서는 대단한 자신감과 더불어 안 되면 되게 하라는 식의 오만도 일부 깔려 있었다.

그런 까닭에 1976년 10월에 발행된 화보집 《주택건설》은 대한주택공사라는 공기업의 비전과 청사진이라는 의미를 넘어 다양한 층위에서 여러 가지 사회정치적 의미를 함축한 프로파간다 출판물이라고도 할 수 있다. '주택건설촉진법-특정지구개발에관한임시조치법-아파트지구 신설-제4차 경제개발5개년계획'이라는 국가 주도의 다채로운 정책 과제의 실천 수단들이 모여 '중고층 아파트단지 건설'로 귀결되었다는 결과를 놓고 보자면 이 출판물은 바로 눈앞에 펼쳐질 생활세계를 그대로 보여 주며 널리 홍보한 것이기 때문이다.

"주택건설촉진법"에서 위임한 내용을 구체적으로 규정한 하위 법령인 "주택건설촉진법시행령"과 "주택건설촉진법시행규칙"은 그 다음 해인 1973년에 마련되었는데 이 가운데 무엇보다도 주목해야 할 것은 일정 세대 이상이 들어서는 모든 아파트단지에는 노인정이며 어린이놀이터, 각종 운동시설 등과 같은 복리시설을 의무적으로 설치하도록 한 것이다. 특히 "주택건설촉진법시행규칙" 일부가 1976년에 개정되며 500세대 이상의 단지에는 반드시 '정구장'을 두어야 하고, 이와 함께 '수영장'이나 '배구장' 중 하나를 선택해 설치하도록 강제한 것이 주요 내용이다.

이러한 운동시설의 의무 혹은 선택적 설치 규정은 1998년이 돼서야 다양한 운동시설 중 사업 주체가 임의로 선택할 수 있도록 관련규정이 바뀌었다. 그러니 의무규정에서 선택규정으로 바뀐 23년이라는 긴 시간의 어느 한 시점에 지어진 웬만한 아파트 단지에는 예외 없이 '정구장'이 설치되었고, '수영장'이나 '배구장' 중 하나는 반드시 있었다는 말이다. 물론 입주자가 설치비용 모두를 부담하지만 선분양제도 아래서 사업자는

한강변 아파트지구 지정 현황 ©공동주택연구회

분양 시장이나 입주 후 주민들의 유지관리비용 등을 따져 맨션이라 부를 만한 경우는 수영장을, 그렇지 못한 경우에는 수영장 대신 배구장을 선택했다. 대부분의 오래 묵은 아파트에 수영장은 없지만 정구장과 배구장이 남아 있는 이유이고, 이미 수영장을 둔 아파트단지들도 주차장 부족 현상에 밀려 수영장을 메워 주차장으로 사용하게 된 것이 오늘의 풍경이다. 1976년 주택공사가 펴낸 홍보책자에 테니스 라켓이 자랑스럽게 걸린 아파트 거실과 테니스장이 컬러 화보로 등장한 이유 아닌 이유다.

양택식 대한주택공사 사장은 《주택건설》 화보집 서두에서 1977년부터 시작되는 정부의 제4차 경제개발5계년계획 기간 중에 아파트 위주의 주택건설을 통해 문화생활의 향상과 1가구 1주택 시대의 개막을 위한 길잡이로서 화보집을 발간했노라 했다. 특히 근면, 자조, 협동으로 대표되는 새마을정신으로 주택 관리에 힘을 기울여 번영된 새로운 조국 건설의 기수가 되겠다는 절치부심의 마음을 인사말씀으로 담아 두더지 시장 시절의 면모를 유감없이 다시 드러냈다. 이런 의미에서 90쪽에 달하는 화보집은 일종의 정치 홍보물과 다르지 않았다.

경성제국대학의 풀장과 테니스장

1931년 작성된 '경성제국대학 건물 배치도'에는 옥외수영장과 몇 면의 테니스장 이외엔 그 어떠한 종류의 근대적인 스포츠 시설 공간도 표시되어 있지 않다. 아주 흥미로운 글을 하나 보자.

자타가 공인하는 영어의 실력을 발휘하기 위하야 우선 그날까지 순한문으로 해오던 일기를 단연 영어로 기술하기로 결심하여 버렸다. 그렇게 작정한 뒤부터 일기를 쓰기 위해 좀 더 많은 시간과 노력이 필요하였다. '몇 시 기상, 몇 시 등교, 방과 후 정구 몇 시, 귀가, 목욕, 저녁식사 후 명동으로 외출, 《신청년》 몇 월호 구입.' 일기는 간략한 것이 좋으리라 하여 전혀 이러한 류의 '심플 쎈텐스'를 애용하기로 방침을 정하였던 것이나 그래도 때로는 화영사전(和英辭典)이라든가 그러한 것을 뒤적거리지 않으면 안 되었고 그렇게까지 하여도 사건이라는 것이 워낙 복잡하여 작문이 용이하지 않은 경우에는 편의상 더러 사실을 '개혁'하기 조차 하였다.[4]

일제강점기에 월미도유원지주식회사가 만든 월미도 조탕 내 수영장, 1923. 인천광역시시립미술관 소장 자료

구보가 중학교 2학년 무렵부터 영어로 일기를 썼다는 사실을 오랜 시간이 지난 1938년 경에 수필을 통해 밝힌 것인데, 구보의 연보를 살피면 경성사범부속보통학교를 졸업하고 경성제일고등보통학교(지금의 경기고등학교)에 입학한 이후인 1922~23년경으로 추정된다. 즉 구보는 경성제일고등보통학교에 들어간 뒤 영어로 일기를 쓰자고 마음먹었고, 아주 짧은 문장으로 하루의 대강을 정리했는데 흥미롭게도 학교가 파한 뒤 '정구'를 즐겼다고 썼다. 어디서 정구를 했을까. 당연히 학교에서였다. 경성제국대학과 마찬가지로 경성제일고등보통학교 역시 일제가 설립한 고등교육기관이다. 다시 말해, 식민시기 일제에 의해 설립된 고등교육기관 두 곳 모두에 테니스장이 마련됐고, 그들이 의도한 지식인들의 교양 범주 안에는 근대스포츠인 수영과 테니스가 상정되었음을 알 수 있는 대목이다. "1929년 9월 1일 동숭동 낙산 아래 경성제국대학 수영장에서 동아일보사가 주최한 제1회 전조선 수영대회가 열려 경성군(京城軍)이 영예의 1등을 차지했다"[5]는 기사가 대서특필된 것으로 보아도 당시 수영과 테니스는 적어도 근대적 의미의 신체와 연동된 새로

---

4 — 박일영 지음, 홍정선 감수, 《소설가 구보씨의 일생—경성 모던보이 박태원의 사생활》, (주)문학과지성사, 2016(초판1쇄), 47~48쪽에서 인용한 이 글은 구보의 수필 중 1938년 1월 26일 《조선일보》에 실린 〈옹노만어(擁爐漫語)〉라는 제목의 글 가운데 "나의 일기" 부분을 발췌한 것이라고 했으나 이는 착오로 빚어진 일이다. 〈옹노만어〉라는 박태원의 글은 모두 다섯 차례 실렸는데 '정구'가 등장한 것은 1938년 1월 20일에 실린 두 번째 글로 작은 제목은 "나의 일기"였다.

5 — "수영 경기의 수확, 8종목 기준 기록", 《동아일보》 1929년 9월 3일자

a　청담 삼익아파트 옥외수영장, 1981. 서울특별시 항공사진서비스
b　주차장으로 바뀐 삼익아파트 옥외수영장, 2016. 서울특별시 항공사진서비스

운 스포츠였고, 이는 지식인들 사회에서나 향유할 수 있는 고급 교양의 일종이었다. 다른 여러 경우와 마찬가지로 수영과 테니스 역시 서구로부터 혹은 서구를 번역한 일제로부터 한반도에 전해졌다.[6]

맨션급 아파트단지의 자랑, 옥외수영장

1976년 대한주택공사가 발간한 화보집에 등장하는 한강외인아파트 옥외수영장은 주한 외국인들에게 주택을 임대함으로써 달러를 직접 벌어들일 수 있는 방법의 하나였다는 점에서 정책적으로 만들어진 특별한 경우다. 그런 점에서 이를 예외로 한다면 다

6 ─　수영의 한반도 전래는 1898년 무관학교칙령에서 그 기원을 찾을 수 있다. 무관학교칙령에 "더위를 당하여 3주일을 학생에게 휴가를 주되 이 시기에 혹 유영(游泳) 연습을 명하기도 할 일이며…"라는 조문을 보아 학생들에게 수영 종목에 대한 교육적 지도를 고려하고 있음을 알 수 있다. 이후 우리나라 최초의 근대적 수영에 대한 기록은 1909년 7월 15일 부터 2주일 동안 무관학교 이학균 교장 이하 장교급 직원 20여 명과 학생 40여 명이 한강에서 수영하면서 하계휴가를 이용한 수영연습을 한 것이었다. 1916년 원산 송도원에서 원산청년회 주최로 수영강습회가 개최된 이후 경향 각지에서 여름마다 수영강습회가 열려 대중화에 기여했다. 최초의 수영대회는 1926년 전조선수영대회가 동숭동 경성제대 수영장에서 개최된 것이라 전해진다. 이상 내용은 웹사이트에서 제공하는 국사편찬위원회의 http://db.history.go.kr/item/level.do?itemId=nh&setId=642395&position=0 《신편 한국사 45》 〈신문화 운동ㅣ: Ⅲ. 근대 문학과 예술〉 "2.근대 예술의 발전" '5) 체육: (2) 근대 스포츠의 소개─바. 수영'에 언급된 내용이나 당시 신문기사를 통해 확인해 본 결과 동숭동 경성제대 수영장에서 제1회 전조선수영대회가 열린 것은 1929년 9월 1일로 판단된다.

a　여의도시범아파트 옥외수영장. 서울특별시 항공사진서비스
b　'남서울아파트단지 조감도'의 야외수영장. 출처: 대한주택공사, 《주택》, 12권 2호, 1971

른 아파트는 어땠을까? 한강외인아파트와 단지 경계를 이룬 한강맨션아파트는? 그곳은
백화점에서 큰손으로 여겨 따로 분류해 관리하던 '맨션 사모님'들이 살던 곳이고, 서른
네 살의 사업가가 온갖 세간을 외제 일색으로 구비해 살고 있다고 신문에서 비난을 퍼
부었던 곳이다. 과연 수영장이 있었을까? 한강외인아파트처럼 아직 구체적인 법령으로
아파트단지 안에 부대복리시설을 강제하지 않던 때에 사업자가 알아서 '수영장'을 만든
다른 사례는 있을까?
　　건축가 오영욱은 《그래도 나는 서울이 좋다》에서 20년 쯤 전에 살았던 청담동 삼익
아파트 기억을 들춰냈다.

가끔 삼익아파트 단지를 지날 때면 굳이 안에 들어가 보기도 한다. 시간이 멈춰버린 듯
20년 전에 있었던 일들이 생생하게 떠오른다. 피구를 했던 2동 앞도, 야구를 했던 관리사
무소 옆도, 38선 게임을 했던 10동 뒤도, 새마을 봉사 활동을 했던 3동 놀이터도, 몰래 병
아리를 키웠던 9동 비상구도, 아이스케키 전략 지점이었던 단지 정문 내리막길도, 음란 잡
지를 숨겨놨던 12동 뒤도 모두 그대로 있다. 다만 단지의 자랑이었던 '야외 수영장'은 이미
흙으로 덮여 주차장으로 쓰이고 있고, 나머지 녹지 공간들도 모두 주차장으로 전용되고
있는 상태다. 자전거 보관대는 사라져 버렸고, 놀이터 중 일부는 폐허처럼 남아 있다.[7]

7 —　오영욱, 《그래도 나는 서울이 좋다》, 페이퍼스토리, 2012; 한종수·계용준·강희용, 《강남의 탄생》, 미
　　　지북스, 2016(초판1쇄), 112쪽 재인용

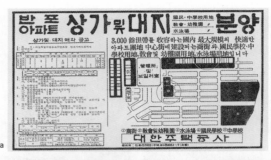

a   《경향신문》 1972년 12월 13일자에 실린 반포주공아파트 수영장 위치와 분양 공고

b   잠실주공아파트5단지 옥외수영장, 1978, 서울특별시 항공사진서비스

c   잠실주공아파트5단지 준공 직후 옥외수영장, 대한주택공사 홍보실 자료

d 여의도 아파트단지 사업계획의 수영장. 출처: 서울합동기술개발공단, 《여의도아파트단지사업계획서 1973–1978》, 1972

e 여의도 아파트단지 블록별 옥외수영장 위치. 출처: 서울합동기술개발공단, 《여의도아파트단지사업계획서 1973–1978》, 1972

f 성남 신흥주공아파트 옥외수영장. 대한주택공사 홍보실 자료

청담동 삼익아파트 입주가 시작된 것은 1980년 5월. 당시 적용되었을 기준을 살펴보면 의무시설인 정구장과 달리 수영장 대신 배구장을 설치해도 될 곳이었다. 그러니 건축가가 살았던 아파트단지는 사업주인 삼익주택의 정교한 판매전략 가운데 하나로 '야외수영장'이 설치된 경우다.

외국인용 아파트를 제외하고 중산층을 위한 대표적 아파트단지 사례로 꼽곤 하는 한강맨션아파트, 여의도시범아파트, 반포주공아파트는 어떨까? 물론 이들 단지는 모두 '수영장'을 설치하지 않아도 법적 문제가 전혀 없을 때 준공한 것들이다. 한강외인아파트와 담장을 사이에 두고 그보다 두 달 앞서 준공한 한강맨션아파트의 경우는 여러 기록을 살피더라도 '수영장'이라는 단어 자체가 등장하지 않는다. 대한주택공사가 중산층용 아파트단지를 조성하면서 '선납입주금에 의한 분양 방식'을 택해 '정부의 재정 투자 없이 중산층용 주택 건설'이라는 정책적 과제에 주목했던 까닭으로 여겨진다.

그렇다면 옥외수영장을 갖춘 한강외인아파트에 비해 1년 남짓 늦은 1971년 10월 준공한 여의도시범아파트와 1972년 12월 1차 준공한 반포주공아파트의 경우는 어땠을까? 두 곳 모두 옥외수영장 두는 것을 구상했다. 당시 분양광고를 보면 한강외인아파트의 시설 및 설비와 견줄 수 있는 생활환경을 구비한 곳들이기 때문에 적어도 설계과정에서부터 한강외인아파트단지의 옥외수영장에 주목했을 것이다. 다만 여의도시범아파트는 흔히 도섭지(cladding pool, 최초 작성된 조경 배치도는 집수조와 상징탑 위치)라 불리는 물이 담긴 얕은 공간이 옥외수영장이라는 이름으로 갖추어진 반면에 반포주공아파트의 경우는 '수영장 시설을 갖추고 운영할 수 있는 자'에게 부지를 분양하는 방법을 택해 한동안 '실내수영장'으로 쓰였다는 사실이 다를 뿐이다. 아마도 이 두 가지 사례는 모두 서울특별시와 대한주택공사가 조성한 곳이었기 때문에 한강외인아파트와 달리 옥외수영장을 크게 부각하지 못했을 것으로 생각된다.

그 뒤를 이어 1976년부터 1977년에 건설한 대한주택공사의 잠실5단지는 달랐다. 가장 작은 평형인 7.5평에서 최대 17평형에 그쳤던 잠실 1~4단지와 달리 34~36평의 중대형 아파트로 5단지가 채워졌고, 맨션아파트에서 일종의 규범이자 설계 관행으로 고착된 30평형 이상에서의 식모방 원칙이 적용된 것으로, 통상적인 서민아파트와는 다른 중산층용 아파트단지였다. 서울 동부지역의 맨션이라 부를 만했다. 그런 이유에서 맨션아파트의 상징이자 자랑으로 삼을 만한 옥외수영장이 보란 듯 구비되었고, 실제 사용 여부와는 상관없이 2001년까지 그 모습을 고스란히 유지하고 있었다.

그랬다. 1970년대, 한강외인아파트에 처음 등장한 아파트 단지 안의 옥외수영장은 단연코 단지의 자랑거리였다. 이제 막 '바캉스'라는 말이 유행하기 시작했고, 1971년 문을 연 타워호텔 야외수영장은 여름이면 인산인해를 이루던 시절이었다. 한강외인아파트의 옥외수영장은 누구나 마음속에 그린 아파트단지였고, 서울시와 대한주택공사뿐만 아니라 민간건설업체들도 구별 짓기 전략 혹은 상품화 전략으로서 아파트단지에 옥외수영장을 설치했다.

6년 반 동안의 (미국의 일본) 점령 끝에 정립된 미일 안보체제에 의해 미군 기지가 대부분 오키나와로 집중되면서 일본 본토에서는 미국의 존재가 흐려졌다. 타이완 역시 미군정을 경험하지 않았고 주둔군의 수도 현저히 적었으며 중국과의 길항관계 속에서 대미관계를 형성해왔기에 미국의 영향에서 비교적 자유로웠다. 그러나 남북 대치 상황에 의해 수도 한가운데 미군이 진주하면서 생활문화의 곳곳에 미국적인 것이 스며든 한국은 노골적인 미국화 경향을 피할 수 없었다. 그것은 한국을 냉전체제의 수단이자 전위로서 활용하고자 한 미국의 의도와, 스스로 냉전체제의 중심에 서고자 했던 한국의 적극적인 미국 문화 수용이 동시에 작용한 결과였다.[8]

이 내용을 곱씹으면 우리들이 상상하거나 실제 주한 외국인들이 보여 준 일상은 곧 대중들에게는 부러움의 대상이었고, 1970년대에 들어서며 자신감에 충만했던 한국사회 전체는 그들이 살아가는 일상의 방식과 이미지를 한국에 이식해야 한다는 일종의 콤플렉스 기제가 작동한 것이었다.

모두가 가난했던 시절에 '미제'의 세계에 눈뜬 서민들에게 미제 물건을 쓴다는 것은 곧 문화생활을 영위하고 있다는 의미였다. 현실은 피엑스에서 나온 쓰레기 음식으로 꿀꿀이죽을 해 먹는 가난한 서민들이 대부분이었지만, 그들 역시 2층 양옥집에서 양장을 하고 양식을 먹으며 전시회나 음악회를 즐기는 도시 중산층의 삶을 꿈꾸고 있었다. 도깨비시장이나 국제시장에서 구한 미제 물건을 소비함으로써 미국영화에 나오는 서구적 생활, 풍요롭고 문화적인 삶을 조금이라도 구현해 보고자 했던 서민들에게 미국은 근대적·문화적 삶의 지표로서 다가온 것이다. 여기에 여성잡지를 중심으로 미국영화와 스타들에 대한 시각 정보가 제공되면서 서민 대중들에게 미국은 현실과 무관하게 구성되는 상상의 산물이

8 —   이하나, "미국화와 욕망하는 사회", 《한국현대생활문화사 1950년대》, (주)창비, 2016, 140쪽

되었다.[9]

다른 한편에서는 이를 적극적으로 실천하지 못할 것이 없다는 자신감 역시 팽배했다고 하겠다.

　백화양조에서 제작, 배포한 1970년의 달력은 이 모든 것을 상징적으로 드러내는 흥미로운 사례다. 아마도 설산에서 스키를 즐기는 모습을 담은 것이라고는 하겠지만 비록 연출이라고 하더라도 눈에 세워놓은 스키와 함께 서양 과일로 여겨졌던 파인애플을 백화수복이라는 이름의 정종과 함께 드러낸 것은 웃음을 자아내게 한다. 물론 이러한 헛헛함도 지금의 느낌일 뿐 당시로서는 아마도 몸집을 부풀렸던 욕망의 다른 표현이었는지 모를 일이다.

　여의도시범아파트가 준공된 1971년 10월이 얼마 지나지 않은 1972년 7월 대한주택공사 이사를 역임한 홍사천은 서울합동기술개발공단이라는 이름의 회사를 설립하고 1973년부터 1978년까지 이루어질 여의도개발계획의 청사진을 제안했다. 현재 여의도 63빌딩이 들어선 자리를 종합병원이 입지할 곳으로 가정하고, 서울시청도 여의도 광장에 마주하는 대형 필지에 들어선다는 것을 전제한 상황에서 여의도시범아파트에 면한 대형 필지를 제2주거단지로 명명한 뒤 판상형과 타워형이 섞인 대단위 아파트단지를 조성한다는 것이 계획의 골자였다.[10] 보고서의 표지 바로 뒤에 대형 화보로 보여 준 제2주거단지에는 블록별로 크고 작은 옥외수영장이 도드라지게 표시되었다.

　이렇게 발화된 옥외수영장에 대한 욕구는 불경기 속에서도 이상 징후로 여겨진 맨션산업의 발흥과 함께 민간건설업체의 유효한 상품판매 전략으로 급격하게 부상했고, 서울뿐만 아니라 부산 등 대도시로 확대되었다. 물론 단지 내 부대복리시설로 설치된 경

---

9 —　이하나, "미국화와 욕망하는 사회", 앞의 책, 151쪽

10 —　이 보고서는 서울합동기술개발공단이 작성한 것인데 《여의도아파트단지사업계획서 1973–1978》이라
　　는 제목의 보고서로 388쪽에 이르는 방대한 내용을 담고 있다. 1970년 6월 30일 창립한 서울합동기
　　술개발공단은 홍사천을 대표로 설계와 시공감리를 주된 업무로 하였지만 연구개발, 수자원개발, 부동
　　산개발 등을 사업종목으로 밝히고 있다. 홍사천과 허길봉 등 6명의 임원진과 26명의 기술진, 그리고
　　소진덕(서울대 교수, 경제학), 박병주(홍대 교수, 기술사), 박학재(한양대 교수, 공학박사), 김효경, 지철
　　근(이상 서울대 교수, 공학박사) 등이 자문역으로 참여하고 있는데, 대부분의 자문진이 여의도시범아
　　파트 설계과정에서 부문별 자문위원 역할을 한 전문가들이다. 서울합동기술개발공단은 여의도시범아
　　파트 설계감리(1970), 영동지구 공무원아파트 단지설계(1971) 등을 맡았던 실적이 있고, 대표인 홍사
　　천은 1961년부터 1969년까지 대한주택공사 이사를 지냈고 대한주택공사 부설 주택문제연구소에 깊
　　이 관여했던 인물이다.

우가 있는가 하면 반포주공아파트의 경우처럼 대지를 분양받아 실내외 수영장 시설을 의무적으로 운영하는 하는 경우도 더러 있었다.

1976년 이후 정구장은 의무시설, 수영장은 선택시설로 바뀌었다. 사시사철이 분명한 한반도의 기후 조건이며 유지 관리비 등을 고려할 때 옥외수영장은 아무래도 현실적이지 않다는 판단이 작용했을 것이다. 수영장 대신 배구장을 만들거나 기왕에 의무 설치 대상이었던 정구장을 추가로 조성하면 법적 조건은 충족시키는 것이다. 이런 상황에서도 일부 맨션아파트와 전략적 지역으로 상정한 아파트에서는 여전히 '단지 내 옥외수영장'을 두었다는 사실은 사업주체가 공공이건 민간이건 가리지 않고 법률로 강제하진 않았지만 다른 이유를 들어 자발적으로 설치한 것이다. '아파트라는 상품의 판매 전략'이었기 때문이다. 마음속에 그런 집을 실재하는 현실로 바꾸어 주는 분명하고도 구체적인 욕망의 대상이었던 때문이다.

문화생활의 교양, 테니스장

1969년 11월 7일 정부 중앙부처인 문화공보부는 명랑사회 조성을 위한다는 취지를 내걸고 무용과 함께 실내 혹은 실외에서 즐길 수 있는 게임 35종을 선정, 발표했다. 일컬어 '표준 오락'을 국가가 제정한 것이다. 마치 크고 작은 집체 훈련이 있을 때마다 "국민체조. 시이~작"이라는 구령과 함께 음악에 맞춰 몸을 풀어야 했던 것처럼 말이다. 그 내용을 살펴보면 '강강술래', '군밤타령' 등의 노래에 맞춰 흥겹게 춤을 추는 것부터 '남대문을 열어라'처럼 어린 시절부터 익히 즐겼던 것들이 포함되었지만 '과녁 맞추기(다트)'와 같은 오락도 있었고, '오늘의 영광'이라는 이름을 붙인 실내게임도 포함됐다. 오락을 국가가 정했다는 것 자체가 우스운 일이기는 하지만 그 취지가 '명랑사회 조성'이라니 헛웃음이 나을 정도다.

이와 비슷한 경우가 있다면 바로 아파트단지 내 '테니스장'일 것이다. 제법 세월의 더께가 쌓인 아파트단지라면 어느 곳에서건 사각형 철망 위에 다시 초록색 휘장을 높이 두른 테니스장을 어렵지 않게 발견할 수 있다. 그렇지만 이러한 풍경을 낳은 주민운동시설에 대한 강제는 2013년 "주택건설기준등에관한규정"이 개정되어 '주민공동시설 총량제'"로 바뀌며 큰 변화를 맞는다. 물론 세대수를 기준으로 통상 2~2.5m² 만큼을 곱한 면적을 주민공동시설로 구비하면 되는 자율이 주어졌지만 앞서 자세하게 밝힌 수영장이나 정구장이 사라진 것은 아니다. 지금도 문화체육관광부장관이 정한 45가지의 운동시설에 포함되어 있어 아파트 건설 사업주체가 선택만 하면 아파트단지 안에 총량제의 한 방편으로 이들을 설치할 수 있기 때문이다.

1963년의 "공영주택법"과 그 뒤를 이은 1964년의 "공영주택법시행령"에서는 기껏해야 아파트단지 안에 어린이놀이터와 집회소, 공동 목욕탕을 두도록 한 것이 골자였다. 1971년에 새로 마련된 "공영주택건설기준령"에서는 TV 수신시설과 가로등이 부대시설로, 고층주택에서의 쓰레기 처리를 위한 더스트 슈트가 추가되었을 뿐인데, 이때까지 이들 강제 법령에 의해 부대시설이나 복리시설을 설치해야 하는 대상은 당연히 '공영주택'으로 한정되었다. 서울특별시나 대한주택공사 등이 건설, 조성하는 주택에만 그 법적 효력이 미쳤다는 말이다.

그러다가 1972년 12월 30일 '공영'이라는 단어가 붙은 모든 법령이 폐지되고, 이를 대체하는 "주택건설촉진법"이 제정되며 상황은 급반전했다. 법률의 적용대상이 공영주택에서 민영주택¹²으로 확대된 것이다. 이후 이 법령의 하위 내용을 규정한 "주택건설촉진법시행령"과 "주택건설촉진법시행규칙"이 1973년에 연이어 제정되면서 아파트단지 내 부대복리시설의 종류가 크게 확대되었다. 최초 부대시설은 6종류, 복리시설은 7종류로 시작했으나 5년 뒤에는 각각 12종류로 그 내용이 크게 확대되어 최초 종류의 2배 이상이 되었고, 이후 지속적으로 종류와 규모에 대한 확대와 변화가 이어졌다.

이 가운데 테니스장은 주민운동시설에 속하는 시설이고, 1973년의 "주택건설촉진법시행규칙" 제정과 함께 복리시설의 범주에 포함되었는데 500세대 이상의 단지에는 운동장 1개소를 설치하고 그 면적은 2세대마다 3.3m² 비율로 가산한 면적 이상 설치하는 기준이 적용되었다. 1976년에는 500세대 이상의 단지에는 2,000m² 이상의 운동장

11 — 주민공동시설 총량제란 원칙적으로 100세대 이상의 주택단지를 대상으로 하며 지역 특성이나 주민 수요에 따라 융통성 있는 단지 내 주민공동시설 설치가 가능하도록 한 것으로 "주택건설기준 등에 관한 규정"을 통해 강제하는 제도이다. 총량을 정하는 산식은 100세대 이상 1,000세대 미만인 경우는 세대당 2.5㎡를 더한 면적을, 1,000세대 이상인 경우에는 500㎡에 세대당 2㎡를 더한 면적 이상을 주민공동시설로 조성하되 특별시나 광역시 등에서는 총량 면적의 1/4 범위 내에서 강화 혹은 완화가 가능하도록 규정한 제도로 2013년 12월부터 시행중이다.

12 — 이때 민영주택이란 국민주택 이외의 주택으로서 대통령령으로 정하는 규모 이상의 집합주택을 말하는데 통상 100호 이상을 말한다. 따라서 당시의 아파트단지는 대부분 이 법령의 적용대상이 된다. 법제처 법령정보센터, 1972년 12월 30일 법률 제2409호로 제정된 "주택건설촉진법" 제2조(정의) 참조

한강맨션아파트 테니스장. 출처: 대한주택공사, 《주택건설》, 1976

을 설치하도록 했는데, 1,000세대 이상인 경우에는 정구장을 2면 이상, 수영장 혹은 배구장의 경우에는 2면 이상 설치하되 수영장과 배구장 가운데 하나를 선택할 수 있도록 했다. 1978년에는 500세대 이하와 초과로 구분해 운동장 확보 면적 기준을 세분했고, 테니스장과 함께 두 가지 가운데 하나를 선택적으로 설치해야 하는 수영장이나 배구장 등의 설치 기준에 변화는 없었다.

이 같은 설치 기준은 한동안 지속되었지만 1985년에 이르러 500세대 이상의 경우에는 기존의 시설 외에 배드민턴장, 농구장 등을 추가한 뒤 이 가운데 하나를 골라 1개소 이상 설치하고, 1,000세대 이상인 경우에는 테니스장이나 수영장을 추가 설치하도록 했다. 이렇게 변화를 계속한 주민운동시설 가운데 테니스장에 변화가 일어난 것은 1989년의 법률 개정을 통해서였다. 1,000세대 이상의 주택을 공급하는 경우에 수영장 또는 롤러스케이트장 1개소 이상 또는 정구장 2면 이상 설치를 강제하게 되어 롤러스케이트장이 선택적으로 설치 가능한 시설공간으로 법령에 포함된 것인데, 이것보다 더욱 꼼꼼하게 살펴야 할 법령 기준의 변화는 다름 아닌 테니스장의 변화다.

즉 1,000세대 이상 주택을 공급하는 경우라 하더라도 세대당 전용면적이 60m² 이하인 경우가 전체 공급 세대수의 절반 이상인 경우에는 테니스장 대신 핸드볼장, 배구장, 농구장 혹은 씨름장으로 대체할 수 있다는 내용이다. 가계소득과 세대 규모의 비례 관계를 정책의 골자로 삼고 있는 나라가 곧 우리나라라는 점에서 본다면 중하위계층의 경우에는 주민운동시설 가운데 테니스장 대신 다른 것으로 대체할 수 있다는 것이기 때문이다. 소형아파트 대부분이 정구장을 농구장이나 씨름장으로 대체했을 것이 거의 자명하다. 그리고 이러한 기준은 2013년까지 지속되었다. 경제계층에 따라 누려야 할 운동시설의 종류를 다르게 규정한 것이니 1969년에 벌어졌던 정부의 표준 오락 제정과 크게 다르지 않다. 이후 1998년부터는 500세대 이상의 경우에는 "체육시설의설치이용에관한법률시행령"에 의한 체육시설 중 옥외체육시설 1개소 이상을 설치하도록 했다.[13] 따라서 현재는 2013년에 도입한 주민공동시설 총량제에 따라 주민공동시설의 총량을 정한 뒤 여전히 국가가 정한 운동종목 가운데 선택해 그 설치기준을 따르도록 하고 있다는 것이다. 2000년 이후 아파트 단지 내 주민공동시설로 헬스장이나 실내골프장 설치 등을 아파트 판매 전략의 하나로 삼고 있는 배경이다.

물론 사업주체가 어느 정도의 규모로 어떤 운동종목을 채택하더라도 그 설치, 운영비용은 고스란히 입주자들의 몫이다. 그들은 철저한 판매 전략을 통해 구비할 시설을 고른 뒤 입주자들에게 비용을 전가하면 그만이기 때문이다. 그들이 걱정하는 것은 입주 후 아파트단지에서 살아갈 사람들이 반복할 소소한 일상이 아니라 당장의 분양률인 까닭에 호시탐탐 세간의 흐름을 읽어 팔아먹으면 그만이고, 분양을 마친 뒤에는 다시 다음 아파트 단지로 눈길을 돌려 새로운 것을 또 광고하면 그만인 것이다. 아파트라는 상품을 구매한 입주자는 아파트 판매를 위해 그들이 만든 홍보문구를 반복적으로 학습하고 그 내용을 자신의 욕망으로 대체하고 있을 뿐이다. 국가와 시장이 나의 기호와 취향을 구체적 욕망으로 번역해내는 셈이다.

정리하자. 일제에 의해 혹은 일제에 의해 번역되거나 해방 이후에는 관찰 학습이나 직접 수입을 이용한 근대적인 스포츠 가운데 하나인 테니스는 1973년 이후 2013년까지 거의 모든 아파트단지에 의무적으로 설치해야 할 운동시설이었다. 마치 한강외인아파트 단지 설계과정에서 옥외수영장을 두어야 할 것 같았던 우리들의 판타지가 맨션산업을 선도한 민간건설업체의 유효한 주택상품 판매 전략이었듯 테니스장 역시 국가가 개인의 운동과 취향을 규정한 표준의 또 다른 모습인 것이다. 대의와 법치는 이렇듯 일상의 상당 부분까지 침투해 오늘도 개인을 규정한다.

---

13 — 당시 이 법률 시행령에는 운동장, 체육관, 종합체육시설 등의 시설 형태로 골프장에서 펜싱장, 하키장, 사격장, 승마장, 요트장, 자동차경주장 등에 이르기까지 45가지의 운동종목을 규정하고 있으며 국내 또는 국제적으로 행해지는 운동종목의 시설로서 문화관광부 장관이 정하는 것으로 규정하고 있다.

잔뜩 발기한 것처럼 여기저기 솟아 있는 거대한 난수표

모델하우스에서 볼 수 있는 발코니 확장 표시 안내선 ⓒ박철수

모델하우스의 진풍경

2006년에 나온 《한국인 코드》에서 강준만은 오늘날 한국인에게 가장 필요한 건 정열과 냉소의 이중성을 타파하는 일인지도 모른다며, "공적 냉소, 사적 정열이 지배하는 사회는 자본주의 경쟁의 장점을 유감없이 드러내는 무서운 에너지를 만들어 내기도 하지만, 삶을 너무 피곤하고 각박하게 만들어 오래 지속되기 어렵다."고 했다.[1] 여기에 사회학자이자 작가인 정수복이 《한국인의 문화적 문법》에서 크게 우려한 '가족 이기주의'를 보태면 공익과 공공성에 대한 성찰이 거세된 우리의 자화상을 확인할 수 있다. 정수복의 생각은 크게 두 가지 범주로 나누어 생각할 수 있다. 첫째 범주에는 권위주의, 국가중심주의, 엘리트 중심주의, 독단주의가, 두 번째 범주에는 가족주의, 연고주의, 이기적 자조주의 등이 포함된다. 한국인들은 공공선이나 공동체 전체의 이익을 생각할 겨

---

1 — 강준만, 《한국인 코드》, 인물과사상사, 2006, 27쪽. 강준만은 이 책에서 '오늘날 한국인에게 가장 필요한 건 정열과 냉소의 이중성을 타파하는 일'로 규정하고 '공적 냉소와 사적 정열'은 다시 '공적 불신, 사적 신뢰'(65쪽)로 이어지고, 궁극적으로는 '공적 소극성, 사적 적극성'(145쪽)으로 나타난다고 언급하고 있다.

를이 없다는 것. 나와 내 가족 그리고 나와 관련된 사람들의 이익만 생각하기도 바쁘다는 것. 이로 인해 아는 사람들로 이루어진 좁은 범위 안에서만 상부상조하는 사고방식과 행위양식이 보편화되어 있다고 보았으며, 그것은 미풍양속이며 거래비용을 줄이는 효과까지 있다고 했다.[2]

우리의 자화상은 한국인 6할 정도가 사는 아파트의 단편적 풍경에서도 쉽게 찾아볼 수 있다. 전용공간 확보에 치우친 거주자들의 전용 바닥면적 확보 경쟁은 우리나라 특유의 주택 공급제도와 건축법에 명시된 바닥면적 산정 기준이 맞물리면서 빚어진 매우 독특한 현상이다. 모델하우스마다 거실 방향 바닥에 페인트를 칠하거나 테이프를 붙여 여기가 발코니가 시작되는 지점이라고 알려주면서 거실을 이 지점으로부터 1.5m 이상 내밀어 확장한 것이라고 친절하게 알려주는 그런 풍경 말이다. 모두들 전용공간으로 사용할 것을 믿고, 또 당연한 것으로 간주하지만 건축물대장을 비롯한 어떤 공식 문건에도 등장하지 않는, 존재하지만 실재하지 않는 면적인 '서비스 공간'이다.

거칠게 말하자면 요즘 아파트의 베란다는 오래 전 섀시 설치를 금지하던 때 마치 단독주택의 테라스처럼 비가 들이치거나 바람이 들던 일종의 외부공간이었는데 탈법이자 불법이었던 발코니 섀시 설치 금지 규정을 어기고 발코니 부분을 모두 유리로 감싸 마치 선룸처럼 한동안 명맥을 유지하다가 "발코니 구조 변경 합법화 조치"[3]를 통해 나와 가족만이 오롯이 누릴 수 있는 완벽한 내부공간이자 합법적 전용면적으로 그 모습을 바꾼 것이라 할 수 있다.

테라스와 선룸, 변화의 궤적

"테라스와 선룸을 단순히 집의 장식같이 생각해서는 안 됩니다. 집과 마당을 접속하는 곳입니다."로 시작하는 근엄한 설명은 사실 훈계와 다름없다. 1964년 여원사가 발행한 15권짜리 중 《현대여성생활전서 ⑪ 주택》에 담긴 글이다. 이태원의 외인주택, 불광동과

---

2 — 정수복, 《한국인의 문화적 문법》, 생각의 나무, 2007(초판1쇄), 102쪽

3 — "아파트 발코니 구조 변경 합법화된다!", 2005년 1월 1일부터 시행될 예정이라는 점을 전제로 건설교통부가 2005년 10월 13일 배포한 보도자료의 제목인데, 아파트 발코니의 구조 변경을 통해 거실이나 침실 등으로 사용하는 것이 그동안 불법이었지만 국민들의 편의를 위해 바꿔 합법화하기로 했다는 것이 골자이다.

이태원 탑라인아파트 발코니.
출처: 대한주택공사, 《주택건설》, 1976

수유리 등지의 국민주택, 그리고 한국산업은행의 자금 지원을 받은 이들이 건축가에게 설계를 의뢰해 짓기 시작한 민영주택 등이 일제강점기의 유전자를 이어 받은 문화주택이니 양옥이니 하는 이름을 달고 보편적 도시주택 유형의 하나로 자리매김하던 시절에 나온 말이다. '문화주택'이니 '양옥'이니 하는 말을 붙여 마치 불현듯 등장한 것처럼 위장한 1960년대의 단독주택은 그 전에는 별로 들은 바 없는 용어와 전혀 새로운 공간을 누려야 할 것처럼 대중들을 부추겼다.

당연하게도 재래식 혹은 조선식으로 불린 전통주택은 혁파해야 할 계몽의 대상이었다. 당시는 그랬다.

재래식 한국주택의 온돌방은 직접 마당과 접속되는 것이 아니고, 툇마루와 주춧돌(댓돌)을 거쳐서 마당과 접속되게 마련입니다. 최근 양식주택이나 왜식주택에서는 테라스, 선데크, 선룸 등을 거쳐서 마당과 접속되어 있습니다. 온돌방 앞에는 대개 장지문을 통하여 툇마루에 나가게 되고, 방이 직접 마당과 통해 있다는 느낌을 주는 경우는 드물다 하겠습니다. 이와는 반대로 문화주택에 있어서는 대판 유리가 긴 유리문을 통하여 실내와 실외가 서로 유통된 기분을 느낄 수가 있습니다.[4]

커다란 유리를 끼운 문을 열고 닫아 테라스나 선데크 혹은 선룸 등을 거쳐 마당과 접속한다는 것은 실내의 일상을 외부공간으로 확장한다는 것이다. 그렇게 만들어진 외부공간은 어린이를 위한 놀이공간이나 가족들의 휴식 공간이 될 뿐만 아니라 간단한 응접이나 식사공간으로도 활용할 수 있다. 이런 공간을 만들려면 깊이는 1.2m 정도부터 가능하지만 2.7m 정도가 적당하고 넓이는 2.7m에서부터 크게 잡으면 4.8m 정도까지도 가능할 것이라 했다. 어떻게 만들 것인가에 대한 의문에 대해서는 한 방에 접속하는 경우도 있고, 두 가지 방향으로 접속해도 괜찮다고도 했다.[5]

1958년 대한주택영단이 작성한 15평형 부흥주택 평면도[6]는 이런 조언을 충실하게 수용했다. 전면 3칸짜리 단독주택인데 가운데 마루널이 깔린 공간은 마루방 겸 응접실로 명명했고, 마루방 좌우로 크고 작은 온돌방을 배치했다. 치수 표기는 흥미롭게도 피트와 인치 단위이다. 6.25 전쟁 이후 외국의 원조기관은 현물로 원조를 했는데 부산항으로 목재와 지붕재, 못 등과 같은 물자가 들어왔다. 주택에 쓰일 자재와 철물의 이용은 원조국의 도면 표기 방식이나 건축 매뉴얼을 따라야 했기 때문이다. 추측컨대 평면도에서 보듯 부모가 아동과 함께 사용하는 가장 넓은 온돌방에 6m 이상의 폭과 넓은 곳의 깊이가 1.5m에 달하는 테라스가 붙어 있다. 이는 최대 폭이 5.4m가 되어도 좋다는 당시 전문가의 조언을 잘 수용한 것으로 볼 수 있다. 깊이가 비록 1.5m에 불과해 상대적으로 얕은 느낌이지만 전문가가 조언한 경우는 대개 1.2m에서 2.7m 정도가 적합하다고 했으니 그 범주 안에 들었다.

아직은 단독주택이 모두의 마음속에 자리 잡은 욕망의 대상이었고, 둘만 낳아 잘 기르자는 가족계획 정책도 무르익지 않은 시절이었지만 일제강점기 문화촌에서 불어온 '핵가족이 누리는 스위트홈'이 한창 유행을 선도할 무렵이었다. 1967년에 대한주택공사의 기관지 《주택》의 표지 사진은 이를 잘 드러낸다. 잔디가 자라는 마당보다 조금 높게 포장한 테라스에서 아이들과 여유시간을 보내는 엄마가 보인다. 집을 가꾸고 관리하는 일과 함께 육아는 전적으로 주부의 몫이라는 것일 뿐만 아니라 '스위트홈'의 판타지를 보여 준다. 그런 이유에서 여원사의 15권 전집 도서에 붙은 수식어가 바로 "현대여성생

---

4 —   윤정섭, "테라스·선룸", 《현대여성생활전서 ⑪ 주택》, 여원사, 1964, 248쪽

5 —   윤정섭, 앞의 글, 251쪽

6 —   당시 주택은 요즘과 달리 사회부(보건사회부) 소관 사안이었다. 따라서 정부는 대한주택영단과는 별
       도로 주택평면안을 여럿 제안했고, 이렇게 마련된 설계를 통상 복지와 후생산업 전반을 관장하는 보
       건사회부가 맡았던 까닭에 흔히 사회부(안)으로 불렀다. 일종의 표준설계라 할 수 있다.

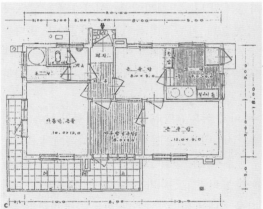

a 건축가 김정수가 설계한 테라스가 있는 문화주택. 출처: 여원사, 《현대여성생활전서 ⑪ 주택》, 1964

b 건축가 엄덕문이 설계한 언덕 위 문화주택의 선룸. 출처: 여원사, 《현대여성생활전서 ⑪ 주택》, 1964

c 1958년 대한주택영단이 작성한 부흥주택 가운데 15평형인 사회부 평면의 '테라스'. 대한주택공사 문서과 자료

d 대한주택공사, 《주택》 통권 19호 표지, 1967. 6. ⓒ대한주택공사

활전서"였다. 테라스와 선룸 등이 강조되던 시절의 풍경이다. 결국 재래의 조선식 주택은 가족의 일상이 실내공간에 국한되었고, 높은 문턱을 넘나들어야 하는 불편을 감수할 수밖에 없었고, 어린이를 주체로 인정하지 않았다는 점 등을 비판의 명분으로 삼았다. 이 풍경에는 서구식 생활의 이미지를 차용해 일상을 외부로 자연스럽게 옮기고 응접과 식사 등 입식생활을 위한 공간을 확보하고 일광욕을 하는 것은 물론 어린이를 하나의 완성된 주체로 인정하자는 등 다양한 주장이 담겼다. 건축가들이 장착한 개념이며 세계관은 그런 것이었고, 그들은 앞을 다투며 설계안과 사례를 보여 주었다. 물론 공공주택이나 국민주택을 공급하는 대한주택영단 역시 그런 생각에 함몰되어 있었음은 분명한 사실이다.

그렇다면 나와 내 가족만이 오롯이 사용할 수 있는 전용면적 확보에 혈안이 된 우리들의 자화상은 언제부터 어떤 까닭과 이유로 태동하고, 그 모양을 바꾸어 갔을까? 그 궤적 가운데 태동의 기저를 추론하면 우선 크게 두 가지 정도의 경로를 통해 오늘에 이르렀으리라 짐작된다. 하나는 1954년경부터 본격적으로 활동한 유엔한국재건단의 주택건설사업 때문이고, 다른 하나는 1956년부터 본격화된 외인주택의 영향이다. 한국전쟁 때 무너진 60만 채의 주택을 복구하기 위한 국제연합의 자재, 설비, 기술 지원이 있었다. 또한 유엔군 장병과 미국경제조정관실(OEC)의 직원 가족들을 위해 정부는 육군 공병대와 중앙산업과 같은 민간건설회사를 통해 외인주택을 지었다. 외인주택은 외화 회득이 주목적이었으므로 서구생활을 상당 부분 의식한 설계가 주장되고 또 수용되었다. 당시 만들어진 실시설계 도면의 상당수가 영어로 표현되어 있을 뿐만 아니라 도면에 표기되는 수치 역시 우리에게는 생소한 피트 단위를 사용하고 있다는 점 등이 이를 방증한다.

대한주택영단의 15평형 부흥주택 도면을 다시 보자. 당시의 상황을 여실히 보여 준다. 전체 공간 형식은 다분히 전통 주택의 공간구조를 따른 것처럼 보인다. 내부 복도가 있는 일본식 평면이나 혹은 일제강점기의 조선주택영단이 표준형으로 보급한 영단주택에서 벗어난 모양새이다. 피트 단위를 사용하고, 아동방에 접해 테라스가 있다. 테라스 언저리에는 목재 기둥이 들어갔다는 사실을 쉽게 확인할 수 있으며, 부엌으로부터 계단을 두 단 올라야 온돌방과 높이가 같아진다. 이는 아궁이 방식으로 취사와 난방이 이루어졌음을 뜻한다. 변소에는 양변기가 놓였지만 욕실 안쪽에는 둥근 쇠가마 모양의 커다란 장치가 놓여 있다. 이것은 일제강점기에 일본인들이 목욕을 위해 사용한 '고

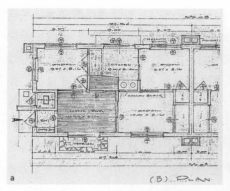

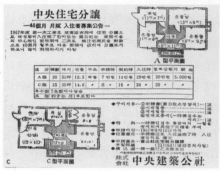

a   테라스를 넣은 운크라 주택 중 2호 연립 평면도, 1954~1956. 대한주택공사 문서과 자료

b   테라스가 있는 한남동 외인주택 전경, 1958년 5월. 국가기록원 소장 자료

c   《매일경제》 1967년 9월 5일자에 실린 면목동 중앙주택 분양광고. 마루에 잇대어 테라스를 두었다.

d   화곡동 국민주택의 테라스, 1966. 출처: 대한주택공사, 《대한주택공사30년사》, 1992

에몬부로(五右衛門風呂)'다.[7] 재래식 공간 구조를 갖춘 평면이지만 일본풍 생활기기가 채워지고 위생도구 일부와 외부공간 구성요소와 개념은 서구식에 경도되어 있다. 결국 기거문화를 담는 공간의 기본 뼈대는 재래식을, 일부 위생설비와 욕조 등은 서구식과 일본 고유의 장치를 채택했다. 일종의 판타지로 그린 모습은 한국에 체재하는 외국인들의 일상을 모방하거나 서구에서 만들어진 이념을 실천하는 방식이 논의되고 채택된 결과이다. 그럼에도 불구하고 전반적인 자본 축적은 미흡하고 주택 건설에 소용되는 자재가 부족한 탓에 설거지통과 찬장은 입주자가 마련해야 했다. 이런 태도와 적응 방식은 아파트의 보편화 과정까지 그대로 지속되었다. 건축가가 설계한 1960년대 중반의 민영주택뿐만 아니라 시장주택에서도 서구적인 삶을 닮기 위한 다양한 움직임이 이어졌고, 민간에서 지어 판매하는 단독주택의 경우에는 '테라스'가 반드시 설치되어야 할 것처럼 선전되었다. 이는 당시의 다양한 자료를 통해 확인할 수 있다.

발코니와 노대

풍찬노숙(風餐露宿)이라는 말이 있다. 바람과 이슬을 맞으며 한데서 먹고 잔다는 뜻으로, 객지에서 겪는 모진 고생을 이른다. 노숙자를 이를 때 '노'가 길을 뜻하는 '로(路)'가 아니라 이슬을 의미하는 '로(露)'인 것처럼 바람과 이슬이 불거나 맺히는 곳이 바로 노대(露臺), 발코니이다. 그래서 건축용어사전에서는 발코니를 건축물에서 돌출되어 난간으로 둘러쳐진 곳으로 풀이한다. 단어의 뜻 그대로라면 섀시를 설치할 수 없는 곳으로 실내와 외부를 자연스럽게 연결하는, 바람이 불고 이슬이 내리는 곳이다. 그러나 현실은 전혀 그렇지 못하다. 평상시에는 나다닐 수 없고 비상시에만 대피공간으로 쓰일 수 있는 피난공간으로서의 발코니만 감추어진 것처럼 한 귀퉁이에 인색하게 자리하고 있을 뿐이다. 법령이 이를 강제하기 때문이다.

'발코니'와 관련해 사회관계망서비스 가운데 하나인 트위터를 통해 문학평론가 황현

---

7 — 1959년 만 39세의 나이로 관직에 올라 부흥부 장관을 지내고 1978년에는 부총리 겸 경제기획원 장관이었던 신현확의 아들 신철식(1954년 생)은 유년기를 회상하며 이 목욕시설 이용법을 설명했다. "목욕시설은 부엌 옆에 있었는데 아궁이에 불을 지펴 커다란 무쇠솥에 물을 데웠다. 뜨거운 물 위에 나무 격자를 띄우면 나는 그걸 밟고 솥에 들어가야 했다. 솥바닥이나 옆면에 피부가 닿으면 벌겋게 데었다." 신철식, 《신현확의 증언》, 메디치, 2017(초판1쇄), 57쪽

산은 2016년 10월 초에 흥미로운 글을 남겼다.

교육부가 교과서에서, '대하여'는 '갈음하여'로, '외출'은 '나들이'로, '발코니'는 '난간'으로, '의미'는 '뜻'으로 순화한다는데, 편집증환자들이 때만 되면 하나씩 나오곤 한다. 그런데 왜 '발코니'가 난간이냐?
19세기 중엽에 발코니는 부르주아 가정과 도시의 거리를 잇는 장소로 특별한 문화적 의미를 얻게 되었다. '발코니'라는 제목으로 보들레르는 시를 썼고 마네는 그림을 그렸다. 이런 문화적 사건들을 업고 '발코니'라는 말이 일본과 한국에 들어왔다.
언어순화의 기획이 다 나쁜 것은 아니지만 현실에서 언어순화론자들의 말을 듣다보면 그 정신의 납작함에 놀라게 된다. '외출'과 '나들이'만 해도 그렇다. 나들이는 농경사회의 언어고 외출은 산업사회의 도시 언어로 출근 퇴근 같은 말과 연결되어 있다.[8]

법령 용어 해설에 의하면 (우리나라에서는 테라스와 선룸의 유전적 변이라 부를 수도 있는) '발코니'는 건축물의 내부와 외부를 연결하는 완충공간으로서 전망이나 휴식 등의 목적으로 건축물 외벽에 접해 부가적으로 설치되는 공간을 말한다. 물론 이러한 용어 해설은 공식적인 것이지만 한국적 실정을 감안해 조금 더 자세하게 의미를 덧붙이면 거실이나 침실로 확장할 수 있다는 말이기도 하다. 정부는 규제 완화라는 명목아래 발코니를 확장해 내부공간으로 전용할 수 있도록 허용했다. 조금 더 자세하게 살피면 발코니의 의미를 제대로 확인할 수 있다.
    발코니가 노대[9]라는 변할 수 없는 사실은 세계적으로 통용되는 용어 정의나 우리나

8 —   황현산(@septuor1) 2016.10.7, 11:07pm, tweet

9 —   국립국어원 사전·국어지식, 건축분야의 전문용어 해설 역시 이와 크게 다르지 않다. Balcony, external extension of an upper floor of a building, enclosed up to a height of about three feet (one metre) by a solid or pierced screen, by balusters, or by railings. In the medieval and Renaissance periods, balconies were supported by corbels made out of successive courses of stonework, or by large wooden or stone brackets. Since the 19th century, supports of cast iron, reinforced concrete, and other materials have become common. The balcony serves to enlarge the living space and range of activities possible in a dwelling without a garden or lawn.(옥스퍼드 온라인 사전); Cyril M. Harris ed., *Dictionary of Architecture and Construction*, McGraw-Hill, New York, 1975에 실린 내용 그대로를 옮기면 다음과 같다. Balcony: A projecting platform on a building, sometimes supported from below, sometimes cantilevered; enclosed with railing or balustrade/ Veranda: a covered porch or balcony, extending along the outside of a building, planned for summer leisure.

라의 법령에서도 비교적 준수하는 개념이자 원칙이다. 한자 그대로 뜻풀이하자면 이슬이 내리는 평평한 바닥이라는 말이다. 2층 이상의 양옥에서 건물 벽면 바깥으로 돌출되어 난간이나 낮은 벽으로 둘러싸인 뜬 바닥이나 마루를 의미하므로 '난간뜰'[10]로 부를 수도 있고, 북한에서는 이런 의미에서 발코니를 '바깥대'[11]라 부르기도 한다. 일종의 용어 해설이자 정의에 가까운 풀이다. 발코니에서는 이용자의 안전이 확보되어야 한다는 규정이 있다. 옥상이나 2층 이상의 층에 설치되어 사람들이 출입할 수 있는 발코니를 설치하면 사용자의 안전을 위해 반드시 1.2m 이상의 난간을 설치해야 한다는 것이 이를 뜻한다. 마지막은 발코니의 바닥면적을 어떻게 보아야 할 것인가의 문제이다. 건축물의 외벽에 붙은 발코니의 깊이가 1.5m를 초과할 경우에는 그 초과분에 대해 건축물의 바닥면적에 포함한다는 규정이 있다. 다시 말해, 깊이가 1.5m를 초과하는 경우에는 초과 면적에 대해 건축물대장에 기록되고 재산세와 같은 과세의 기준이 될 뿐만 아니라 건축심의와 허가 등의 요건에 중요한 판단 잣대가 된다는 말이다.

그런데 왜 모두들 발코니를 내부 공간으로 편입해 전용공간으로 만들까? 현행 법령에서는 깊이 1.5m 이하로 발코니를 두는 경우 이를 거실이나 침실을 확장해 편입하면서 내부 전용공간으로 사용할 수 있도록 허용하고 있기 때문이다. 옹색한 대피공간만 남겨둔 채 말이다. 이런 까닭에 아파트 모델하우스마다 거실이며 침실 끄트머리 내부공간을 확장하는 부분에 페인트칠을 해 두거나 테이프를 붙여 '원래는 발코니가 있어야할 곳이지만 거실이나 침실을 늘려 전용공간으로 사용하도록 특별히 편의를 보아 드리는 곳'을 알려주고, 때로는 확장에 필요한 비용을 건설사가 부담해 입주자에게는 확장비용 부담이 없다는 것을 분양 전략으로 활용한다. 중국음식 몇 가지를 부탁하면 군만두를 공짜로 준다는 것처럼 '서비스'로 해 드리는 것이라는 뜻에서 그렇게 늘려 사용할 수 있는 곳을 '서비스 공간(면적)'으로 부르는 것이다.

우리가 자주 사용한 까닭에 입에 붙은 용어 가운데 하나가 발코니의 다른 이름인 '베란다'다. 베란다라는 용어 역시 양식주택과 함께 들어온 말로 '지붕이 있는 포치나 발코니로서 건축물의 외벽을 따라 길게 늘어선 구조물로 휴식공간으로 조성되는 곳'을 말한다. 발코니와 마찬가지로 섀시를 설치해 내부공간으로 바꿀 수 있다는 말은 없다. 발코니와 베란다를 구별할 수 있는 중요한 차이는 건축물의 외벽 일부에 돌출된 것이

10 — 국립국어원 표준국어대사전

11 — 국립국어연구원, 《새 국어생활》, 11권 제1호, 봄호, 2001, 68쪽

냐 아니면 어떤 한 부분에서 돌출한 것이 아닌, 외벽 전체에 걸쳐 늘어선 것이냐의 차이라 할 수 있다. 따라서 각종 건축 관련 법령을 통해 '발코니'로 정의하고 있지만 우리들의 보편적 아파트 사용법에 따르면 '베란다'로 불러야 마땅한 것이니 거실 방향의 발코니를 '앞 베란다', 그 반대편의 발코니를 '뒤 베란다'로 부르는 시민들의 현명함에 고개를 주억거리게 된다.

2005년 10월 13일 건설교통부가 배포한 보도자료 내용을 다시 보자. 흥미로운 사실이 여럿 담겨 있다. 어제까지 불법이던 것이 하루아침에 합법이 된 이유며 설치하지 않아도 될 발코니를 법규에 규정하고 있는 까닭은 과연 무엇인지 등에 대해 스스로 묻고 답한다.[12] 우선 그동안 정부가 발코니 구조 변경을 불허하다가 별안간 전면적으로 허용하게 된 이유에 대해 이런 답을 냈다. "발코니 하중기준이 강화되기 이전(1992. 6. 1)에 지어진 아파트의 경우 구조안전의 문제가 발생할 수 있고, 주택의 규모와 모양에 따라 다양하게 설치되는 발코니의 구조 변경 허용은 주택규모에 따른 재산세 부과 등에 혼란을 발생시킬 우려가 있으므로 불허해 왔으나 개인 전유공간에 대한 단속의 어려움과 주택규모에 대한 주민의 수요 변화(침대생활, 컴퓨터 대량보급 등)에 따라 발코니의 구조 변경이 증가하게 되어 난간 기준 및 구조안전에 대한 보완조치 등을 통해 안전문제를 강화하는 한편, 최근 주택 규모를 기준으로 부과하던 세제가 주택의 가격기준으로 변경된 현실을 수용하게 된 것"이라는 것이다.

꼼꼼히 다시 읽어보자. 1992년 6월 1일부터 발코니를 과거보다 더욱 튼튼하게 짓도록 기준을 강화했는데 그 전에 지어진 아파트의 경우 무분별하게 이를 확장해 사용할 경우 위험하다는 것이다. 그렇다면 확장하는 발코니는 모두 구조보강을 제대로 할 것이라는 전제가 충족되어야 하지만 이는 현실과 동떨어진 진단이다. 아울러 발코니 확장 여부에 따라 재산세 부과에 차등을 두어야 하지만 현실적으로 쉽지 않은 일이었는

<hr>

12 — 이하 내용은 2005년 10월 13일 건설교통부가 배포한 "아파트 발코니 구조 변경 합법화" 보도자료를 중심으로 정리한 것이다. 실질적인 '발코니 구조 변경 합법화 조치'는 2005년 12월 2일의 "건축법 시행령" 개정을 통해 이루어졌다. 당시 개정 내용은 시행령 제2조 제1항 제15호를 신설하여 '발코니를 건축물의 내부와 외부를 연결하는 완충공간으로서 전망·휴식 등의 목적으로 건축물 외벽에 접하여 부가적으로 설치되는 공간'으로 정의하였고, 이 경우 주택에 설치되는 발코니로서 건설교통부장관이 정하는 기준에 적합한 발코니는 필요에 따라 거실·침실·창고 등 다양한 용도로 사용할 수 있다고 규정한 것이다. 이후 2012년 1월 5일자로 다시 "발코니 등의 구조 변경절차 및 설치기준"을 개정함으로써 단독주택 가운데 다가구주택 및 다중주택은 외벽 중 2면 이내로 구조 변경 범위를 제한하던 규정을 없앰으로써 한 가구가 거주하는 구조의 단독주택을 제외하고는 모든 주택에서 개수의 제한 없이 발코니 구조 변경이 가능하게 되었다.

데 마침 세재 개편에 따라 면적에서 가격으로 과세기준이 바뀌었다는 것이고, 단속 역시 어렵다는 점을 들었는데 이와 함께 침대생활과 컴퓨터 대량보급 등이 발코니 구조 변경 합법화의 이유로 내세운 건 아무래도 수긍하기가 쉽지 않다. 결국 공권력의 무력함을 자인하는 꼴이고, 마침 과세 기준도 바뀌어 현실을 수용하게 되었다는 것과 다르지 않다.

그렇다면 정부의 조치대로 발코니를 침실이나 거실로 자유롭게 사용할 수 있다면 주택에 발코니를 설치할 필요가 없다고 할 수 있는데 발코니를 계속 고집하고, 규정하고 있는 이유에 대해서는 "발코니는 주택의 내부와 외부를 연결하는 완충공간으로서 장독대처럼 마당을 많이 사용하는 우리나라의 문화적 특성을 반영하고자 서비스 면적으로 제공하여 이를 장려해 왔다. 그러나 최근 김치냉장고, 컴퓨터 활용공간의 필요 등 생활양식의 다소간 변화로 이를 필요로 하지 않는 주민이 많아지고 있는 현실적 여건을 고려하여 입주민 필요에 따라 사용토록 한 것이지만 주거생활에 있어서 발코니가 모든 주민에게 필요하지 않은 것은 아니며, 아직도 많은 주민들이 실내정원 등으로 사용하는 등 그 수요가 있다."고 강변했다.

결국 발코니에 대해 정부는 여전히 내부와 외부를 이어 주는 완충공간으로서 인지하고 있다. 정부가 나름 장려한 고층주택에서의 생활 불편(장독대 설치)을 해소하기 위한 것이지만 김치냉장고의 확대 보급으로 그 필요성이 줄어들어 내부공간으로 전용하는 방법에 이른 것이다. 하지만 여전히 원론적 의미의 발코니를 필요로 하는 경우가 있어 이를 규정하고 있다는 것이다. 이 답변 역시 군색하기는 마찬가지다. 이슬이 내리는 외부와 내부의 완충공간으로 발코니를 사용하고 있는 경우가 얼마나 되며, 신축 아파트의 경우는 거의 모든 세대가 발코니를 확장했다는 점에서 역시 설득력이 턱없이 부족하다.

이어진 답변 역시 수긍하기에는 쉽지 않다. "발코니를 입주민의 필요에 따라 그 일부를 자유롭게 변경 사용케 함으로써 획일적으로 제공되는 공동주택의 평면을 다양하게 이용할 수 있는 장점이 있으며, 동일한 면적을 입주민 기호에 따라 변경 사용할 수 있기 때문에 다른 나라에 비해 이주 비율이 높은 우리나라의 주거 정착률을 높일 수 있는 계기도 마련될 것으로 기대된다."는 것인데 발코니 구조 변경 합법화 조치로 인해 한 곳에 오래 머물게 되었다는 어떠한 연구나 조사 기록도 발견할 수 없다. 발코니 확장을 통해 특별한 공간으로 이를 이용하는 경우도, 매우 이채롭고 다양한 평면이 등장했다는 사실도 들어본 적이 없을 뿐만 아니라 구체적으로 확인하기 어렵다.

"또한 개별적으로 시행되어 조잡했던 아파트 외관이 준공 전에 통일성 있게 시행되므로 미관개선과 부실시공방지 효과가 있음"을 꼽았는데 사회적 담화공간의 축소와 아울러 도시풍경과 경관의 획일화에 대한 우려는 전혀 꼽지 않았다. "발코니는 외부로 개인생활 모습을 표출하는 대표적인 준 사적공간으로 이웃과의 접촉, 시민들 간의 소통을 위해 긴요한 공간일 뿐만 아니라 도시의 풍경이 되는 요소라는 점을 지적하면서 아파트 발코니가 바뀔 때 세상이 바뀔 것"[13]이라는 주장에는 귀를 막은 것이다.

발코니 구조 변경 허용으로 사실상 입주민은 분양가 부담이 커지는 것은 아니냐는 지적도 잊지 않았다. 이에 대해 "입주민의 부담경감을 위해 사업자가 지자체에 공급승인을 신청할 때 확장비용을 부위별로 산정하여 신고하도록 하고 이를 모집공고에 함께 공개토록 함으로써 개별적으로 시행되던 발코니 개조가 대량으로 발주·시행되기 때문에 오히려 입주민의 부담이 경감되는 효과가 있는 것"으로 보았다. 소위 박리다매의 효과가 생긴다는 것이니 대형 건설업체의 편에 선 느낌을 지울 수 없다. 또한 발코니 불법 구조 변경이 40% 수준이라고 하는데 이번 조치가 구조 변경을 부추기는 결과가 되는 것은 아니냐는 물음에 대해서는 "그동안 위법이던 것이 합법화됨에 따라 발코니 구조 변경이 증가될 것으로 전망되는 것은 사실이나 실효성 없는 규제를 존치하는 것 보다는 합법화하는 것이 국가적으로 유리하다고 판단"했다는 것이다. 발코니 구조 변경이 보편화될 것이지만 그동안 실효성 없는 규제를 없애는 것이 좋겠다고 판단했다는 것이다. 규제완화의 일환으로 본 것이기도 하다. 아무튼 뒷맛이 제법 씁쓸하다.[14]

13 ─ 박인석, 《아파트 한국사회—단지공화국에 갇힌 도시와 일상》, 현암사, 2013(초판1쇄), 354쪽에는 "발코니 문제가 풀리지 않는 것은 이를 가로막는 세력들이 만만치 않기 때문이다. 발코니가 바닥면적에 포함되면 불가피해질 실질적인 용적률 하락과 수익률 하락을 걱정하는 건설회사의 집요한 로비, 과거의 어정쩡한 섀시 설치보다는 제대로 거실이나 침실로 확장 공사를 하도록 합법화하는 쪽이 합리적이라는 엉뚱한 합리주의, 발코니 확장이 불가능해지면 소형 아파트에서의 실질 거주면적 축소가 걱정된다는 뚱딴지같은 충정, 섀시로 막은 발코니가 갖는 다기능적인 공간 기능을 한국적 주거문화로 긍정하는 순진함 등등"으로 발코니 구조 변경 합법화를 조목조목 비판하기도 했다.

14 ─ 서울특별시는 2002년 7월 17일 아파트, 다세대주택 등 공동주택의 발코니와 일반건축물의 지하층 등 서비스면적을 건축면적에 포함시키는 내용을 골자로 하는 "적정 도시 밀도 관리를 위한 불합리한 건축기준 개선안"을 건축법 개정안으로 건설교통부에 건의한 바 있으나 당시 건설교통부는 이를 받아들이지 않았다. 그러나 2017년 6월 서울특별시는 자체적으로 다시 발코니 관련 내용 재검토에 들어가 그 귀추가 주목된다.

a 발코니 확장이 전혀 없는 크로아티아 자그레브 서민아파트, 2013 ⓒ박철수

b 일본 오사카 니시노미아 마리나 파크 시티의 공영아파트, 2004 ⓒ박철수

전용공간 확보에 치중한 몰염치와 공적 냉소

있지도 않은 발코니를 확장해 내부 전용공간으로 편입하는 면적이 통상 전용면적의 30% 정도에 이르고 심한 경우에는 전용면적의 65% 이상에 다다른다는 현실은 몰염치의 현주소를 고스란히 드러내는 우리들의 속내다. 1960년대의 마포아파트나 1970년대의 맨션아파트가 대부분 거실 너비 만큼에만 발코니가 설치되고 그것도 법령에서 엄숙하게 정의하고 있는 그대로 내부와 외부를 연결하는 완충공간으로서 전망이나 휴식 등을 위해 쓰이도록 섀시 설치 등을 전혀 설치하지 않았다는 사실은 반세기가 훨씬 지난 오늘이 오히려 과거에 비해 퇴행적이거나 전용공간 확보를 위한 몰두가 노골화되었다는 말과 다르지 않다.

핵심은 발코니며 베란다 등의 용어를 가려 쓰자는 것에 있지 않다. 보다 중요한 것은 이웃하는 집과 연결되는 부분을 철저하게 막고 거실 방향으로 외부공간에 트인 부분 모두에 섀시를 설치한 뒤 유리 분합문을 달아 나와 가족만의 오롯한 내부 공간으로 전용하는 것이 불변의 습속으로 자리 잡았다는 것이다. 게다가 오랜 시간 동안 불법으로 간주해 정부 중앙부처와 지방자치단체의 강력한 단속 대상이 되었던 일이 어느 날 갑자기 합법으로 바뀌어 우리들을 어리둥절하게 하는 일이 온당한 것인가를 자문해 보자는 것이다. 규제가 국민의 안녕과 공공성의 유지를 위해 필요하다면 원칙에 따라 강력하게 유지되어야 하지만 불안과 염려를 도외시한 규제 완화는 예기치 못한 재난에 빌미가 된다는 사실을 우리는 끊임없이 학습하고 있지 않은가 말이다.

신도시 구석구석이 대개 그렇듯 아파트와 오피스텔, 모텔, 주상복합 건물들이 뒤섞여 떠도는 풍경들이 지나갔다. 그녀 가족이 살고 있는 아파트 단지 주변과 다를 것 없는, 따라서 조금도 낯설 곳 없는 그곳이 어디쯤인지 그녀는 전혀 가늠이 안 되었다. 대충 좌회전이나 우회전을 해 들어가면 자신들이 사는 아파트 단지일 것 같은 기분이 들기도 했다.[15]

김숨 작가의 소설 〈그 밤의 경숙〉에 등장하는 묘사다. 발코니 구조 변경 합법화 조치

15 — 김숨, 〈그 밤의 경숙〉, 《2013 현대문학상 수상소설집》, (주)현대문학, 2012(초판), 28쪽

a   발코니 구조 변경 합법화 조치 이전인 2003년임에도 불구하고 예외 없이 확장된 서울 중랑천변 아파트 발코니 ⓒ박철수

b   발코니가 용어 정의 그대로 사용되었던 반포주공아파트단지 준공 직후 모습. 대한주택공사 홍보실 자료

이후에 발표된 소설이니 개별적 삶의 모습이 은닉된 "잔뜩 발기한 거대한 난수표"[16], 바로 그 모습이다. 하늘 높이 치솟았지만 개별적 삶의 표정이 전혀 드러나지 않는 납작한 사회 공간. 그 모습을 그린 것이다.

이상적 사회는 개인이 원하는 만큼 혼자 있을 수 있지만 때에 따라서는 자신들의 자발적 의사에 따라 다른 사람들과 자유롭게 결합할 수 있는 사회다. 자유롭고 능동적이고 활동적인 개인들로 이루어진 사회, 개인의 꿈과 창의성을 최대한으로 존중하는 사회, 개인이 타고난 저마다의 소질을 최대한으로 계발하고 그것을 통해 공동체에 기여할 수 있는 사회, 그런 사회가 이상적인 사회다. 그런 사회는 개인의 자유를 존중하면서도 개인들이 소외되거나 고립되지 않고 결합과 연대의 가능성이 열려 있는 사회다. 건강한 개인주의는 건강하고 정의로운 공동체의 구성과 유지에 관심을 갖고 참여하는 주체적 개인을 옹호한다.[17]

비록 소소한 것이지만 발코니가 만들어낼 수 있는 풍경의 거창한 목표 지점이다.
　다른 사람들과 자유롭게 대화하는 사회적 담화공간으로서의 발코니, 스스로 삶의 주체로서 자신을 마음껏 드러낼 수 있는 준 사적 공간으로서의 발코니, 서로 다름을 드러내는 과정에서 동네의 풍경을 꾸릴 수 있는 출발점으로서의 발코니, 따라서 자유가 존중되고 서로 다른 개인의 결합과 연대가 가능한 풍경으로서의 아파트는 과연 불가능한 것일까.
　물론 이러한 전용공간 확보를 위한 몰입과 몰두가 단순히 '공적 냉소와 사적 정열이 지배하는 사회'라는 말로 가볍게 설명되거나 소비되어서는 안 된다. 그 이면에는 국가로 대표되는 공공적 주체의 몰지각과 나태가 자리하고 있기 때문이다. 바로 공공공간의 질적, 양적 열세를 극복하기 위한 재정 투입이 인색했다는 말이다. 경제성장으로 인한 주거환경의 변화 욕구를 공공공간이 받아내지 못한 까닭에 너나 가릴 것 없이 나와 가족의 온전하고도 충분한 공간 확보에 나선 것이기 때문이다. 담장이나 방음벽으로 단지를 에워싸는 관행이나 발코니를 전용공간으로 확장해 나와 내 가족만의 오롯한 공간으로 전용하는 일은 사실 동일한 행태다. 오랜 시간의 누적 과정에서 경험으로 얻은 각자도생의 철학이 바탕이 된 것이며, 공적 주체에 대한 포괄적 불신이 도화선이 된 것

---

16 ─　한수영, 《공허의 1/4》, 민음사, 2004, 101쪽에는 "잔뜩 발기한 것처럼 여기저기 솟아 있는 아파트 덩어리는 다시 거대한 난수표가 된다. 내 힘으로는 도저히 해독할 수 없는 난수표"라고 했다.

17 ─　정수복, 앞의 책, 396쪽

이기에 그렇다.

오래 전 선룸이며 테라스와 같은 새로운 공간을 욕망하고 이를 통해 문화적인 생활을 꿈꾸었던 시절이 있었다. 그런데 그 소망과 꿈은 급작스럽고 타의적인 고층주택으로 인해 어느새 사라졌고 이 둘이 섞여 퇴행적 변이를 거듭한 결과 '발코니 확장'만 남았다. 외부공간의 풍요만이 그 대안이고 해결책이다. 공간 확보에 골몰한 개인에게는 아무런 잘못이 없다는 것이다. 단지 해체와 더불어 발코니를 원래의 것으로 돌려놓는 일은 국가의 책무에 속한다. 계몽이나 홍보로 이루어질 일이 아니라 공공공간의 질적 풍요와 양적 확대를 통해서만 문제를 해결할 수 있다. 아마도 오래 걸릴 일이다. 물론 그 시기를 당기는 것은 개인의 몫이다. 사유공간에 대한 공공공간의 절대적 열세를 극복하라고 언제나 외칠 일이다. 흑백사진으로 남은 오래 전 아파트단지가 훨씬 마음에 와닿는 것은 바로 이런 이유 때문일 것이다.

2007년 12월 21일 법률 제8783호로 최초 제정된 건축기본법은 국가와 지방자치단체의 책무를 규정하고 있다. 국가는 품격과 품질이 우수한 건축물과 공간 환경을 조성하기 위한 종합적인 건축정책을 수립·시행해야 하며, 지방자치단체는 국가의 건축정책에 맞추어 지역의 실정에 부합하는 건축정책을 수립·시행해야 한다는 것이다. 이와 함께 건축에 대한 국민의 인식을 제고하기 위해 필요한 교육·홍보를 활성화하도록 노력해야 하며, 건축분야 전문지식의 발전과 전문인력의 양성에 노력해야 한다고도 밝히고 있다. 발코니 구조 변경 합법화 조치는 과연 이러한 법령의 규정에 부합하는 온당한 행위였을까 묻지 않을 수 없다.

복덕방에서
직방으로,
다시 직칸의 시대를
맞을 것인가

a   이태준의 소설 〈복덕방〉을 연상케하는 오래 전 복덕방 풍경

b   복덕방이라 쓴 휘장에 적힌 '大正十二年'이라는 표기로 추정한 1923년의 복덕방 모습

이태준의 〈복덕방〉과 박태원의 〈골목 안〉

이 복덕방에는 흔히 세 늙은이가 모이었다. 언제, 누가 와, 집을 보러 가잘지 몰라, 늘 갓을 쓰고 앉아서 행길을 잘 내다보는, 얼굴 붉고 눈망울 큰 노인은 주인 서참의다. 참의로 다니다가 합병 후에는 다섯 해를 놀면서 시기를 엿보았으나 별수가 없을 것 같아서 이럭저럭 심심파적으로 갖게 된 것이 이 가옥중개업(家屋仲介業)이었다. 처음에는 겨우 굶지 않을 만한 수입이었으나 대정(大正) 8, 9년 이후로는 시골부자들이 세금에 몰려, 혹은 자녀들의 교육을 위해 서울로만 몰려들고, 그런데다 돈은 흔해져서 관철동(貫鐵洞), 다옥정(茶屋町) 같은 중앙지대에는 그리 고옥만 아니면 만 원대를 예사로 홀홀 넘었다. 그 판에 봄 가을로 어떤 달에는 3, 4백 원 수입이 있어, 그러기를 몇 해를 지나 가회동(嘉會洞)에 수십 칸 집을 세웠고 또 몇 해 지나지 않아서는 창동(倉洞) 근처에 땅을 장만하기 시작하였다. 지금은 중개업자도 늘었고 건양사(建陽社) 같은 큰 건축회사가 생기어서 당자끼리 직접 팔고 사는 것이 원칙처럼 되어가기 때문에 중개료의 수입은 전보다 훨씬 준 셈이다. 그러나 20여 칸 집에 학생을 치고 싶은 대로 치기 때문에 서 참의의 수입이 없는 달이라고 쌀값이 밀리거나 나뭇값이 졸린 형편은 아니다.[1]

1 —   이태준, 《복덕방: 현대문학 100년, 단편소설 베스트 20》, 가람기획, 2002(초판5쇄), 93쪽

일제강점기에 동양의 모파상으로 불렸다는 소설가 이태준이 1937년에 발표한 단편 〈복덕방〉에 묘사된 내용이다. 다이쇼(大正)[2] 8년이며 9년이 등장하는 것을 보니 1919~1920년 이후로 서울의 부동산 경기가 활황[3]이어서 복덕방 수입이 괜찮았으나 건양사[4]와 같은 건축회사가 등장하며 가회동 등지에 집을 직접 지어 팔고, 창동에서는 토지를 직접 매입하는 바람에 수입이 예전만 못하지만 그래도 스무 칸 정도의 자기 집을 가지고 하숙을 하기에 서참의의 살림살이가 그리 팍팍한 것은 아니라는 얘기다.

지난 시간은 아련한 향수로 되새김된다. 물론 돌아갈 생각은 누구라도 없다. 그럼에도 그때를 추억한다면 지금의 신산스런 삶보다 조금이라도 상황이 나았을 것이라는 기억의 조작 때문일 것이다. 아니면 지금보다 젊었기에 생각만이라도 자그마한 사치를 하고 싶어서일지도 모를 일이다. 복덕방에 대한 기억도 그렇다. 다른 단편소설 하나를 더 살펴보자.

이 골목 안 막다른 집에 순이(順伊)네 식구가 살고 있었다. 순이 아버지는 집주릅 영감으로 계유생(癸酉生)이라니까 올해 예순일곱이 분명하다. 현재 칠백 원 전세로 들어 있는 함석지붕의 일각대문 집-, 방 한 칸 마루 한 칸 부엌 한 칸의 매 한 칸 집으로 오기 전에는, 참말이지 남부럽지 않게 살았었노라고, 이것은 영감보다 두 살 위인 그의 마나님이 툭하면 뇌는 소리. 그것도 어쩌면 그럴지도 모른다. 진솔 두루마기라도 새로 다려 입고서 단

2 — 일본의 연호로 왕의 즉위에 맞춰 새롭게 제정해 사용하는 것인데 다이쇼(大正)는 1912년 7월 30일부터 사용되었다. 즉, 1910년 국권이 일제에 의해 침탈되기 전 대한제국의 마지막 임금이던 순종이 즉위하던 해에 정한 연호 융희(隆熙)가 폐지된 뒤 식민지 조선에서 쓰인 일본의 연호로 1912년이 다이쇼1년이다. 다이쇼는 1926년 12월 25일까지 사용되었고, 쇼와(昭和) 연호로 바뀌었기 때문에 1927년이 쇼와2년이 되는 셈이다. 이현종 편저, 《동양연표》, 탐구당, 1971(6판), 111~112쪽 참조

3 — 물론 다이쇼11(1922)년에 부동산 대폭락 시기를 맞는다. 이후 일시적으로 부동산은 불황이었다가 서서히 경기를 회복해 1930년대에 다시 최고조를 맞이한다.

4 — 건양사는 흔히 경성의 '건축왕'으로 불리던 정세권에 의해 1920년 9월 9일 우리나라 최초의 근대식 부동산개발회사로 설립된 법인이다. 설립자 정세권은 1912년 자신이 태어난 경남 고성군 하이면의 면장직을 사임하고, 1919년 경성으로 이주한 뒤 당시 20칸 한옥 두 채 값에 불과한 2만 원의 자본으로 건양사를 설립, 운영하며 삼청동, 가회동, 익선동, 봉익동, 혜화동, 성북동, 창신동, 서대문, 왕십리, 행당동 등에 '대규모 근대식 한옥단지 개발'을 이룬 인물이다. 정세권과 건양사에 대해서는 김경민, 《건축왕, 경성을 만들다》, 이마, 2017(초판1쇄) 참조. 1920년대 이후 등장한 근대적 디벨로퍼로는 정세권의 건양사, 김동수의 공영사(公營社), 마종유의 마공무소(馬工務所), 오영섭의 오공무소(吳工務所), 이민구의 조선공영주식회사(朝鮮公營株式會社)와 함께 김종량, 정희찬 등이 있다. 이와 관련한 문헌으로는 김란기, 〈근대 한국의 토착민간 자본에 의한 주거건축에 관한 연구〉, 《건축역사연구》 1권1호, 한국건축역사학회, 1992, 111쪽 참고

정히 갓을 쓰고 거리로 나설 때, 자못 기품과 위엄조차 갖추고 있는 영감의 신수는, 어느 모로 뜯어보든, 가쾌(家僧)나 그러한 사람으로 믿어지지 않는다. 그러나 신수는 그처럼 좋아도, 복덕방의 세월은 도무지 말이 아니다. 수삼년 이래로 집값만 무턱대고 올랐지 매매가 통히 없다. 영감은 싸전가게 어둠침침한 방안에 들어앉아, 동관(同官)들이 하염없이 몇 판이고 장기만 두는 옆에서, 자기는 아침부터 저녁까지, 신문만 뒤적거렸다.[5]

《소설가 구보씨의 일일》로 유명한 구인회 멤버이자 월북 작가인 박태원의 단편 〈골목 안〉의 일부다. 1939년에 발표되었으니 벌써 80년 가까이 지난 시절의 풍경 묘사지만 마치 문 밖에 나서면 마주할 것만 같은 생생한 장면이다. '복덕방(福德房)'을 운영하는 순이 아버지는 '예순일곱'으로 '집주릅'이라는 직업을 가졌는데 새로 지어 한 번도 세탁한 적이 없는 두루마기라도 차려 입고 집을 나서면 그를 '가쾌'로 보는 사람이 없었다는 것이다. '복덕방 할아버지'로 불렸음직한 어르신의 모습은 그렇다 치지만 '집주릅'이며 '가쾌'라니. 고개를 갸우뚱거릴 말이다. 물론 이 단어들은 일제강점기를 거치고도 한참 동안이나 사람들의 입에 오르내렸으니 나이 지긋한 분들은 지나온 시간을 추억과 풍경으로 떠올릴 말이다.

박태원의 〈골목 안〉은 이태준의 소설 〈복덕방〉과 두 해 차이를 두고 발표된 소설인데, 소설에 등장하는 '동관'이라는 말이 원래 한 관아에서 일하는 같은 급의 벼슬아치를 일컫는 말이니 예순일곱의 순이 아버지 역시 지금의 차관보급이라 할 수 있는 (서)참의처럼 일제의 한반도 침탈 이전에는 관아에서 일했던 관료일지도 모르겠다. 살림도 그리 곤궁하지 않았다니 말이다. 아무튼 순이 아버지는 예순일곱에 가쾌라는 직업을 가지고 복덕방 일에 나섰지만 집값만 무턱대고 오르고 매기는 없어 싸전가게 한 귀퉁이에 앉아 하릴없이 시간만 보내고 있었다는 내용이다.

우리말로 '집주릅'이요, 한자로 쓴다면 '가쾌'로 읽히는 말과 비슷한 단어로 '객주(客主)'와 '거간(居間)'이 있다. 김주영의 대하소설 《객주》에 묘사되었듯 물건 도매업과 운송업 혹은 창고업을 하는 회사나 개인을 일컫는 말이 '객주'이고, 사람들 사이의 상품이나 토지·가옥의 매매·임대·전당(典當) 또는 사채 알선이나 흥정을 붙이는 일을 '거간'이라 불렀으니 오늘날의 일반 중개업과 비슷한 말이다. 그런데 객주나 거간의 거래나 알

---

5 — 박태원, 〈골목 안〉, 《황석영의 한국 명단편 101-01 식민지의 어둠》, (주)문학동네, 2015(1판2쇄), 232쪽

선 품목과는 달리 주로 집(가옥)이나 터(토지)를 알선하고 흥정하는 이들을 오래 전부터 특별히 부르는 이름이 있었으니 그것이 곧 '가쾌'인데, 우리말로 '집주릅'이거나 '땅주릅'이다. 조선시대부터 이들 '집주릅'들이 혼자 혹은 몇이 모여 가옥이며 토지를 중개하며 구전을 받는 업장이나 개인을 이르는 이름이 곧 '복덕방'이다.

가쾌와 집주릅, 그리고 복덕방

別有家儈爲生業 특별히 집주릅이 나타나 생업을 꾸리니
大屋蝸廬心內揣 큰 집인지 게딱지인지를 속으로 따진다.
千緡買賣百緡價 천 냥을 매매하고 백 냥을 값으로 받으니
東舍居生西舍指 동쪽 집 사람에서 서쪽 집을 가리킨다.

1792년 만들어진 《저암만고(樗庵漫稿)》에 담긴 신택권(申宅權)의 칠언절구다. 가쾌 즉 집주릅이 등장한다. 200여 년 전 한양에 살았던 선비 유만주(兪晩柱)가 1775년부터 1787년까지 하루도 빠짐없이 적은 일기 《흠영(欽英)》에도 집주릅은 여러 번 등장한다. 그가 1784년 타지에 부임한 아버지로부터 집을 한 채 구하라는 명을 받아 여러 채의 집을 둘러보고 집주릅과 얘기를 나누는 대목이 그의 일기에 자주 등장한다. "집주릅이 창(蒼)과 회(會), 두 집의 권기(券記)를 가지고 와서 집값을 15만 문으로 정하고 속았다고 말하니 사람으로 하여금 속을 뒤집게 한다."[6]는 대목은 1785년 7월 7일의 일기 내용이다. 집주릅이 두 곳의 집문서를 가지고 와 어리숙한 자신을 가지고 논다고 마음속으로만 분개하며 쓴 일기 내용이다.

유만주와 동시대 인물이라고 할 수 있는 정약용의 《여유당전서(與猶堂全書)》와 장지연의 《일사유사(逸士遺事)》 등의 문헌에서는 "유만주가 공부를 위해 책주릅 조씨로부터 책을 여러 권 구입했는데, 이 책주릅은 당시 조신선(曺神仙)이라는 별명으로 불렸을 정도로 유명했고, 그의 행적이 앞의 두 문헌에서도 다시 등장한다."[7]고 하니 거간이나 중개인 혹은 상인을 의미하기도 하는 '주릅(儈)'은 꽤 여러 곳에 붙여 사용된 모양이다. 아

---

6 — 김대중, "1784년 유만주의 부동산 거래", 《1784 유만주의 한양》, 서울역사박물관, 2016, 203쪽

7 — 김대중, 앞의 글, 143쪽

a   '복덕방'이 처음 등장한 《황성신문》 1900년 11월 1일자 광고

b   '복덕방'과 '가쾌'가 동시에 등장한 《황성신문》 1905년 6월 24일자 광고

무튼 집이며 토지를 알선하던 이들에 대해 조선시대에는 가쾌(家儈), 일제강점기와 해방 후 얼마 동안은 집주릅이라고 불렀다. '집 흥정 붙이는 일을 직업으로 가진 사람'이라는 뜻인데 그 후 일반적으로 불러 모두에게 익숙한 복덕방이라는 말은 생기복덕(生氣福德, 복과 덕을 가져다주는 것)에서 유래했다는 설이 유력하지만 복덕방이라는 단어가 처음 신문에 등장한 건 1900년 11월 1일자 《황성신문》 광고에서다.

오래 전 찍힌 여러 사진 자료에는 복덕방 간판도 자주 보인다. 집주릅이라는 단어는 이보다 빠른 1899년 신문에 등장한다. 이렇게 근대의 초입에 등장한 복덕방이 일제강점기에는 단순히 집만 소개하는 게 아니라 투기를 조장하는 데 한몫을 하기도 했다. 이태준의 소설 〈복덕방〉에 등장하는 안초시의 경우다. 안초시는 여러 차례에 걸친 사업 실패로 몰락해 서참의의 복덕방에서 신세를 지고 있다. 무용가로 유명한 딸이 있으나, 딸에게 짐이 되는 것이 싫어 재기의 꿈을 꾸는데 서참의의 훈련원 동관이자 친구인 박영감으로부터 부동산 투자정보를 얻어 딸이 마련해 준 돈을 몽땅 부동산에 투자한 것이다. 그 결말은 누구나 예상하듯 투자한 곳의 땅값은 오를 기미가 없고, 결국 사기극으로 판명난다. 안초시가 음독자살한 이유다. 요즘으로 말하면 기획부동산에 덜미가 잡힌 셈이다.

1929년 9월 27일에 발행된 잡지 《별건곤》 제23호에는 복덕방과 관련해 흥미로운 설명이 실려 있다.

평양에서 밀매음녀(密賣淫女)를 코머리라 하고 개성에서는 덕이라 하듯이 서울에서는 은근자(慇懃者) 또 점잖게 말하자면 은군자(隱君子)요, 밀매음개자(密賣淫仲介者)를 뚜쟁이라 하고 가옥중개소(家屋仲介所)를 복덕방이라 하고 중개인(仲介人)은 가쾌라 한다. 이것도 시골에는 없는 말이다.

서울에서는 가옥중개소를 복덕방이라 하고 중개인은 가쾌라 한다. 하지만 시골에는 없는 말이라는 것인데 잡지의 한 꼭지를 차지한 "경성어록"에 담긴 내용이다. '서울말 풀이' 정도의 내용이라 하겠지만 당시까지만 하더라도 도회 이외의 지역에서는 복덕방이란 말이 아직 널리 쓰이지 않았지만 그곳을 통해 가옥을 중개하는 이들을 가쾌라 불렀다는 것이니 1900년에 발행된 《황성신문》 내용 그대로다.

그러니 사람들이 도시로 몰려들면서 탄생한 직업이 곧 가쾌이고 그 일에 종사하는 이들을 우리말로 풀어쓰기를 집주릅이라 했다는 말이고, 이들이 가옥을 중개하

a 길거리 복덕방, 《동아일보》 1955년 12월 27일자 '세모타령'에 실린 사진
b 1957년에 준공된 종암아파트는 경비실에서 복덕방 역할도 했다. 대한주택공사 홍보실 자료

는 근거지가 복덕방이라는 것이다. 그런데 《별건곤》의 내용보다 거의 30여 년이나 앞선 1900년 11월 1일자 《황성신문》 광고란에 이미 복덕방이 등장했고, 1905년 6월 24일 같은 신문 광고에도 가쾌와 복덕방이라는 말이 동시에 등장하기도 하니 잡지에 실린 서울말 풀이의 내용이 어디까지 사실인가는 따져 물어야 할 일이다.

이제 1900년 11월 《황성신문》 광고 내용으로 돌아가자.

●西署東嶺 四十三統三戶 金在連의 草家八借文書를 初八日 遺失ᄒ엿스니 某人中에 得ᄒ시거든 夜順福德房 洪基元家로 傳ᄒ면 厚謝ᄒ리다. 金相敏 告白.

광고 내용 가운데 '서서동령(西署東嶺)'이란 지금의 서울시 세종로 일대를 일컫는 옛 지명이니 풀어 말하면 '세종로 43통 3호에 위치한 김재연의 초가집 임대문서를 음력 8일에 분실했으니 혹시 이 문서를 소지한 사람이 있거든 야순복덕방의 홍원기 집으로 전해주면 후사하겠습니다. 김상돈 알림' 정도일 것이다. 김상돈이라는 사람이 초가집 임차문서를 잃어버려 이를 되찾고 싶다는 광고인 것이다. 복덕방이 등장했다.

그로부터 5년 뒤인 1905년 6월 24일 같은 신문 광고란의 다른 내용도 살펴보자.

○美洞福德房 家僧 趙奎七家 價 貳萬兩 任置票紙을 持來路上 見失ᄒ엿슨 則 누구든지 失手票紙 勿論休紙ᄒ우. 趙奎七 告白

'미동복덕방을 운영하는 가쾌 조칠규가 이만 냥의 거래내용이 담긴 임시 계약문서를 길에서 잃어 효력을 상실한 것으로 처리하였으니 누구든 주웠다면 쓸모없는 종이일 뿐입니다. 조칠규 알림' 정도가 되겠다. 이번에는 복덕방과 함께 가쾌라는 단어가 동시에 등장했다.

일제강점기에도 가쾌며 복덕방이 흔히 쓰였다는 사실은 이미 앞에서 살핀 두 편의 소설을 통해서 확인했다. 그렇다면 해방과 한국전쟁을 거치는 기간 동안에는 어떤 모습이었을까. 1955년 12월 27일 《동아일보》에는 노인 한 분이 복덕방 간판 앞에 쭈그리고 앉아 있는 사진이 보인다. 추운 겨울이라 이사철이 아니어서인지 손님은 없고, 고통스런 모습이 느껴진다. 사진 설명 내용이 "복덕방"이라는 박스 기사로 실렸다.

남들은 세모라는데, 하다 못해 한 칸짜리 방 빌릴 수 있소, 하고 찾아오는 사람마저 없고. 겨울이면 오히려 집값이 떨어지건만 어제고 오늘이고 찾아오는 사람은 전혀 없어 담배 한 대 제대로 사 태우기도 난처. 남들은 세모라는데 복덕방 할아버지의 입에서는 맥없는 입김과 함께 저절로 신세타령이 나오고. 여기에도 세모 없는 세모타령.[8]

연말이면 늘 그러하듯 살림살이 빠듯한 사람들을 생각해 보자는 정도의 내용이 아니었을까 짐작해 본다. 흥미로운 점은 노인이 내건 휘장에 쓰인 '관허'라는 단어인데, 미뤄 짐작해 보면 공공기관이 인가한 업소라는 뜻이다.

1957년에 중앙산업이 시공한 뒤 대한주택영단이 1958년에 부흥국채자금을 이용해 이를 인수한 뒤 분양과 일부 임대를 겸한 종암아파트의 경우 역시 흥미롭다. 아파트단지 입구에 만들어진 경비실에 붙은 자그마한 공간에 '가옥매매 문의처'라는 간판이 붙었는데 그 쪽방 창문에는 복덕방이라는 글귀가 흐릿하게 쓰여 있다. 아마도 당시만 하더라도 매매나 임대 가옥을 직접 찾는 경우가 적지 않았음을 나타내는 것이고, 특히 아파트처럼 여러 세대가 한곳에 집중된 경우라면 집을 구하는 이가 직접 물건이 있는 곳을 찾아 나섰고 이를 경비실에서 응대했다는 얘기로 해석할 수도 있다.

아무튼 해방 이후 복덕방은 서울, 부산, 대구 등 주로 대도시에 편재되어 있었으며, 중소 도시나 농촌에서는 주로 사법대서사나 이장이 복덕방 업무를 보았다. 당시는 새롭게 신축한 주택이 많지 않았기 때문에 복덕방에서는 기존주택의 매매 및 전세·월세, 점

8 — 《동아일보》 1955년 12월 27일자

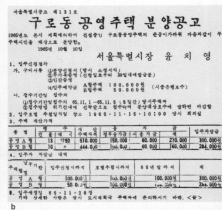

a   1971년 촬영된 경기도 광주대단지의 복덕방 ⓒ서울역사박물관

b   《동아일보》 1965년 10월 20일자에 실린 구로동 공영주택 분양공고

c, d   우물, 변소를 공동 사용한 구로동 공영주택, 1962, 국가기록원 소장 자료

포의 임대차, 임야나 전답 매매 등의 중개를 주로 했다. 이러한 사정은 그 후에도 한동 안 특별하게 달라진 것이 없었다.

한국전쟁 후에는 먹고 사는 게 최우선 과제였으므로, 1950년대 복덕방은 투기를 부추길 상황이 아니었다. 당시 복덕방은 집이나 방을 찾는 사람들의 안내자 역할에만 충실했다.[9]

이 내용으로 미루어 종암아파트 입구에 붙었던 간판이며 중개 내용 역시 크게 다르지 않았으리라 짐작할 뿐이다.

복덕방에서 부동산으로

해방 이후 1950년대까지 지속한 이런 복덕방 풍경은 1960년대 초까지도 커다란 변화 없이 지속되어 그저 살림집을 알선하고 중개하는 모습에 그쳤다. 특히 1961년에 제정된 "소개영업법"에 따라 복덕방은 관할관청에 신고만 하면 영업을 할 수 있었고, 서울지역 의 택지 및 근교의 토지가 주된 거래 대상이었다.[10] 그러나 1960년대 후반에는 서울뿐 아니라 전국 대도시와 근교의 논밭·임야, 그리고 단독주택과 공업단지 후보지가 중개며 알선의 대종으로 확장된다. 세상이 바뀌고 규모가 달라졌기 때문인데 복덕방의 풍경도 세태를 반영했다. 소위 제1차, 제2차 경제개발5개년계획이 가져온 성장의 여파이고, 서 울의 경우라면 교외주거지 개발과 강남개발에 편승한 까닭이다.

외촌동(外村洞)은 지난 봄철에 급작스럽게 생긴 동네였다. 서울시 도시계획에 따라 무허가

9 —   이충렬, 《한국 근대의 풍경》, 김영사, 2011(1판2쇄), 285쪽

10 —   중개업 관련제도와 법령은 조선시대인 1890년에 집주릅들이 난립해 허가제에 의해 인가증을 발급하
        는 방식으로 변했다가 일제강점기에 일본인들의 토지와 가옥매매를 지원하기 위해 일본인들도 쉽게
        복덕방을 할 수 있도록 총독부가 이를 자유영업제로 전환해 운영하다가 어느 정도 시간이 흐른 뒤 이
        번에는 조선인 복덕방을 통제할 목적으로 관할 경찰서장의 허가제로 바뀌는 과정을 겪었다. 해방과
        6.25 전쟁을 거친 뒤 일제강점기의 대부분 법령이 새롭게 정비되는 과정에서 "소개영업법"이 만들어
        졌고 신고제로 운영되었다. 그 후 1984년에 "부동산중개업법"이 제정되며 '자격제'와 '허가제'를 동시
        에 도입하는 형태로 자리 잡았다. 2005년에는 "부동산중개업법"이 전부 개정되며 "공인중개사의 업
        무 및 부동산거래신고에 관한 법률"로 정리되었으며 2014년 이후에는 "공인중개사법"으로 통합되어
        오늘에 이르고 있다.

집들을 철거한 시 당국은, 판자촌에서 살던 사람들을 위하여 새로 이 동네를 만들어 중 정했다. 시 당국은 '재건 토목주식회사'에 청부를 맡겨 날림으로 공영 주택을 지었다. 적당 히 블로크로 간을 막아 가면서 닭장 짓듯이 잇달아 지은, 겉으로 보자면 길다란 엉터리 강당과 같은 모습이었다. 또한 반듯하게 죽어 있는 길다란 뱀과 같은 형국이었는데, 그렇 게 본다면 형형색색의 비늘을 가지고 있는 이 뱀은 세 마리가 될 것이다. 즉 세 줄의 가동 (家棟)이 개울 이쪽을 달리고 있었는데, 뱀의 비늘이라고나 할 가동의 옆구리에는 먼저 복 덕방이라든가, 막걸리집, 상점들이 들어차기 시작했다. 그 내부를 볼 것 같으면, 방의 골격 을 갖춘 것 세 개마다 부엌형태가 하나씩 달렸고 그것이 엉성하게 하나의 가옥 형태를 이 루고 있었다. 그리고 가옥 형태의 안쪽에 일련번호가 매겨져 있어서 그 번호가 217호까지 나갔다. 즉 217호의 세대가 살게끔 되어 있었는데, 이 숫자는 또한 모든 면에서 이 신식 동 네 주민들의 개성을 나타냈으니, 예를 들자면, '74호 복덕방'이라든가, '193과부댁 술집'이 라든가, '55상회'라든가 식으로 이웃사람들을 호명하는데 사용되었던 것이다. 너나없이 억 척스럽게 가난했기에, 그리고 우물과 변소를 같이 써야 했기 때문에 주민들의 사이는 우 선 좋다고 할 수밖에 없었다. 그것은 틀림없이 확실하다. 우물은 대략 30여 미터의 사이를 두고 하나씩 만들어져 있고, 그리고 공중변소는 대략 45미터 정도의 간격을 두고 마치 초 소인 양 세워져 있었다."

이 대목에서도 복덕방은 등장한다. 1966년 9월부터 발표된 연작소설이니 서울의 경우, 김현옥이 서울시장으로 부임한 해에 쓰인 것이다. 도시미화를 위해 밀어붙인 판자촌 철 거민들이 만들어낸 세태 풍경이다.

1966년 9월이라는 점은 여러 가지를 시사한다. 서울의 경우, 1965년 이후 무허가 불 량주택지역에 대한 대대적인 정비가 시작되었기 때문이다. 서울시가 도심의 판잣집들 을 강제로 철거하고 이들 지역의 주민들을 사당동, 도봉동, 염창동, 거여동, 하일동, 시흥 동, 봉천동, 신림동, 창동, 쌍문동, 상계동, 중계동 등으로 이주시켰다. 어느 날 갑자기 자 신의 일터를 잃고 삶터마저 뿌리 뽑히게 된 많은 도시빈민들은 새롭게 터를 잡으면서 소위 '달동네'라 불리는 저소득층의 집단거주지를 만들었다. 앞서 인용한 소설에서 작 가가 '외촌동'이라 이름 붙인 곳은 비록 허구의 공간이지만 이 소설을 쓸 당시 '신림동

11 — 박태순, 〈정든 땅 언덕 위〉, 《정든 땅 언덕 위》, 민음사, 1973, 13쪽. 작가 박태순은 신림동 낙골뿐만
아니라 광주대단지주민소요사태가 발생한 경기도 광주군에도 직접 거주하며 겪은 자신의 경험을 글
로 남기기도 했다.

낙골'이라는 곳에 잠입했다고 밝히고 있다는 점[12]에서 작품 속의 '외촌동'은 난곡의 당시 상황을 묘사한 것으로 볼 수 있다.

모두가 가난했던 시절 자신과 가족을 의탁할 수 있는 장소를 찾아 나선 이들에게 도회지 곳곳의 복덕방은 이제 알선과 중개를 통해 이문을 남기는 발 넓고 수완 좋은 이들의 사업장이 되었고, 곳곳의 개발 열기에 편승한 아귀다툼의 현장으로 변하기 시작했다. 서글픈 순방의 경유지가 된 것이다.

1970년 이후 부동산업은 때론 떼돈을 버는 수단이 되었으며 땅을 샀다 팔았다 하는 일은 대단한 사업으로 변모하기까지 했다. 서울은 강남개발을 본격화하기 시작했고, 사람들은 하룻밤을 자고 일어날 때마다 뛰는 땅값에 반쯤 혼이 나가 얼빠진 표정을 지었고, 어제까지 하던 밭갈이를 그만두고 벽돌공장을 세우거나 복덕방으로 전업을 했다는 세상 풍경은 최인호의 소설 〈미개인〉에 잘 드러난다. 결국 1970년대를 맞아 복덕방 간판은 자연스럽게 '○○개발', '○○개발공사' 등으로 점차 바뀌기 시작했고, 중개 대상도 주택뿐 아니라 상가, 공장, 빌딩, 임야, 레저시설 등으로 확대되었다.

그곳은 한마디로 요란스런 동리였다. 언제나 땅은 질퍽이고 있었고, 사람들은 생선 장수처럼 장화를 신고 거리를 돌아다니고 있었다. 한편으로 불도저가 왕왕거리며 산턱을 깎아 내리면서 단지를 조성하고 있었고, 그런가 하면 한쪽에선 농촌 특유의 분뇨 냄새가 풍겨지고 있는 거리였다. …(중략)… 건물 옆엔 아직 이장이 끝나지 않은 때문인가 묘지들이 드문드문 양지바른 곳에 누워 있었다. 나는 그곳에서 매우 엄중한 문구로 몇 월 몇 일까지 연고자가 없어 이장되지 않는 묘지는 여하한 일이 있더라도 책임지지 않는다는 경고판을 보았다. 그 경고판은 산비탈 길에 우뚝 서서 위엄을 떨치고 있었다. 거리 옆으로는 고속도로가 개통되었다. 시원하고 넓은 고속도로 위로 매끈한 차들이 씽씽이며 대전으로 부산으로 달리고 있었다. 때문에 땅값이 뛰고 있었다. 유난히 질퍽거리다가 유난히 먼지가 피어오르는 거리로, 납작한 세단들이 소달구지를 피해가면서 이곳에 거의 매일이다시피 와서 쑥덕이는 흥정을 하고는 사라져 버리곤 했다. 이곳 주민들은 모두 하룻밤 자고 일어날 때마다 뛰어 오르는 땅값에 반쯤 혼이 나가서 앞니 빠진 유아 같은 얼빠진 표정을 하고 있었다. 그래서 그들은 어제까지의 밭을 갈지 않고, 그곳에 대신 벽돌 공장을 세우거나 그

12— 이 내용은 《한국일보》 2002년 9월 11일자 기사 "나는 왜 문학을 하는가"를 통해 작가 스스로 밝힌 것이다.

것도 아니면 복덕방으로 전업을 해버리고 말았다.[13]

첫 부임지로 향하던 소설 속 인물이 맞닥뜨린 개발의 아수라장 풍경을 그렸다. 지금은 그곳이 어디였는지 조차 확인할 길 없는 강남 어느 곳이리라.

달도 차면 기운다고 했던가. 막강한 자금력과 신속한 정보망을 갖춘 주식회사 형태의 복덕방은 1970년대 후반 투기조장, 가격조작, 과다경쟁 및 불건전한 거래와 선의의 피해자 발생 등 다양한 사회문제를 지속적으로 발생시켰다. 특히, 복덕방이라는 단어에 뿌리를 둔 '복부인'과 일반 시민들까지 합세한 투기만연 풍조는 1984년에 이르러 복덕방 영업 규제를 담고 있는 "부동산중개업법" 제정을 부추겼다. 박완서의 소설 〈서글픈 순방〉은 당시의 풍경을 세밀하게 묘사하고 있다.

그런데 이 동네엔 가도 가도 그 흔한 복덕방이란 게 안 보였다. 하긴 이만저만 염치가 없지 않고서야 이 빤빤한 동네 어디다가 그 후줄근한 현수막을 늘어뜨릴 수 있을 것인가. 그러면 저 예쁜 집을 보금자리로 삼고 있는 복 많은 이들은 맨 처음 무엇으로 저 예쁜 집을 열 최초의 열쇠로 삼았을까. 궁금증이 체증처럼 내 뱃속엔 충만했다. 이런 걸 물어 보려면 구멍가게가 제격인데 이놈의 동네엔 그 흔한 구멍가게조차 없었다. 나는 빙빙 돌고 돌아서 결국은 내가 처음 버스를 내렸던 큰길로 돌쳐 오고 말았다. 그리고 큰길가 양쪽에 즐비한 빌딩의 아래층이 모조리 부동산 소개소라는 것을 그제서야 알았다. 한신 부동산이니 강남 부동산이니가 바로 복덕방을 의미한다는 걸 알아차린 것이다. 그걸 알고 나서도 나는 그 앞에서 주저했다. 그 앞엔 재벌 회사의 주차장보다 더 많은 고급 승용차가 대기해 있었고 아무리 내부를 기웃대도 복덕방 영감 비슷한 늙은이도 눈에 안 띄었다. 젊고 민첩하고 영리해 뵈는 젊은 신사들과 교양도 돈도 있어 뵈는 귀부인들이 꽉 차게 들어앉은 사무실 속은 내가 이해할 수 없는 열기와 생기가 함께 넘치고 있었다. 나는 괜히 겁이 났다. 그래서 기웃대기만 하고 그대로 지나치기만을 되풀이하다가 겨우 늙수그레한 신사가 혼자 하품을 하고 있는 한가한 사무실을 한 군데 발견할 수 있었다. 그도 늙었다는 점 하나만 빼고는 내가 알고 있는 복덕방 영감다운 특징을 하나도 갖추고 있지 않았다.[14]

13 — 최인호, 〈미개인〉, 《다시 만날 때까지-나남문학선 15 최인호》, 나남출판사, 1995, 117~118쪽

강남 단독주택지가 개발되던 당시 모습 ©김기찬

"부동산중개업법"은 공인중개사의 자격제와 중개업의 허가제를 동시에 도입한 제도다. 이 법률에 따라 자격을 갖춘 공인중개사 2인 이상이 설립하는 '법인', 공인중개사 자격 시험에 합격한 개인이 허가 관청에서 중개업 허가를 받는 '공인중개사', 결격사유가 없는 복덕방이 기득권을 인정받아 영업하는 '중개업자' 등 세 종류로 부동산중개업의 자격이 구분되었다.

중개법인이나 공인중개사가 전국을 대상으로 영업을 할 수 있었던 것에 반해 중개업자는 허가관청의 관할구역 안에서 가옥중개만 할 수 있도록 영업 범주가 제한되었고, 이에 따라 복덕방이라는 명칭이 소리소문 없이 사라졌다. 대신 중개업자라는 법적 지위와 새로운 호칭을 부여받았지만 '개발의 시대'에 맞춤한 자금력과 정보력이 상대적으로 뒤진 '복덕방 할아버지'가 배겨낼 재간은 없었다. 하늘에서 내리는 '복'과 사람들이 서로 나누는 '덕' 대신에 투전판을 방불케 하는 '부동산 시장'으로 복덕방은 전혀 다른 모습이 되었다. 서민들의 '서글픈 순방'이 시작되는 시점이다. 지금은 강남이라 부르지만 당시에는 영동 신시가지였거나 때론 남서울이었던 그곳은 대다수의 서민들에게는 정서적, 문화적, 경제적 괴리감을 생산하는 대상이었기 때문이다.

14 — 박완서, 〈서글픈 순방〉, 《박완서 단편소설전집 2》, 문학동네, 2006, 412쪽. 이 소설은 1975년 《주간조선》 6월호를 통해 발표되어 1983년 12월에 제정된 "부동산중개업법"과 거의 10년의 격차를 보이고 있는데, 소설에 등장하는 '한신부동산'이나 '강남부동산'은 복덕방이라는 후줄근한 인식과 강남(영동) 개발이라는 새로운 도시의 이미지가 일치하지 않는다고 여겨 시중에서 먼저 만든 말임을 알 수 있다.

떴다방과 직방

적어도 1960년대 초까지 복덕방은 투기를 부추기는 곳이 아니었다. 집이나 방을 찾는 사람들에게 맞춤한 물건을 안내하고 알선하는 역할에만 충실했고, 그런 이유에서 가쾌나 집주릅에 머물렀지만 부동산 불패 신화를 만든 '개발 광풍' 시대는 전혀 예상하지 못한 결과를 만들었다. 복덕방이라는 말머리에 뿌리를 둔 '복부인'이 그렇듯 새로운 형태의 임시복덕방이 생겨났으니 이름하여 '떴다방'이다.

돈 주인이 따로 있는 투기자금이거나 일확천금을 꿈꾸는 쌈짓돈을 꼬드겨 미등기 전매를 일삼거나 때론 청약예금(저축) 통장을 중개하는 등의 은밀한 거래를 부추기는 떴다방은 부동산 경기의 부침에 따라 편법과 불법 사이를 오가면서 집과 돈에 대한 모든 이들의 잠재 욕망에 불을 지폈다. 부동산 불패 신화니 강남 불패니 하는 말이 있었듯 집이나 땅이 혹은 아파트나 오피스텔이 돈을 몰아주는 가장 유효한 수단이라는 한국사회의 학습된 경험이 쌓인 결과다. 그러나 많은 이들이 예상하듯 신화는 곧 현실의 벽에 부딪혔다. 개발시대는 박물관의 유물이거나 반추하고 싶은 향수가 되었다. 부모세대보다 가난한 자식세대라는 말이 의미하듯 한국사회의 미래는 어둡고, 고통 만연의 시대에 접어들었다. 양극화는 심화되었고, 치솟는 전세 비용을 감당하거나 생활비를 채우기 위한 가계부채는 위험 수준을 이미 넘었다. 일컬어 기대 감소의 시대가 바로 지금이라는 징후는 곳곳에서 발견될 뿐만 아니라 이를 확신하는 증거는 차고도 넘친다.

'직방'이나 '다방' 등으로 불리는 방 구하기 인터넷 사이트며 앱의 등장은 이를 증명한다. 초고속 인터넷망과 스마트폰을 이용한 부동산 거래수단이니 전에 비해 편리하고 진보된 문명의 단면이라는 진단은 그 다른 편의 슬픔이나 우울을 미처 찾아내지 못한 오진에 불과하다. 그 반대편에 도사리고 있는 청년 세대의 가난과 궁핍이 오늘의 풍경이자 미래의 모습으로 그림자를 드리우기 때문이다.

작가 이외수는 아파트를 일컬어 "인간보관용 콘크리트 캐비닛"[15]으로 비유한 적이 있다. 그 묘사가 다소 소름끼칠 정도라 하더라도 이때의 아파트란 적어도 우리가 알고 있는 '집', 그것이라 부를 수 있기 때문에 그 규모와 삶의 대강이 짐작되고도 남는다. 하지만 이제는 그 기대와 희망의 대상이 '방'으로 축소되었다. 특히 청년세대에게 집은 더 이상 욕망이나 기대의 대상이 되지 못한다. 그저 내 한 몸 의탁할 수 있는 방이라도 있

---

15 — 이외수, 《감성사전》, 동숭동, 2002, 86쪽

으면 하는 바람이 보편적 소망이 된 세상이다. "사내는 여전히 자신에게 방이 있었으면
한다."는 묘사가 담긴 김애란의 소설 〈성탄특선〉이 세상이 나온 때가 2006년이니 이미
10년도 훨씬 더 지난 시절의 얘기다.

그녀와 헤어진 지 몇 년이 지나 지금은 다른 곳으로 이사를 했지만, 사내는 여전히 자신
에게 방이 있었으면 한다. 지금의 셋방 역시 여관처럼 때가 되면 어김없이 전화가 걸려와
나가라고 할 것 같아서이다. 서울 살이 10여 년. 사내는 많은 방을 옮기며 살아왔다. 다른
이들과 욕실을 같이 쓰는 단칸방도 있었고, 장마 때마다 바지를 걷고 물을 퍼내야 하는
반지하도 있었다. 그녀 역시 그 방들에 대해 잘 알고 있었다. 방에 따라 달라졌던 포옹과
약속에 대해서도, 그러나 어느 곳이든 따라다녔던 초조에 대해서도 그녀는 다 알고 있었
다. 사내가 가장 오래 살았던 방은 대학가 근처 5층 건물의 옥탑이었다. 1층에 있는 주인
집을 반 바퀴 돌아 한참 계단을 올라가다 보면 나오는 조립식 건물이었다. 계단은 좁고 가
팔랐지만 난간은 없었다. 계단을 오를 때마다 사내는 몸을 낮춘 채 곡예하듯 움직여야 했
다. 그곳에선 모든 걸 조심해야 했다. 걷는 것도, 씻는 것도, 섹스도 조심스럽게 하지 않으
면 안 되었다. 사내와 그녀는 쉬지 않고 계단을 올랐다. 층층마다 얼음이 긴 날에도, 비바
람이 몰아치는 장마철에도, 섹스를 하기 위해 계단을 기어오르는 그들의 모습은 마치 북
극의 빙상에 매달린 조난객들처럼 보였다. 사내는 하늘 속으로 걸어가는 그녀의 뒷모습을
바라보며 그녀가 저대로 영영 사라져버리지 않을까 가슴 졸였다. 그리고 어느 날, 그녀가

정말로 사라졌을 때 사내는 혼자 까마득한 계단을 내려다보며 생각했다. 그녀가 떠난 건 마음이 변했기 때문이 아니라고. 단지 조금 다리가 아팠던 것뿐일 거라고.[16]

지하방이며 옥탑방 그리고 고시원을 묶어 '지옥고'라 부르는 청년들이 마주한 현실이다. "언젠가는 '제 소유의 집'에서 '가족과 함께' 살고 싶습니다."[17]고 했던, 조각이며 설치 예술을 하는 작가의 소망이 이뤄지길 바란다. 하지만 김애란의 소설 속 인물이 그녀와 헤어진 뒤 여전히 자신에게 방이 있었으면 한다는 바람과 함께 낮게 읊조린 서울 살이 10년 동안의 방들, 다른 이들과 욕실을 같이 쓰는 단칸방, 장마 때마다 물을 퍼내야 하는 반지하, 그리고 주인집을 반 바퀴 돌아 계단을 한참 올라야 하는 조립식 옥탑방은 바람의 대상이 아닌 현실의 집. 방이다. 그렇지만 그 방 하나를 온전하게 차지하기도 쉽지 않다.

혹시라도 '직방'이나 '다방'의 시대를 지나 그저 피곤한 몸을 구부리고 포개서라도 하늘 아래 마음 놓고 들어설 한 칸만이라도 얻었으면 소원이 없겠다는 '직칸'이며 '다칸'의 시대가 곧 닥칠지도 모를 일이다. 행랑채마저 부러워할 형편이 못 되는 시대, 그 안에서 삶을 꾸려야 하는 청년들, 그들을 스마트폰 중독세대라고 부르는 것은 예의에 관한 문제다. 길거리 복덕방이며 할머니 복덕방이 그리워할 기억으로 남은지 벌써 오래다.

16 — 김애란, 〈성탄특선〉, 《침이 고인다》, (주)문학과지성사, 2007, 87~88쪽

17 — 조혜진, "내가 집을 소유하고 싶은 이유", 《즐거운 나의 집》, 2014년 아르코미술관 협력기획전 "즐거운 나의 집" 전시도록, 프로파간다, 2014, 132쪽

서울 요새화와
'싸우면서 건설하자'

북악 스카이웨이 건설과 남산터널

1966년 4월부터 4년간 서울시 부시장으로 재직한 차일석은 《차일석 회고록: 영원한 꿈 서울을 위한 증언》(2005)에서 다음과 같이 회고했다.

땀 흘려 서둘러 건설했던 북악 스카이웨이! 그곳이 이제는 시민에게 각광받는 서울의 명소로 정착한 것이다. 지난날을 회상하며 나는 새삼 보람을 느꼈다. 북악 스카이웨이의 건설을 계기로 당시 서울의 도시계획에는 이렇게 관광이나 교통편익을 도모하는 한편, 유사시에는 수도방위에 역할을 할 수 있는 새로운 개념이 추가되었다. 그것은 곧, 통일로 쪽에서 서울로 들어오는 홍제동 일대와 미아리 고개를 넘어오는 주변에 위치한 큰 건물의 옥상에 화포와 군인을 배치할 수 있도록 하고, 전차 한 대 정도는 수용할 수 있는 큰 문을 달도록 한 것이다.

1970년부터 1977년까지 서울시 기획관리관, 도시계획국장, 내무국장 등을 두루 맡은 손정목의 증언도 전하는 의미는 차일석과 조금 다르나 전체적인 맥락에서는 크게 다르지 않다. "연례행사로 여름철에 실시되는 을지연습, 등산길에서 흔히 볼 수 있는 벙커시설, 서울-문산 간 도로를 확장 정비하여 통일로라 이름 짓고 거기에 군데군데 설치한 전차 진행 방해시설 등은 모두 1.21 사태 이후에 생긴 것"이라고 했으니 말이다.

이런 발언과 공간 개조 구상은 북한 게릴라 31명의 청와대 습격 미수사건인 이른 바 1.21 사태가 배경이 됐다. 밀봉교육을 받은 함경도 출신 북한 게릴라들은 1968년 1월 16일 황해도 연산을 출발해 18일 자정에 군사분계선을 돌파한 후 19일 서울로 잠입해 1월 21일 밤 9시경 세검동파출소 자하문 초소에 이르러 검문에 걸렸는데 수류탄을 던져 초소대원을 쓰러뜨린 뒤 두세 명씩 짝을 지어 자하문을 거쳐 청운동에 이르렀을 때 연락을 받고 달려온 종로경찰서 최규식 총경의 제지를 받자 그를 살해하고, 현장을 달리던 시내버스에 수류탄을 투척한 뒤 북을 향해 도주한 사건이다. 1월 31일까지 26명이 사살되고 1명이 생포되는 것으로 막을 내렸다. 남한은 이익주 대령을 비롯한 23명의 장병이 전사했으며, 민간인도 여럿 희생되었다.

1968년 9월 28일 북악 스카이웨이 준공식이 있던 날, 박정희 대통령은 팔각정에 올라 만족스러운 표정으로 서울 시내를 내려다보다가 뜻밖의 구상을 밝혔다. 남산 기슭 두 곳에 터널을 뚫어, 남북이 군사적으로 갈등하는 상황이 닥치면 한쪽에 보병 1개 사단을 주둔시키고, 다른 방향으로는 기갑사단을 안전하게 대기시켰다가 군사적 반격을 가할 수 있는 요새로 만들자.

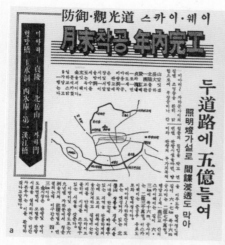

a　　《동아일보》 1968년 2월 9일자에 실린 방어 및 관광도로 스카이웨이를 착공했다는 기사

b　　북악 스카이웨이 벙커 공사 현장, 1968년 9월 5일. 서울특별시 서울사진아카이브

e　　"대한뉴스 718호"에 소개된 남산 1, 2호 터널 개념도, 1969년 3월 22일 ⓒ국정홍보처

물론 상황이 위급하지 않을 경우에는 서울 도심의 교통시설로 적극 활용하자는 것이다.

박대통령은 그 자리에서 김현옥 시장을 불러 터널공사 준비를 지시하고, 최우근 수도경비사령관과 차(일석) 부시장은 대만으로 가서 대륙방어 전초기지인 금문도 요새를 잘 살펴보고 와서 터널공사에 참고하라는 지시까지 내렸다. 남산터널은 박대통령의 발상으로 그렇게 시작된 공사다. 금문도를 시찰하고 온 나는, 1호 터널은 중구 초동으로부터 한남동으로, 2호 터널은 장충단 공원에서 이태원 콜트장군 동상이 서 있는 쪽을 뚫기로 설계를 준비하였다.

차일석 전 서울시 부시장의 증언이다.

그동안 청와대 북측 일대는 경호상의 이유로 가급적 개발을 제한하거나 억제했지만 그로 인해 1.21 사태가 발생했기에 개

a   '돌격 건설'이 표기된 안전모를 쓰고 진행된 서울시 시무식 모습, 1967. 1. 서울특별시
    서울사진아카이브

b   광고에도 언급된 '싸우며 건설하자'는 구호, 《경향신문》 1969년 5월 7일자

c   여의도 윤중제 공사장에 붙은 구호 팻말, 1968. 6. 서울특별시 서울사진아카이브

발 억제에서 개발 촉진으로 정책 방향의 일대 전환이 이루어지고, 김현옥 서울시장이 북악 스카이웨이 건설을 공식 발표한 것은 1968년 2월 9일이었다. '자하문-북악산-정릉-미아리'에 이르는 길이 6.7km, 너비 16m의 산간도로를 조성해 방어 및 관광·휴식도로로 하겠다는 것이다. '불도저 시장'이라는 별명답게 발표 후 보름도 지나지 않은 2월 21일에 기공식을 거행했고 9월 28일에 북악 스카이웨이는 완공됐다.

1.21 사태가 발생한 그해 10월 30일과 11월 2일 이번에는 북한의 무장 게릴라 120명이 8개조로 나뉘어 경상북도 울진군에 상륙하여 울진, 삼척, 봉화, 정선 등지에 잠입한 사건이 터졌다. 일컬어 울진·삼척지구 무장공비 침투사건이었는데 이 사건은 해를 넘겨 1969년 3월까지 소탕작전이 지속되었고, 사살 100여 명, 생포 및 자수 각 5명으로 종결되었지만 남한의 피해도 대단해 군인과 민간인 등 사망자가 70명에 달했다.

무장공비 소탕이 진행되던 1969년 새해 박정희 대통령은 신년사를 통해 그해를 '싸우면서 건설하는 해'로 선언하고, 다른 정부 부처와 마찬가지로 서울시도 김현옥 시장의 지휘에 따라 1월 7일에 '서울시 요새화 계획'을 발표했다. 남산 1, 2호 터널을 굴착하겠다는 것이다. 남산 1호 터널 기공식은 굴착계획 발표 후 9일 만에 이뤄졌고 제2호 터널 기공식은 1969년 4월 21일

에 있었다. 이렇게 시작된 남산 1호 터널은 1970년 8월 15일 개통되었고, 2호 터널은 그보다 한 달 남짓 앞선 7월 8일에 개통되었다. 남산터널보다 앞서 만들어진 스카이웨이가 전혀 예상치 못한 결과를 낳아 오늘날의 평창동 고급 주택지가 만들어졌듯 보병사단과 기갑사단의 주둔지로도 기능할 것으로 구상했던 남산 1, 2호 터널은 강북과 강남을 잇는 지름길이 되어 강남개발이 본격화된 아이러니를 낳았다.

서울 서북지역의 방어를 위한 군사 겸용 아파트로 1970년에 지어진 홍은동 네거리의 유진상가나 구파발이나 도봉동 일대의 대전차 방어 구축물이며 아파트 등이 모두 방어용 군사시설의 일종으로 구축되거나 건설되었다는 것 또한 익히 알려진 사실이다. 물론 서울 시내 대부분의 화단이 엄폐, 은폐용 진지로 활용되었으며, 1972년 3월 15일 열린 육군 수뇌부 장성회의에서는 서울뿐만 아니라 전국 주요지역의 요새화와 아울러 방위촌 육성계획 등이 검토될 정도였다. 서울 요새화에 그치지 않고 전국 요새화의 모양새를 갖춘 것이다.

한강변 고층아파트의 '총안'

이 가운데 매우 흥미로운 것 중 하나가 바로 한강변 고층아파트 계단실에 만들어진

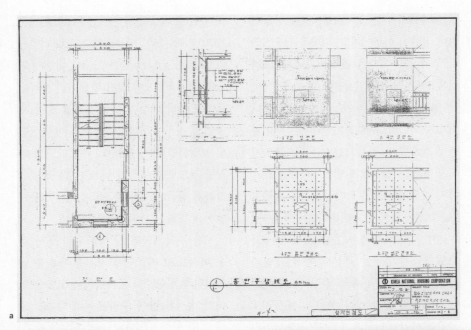

a 잠실고층아파트 비상구 총안구 상세도, 1977. 대한주택공사 문서과 자료
b 압구정동 현대아파트 계단실 6층의 총안, 2017 ⓒ이인규
c 압구정동 한양아파트 총안에서 본 한강, 2017 ⓒ이인규

일종의 군사시설인 '총안(銃眼)'이다. 몸을 숨긴 채 적을 향해 총을 내쏠 수 있게 보루·성벽 등에 뚫어 놓은 구멍을 말하는 총안은 포안(砲眼)과 더불어 아주 소극적인 방어용 시설이지만 그것이 한강변에 새롭게 들어서는 고층아파트에 설치되었다니 의아스러운 일이다.

총안이 설치되기까지의 구체적이고 상세한 경위는 보안과 함께 군사적인 이유에서 파악하기 쉽지 않으나 잠실대단위 아파트단지가 한창 건설되던 1977년 3월에 작성된 관련 시설 건축공사 설계변경 도면을 통해서 그 사실을 일부 확인할 수 있으며, 지금도 여전히 제자리를 지키고 있는 몇몇 한강변 고층아파트에서도 쉽게 그 모습을 발견할 수 있다.

군사용 목적으로 설치된 것이기는 하지만 총안이 군사 시설이라는 특이점을 발견하기 어렵다. 그저 아파트 귀퉁이에 늘 붙어 있는 비상계단으로 보일 뿐만 아니라 유사시 그곳이 전투용으로 사용되는 장소라는 것조차도 믿기 어렵다. 다만, 다른 경우와 달리 조금 이상하다고 여길 정도에 불과하기 때문이다. 마치 남산 1호 터널이나 2호 터널을 지나면서 군사시설은커녕 서울의 강남과 강북을 쉽게 연결할 수 있는 자동차 전용도로로 인식하는 것처럼 특별하게 찾아보기 전에는 알아차리기가 쉽지 않다.

군사용 벙커 혹은 대전차 장애물로 만들어진 도봉동 서울시민아파트, 1984. 서울특별시 항공사진서비스

서울 요새화 계획이 낳은 엉뚱한 일들

1.21 사태로 인해 조성된 북악 스카이웨이는 세검정과 평창동 일대를 개방하는 결과를 가져왔다. 험준한 산악지대가 오히려 게릴라의 침투를 가능하게 한다는 것이었기 때문에 탁 트인 개방된 도로를 만들어 피아식별이 가능한 공간을 두고 군사 이동을 용이하게 한다는 것이다. 북악 스카이웨이에 만들어진 팔각정 벙커에 총안을 두고 사주경계를 한다는 것도 있다. 마찬가지 개념으로 만들어진 것이 바로 한강변 고층아파트의 비상계단 총안이다. 제법 높은 위치인 6층에서 제방을 넘어 경계가 가능할 뿐만 아니라 한강 위에서 이동하는 의심스러운 군사적 목표물을 쉽게 감지할 수 있기 때문이다. 그런 까닭에 혹시 있을지도 모를 북측 게릴라의 침투를 방어하기 위한 시설로 고안되었다. 물론 이런 사항들은 크게 알려지지 않았다. 평창단지가

a 평창단지를 고발한 《동아일보》 1971년 11월 22일자 기사

b 수서지구 특혜 분양 사건을 다룬 《한겨레신문》 1991년 3월 2일자 기사

서울에서는 보기 힘든 고급 단독주택지라는 이미지로 남았듯 총안이 구비된 한강변 남측의 판상형 고층아파트들은 대한민국 최고의 아파트단지라는 이름으로 회자된다.

평창단지는 북한산의 남측 자락이므로 양지바른 곳이었고, 산림이 울창한 국유임야였다. 그런데 북악 스카이웨이 개통으로 인해 이 일대 43만 평 토지의 소유권이 정부의 일반 재산에서 총무처 산하 공무원연금관리기금으로 이관되었는데 연금관리기금은 공원용지에서 해제된 43만 평을 시가의 10분의 1도 안 되는 평당 1,046원, 총 4억 5천만 원에 신탁은행 자회사인 한신부동산(주)에 불하한다. 이어 건설부는 1971년에 공원용지를 해제한 43만 평 중 15만 7천 평을 다시 공원용지로 환원하고 나머지 27만여 평은 일단의 주택지경영지구로 지정하는 절차를 이행했다. 그런데 이곳을 제외한 북쪽 일대는 1971년 7월 30일 개발제한구역(그린벨트)으로 지정해 한신부동산만 알짜 택지를 확보한 결과를 만들었다. 주택지경영지구 27만 평은 한신부동산에 의해 660개 필지로 나뉘어 평당 최고 2만3천 원, 최저 7천 원으로 일반에게 매각했다. 오늘날 서울시내 굴지의 고급주택지로 알려진 평창단지는 서울 요새화 계획으로 인해 만들어진 엉뚱한 결과다.

압구정동 현대아파트가 1979년 9월 분양광고를 낼 때의 이름은 '성수교 아파트'였다. 《현대건설70년사: 프로젝트사》에 따르면 '현대'라는 회사 이름을 아파트에 붙인 최초의 사례는 지금까지 알려진 압구정동 현대아파트가 아니라 1973년 7월 공사에 착수해 1975년 11월까지 총 3차에 걸쳐 12~15층 건물 8개동 607세대와 상가 및 부속건물 일체를 완공한 서빙고 현대아파트다. 압구정동 현대아파트 역시 평창동 고급주택지와 마찬가지로 비난의 대상이 되었다. 1978년 특혜 분양 사건이 드러났기 때문이다. 최초 서울시의 승인 내용은 무주택 종업원용 사원아파트였지만 실제는 총 1,288가구 가운데 336가구만 사원에게 돌아가고 나머지 952가구를 소위 특권층에게 은밀하게 분양한 사실이 드러난 것이다. 이 가운데 공무원이나 국영기업체 임직원들만 해도 190여 가구에 이르고, 분양 당시에는 차관보였으나 사건이 불거진 이후에는 차관이었던 인사 1명을 포함해 군 장성, 국회위원 6명, 재야법조인 7명, 언론인 34명, 예비역 장성 6명 등 소위 저명인사로 불리던 이들이 모두 73명에 달했다는 것이 당시의 조사결과다.

예나 지금이나 세상이 크게 다르지 않다. 위임받은 권력을 함부로 쓰거나 그 권력을 등에 업고 세속적 욕망을 채워나가는 뱃심에는 입이 다물어지지 않는다. 그것이 정치적 선전이건 아니면 체제 옹호를 위한 집단적인 국민 세뇌건 간에 서울 요새화를 넘어 전국 주요지역의 요새화를 부르짖던 시절, 그 외침과 훈육의 주역들이 돈벌이에 몰두했다는 사실에서 우리는 낙담을 넘어 절망에 이른다. 온갖 반칙과 특권, 영합과 몰염치, 나아가 발뺌과 거짓말에 이르면 정의가 설 자리는 없다.

1990년 세상을 떠들썩하게 만든 수서지구 특혜 분양 사건 관련자 가운데 현직 장관 5명과 정계, 언론계, 법조계 등에 포진해 있는 다수의 간부급 인사들은 13년 전, 1978년의 압구정동 현대아파트 특혜 분양 사건에 이미 연루되었던 사람들이었다. 이 사실이 의미하는 바는 무엇일까. 2012년 어떤 정치인이 대통령 후보 수락연설을 통해 "기회는 평등할 것입니다. 과정은 공정하고, 결과는 정의로울 것입니다."라고 한 내용이 그 정치인에 대한 호오를 떠나 많은 이들의 마음을 움직인 특별한 까닭은 우리 모두가 더 이상은 낙담하거나 지친 모습의 자화상을 보고 싶지 않았기 때문이다. 서울 요새화가 빚은 엉뚱한 결과는 여전히 현재하는 사실이다. 국민 모두를 염려와 불안 혹은 걱정으로 몰아간 뒤 한참 시간이 흘러 오래전 상황이 과장됐거나 잘못 알려졌고, 그 상황을 빌려 누군가가 특혜를 받았거나 이권에 개입한 사실이 드러날 때면 모두가 여지없이 다시금 낙담하는 그런 일들, 국가란 무엇인가를 되새기는 일, 그래서 시민이 눈을 부릅뜨고 국가와 권력을 감시해야 하는 일은 우리에게 주어진 일종의 책무다. 더 이상 낙담하는 일이 없어야 하기에 더욱 그렇다.

끝없는 직각과 직선의 세계,
도시 속의 완벽한 요새

단지의 유래

2016년은 영국의 사상가 토머스 모어(Thomas More)의 《유토피아》가 세상에 나온 지 500년 되는 해였다. 'Utopia'란 그리스어로 '없다'는 뜻을 가진 'οὐ(not)'와 '장소'를 의미하는 'τόπος(place)'가 합해져 만들어진 단어로 아주 자세하게 얘기할 수는 있으나 현실에는 결코 존재하지 않는 이상적인 사회라는 뜻이다. 북유럽 사람들이 꿈꾸었던 발할라나 대항해시대에 수를 헤아릴 수 없을 정도의 많은 스페인 정복자들이 찾아 나섰다는 엘도라도 혹은 한자문화권에서 회자되는 무릉도원 역시 세상과 격리된 별천지를 의미한다는 점에서 유토피아인 것은 마찬가지다.

그러나 유토피아라는 속뜻을 무색하게 만드는 '세상 가운데 별천지'는 한국 사회에 존재한다. 아니, 존재하는 정도가 아니라 인구의 6할 정도가 일상을 영위하는 현실 세계다. 너무나 일반적이라 입에 붙어 특별하게 의미를 부여하거나 깊이 생각할 틈이 없을 뿐 그것은 우리 곁에 그림자처럼 따라붙는다. 안타깝게도 '단지'가 그것이고, '아파트 단지'로 묶으면 더욱 익숙하다. 오죽 했으면 "단지공화국에 갇힌 도시와 일상"이라는 부제를 붙여 책을 출간할 수 있었겠느냐 말이다.[1] 이 책을 지은 건축학자 박인석은 한국 사회를 '아파트 공화국'이라 명명하는 것은 문제의 핵심을 잘못 짚은 것이라며 '아파트 단지 공화국'으로 바꿔 불러야 마땅하다고 했다. 나아가 '단지'란 오래 묵은 시가지처럼 개별 활동들이 오랜 시간 쌓여 만들어진 생활공간이 아니라 단일 주체가 일시에 만들어 낸, 삶을 획일화시키는 집단화 공간이므로 '단지 해체가 살길'이라고 주장한다.[2]

단지(團地)라는 말의 뜻풀이를 해 보면 그 주장에 수긍하게 된다. '모일 단(團)'과 '땅 지(地)'가 합성된 말이니 다양한 크기와 모양으로 조각난 필지들이 자본과 욕망이라는 거대한 힘에 의해 한덩어리가 되었다는 말과 다르지 않다. 그 힘의 동력은 당연하게도 속도와 효율로 대표되는 20세기의 가치이다. 경제 환원주의와 표준화 혹은 규격화나 규범화로 불러 마땅한 국가의 거친 공간정치 철학이 불쏘시개가 되었다. 일례로 한때나마

---

1 — 박인석, 《아파트 한국사회: 단지공화국에 갇힌 도시와 일상》, 현암사, 2013(초판1쇄). 이 책은 최근 한국사회를 읽는 주요 키워드 가운데 하나인 '아파트 공화국'을 '단지공화국'으로 바꿔 불러야 상황을 제대로 인식할 수 있다는 역설을 통해 공공공간의 환경 개선 없이 사유(私有) 단지 개발을 장려하는 이른바 '단지화 전략'을 비판하고 정책적, 제도적, 실천적 대안을 담고 있다.

2 — 최근 이와 유사한 주장을 담은 책이 여럿 출간되었다. 김성홍, 《길모퉁이 건축: 건설한국을 넘어서는 희망의 중간건축》, 현암사, 2011(초판1쇄); 황두진, 《무지개떡 건축》, 메디치, 2015(초판1쇄) 등은 넓게 보아 바람직한 정주환경의 모델이 무엇이며, 어떻게 만들 것인가에 대한 분석과 성찰을 담았다.

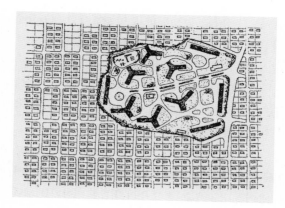

1960년대 초 마포아파트 건설 당시
아파트단지와 단독주택지의 비교 다이어그램.
출처: 대한주택공사, 《주택》 제7권 1호, 1966

모두에게 익숙했던 뉴타운 사업의 경우, 크기와 모양이 서로 달라 번지수 끄트머리에 끝도 없는 호수까지 붙인 조각보 같은 땅을 '정비'라는 거대한 힘에 의존해 하나로 묶고 단 하나의 번지수를 갖도록 재구성한 것이니 따지고 보면 '단지 만들기'의 전형이며, 웅크리고 앉아 '발전'을 기대한 이들에게는 천지개벽의 마술로 여겨졌다.

단지는 일본어에서 온 말이다.[3] 1926년 5월 《동아일보》는 "부여팔경"을 언급하면서 세 번째로 구룡평(九龍坪)에 대해 쓰기를 "노전(蘆田)과 수전(水田)은 처처에 단지를 이루었다."[4]고 했다. 단지를 이루고 있는 갈대밭이 매서운 북풍에 얼 때면 수십 마리의 큰 기러기가 내려앉으며 울어대는데 그 모습은 중국 서호(西湖)를 방불케 하고, 여름 농번기와 가을 수확기에는 논에서 일하는 이들이 부르는 가요 산수화가 나라 잃은 슬픔을 전하듯 들판에 가득하다고 쓰며 그렇게 한떼로 모인 양태며 형상을 일컬어 '단지'로 호명했다.

뿐만 아니다. 1938년 9월 조선총독부에서는 총독부 관동군, 만주국과 협의해 영농 목적의 만주이민 취급요강을 만들었으나 신경(新京)에서 개최된 이민사무위원회의 결과를 반영하여 정무총감이 1939년부터 적용될 새로운 취급요강을 발표했다는 기사를 전했다. 이 기사의 끄트머리에 해설을 붙였는데 집합 이민은 대개 20~30호 정도를 말

3 — 이한섭, 《일본어에서 온 우리말 사전》, 고려대학교 출판문화원, 2015(초판3쇄), 235쪽

4 — "부여팔경", 《동아일보》 1926년 5월 16일자

하지만 100호 이상이 집단적으로 들어서는 경우는 단지라 하고, 이들에 대한 영농자금이며 경지, 가옥 등은 일부 알선한다는 내용을 적었다.[5] 문자 해독이 가능했던 당시 사람들이 단지라는 단어의 용례와 의미를 받아들이게 된 경위다.

2015년 작고한, 도시계획가 박병주는 대한국토·도시계획학회 창립50주년을 기념해 기획된 면담 구술채록《이야기로 듣는 국토·도시계획 반백년》에서 1960년대 초 주거지에 적용된 단지 개념의 도입과 정착 과정을 술회했다.

1963년 제가 미국국제협력처(ICA) 기술실 부실장으로 있을 때 주택공사 홍사천 기술이사가 저더러 일본에서는 주택단지라는 용어를 쓰고 있는데 그 뜻의 정확한 이야기를 해달라고 한 적이 있습니다. 그래서 자세히 설명했는데 대뜸 주택공사 장동운 총재와 상의해볼 테니 단지연구실을 만들고 그 실장으로 오지 않겠느냐고 합디다. 그 뒤 망설이다, 주택영단에서 5.16 후 주택공사로 바뀌어 대규모의 주택사업이 진행된다는 장 총재의 이야기에 따라 그곳으로 옮겼습니다. 참고로 당시 저하고 같이 일하던 주종원 선생도 함께 단지연구실로 갔지요. 그곳에서는 맨 처음 주택단지라는 것을 해설하는 글과 함께 우리나라 주택단지의 건설방향에 대한 '홍보 활동'[6]부터 해 나갔습니다.

이 무렵에 했던 작품으로는 '우리나라 최초로 건설된 단독주택 위주로 된 주택단지'란 이름의 수유리 주택단지계획과 화곡동 10만 단지계획, 동부이촌동 아파트 단지계획 등이 있습니다. 한강변 동부이촌동 공무원아파트 단지계획은 초등학교와 중학교가 있는, 그 당시로서는 가장 규모가 컸던 아파트단지라는 점에서 주목을 받았습니다. 이 작품은 1966년 제가 IFHP(국제 주택·도시계연합) 동경회의에 참석했던 때 당시 일본의 최신 아파트단지들을 시찰한 뒤 만든 것이었습니다.[7]

박병주가 작성한 것이라 추정되는 "단지연구의 당면과제"라는 글에서 그는 "자유로운

5 — "영농 목적의 만주이민 취급요강을 발표", 《동아일보》 1938년 9월 8일자

6 — 박병주가 언급한 주택단지 건설방향에 대한 홍보의 구체적 내용은 "단지연구의 당면과제"라는 글과 함께 그가 대한주택공사 단지연구실장으로 자리를 옮긴 뒤 홍익대학교 건축학과에 새로운 교과목인 단지계획 강좌를 개설, 직접 출강했던 일을 말하는 것이다. "단지연구의 당면과제"는 주택문제연구소 단지연구실에서 작성한 것으로 기록되어 있지만 실장이 박병주였다는 점에서 그가 기술했을 것으로 추측된다. 이 글은 대한주택공사 기관지인 《주택》 통권 제10호, 1963. 6. 31~34쪽에 실렸다.

7 — 대한국토·도시계획학회 편저, 《이야기로 듣는 국토·도시계획 반백년》, 보성각, 2009(초판), 114~115쪽

토지소유와 개별적인 건축행위의 집적은 시가지의 불량화와 도시의 능률을 저하시키는 원인"이 된다는 점을 지적하면서 "일단지에 주택을 계획적으로 건설하는 것이 필요"하다는 점을 역설했다. 특히 일하는 곳과 거주하는 곳, 거주하는 곳과 레크리에이션 하는 곳을 분리하고 이들 사이를 잘 연결하여 건전한 생활을 지지하여야 하며, 이를 위해 단지의 넓이(규모)는 커뮤니티의 기본 조건을 완전히 충족시켜야 하므로 획지, 인보구, 근린분구, 근린주구 등 우리나라 생활조건에 적합하고 성장하는 국가로서의 단지 기본 계획을 위한 적정치를 추출하여야 한다고 주장하며 이를 위해 적극적인 대단지사업이 필요하다는 점을 역설했다.[8] 일본에서 정립된 단지의 개념과 구체적 공간 실천 전략으로서의 단지 조성 수법을 거의 그대로 따른 것이다.

또 다른 글도 살펴보자. 1950년대에 서울시 도시계획위원회의 연구회 일원으로 1961년 말까지 일한 뒤 1962년 5월 7일부터 다시 서울특별시 도시계획국 계획과장을 맡았고 1976년부터 단국대학교 교수로 있었던 한정섭은 구술채록을 통해 다음과 같은 회고를 남겼다.

(서울시 도시계획과장으로서) 계획을 하자면 자세한 현상도면이 있어야 하는데 6.25 이후에 서울시가 많이 파괴되니까 토목 출신들이 이 기회에 새로운 것을 만들어보자고 해서 모델로 잡은 것이 만주의 '신경'이었어요. 지금의 '장춘'이죠. 그래서 일본 사람들이 새로운 계획을 세운다고 만주로 진출하니 구시가지를 내놓고, 신시가지를 파리를 모방해서 중앙광장에 방사형으로 만들고 그런 흉내를 냈어요.[9]

정리해 보면 단지란 말의 탄생이나 의미는 모두 일본에서 유래한 것이고, 일본의 만주국 건설 과정에서 자주 쓰였으며, "한국의 '국토', '국토개발' 개념 자체가 소련과 나치 독일에서 출발해 만주국을 경유해 도달한 것"[10]이라는 견해에 독일과 만주 사이에 '일본을 거쳐'라는 내용을 보태면 그 궤적이 조금 더 명료해진다. 그렇게 본다면 "1960년대 한국의 대공사들은 오로지 농토 확장과 공업화라는 절대 목표에 복무했다. 서서히 농지 이외의 매립(염전, 선가대, 선착장, 잡종지, 택지, 대지조성 등)도 나타났다. 여의도 88만 평, 서

8 — 주택문제연구소 단지연구실, "단지연구의 당면과제", 앞의 책, 31~34쪽

9 — 대한국토·도시계획학회 편저, 앞의 책, 229쪽

10 — 한석정, 《만주 모던: 60년대 한국 개발체제의 기원》, (주)문학과지성사, 2016.(제1판 제1쇄), 303쪽

빙고 6만 평, 서부이촌동 7만 3천 평이 택지로 개발"'"됐고, 이러한 일련의 과정을 거치면서 단지가 우리 사회 개발의 전형적 수법이자 구체적 이미지로 스며든 것이라 할 수 있다. '수유리 주택단지계획'이나 '화곡동 10만 단지계획', '동부이촌동 아파트 단지계획' 등이 그 첨병이 되었던 셈이니 대한민국 개발 체제의 기원으로 불리는 1960년대가 단지 탄생의 시원이 된다.

아파트단지 공화국

대한주택공사 이사이자 한국건축가협회의 감사를 맡고 있던 홍사천은 1964년 2월 《건축가》에 당시 심각한 주택 문제 해결을 위한 주택공사의 기본 입장에 관한 글을 발표했다. 이 글에서 그는 모두 5가지의 대안을 언급했다. 첫째, 이용도가 낮은 대지를 고층화하여 하부를 상가 혹은 사무실로 사용하는 도시 재정비와 도시 고층화, 둘째, 위성도시의 건설과 대단위 택지 조성, 셋째, 주택의 다량생산과 자재 규격화, 넷째, 농어촌 주택의 개량, 다섯째, 주택 가격의 인하 등이다. 그중 주택 가격의 인하 방법 제안은 매우 흥미롭다.

어떠한 방법으로 주택의 가격을 인하하느냐 하는 문제이다. 그러나 주택의 가격인하로 인하여 그의 질이 저하되어서는 안 되겠다. 질을 저하시키지 않고 가격을 인하시키자면 먼저 새로운 자재를 연구하여 값 싸고 효용성 있는 주택을 건설할 것이며 지가의 안정책을 모색하여야 할 것이다. 그리고 주택의 구조면이나 평면상의 연구 개선으로 건축비를 절감하고 조립식주택을 연구하여 공사기간을 단축함으로써 주택의 가격을 인하해야 한다. 주택건설의 모든 방면에 정책적인 뒷받침이 있어야 하겠지만 특히 주택의 부대시설에 대하여서 그러하다. 즉, 수도, 전기의 간선공사나 도로 비용까지 입주자가 부담하는 것을 지양하고 일개 단지를 형성하는 주택 지구에 대해서는 수도의 간선공사는 관할행정관서에서, 전기의 간선 외선(外線)은 한국전력에서, 도로는 국가에서 각각 부담함으로써 주택의 가격은 대폭 인하될 수 있을 것이다.[12]

11 — 한석정, 앞의 책, 317쪽

12 — 홍사천, "주택문제 해결에 대한 소감", 《건축가》 vol. 2, 한국건축가협회, 1964년 2월호, 39쪽

대전 둔산지구 아파트단지 ©전재홍

1964년에 '주택의 부대시설 가운데 수도, 전기의 간선공사나 도로 비용까지 입주자가 부담하는 것을 지양'한다고 했던 것은 그로부터 5년이 지난 1969년에 이르러 "일본에서 대대적으로 유행했던 맨션아파트 단지(한강맨션아파트)를 통해"[13] "공사금액은 입주금을 선납 받아 국가의 재정적 부담 없이 중산층을 위한 아파트(단지)를 준공"[14]했다는 사실로 급격하게 선회되었고, 결국 "공적 냉소와 사적 정열이 지배하는 사회"인 아파트단지가 됐다는 말이니 지금의 모습 그대로 "단지공화국에 갇힌 도시와 일상"을 반복하는 유토피아 속의 '난민'이 되고 말았다는 말이다. 즉 내 돈을 주고 부대시설까지 모두 구입하는 시스템이 정착됐고, 그 안에서 단지 밖 세상에는 무심하거나 혹은 배타적인 태도를 취하게 되었다는 뜻이다.

좀 더 분명하게 의미를 짚어볼 수도 있다. 외부의 생활세계와 절연한 채 아파트단지 안에 풍요롭게 만들어진 부대복리시설과 주민공동시설의 넉넉함을 자랑스러워하고 아

13 — 장동운, "민간업체를 선도한 한강맨션아파트", 《대한주택공사30년사》, 1992, 116~117쪽

14 — 대통령비서실, "한강 맨션 단지 건설사업 계획", 1969년 9월 22일 대통령 보고 후 결재 문건

단지식 아파트단지와 단독주택지의 공간조직을 극명하게 대비시키는 잠실 일대 위성지도, 2016 ⓒ네이버

파트단지의 누군가가 더 이상의 삶을 견디지 못해 몸을 던지는 일이 있더라도 "지랄, 왜 남의 아파트에서 그런 거냐? 집값 떨어지게."[15] 라며 아무렇지도 않은 듯 투덜대는 인간 으로 전락할 수도 있다는 말이다.

문제는 시민이 정치에 대한 기대와 관심을 접을 때 이로부터 이익을 얻을 수 있는 세력이 반드시 존재한다는 점이다. 권력자, 재벌, 관료집단이다. 시민들은 그사이 자신들의 삶을 규정하는 공적 의제의 논의 테이블에서 속절없이 밀려난다. 해나 아렌트(Hannah Arendt)의 표현을 빌면 '사생활의 영역에만 머물 뿐 공적 사안과 관련해선 아무런 자격 없는 인간'으 로 전락하는 셈이다. 이 존재들을 아렌트는 '정치조직의 상실로 인해 인류로부터 추방된' 존재, '난민'이라고 불렀다.[16]

15 — 한수영, 《조의 두 번째 지도》, ㈜실천문학, 2013(1판1쇄), 64쪽

16 — 한나 아렌트 지음, 박미애·이진우 역, 《전체주의의 기원》, 한길사, 2006; 이세영, 《건축 멜랑콜리아》, 반비, 2016(1판1쇄), 136쪽 재인용

공적 냉소와 사적 정열이 지배하는 사회인 아파트단지 안의 우리들이 바로 그런 존재, 난민으로 부를 수도 있겠다는 섣부르지만 과격한 생각을 갖게 한다.

김채원의 소설 〈푸른 미로〉에는 이렇게 쓰여 있다.

신촌이라고 써 붙인 버스는 시내로 들어오는 듯하더니 대단위 아파트 단지 속으로 들어갔다. '가양 1단지입니다. 다음 정류장은 가양 2단지입니다.' '가양 2단지입니다. 다음 정류장은 가양 3단지입니다.' 버스에 붙은 자동 테이프가 정류장마다 한없이 계속해서 이렇게 말했다. …(중략)… 생각해보라. 한 정거장 내내 아파트 단지여도 이상할 텐데 한 정거 두 정거 세 정거 네 정거 이렇게 아홉 정거까지 아파트 숲이었다. 가도 가도 가도 가도 아파트는 끝나지 않았다. 끝없는 직각과 직선의 세계. …(중략)… 혹시 이곳이 영등포일까. 영등포에 공장지대가 있다고 들었는데 그 공장 사람들이 사는 대아파트 단지일까. 이곳에 사는 사람들은 공장에서 일하고 가정을 이룬 곳으로 돌아와 밥 먹고 잠을 자는가. 그리고 아침이면 다시 공장에 일하러 가는가. 어마어마한 이 숫자. 공장을 중심으로 이룬 소왕국. 도시 속의 완벽한 요새.[17]

"도시 속의 완벽한 요새"로 불리는 아파트단지에 존재하는 난민이라니. 형용모순의 완전한 예시가 아닌가.

아파트를 구할라 치면 부동산중개업자가 늘 강조하는 말이 있다. 가급적 대단위 아파트단지를 선택하라는 것이다. 왜 일까? 대답은 매우 간단하다. 다다익선이라는 것이다. 한 단지에 많은 세대의 아파트가 들어설수록 단지 안의 복리시설이며 주민공동시설의 종류와 양이 늘어나도록 법률과 제도가 강제하는 시스템이 작동하기 때문이다. 이 말은 곧 울타리로 둘러싸인 대단지 안에서 바깥 세계와는 절연한 채 반복적인 일상을 누리고 학습하는 인간이 길러진다는 말과 다르지 않다. 그런 이유로 도시에 외로이 선 아파트는 '나 홀로 아파트'라는 오명을 뒤집어쓴 채 욕을 먹기 일쑤고, '세속을 떠난 별천지'가 만들어질 가능성은 곧 단지 규모가 클수록 높아지는 셈이다.

우리나라 대부분의 아파트단지는 다른 나라의 경우와 달리 방음벽이나 담장으로 둘러싸여 있다. 차를 이용하면 게이트라 부르는 한두 군데의 출입구를 통할 수밖에 없고, 마치 군영을 드나들 듯 비표가 달린 차량 출입 카드가 안팎을 철저하게 구분한다. 그러

---

17 — 김채원, 〈푸른 미로〉, 《지붕 밑의 바이올린》, 현대문학, 2004, 293쪽

니 우리의 아파트단지는 마치 군부대와 같다는 말을 웃어넘길 수 없다. 군인들이 물품 구매를 PX에서 하듯 아파트에 사는 이들은 단지 내 상가를 이용하고, 아이들은 다른 곳과 똑같은 모양의 기구가 설치된 규격화된 놀이터에서 자투리 시간을 보내며, 크기며 꾸밈새까지 다른 단지와 하등 다를 것 없는 녹지공간에서 여가를 보낸다. 게다가 누구든 예외 없이 같은 높이와 같은 크기의 집에서 일상을 꾸린다. '아파트단지'의 일상적 풍경이며, 의심 없이 반복하는 매일의 모습이다. 그래서 작가 박완서는 〈닮은 방들〉[18]이라는 제목의 소설을 썼는지도 모른다.

정책적 과업의 탈출구, 단지 만들기 전략

냉전 시기인 1950년대부터 1970년대에 걸쳐 자본주의 진영은 전례 없는 경제적 번영을 맞이했다. 홉스봄은 이 시대를 '황금시대'라 부르는데, 황금시대는 동시에 '복지국가의 시대'이기도 하다. 국가의 대규모 공공사업과 인심 후한 복지정책을 바탕으로 실업률은 낮아지고 수많은 노동자가 풍족한 생활을 누릴 수 있게 된 것이다. 일본의 고도경제성장 시대도 이 시기에 해당한다. 일부 독자들은 사회주의가 자본주의에 대항하는 개념이라는 이미지를 가지고 있을 것이다. 그러나 그것이 전부는 아니다. 결과를 놓고 보자면, 사회주의는 자본주의가 스스로 개혁할 수 있도록 촉진하는 역할 또한 감당했다.[19]

이런 이유로 일본을 포함한 많은 자본주의 진영의 국가들은 대규모 공공사업과 복지제도를 통해 공간 환경의 질적 개선과 더불어 노동 조건의 향상을 가져와 일상적 공간

---

18 — 박완서, 〈닮은 방들〉, 《그 가을의 사흘 동안》, 나남출판, 1997(20쇄), 352쪽 일부를 인용해 보자. "서양 여자들이 체중을 줄이기 위해 다이어트를 하듯이 이곳 아파트의 여자들은 남의 흉내를 내기 위해 순전히 남을 닮기 위해 다이어트를 했다. 나는 이런 닮음에의 싫증으로 진저리를 쳐 가면서도 철이네만 있고 우린 없는 세탁기를 위해 콩나물과 꽁치와 화학조미료와 철이 엄마식 요리법만 가지고 밥상을 차리고, 철이 엄마는 내가 살림날 때 올케한테서 선물로 받은 미제 전기 후라이팬을 노골적으로 샘을 내더니, 오로지 그녀의 요리법 하나만 믿고 형편없는 장보기를 하고 있었다. 이렇게 나나 철이 엄마나 딴 방 여자들이나 남보다 잘 살기 위해, 그러나 결과적으론 겨우 남과 닮기 위해 하루하루를 잃어버렸다. 내 남편이 18평짜리 아파트를 위해 7년의 세월과 부드러움과 따뜻함을 상실했듯이." 〈닮은 방들〉은 1974년 《월간중앙》 6월호에 발표한 소설이다. 이때가 바로 잠실대단지 아파트가 한창 만들어질 때였다.

19 — 사토 마사루 지음, 신정원 옮김, 《흐름을 꿰뚫는 세계사 독해》, (주)위즈덤하우스, 2016(초판3쇄), 47쪽

준공 직후인 1976년 촬영한 잠실주공 5단지. 대한주택공사 홍보실 자료

환경의 요구 주체이자 사용 주체로 거듭나게 된 시민들의 요구에 실질적으로 부응하는 양상을 보였지만 우리나라의 경우는 그렇지 못했다.

1970년대부터 본격 성장기에 들어선 한국경제는 사회계층의 급속한 변화로 이어졌다. 특히 정부 관리, 간부급 사무직 근로자, 교육자, 언론인, 저술가, 전문직 자영업자 등 신 중간층의 급격한 성장은 정부로 하여금 소득 수준에 부합하는 환경 수준을 갖춘 집과 동네를 만들어야 한다는 부담을 가중시켰지만 전반적인 도시환경은 절대 열악한 상태에 머문 가운데 주거환경 수준에 대한 욕구 증대는 봇물처럼 터졌다.

이들의 요구에 부응해 주택과 도시환경의 개선에 투자 역량을 집중했다가는 자칫 개발도상에 오른 한국의 성장 동력을 꺼뜨릴 우려가 컸다. 그렇다고 주택 문제가 정치적 문제로 방향을 바꿀 경우 정권 차원에서 적지 않은 부담을 지게 될 것이 뻔했다. 싸우면서 건설하는 산업역군으로 치켜세운 이들의 내면적 욕구를 짓누를 수 없었다. 난관에 봉착한 것이다. 이때 등장한 것이 바로 '단지 만들기 전략'이다. 토지 이용의 효율 극대화를 위해 채택된 적층주택인 아파트를 집단화한 '단지'는 이런 걱정을 일거에 날려버릴 수 있는 거의 유일한 탈출구였고, 정부의 재정 부담 없이 중산층의 폭발적인 주거환경 욕구를 만족시킬 수 있는 기막힌 발명품이었다.

도시 환경에 대한 대규모 투자 없이 좁은 땅에 많이 짓는 아파트를 단지 단위로 조성하되 주차장과 녹지, 넓은 공지를 얻을 수 있고, 학교와 같은 공공시설 부지는 싼값에 확보하고 경로당이며 어린이놀이터, 청소년 운동시설까지를 한꺼번에 모두 확보하는 대안이었다. 게다가 이런 시설이며 공간 모두를 "구매자 스스로가 부담"하도록 했으니 정부는 단지 출입을 위한 접근도로만 확보하면 그만이었다. 박인석의 말대로 "도시 환경에 대한 대규모 투자 없이도 단지별로 녹지, 놀이터, 주차장을 갖춘 꽤 괜찮은 '동네와 집'을 만들어낼 수"[20] 있는 기막힌 대안이었다. 스스로 모든 비용을 부담하고서라도 아파트를 구매하겠다는 사람들은 넘쳤으니 꿩 먹고 알 먹는 격이었다. 물론 그들에게 다른 선택지는 주어지지 않았다. 정부 재정은 공급자인 공공기관이나 건설업체 중심으로 지원되었고, 그런 까닭에 내 집을 갖겠다는 욕망은 반드시 새롭게 만들어지는 단지형 아파트를 경유하는 장기 융자를 통해서만 가능했다. 중산층의 주택 수요는 당연하게도 아파트단지로 집중했고, 단지 수요의 급신장은 다시 건설업체의 몸집 불리기로 이어졌다.

자기복제 방식에 의한 아파트단지의 재생산은 주거양식에 따른 공간 환경의 양극화를 부추겼다. 당연하게도 각종 편의시설과 넓은 공지를 갖춘, 게다가 늘어난 자가용 수요를 감당할 수 있는 주차장까지 두루 갖춘 아파트단지가 열악한 단독주택지와 허술한 단독주택을 압도했다. '아파트시대의 개막'이라 부른 이 현상은 사실 '아파트단지 시대의 출발'을 알린 것이다. '단지'를 학습한 이들은 박민규의 소설 〈비치보이스〉에 등장하는 청년들처럼 평수를 기준으로 뭉쳐 놀았고, 한날한시에 동반 입대할 정도로 끈끈한 구성원이 되었다. 단단한 이익 결사체인 단지 안에서도 이제 평수를 중심으로 갈래를 나누는 현상까지 등장하게 되었다. "사십 평 아파트에서 사는 인생과 십팔 평 아파트에서 사는 인생이 어디 같겠어요?"[21]라는 질문이 아주 자연스러울 뿐만 아니라 답 대신 그저 고개를 주억거릴 수밖에 없는 속물적 인간으로 만들어진 것이다.

어렸을 때 이웃 단지의 47평에 초대된 적이 있었다. 단짝의 생일파티였는데 갑자기 배가 아파 화장실을 찾았다. 볼일을 잘 보고 물을 내리는데 아주 기분이 묘했다. 물, 소리가 너무나 달랐던 것이다. 우리집에선 콰, 하는 소음과 함께 맹렬한 소용돌이가 변기를 훑어 내

---

20 ― 박인석, 앞의 책, 21쪽

21 ― 김숨, 《여인들과 진화하는 적들》, ㈜현대문학, 2013(초판1쇄), 216쪽

리는데 스와, 하는 부드러운 소리와 함께 잔잔히 맴을 돈 물이 변기를 빠져나가는 것이었다. 그 느낌이 너무 묘해 나는 몇 번이고 스와, 를 반복했다. 우와, 탄복을 하며 화장실을 나와서도 그 소리가 귀에서 떠나지 않았다. 그리고 더는 파티를 즐길 수 없었다. 생각할수록, 이상한 일이었다.

우리는 '22평 친구'들이다. 말하자면 그렇다. 이런 이상한 단어보다는 확실히 어릴 적 친구나 단짝, 동창생 같은 표현이 쉽게 와닿겠지만-굳이 이런 단어를 골라 쓰는 이유가 있다. 그것이 가장 '정확한' 표현이기 때문이다. 우리는 같은 단지의 22평 라인에서 함께 살아왔다. 재이의 집이 옆 동네의 36평으로 이사 간 게 재작년의 일이니, 실로 어마어마한 시간을 이웃으로 지낸 셈이다. 단지의 아이들은 평수를 기준으로 뭉쳐 놓았다. 게다가 우리에겐 우리 이상으로 뭉쳐 살아온 엄마들이 있다. 함께 시장을 보고, 정보를 교환하고, 머리를 하고, 사우나를 가고, 전화기를 붙들면 기본이 두 시간이던 엄마들이 있었다. 이는 곧 비슷한 옷을 입고, 같은 학습지를 신청하고, 줄곧 같은 학원을 다니고, 우루루 몰려가 같은 병원에서 포경수술을 받는다는 것을 의미했다. 어디, 누가 제일 잘됐나 보자. 네 명의 엄마 앞에서 넷이 나란히 고추를 내밀던 기억은 아직도 선명하다.[22]

평수를 기준으로 뭉친 아이들과 엄마들을 다시 단지를 기준으로 뭉친 아이들과 엄마들로 바꾸어보아도 하등 차이가 없다.

1960년대 초에 채택된 국가 주도의 단지 만들기 전략

다시 앞에서 인용한 "단지연구의 당면과제"로 돌아가 보자. 박병주의 언급 가운데 주의 깊게 살펴야 할 내용이 등장했기 때문이다. "단지는 커뮤니티의 기본 조건을 완전히 충족시켜야 하고, 이를 위해 적극적인 대단지 사업이 필요"하다는 말이 그것이다. 커뮤니티의 기본 조건이란 무엇인가. 바로 미국의 도시계획가인 아더 페리(C.A. Perry)에 의해 1920~1930년에 본격 등장했고, 근린주구 구성의 원리(neighborhood unit principles)라 불리는 일종의 원칙이자 모델로 미국 뉴욕 교외주거지 모형으로 설정된 개념이자 규범이

22 — 박민규, 〈비치보이스〉, 《더블 side B》, (주)창비, 2010(초판1쇄), 125~126쪽

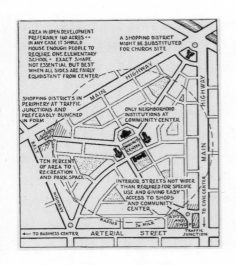

페리의 근린주구이론 다이어그램, 1929. 출처: Harold MacLean Lewis, *Planning the Modern City*, Vol. 2, 1957

다.[23] 즉 도시의 확장으로 인한 교외주거지의 필요성이 높아지면서 허허벌판에 '꽤 괜찮은 동네와 집'을 어떻게 만들 것인가에 대한 미국 중산층을 위한 표준 모델이었다. 그런데 그 모양과 구성 원리가 우리들에게 익숙한 아파트 '단지'와 닮아도 너무 닮았다.

이 논의에서 페리는 "어떤 가족이라도 자신의 생활권에서 모든 공공시설과 환경조건들을 편안하게 향유하여야 한다는 점에서 도시 근린주구 구성의 원리란 몇 가지 중요한 관점에서 고려되어야 한다. 즉 초등학교에의 편리한 접근성 보장, 적당한 규모와 위치를 가지는 놀이공간과 구매시설, 그리고 자동차로부터 안전한 일정한 영역의 구축 등이 그것"[24]이라고 주장했다. 그리고 이 원리는 다시 규모(sizes), 외곽(boundaries), 공지(open spaces), 편의시설(institution sites), 상가(local shops), 단지 내 도로 체계(internal street system) 등 6개의 항목으로 분류되었는데, 이것이 소위 우리나라의 단지 만들기 전략의 구체적 수단이자 도구로 사용된 근린주구론의 토대다. 이제 이를 하나씩 구체적으로 살펴보자.

23 — Harold MacLean Lewis, *Planning the Modern City*, Volume 2, New York, John Wiley & Sons, 1957(3rd printing), pp.3~7에 핵심 내용이 잘 기술되어 있다. 페리의 이론이 정립된 것은 1929년으로 "Regional Plan of New York and Its Environs"를 통해서였다. 그의 주장은 10년 뒤인 1939년에 출간된 *Housing for the Machine Age* (Russel Sage Foundation)를 통해 더욱 진전된 개념으로 자리 잡았다.

24 — Harold MacLean Lewis, 앞의 책, 4쪽. 더욱 흥미로운 사실은 이러한 내용을 언급하고 있는 챕터의 제목이 공교롭게도 "근린주구와 커뮤니티 계획(Neighborhood and Community Planning)"이다. 즉, 박병주의 글을 통해 제안된 '커뮤니티의 기본 조건'이라는 내용과 일치하고 있다는 사실이다.

첫째, 근린주구의 규모. 사람들이 어울려 살 수 있는 주거지의 개발 규모와 단위는 초등학교 1개가 들어갈 수 있을 정도의 규모가 되어야 하며, 그 면적은 원칙적으로 인구 밀도와의 관계 속에서 고려되어야 한다.

둘째, 근린주구의 경계. 근린주구의 외곽은 모두 자동차 통행이 자유로운 간선도로와 면해야 하며, 다른 지역과 자동차를 통해 쉽게 연결될 수 있는 너비여야 한다.

셋째, 공지. 근린주구에 거주하는 사람들이 자유롭게 이웃과 친분을 나눌 수 있도록 오픈 스페이스와 휴게공간을 가져야 한다.

넷째, 편의시설. 초등학교와 그 밖의 다른 주민공동시설들은 가급적 한곳에 집중되어야 하며, 주민들의 이용에 불편이 없도록 도보거리에 자리 잡아야 한다.

다섯째, 단지 내 상가. 하나 또는 그 이상의 상업 용지가 만들어져야 하는데, 근린주구에 거주하는 사람들이 불편하지 않도록 충분한 규모로 조성되어야 하고, 근린주구의 외곽에 위치하되 교차로나 주변 근린주구와 이어지는 곳에 조성되어야 한다.

여섯째, 단지 내 도로. 근린주구는 아주 특별한 가로체계를 가져야 하는데 단지 외부에 연결되는 자동차 전용도로와 접속되어야 하지만 근린주구 내부의 도로는 직선으로 가로지르는 통과교통은 허락되지 않아야 한다.[25]

물론 구체적인 동네(근린주구)의 규모도 제안했다. 교회나 학교, 커뮤니티센터 등이 들어서는 근린주구 중심에서 반지름이 대략 1/4마일(400m 정도)에 해당하는 원을 그릴 때 그 원 안에 포함되거나 걸치는 정도의 지리적 공간을 상정한 것이다.

어떤가. 20세기 초에 미국의 교외주택지를 만들기 위해 제안된 동네 만들기 전략이 일본을 거쳐 한국의 아파트단지에서 실현되었다는 주장이 과연 억측일까. 우리나라에서 단지란 "주택건설 사업계획 또는 대지조성 사업계획의 승인을 받아 주택과 그 부대시설 및 복리시설을 건설하거나 대지를 조성하는 데 사용되는 일단의 토지를 말한다."로 규정하고 있고, "철도·고속도로·자동차전용도로, 폭 20미터 이상인 일반도로, 폭 8미터 이상인 도시계획 예정도로로 분리된 경우는 각각 별개의 단지"로 본다는 법령 규정을 알아차린다면 억측은 이제 믿음으로 변한다.

물론 페리의 근린주구론에 기반한 주거지 조성은 일제강점기부터 시작되었다.[26] 그리

---

25 — Harold MacLean Lewis, 앞의 책, 4쪽

26 — 공동주택연구회, 《한국공동주택계획의 역사》, 세진사, 1999, 79~124쪽 참조

고 해방과 한국전쟁을 거친 뒤인 1960년대의 개발체제에 진입한 이후에는 이것이 보편적인 방식으로 안착되었다. 주택 공급을 주도했던 대한주택공사는 당시를 이렇게 기술하고 있다.

종래와 같은 산발적인 택지개발을 지양하고 일단의 주택지 개발 규모를 가능한 한 근린주구 단위로 대규모화 하여 거주생활환경시설을 갖추어 주민들의 생활에 불편이 없는 아파트 단지로 개발하는 것이 이 시기(1962~1966년, 제1차 경제개발기)의 개발 구상이었다. …(중략)… 이러한 구상이 구체화된 것이 마포아파트 단지, 화곡10만 단지 건설이었다.[27]

이런 배경에서 마포아파트 단지를 한국 최초의 단지식 아파트라 부르는 것이며, 이를 출발점으로 삼은 한국의 아파트 공간 작법은 마치 세습처럼 굳건하게 자리하기에 이른 것이다.

단지의 구조화, 일상화, 고착화

지리적 공간적 모델로 페리의 근린주구론이 본격 채택되며 사설 오아시스인 단지 만들기의 필요조건이 구비되었다. 문제는 충분조건이 아직 마련되지 않았다. 공간 모델을 통해 형식이 꼴을 이루었으니 이제 내용을 채워야 했다. 페리의 근린주구론에서 주창된 풍족한 커뮤니티의 조건을 구비한 것이라 할 수 없기 때문이며, 주민들의 생활에 불편이 없는 아파트단지로 만들기 위해서는 채워야 할 것들이 있기 때문이다. 학교와 상점은 어찌 보면 안주(安住)를 위한 최소한의 필요조건에 불과하기 때문이다.

일컬어 부대복리시설[28]의 구비가 필요했다. 일상적인 생활에 필요한 간선시설과 더불어 집단 거주에 소용되는 편의시설을 포함하는 것들이었다. 이를 제도적으로 강제한 것은 1963년에 제정된 "공영주택법"이었는데 그 법령이 미치는 범위가 대한주택공사와 지방자치단체가 공급하는 공영주택으로 한정되었기 때문에 일반적인 것이라고는 할

---

27 — 대한주택공사, 《대한주택공사20년사》, 1979, 342쪽

28 — 부대복리시설에 대한 최초의 법적 정의를 담은 것은 1963년 11월 30일 제정된 "공영주택법"과 "공영주택법시행령"인데 이때 부대시설은 주로 도로, 전기, 상하수도와 같은 간선시설을 일컫고, 복리시설은 어린이놀이터, 집회소, 공동목욕탕 등이었다.

a   여름엔 카약장으로 쓰이는 아파트단지의 어린이놀이터, 2009 ⓒ박철수
b   단지 내 복리시설인 실내골프장, 2009 ⓒ박철수

수 없었다. 1972년에 이르러 "주택건설촉진법"이 제정되며 "공영주택법", "공영주택법시행령", "공영주택건설기준령" 등 부대복리시설의 종류와 세부설치기준을 담은 관련법규는 모두 폐지되었다. 하나로 법령이 정비되었다는 뜻도 있지만 더욱 중요한 것은 '공영주택과 함께 민영주택 전반으로 법령의 효력 범위가 확장'되었다는 사실이다. 다음 해인 1973년에는 "주택건설촉진법시행령"과 "주택건설촉진법시행규칙"이 만들어지며 법령으로 정해 강제하는 시설의 종류가 확장되었다. 일컬어 단지의 충분조건이 늘어나게 되었고[29] 그 이후 현재에 이르며 시설의 종류와 규모, 세부 설치 기준이 지속적으로 바뀌었는데 몇 가지로 정리할 수 있다.

무엇보다도 단지 내 부대복리시설의 종류와 규모가 확대되며 공공이 부담해야 하는 부대시설뿐만 아니라 입주자의 생활지원을 위한 시설이라 할 수 있는 복리시설 구분 없이 이들 모두를 입주자가 부담하도록 지속적으로 강화되었다는 사실이다. 결국 이들 단지 내 시설의 풍요가 시장의 경쟁 요소로 둔갑하면서 주택의 상품성이 증대되는 결과를 낳게 되었다. 또한 복리시설에서 부대시설로 유형이 변경되는 경우가 발생하여 입주자 부담이 점점 상승하는 방향으로 법령과 기준이 변하면서 결국은 분양가의 상승으로 이어졌다. 주택이 시장에서 거래되는 상품으로서의 특징을 한층 강화시키는 동시에 모든 비용을 부담해 꾸린 동네와 집을 보호하려는 의식이 공간적 폐쇄성 강화로 전이

29 — 법령 변화에 따른 단지 내 부대복리시설의 종류와 규모 변천에 관해서는 박한진, 〈아파트 단지 내 부대복리시설 설치기준의 변천에 관한 연구〉, 서울시립대학교 도시과학대학원 석사학위 논문, 2016 참조

되었다. 결국 아파트 단지는 이익공동체로서의 공간적 폐쇄성을 한층 강화하게 되었다.

이와 더불어 단지 내 부대복리시설의 설치기준은 단지의 규모와 단지에 들어설 아파트 단위세대의 전용면적 크기에 따라 그 종류와 양이 비례하도록 함으로써 입주자의 부담 능력(결국 소득수준)에 따른 집단적 계층 분리현상을 강고하게 만들었다. 결국 이러한 경향성은 법제 운용의 책임과 권한을 위임받은 국가가 주도한 것으로서 주택이 갖는 공공재로서의 속성을 지속적으로 약화시켰고 시장주택으로서의 특징을 강화하기 위한 수단으로 작용했다. 단지가 그 출발점이다. 그리고 이는 폐쇄적인 사설 오아시스를 양산하는 결과를 초래함으로써 아파트 단지의 공간적 절연성과 사회적 자폐를 재생산하고, 궁극적으로는 단지의 구조화, 일상화, 고착화를 야기한 것이다.

소설가 박민규가 〈야쿠르트 아줌마〉라는 제목의 소설에서 언급한 것처럼 "시장은 이미 우리의 운명"[30]이 되고 만 것이다. 여기에 학군까지 좋다면 금상첨화다. 어느 퇴직교사 부부가 아들 내외를 위해 같은 단지의 아파트 가운데 40평이 넘는 것 하나와 이보다 조금 작은 것 하나 모두 두 채를 구입해 하나는 부모 내외가, 다른 한 채는 아들 내외가 살도록 크게 배려했지만 그렇게 이사 온 아들 내외가 서로 불빛이 보이는 단지 안에서 자신의 집을 사 주신 어르신들에게 들키지 않게 하려고 환하게 켜지는 조명등 대신 조그마한 촛불만 밝힌 채 밤을 맞이하고 있다는 충격적인 사실을 알게 되는 노년의 쓸쓸한 정경을 그린 박완서의 소설 〈촛불 밝힌 식탁〉에서 아파트를 구입하게 되는 동기가 바로 학군이었고, 며느리가 고른 단지였다.[31]

이렇게 완성된 단지가 국가 주도라는 사실은 잊힌 채 무한반복의 학습도구로 활용되었다. 자폐성과 절연성은 무시되었고, 오히려 무리지음과 서열화의 고착된 풍습을 잉태했으며 급기야 단지 밖 세상에는 굳이 눈 돌릴 필요가 없는 세계관으로 변모했다. 단지의 구조화, 일상화, 고착화는 결국 단지 밖 세상에 대한 무관심과 함께 외부 세계에 대한 무조건적인 배제 의식을 낳았다. 그래서 도시 속의 완벽한 요새, 단지는 오늘도 빗장

---

30 — 박민규, 〈야쿠르트 아줌마〉, 《카스테라》, (주)문학동네, 2005, 165쪽

31 — 박완서, 〈촛불 밝힌 식탁〉, 《친절한 복희씨》, (주)문학과지성사, 2007(2쇄), 190~191쪽. "며느리가 봐 놓은 학군 좋은 아파트 단지에 아파트를 두 채 사게 되었다. 우리는 두 늙은이가 살 거니까 작은 걸로 아들네는 네 식구가 살 거니까 사십 평이 넘는 걸로 했다. …(중략)… 마누라는 그런 소리를 어디서 얻어들었는지, 수프가 식지 않는 거리라고 부모 자식 간의 이상적인 거리라고 좋아했다. 나는 마누라에게 그런 소리는 입 밖에도 내지 말라고 윽박질렀다. 왜냐하면 며느리가 가끔이라도 따뜻한 음식을 해 날라야 될 것 같은 부담을 느끼기 알맞은 소리였기 때문이다. 그 대신 나는 불빛을 확인할 수 있는 거리라는 말을 썼다. …(중략)… 서로 불빛을 확인할 수 있는 거리에 산다는 것, 바쁜 자식과 할 일 없는 늙은이끼리 이보다 더 좋은 소통의 방법은 없는 것 같구나."라고 했다.

a   스웨덴 말뫼 주택지, 2010 ⓒ박철수

b   네덜란드 암스테르담 교외 주택지, 2010 ⓒ박철수

을 걸어 잠근 채 이익결사체로 기능할 뿐이다. 여러 사람들이 단지 해체가 살길이라 외치는 이유다.

　물론 이러한 국가 주도의 단지화 전략에 대한 생각은 사람마다 다를 수 있다. 단지 만들기가 개발도상국 시절부터 지금까지는 잘 운영된 시스템일지라도 이제는 다른 방도를 찾아야 한다는 의견이 있는가 하면 자본주의의 악으로 묘사되는 아파트의 경우 주차장, 쓰레기 처리시설, 어린이놀이터 등을 입주자 스스로 구입해 유지 관리되는 우수한 시스템이라는 반론도 있다. 단독주택이나 다가구·다세대주택 밀집지역의 경우를 아파트단지와 동일한 수준으로 만들기 위해서는 별도의 재정 투여가 뒤따를 수밖에 없어 형평의 원칙에도 부합하지 않는다는 견해에 이르기까지 그 스펙트럼은 매우 다양하다. 본격적인 공론화와 시민적 합의가 필요한 일이 된 셈이다.

맨션에 문패를 단는
일이야말로 하이힐 신고
댕기꼬랑이 맨 꼴

비루하고
헛헛한 삶을
일거에 해방시켜
줄 것만 같은 욕망!
맨션아파트

1976년에 촬영한 동부이촌동 한강맨션아파트 전경. 출처: 대한주택공사, 《주택건설》, 1976

맨션과 맨션아파트

원래 맨션(mansion)이란 영어 낱말은 큰 집이나 저택을 말하며 'the mansion-house'라고 정관사를 붙여서 런던시장 관저를 가리키기도 하며 부의적으로 'mansions'이라고 복수형으로 해서 'apartments'와 같은 뜻을 갖고 있다. 우리가 흔히 '아파트'라고 말하고 있는 것도 외래어가 단축 변형된 한국어이지 영어의 'apart'란 낱말은 있어도 'apartments'의 약자로 사용될 수는 없다. '맨션'이란 말도 일반적으로는 통상명사로 사용되는 일은 적으며 'ㅇㅇ mansions'이라고 하여 고유명사에 간혹 사용되는데 근래 일본에서 대대적으로 유행되고 있는 것 같다. 말이란 이상한 것으로서 'apartments'란 말도 원래 영어이면서도 영국에서는 'flats'란 말만 흔히 사용되고 있고 이 말은 미어(美語)가 되다시피 되어버린 것이다. 우리나라에서는 아파트의 역사도 짧지만 (맨션이) 실제로 사용되기는 이번이 처음이었는데 다만 아직 미완성이긴 하나 외국인을 상대로 계획된 '남산 mansions'란 것이 있었다.[1]

1970년 6월 발행된 대한주택공사의 기관지 《주택》에 실린 임승업 주택연구소장이 한강

---

1 — 임승업, "우리나라 최대 최고 시설을 자랑하는 한강맨션아파트 계획의 언저리", 《주택》, 제11권 제1호, 대한주택공사, 1970. 6., 59쪽

맨션아파트 계획과 관련해 쓴 글의 일부다.

한강맨션아파트는 1970년 9월 9일 준공되었다. 글이 발표된 시점을 생각하면 이제 막 입주를 앞둔 때였고, "아담한 환경 속에서 중산층을 위한 아파트를 국가의 재정적 부담 없이 건립할 수 있다면 주택난 해결의 일익을 담당하는 외에 긴 안목으로 볼 때 주택문제 해결을 위한 일석이조(一石二鳥)의 포석이 될 수 있지 않겠는가?"고 반문하면서 "확대될 중산층의 격증하는 주택수요를 미리 해결해 나갈 수 있다는 큰 의의"를 갖는 것이 바로 한강맨션아파트라고 했다. 대한주택공사 주택연구소장의 말이다.

인용한 글에서 몇 가지 주요 내용을 꼽아보자. 한강맨션아파트에서 처음 사용한 것이 '맨션'인데, 아직 미완성이긴 하지만 '남산맨션'[2]이 이미 있었고, 맨션은 이미 미국어가 되다시피 한 단어지만 '근래 일본에서 대대적으로 유행'했다는 것이다. 5.16 군사정변 직후 육군 대령의 현역 군인 신분으로 대한주택공사 초대 총재에 취임한 장동운은 정치 활동을 위해 잠시 물러났다가 제4대 총재로 다시 복귀해 한강맨션아파트 건설을 주도했다. 후일 그는 《대한주택공사30년사》에서 당시를 회고하며 '맨션아파트 탄생'의 동기가 일본의 주택 광고였음을 밝혔다.

제4대 총재로 있을 때의 기억으로는 뭐니 뭐니 해도 한강맨션아파트 건설 사업입니다. 내가 1968년에 일본에 가서 호텔에서 신문을 보니까 광고의 거의 8할이 맨션이다, 하이츠다 하는 주택분양 광고였어요. 그때 일본의 국민소득이 1,500~2,000 달러였을 것입니다. 나는 그 광고에 흥미를 가졌고 연구를 했죠. 제4대 총재를 맡고서는 우리나라도 앞으로는 서민아파트만을 지을 것이 아니라 생활수준에 따라 주택을 개발해야 한다고 생각하여 한강맨션아파트를 구상한 것입니다. 그때만 해도 건설회사는 자금 능력도 없었고 주택사업을 하는 회사는 더욱 없었습니다. 주택공사가 할 수밖에 없었어요. 그래서 주공의 설립 목적에는 좀 맞지 않았지만 한강맨션아파트를 추진하였는데 소득층에 맞추어 27, 32, 37, 51, 55평 이렇게 5가지 평형을 건설하기로 하였습니다. 이리하여 700세대를 건설했는데

---

2 — 남산맨션은 남산외인아파트의 별칭인데 건축설계는 엄덕문설계사무소가, 구조계산은 함성권이 맡았다. 이 아파트는 우리나라에서는 처음으로 타워크레인을 이용한 아파트이며 A, B동 옥상에는 역시 한국 최초로 헬리포트가 구비되었는데 이는 대연각 화재 사고로 인한 안전대책 확보 수단의 일환이었다. 남산외인아파트의 경우는 외국인들에게 한국의 당시 건축기술 수준과 서비스 정신을 일깨웠다 하여 일명 '외교아파트'로도 불렸다. 대한주택공사, 《대한주택공사20년사》, 1979, 370~371쪽. 남산맨션은 1969년 9월 25일 정일권 국무총리 등이 참석해 착공식을 거행했으며 1972년 11월 30일 박정희 대통령이 참석한 가운데 준공식이 이루어졌다.

a

b

238

그 예산규모가 30억 원이었어요. 당시의 주공으로서는 대단한 사업물량이었습니다. …(중략)… 다음은 이것을 선전해야 하는데 방법이 없어서 연구 끝에 모델하우스 32평을 지었습니다. 그리고 신문광고 선전비를 800만 원을 들였으니 결국 한강맨션아파트는 1,000만 원을 가지고 시작한 것입니다. …(중략)… 분양이 처음에는 잘 되지 않았습니다. 그래 야단이 났습니다. 나는 주공 직원들한테 한강맨션에 대한 사업설명을 하고 이게 안 되면 주공은 감원할 수밖에 없다고 주공의 위기임을 강조했습니다. 그래서 내가 간부들하고 머리를 짜낸 것이 직원들한테 책임분양 권유를 시키는 것입니다. …(중략)… 한강맨션의 성공을 보고 나서 민간주택업자가 생기게 되고 삼익주택이 한강맨션 옆에 땅을 사서 아파트를 짓기 시작했고 그 다음이 한양, 라이프주택입니다. 오늘날 고층아파트가 서고 주택업자가 많이 나왔는데 그건 전부 한강맨션의 성공이 계기가 된 것입니다. 말하자면 주공이 우리나라 주택개발의 찬스메이커였습니다.[3]

1969년 9월에 게재된 신문 광고에서 보듯 한강맨션아파트는 '한국 최초의 맨션'이었다. 장동운이 대한주택공사 초대 총재였던 시절 (그들의 표현을 그대로 빌리자면) "군사혁명을 생활혁명으로 전환하기 위해 추진했던 마포아파트"의 9평 아파트에 비해 6배, 당시 대한주택공사가 통상적 주택공급 사업으로 주력한 12~16평의 단독주택보다 3배 이상 넓은 55평짜리 아파트가 공급되었으니 실로 놀랄 만한 일이었다.

대통령비서실을 통해 박정희 대통령에게 보고된 한강맨션아파트 건설사업 계획 보고 문건을 보면 맨션 건립의 목적을 두 가지로 요약하고 있다.

가. 국민 생활수준의 향상에 따른 개량된 현대화 주택 수요에 대처하는 동시에 도시주택 고층화 정책에 입각하여 저소득층에게만 국한 공급되어 온 아파트를 중소득 계층의 중견 시민에게도 공급키 위함.

나. 날로 사치화 하는 단독주택 건설 경향을 현대식 고층 집단주거 형식으로 전환, 시범함으로써 주거생활의 새로운 풍토 조성에 선도적 역할을 하고 국토이용도를 높이며 도시 미화를 기함.[4]

3 — 장동운, "민간업체를 선도한 한강맨션아파트", 《대한주택공사30년사》, 1992, 116~117쪽. 한강맨션아파트는 1969년 10월 23일 착공했다.

4 — 대통령비서실, "한강 맨션 단지 건설사업 계획", 1969년 9월 22일 대통령 보고 후 결재 문건

물론 다양한 해석이 가능한 내용이지만 제한적인 범주로 축소해 보면 고층아파트로 중산층의 주택 수요에 대응하는 동시에 개별적인 단독주택은 단지형의 집단주거 형식으로 전환한다는 것이었음을 알 수 있다. 이와 함께 보고 문건에 밑줄까지 그어 특별하게 강조한 "공사금액은 입주금을 선납 받아 준공"했다는 사실은 대한주택공사 임승업 주택연구소장이 기관지를 통해 알렸던 "중산층을 위한 아파트를 국가의 재정적 부담 없이 건립"했다는 점을 재차 강조한 것이다.

이는 곧 다음과 같은 평가나 견해와 크게 다르지 않다. 그리고 그 첨병으로 나선 것이 바로 한강맨션아파트로 대표되는 1970년대의 맨션아파트다.

아파트 주택과 서민의 어울림이 깨지는 결정적 계기는 와우아파트 붕괴와 광주대단지주민소요사건이다. 시민아파트 건설은 짧은 시기에 많은 양을 짓다 보니 무허가 건설업자까지 동원해서 부실을 만들어갔고, 이 결과 아파트 붕괴가 일어났다. 정부는 시민아파트 건설을 백지화시켰으며, 학자들은 시민들이 아파트에 사는 것을 부정하는 의견들을 내었다. 비슷한 빈민들이 공간적으로 밀집해서 살 경우 폭동사태가 일어나거나 빨갱이들이 침투하기 좋은 환경을 만든다는 것이었다. 그 다음 해 광주주민 소요로 불안감은 현실화되었고, 아파트 주택은 중산 계급을 대상으로 하게 된다. 더 이상 작은 평수 아파트를 짓는 것을 장려하지 않았다. 아파트 주택과 중산 계급의 친근 관계는 이때부터 시작되었다.[5]

한국의 아파트 단지 개발은 압축 성장 과정에서 중간계층의 주거 안정 수요를 안정적으로 수용하는 역할[6]을 담당함으로써 아파트단지 개발이라는 수단이 압축적 자본축적 체제의 조절 양식 역할을 했다.

5 —   임동근, 《서울에서 유목하기》, 문화과학사, 1999(초판), 54~55쪽

6 —   박인석, 《아파트 한국사회: 단지공화국에 갇힌 도시와 일상》, 현암사, 2013(초판1쇄), 34쪽. 박인석은 국가주도의 단지화 전략이 한국사회에 대해 갖는 두 가지 쟁점 가운데 하나로 '서구 선진 자본주의 국가들의 도시 공간 환경 투자를 포함한 복지정책이 자본주의 축적체제의 조절양식이었다면 한국의 단지화 전략은 어떤가'하는 질문에 대해 스스로 답한 내용이다.

맨션, 비난과 유혹 사이에서

《경향신문》은 1970년 10월 '서울의 새 풍속도'[7]라는 박스 기사를 통해 당시 한강맨션아파트 51평, 55평은 큰 회사의 사장이, 32평은 회사의 중견급 간부나 탤런트, 문인, 영화배우가, 가장 작은 27평은 신중산층의 신혼부부가 살 수 있었다고 전했다. 32평 아파트 입주자 가운데 특별히 탤런트를 꼽은 까닭은 대한주택공사 장동운 총재의 부추김으로 탤런트 강부자, 배우 고은아와 문정숙, 가수 패티김 등이 한강맨션의 최초 입주자가 되었다는 사실 때문이다.

장동운 총재의 회고처럼 제법 많은 비용을 들여 광고를 하고 우리나라에서는 처음으로 견본주택을 지어 분양에 나섰지만 한강맨션 분양은 녹록치 않았다. 총재 스스로가 나서서 유명 연예인들에게 분양을 권유했듯 직원들에게 감원을 무기로 책임분양을 강제하여 물량 모두를 소화했다. 결과만 보자면 사업은 성공한 셈이어서 민간회사인 삼익주택이 한강맨션 옆 땅을 사 맨션아파트를 짓기 시작했고 한양, 라이프주택 등이 고층아파트 건설에 나서게 된다. 일컬어 "불황 속의 이상 붐이라 여겼던 맨션산업"[8]이 활기를 띠었다. 한강맨션의 성공적 분양이 계기가 되었다고는 하지만 연평균 10%를 상회하는 유례없는 경제 성장 과정에서 중산층의 주거환경 욕구를 안정적으로 해소할 뾰족한 대안이 없었기에 가능한 일이었다. 일컬어 '우연적 연쇄' 혹은 '우연적 필요성'[9]이 작동한 결과로 볼 수도 있다.

맨션아파트의 탄생은 매우 정치적인 것으로 박정희 정권 이전부터 궁리되었다. 1960년 새해 첫 국무회의에서 이승만 대통령은 "주택영단이 잘 하고 있으나 대형 아

---

7 — 《경향신문》 1970년 10월 5일자

8 — 《매일경제》 1976년 6월 1일자 기사는 '맨션아파트 열풍의 저류'라는 이름의 부제를 달고, "불황 속의 이상 붐"으로 '맨션산업'을 꼽은 뒤 1960년대부터 전문화된 아파트 산업이 붐을 일으켰고, 세운상가 등 상가아파트가 상가맨션으로 불리면서 대기업이 본격적으로 맨션산업에 진출했다는 소식을 전하고 있다.

9 — 지주형, "강남 개발과 강남적 도시성의 형성", 《한국지역지리학회지》 제22권 제2호, 2016, 319쪽에서는 "한국의 군부독재 국가와 강남이라는 독특한 도시성은 필연적으로 서로를 함축하지 않는 반공주의, 권위주의, 발전주의와 같은 인과 기제들이 역사적으로 우연한 결합에 의해 만들어진 것"이라며 제솝(Jessop, B.)의 이론서인 State Theory: Putting the Capitalist State in Its Place, Cambridge, Polity Press, 1990에서 제시된 '우연적 필연'으로 강남을 설명했는데, 맨션아파트로 그 대상을 좁혀도 유사하다고 할 수 있다.

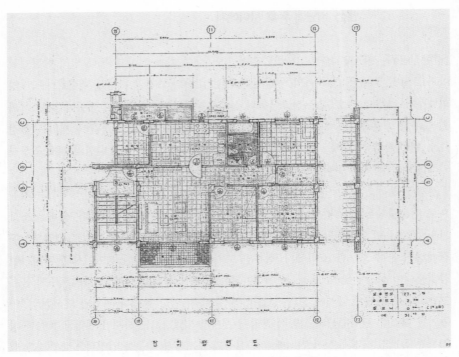

한강백사장에 모델하우스를 마련한 한강맨션아파트 32평 평면도, 1969년 7월. 대한주택공사 문서과 자료

파ー트멘트를 건축하도록 하되 자금을 준비하여 추진하여 보고하도록 하라."[10]고 지시
했었다. 물론 이러한 지시는 5.16 군사정변으로 불발에 그치고 말았지만 10년이 지난
1969년 9월 '한강 맨션단지 건설사업 계획'이 박정희 대통령에게 보고된 뒤 '대형아파트
+선납금에 의한 분양 방식'으로 실현되었다.

　물론 이승만 정권과 박정희 정권에서 각각 추진된 아파트 건설에는 대형아파트 건설
이라는 동일성이 존재하지만 보다 중요한 사실은 '공공자금에 의한 아파트 건설'과 '국
가의 재정부담 없이 입주금을 선납 받아 준공'한다는 내용이 갖는 어마어마한 차이다.
다시 말해 이승만 정권 시절에는 대한주택영단이 마련한 자금을 활용해 아파트를 건설
하는 것이었던 반면 박정희 정권에서는 수요자가 미리 지불하는 선납금으로 아파트를

10 ─　총무처, 〈아파트 건축에 관하여(제1회)〉, 1960, 국가기록원

지었다는 것이다. 대한주택영단이나 대한주택공사가 어차피 같은 기관이고, 공공주택을 공급하는 거의 유일한 주체였다는 점에서 공영주택과 시장주택을 구분하는 잣대가 바로 절대 권력자가 바뀌면서 갈렸다는 사실이다.

바야흐로 한강맨션아파트를 통해 공공주택으로서의 아파트단지가 시장에서 거래되는 재화로서의 판매상품으로 급격하게 변화되었다는 것이니 다르게 표현하면 '정부 재정 부담이 전혀 없는 예매분양 수입금으로 건설비용을 충당'하는 현재의 방식이 박정희 정권의 한강맨션아파트로부터 시작되었다는 말이다. 이렇게 확보된 절대적, 시장 중심적 수단으로 대한주택공사는 1970년 6월 '중산층 이상이 입주하는 한강맨션아파트를 선납입주금에 의해 준공'하였다고 대통령에게 보고한 것이다.

그렇다면 한국 최초 맨션아파트단지의 구체적인 내용이 무엇일까. 대한주택공사가 밝힌 9가지는 "시청에서 5km, 자동차로 10분 거리의 교통, 자녀 교육시설 완비, 한국 최초 중앙공급 보일러 설치, 알루미늄 창틀, 어린이놀이터, 정원, 주차장, 쇼핑센터, 온수 상시 공급, 침대 생활양식, 단지 주위 울타리 설치와 경비원 배치"[11] 등이다. '최초 맨션'에 걸맞도록 '한국 최초 중앙공급 보일러 설치'가 포함되었으며, 주차장과 쇼핑센터, 어린이놀이터가 구비되었음을 밝혔다. 게다가 침대 생활양식과 울타리로 둘러싸인 단지에 경비원까지 배치된다는 것을 힘주어 설명했다.

이렇게 많은 특징을 최초의 중산층 아파트라 할 수 있는 한강맨션아파트에 투사했다는 사실은 곧 다른 대부분의 경우가 그렇지 않았음을 의미한다. 온돌방이 전혀 없는 서양식 침대생활이 보장되었고 당시로서는 매우 드물게 알루미늄 창틀을 설치했다는 등의 홍보 내용은 그 이전과는 전혀 다른 것이었다. 30평형 이상의 아파트에는 주방에 붙은 1.87평 크기의 작은 방을 두고 견본주택에서부터 아예 식모가 사용하는 방으로 못 박아 중산층 아파트임을 스스로 드러내는 수단으로 삼기도 했다.

그러니 "자가용의 시동 소리도 경쾌한 맨션족의 아침", "가장 작은 27평짜리는 이제 막 경제적으로 자리 잡기 시작한 층이라지만 이들 대부분은 돈 많은 부모덕으로 이곳 한강맨션에 신방을 차린 경우인데, 이런 소문이 순식간에 퍼져 나갈 정도로 프라이버시가 보호되지 않는 까닭에 은근한 뒷살림을 꾸며보려던 몇몇 인사들은 계약만 해놓고 눈치만 살피고 있다."[12]는 등의 기사가 신문에 실리기도 했다.

11 — 대한주택공사, 《대한주택공사30년사》, 112쪽

12 — 《경향신문》 1970년 10월 5일자

a 신진자동차 '코로나70 디럭스' 광고 촬영지였던 한강맨션아파트, 1970

b 라라 숙녀복지 광고 배경인 한강맨션아파트, 1973

c 알루미늄 창틀이 전시된 주택센터 전시장 내부, 1970. 대한주택공사 홍보실 자료

1931년 11월 28일《조선일보》에 실린 석영 안석주의 만문만화 "1931년이 오면"에 언급한 내용이 40년 만에 부활한 것처럼 여겨지기도 한다.

문화주택은 1930년에 와서 심하였는데 호랑이 담배 먹을 시절에 어찌 하야 재산푼어치나 뭉뚱그린 제 어미 덕에 구미의 대학 방청석 한 귀퉁이에 앉아서 졸다가 온 친구와 일본 긴자에 갔다 온 친구들과 혹은 A, B, C나 겨우 알아볼 정도인 아가씨와 결혼만 하면 문화 주택! 문화주택하고 떠든다. 문화주택은 돈 많이 처들이고 서양 외양간 같이 지어도 이층 집이면 좋아하는 축이 있다. 높은 집만 문화주택으로 안다면 높다란 나무 위에 원시주택을 지어놓은 후에 '스위트 홈'을 베푸시고, 새똥을 곱다랗게 쌀는지도 모르지.[13]

사실 잘 들여다보면 안석주의 만문만화 내용이나 그로부터 40년이 지난 1970년의 신문 기사나 다를 것이 전혀 없다. 당시의 문화주택이 일본을 통해 번역된 서구의 양식주택이었던 것처럼 한강맨션아파트 역시 서구식 기거생활을 지원하고 보장하는 내용이었고, 서민주택이나 소형아파트의 크기에 비해 6배나 넓은 아파트인데다가 가장 작은 27평짜리 아파트일지라도 돈 많은 부모의 지원 없이는 들어갈 수 없을 정도로 비싼 것이었으니 서로 다를 것이 없다. 돈 많은 부모덕으로 맨션아파트에 입주할 수 있건 아니건 간에 가장 작은 27평에 사는 이들은 또 그들대로 50평형 주민들의 사치와 거드름에 대해 불편을 드러내기도 했다. 언론에서는 한강맨션아파트 600가구를 지을 비용이면 당시 서울시가 불량주택 철거민 등을 위해 공급했던 시민아파트 225동을 지을 수 있다 했고, 1만 가구 이상의 무주택 시민들을 위한 보금자리를 만들 수 있다며 대한주택공사와 정부를 힐난하기도 했다.
1972년에 발표된 작가 조해일의 〈뿔〉에는 다음과 같은 대목이 있다.

알루미늄 빛으로 번쩍거리는 한 떼의 건물군이 시야에 들어찼다. 일고여덟 해 전만 해도 모래먼지와 잡초가 무성하던, 그러나 지금은 기하학과 역학에 힘입은 바의 번듯하게 드높여진 한강변 위에 새로이 형성된 또 하나의 도시, 맨션아파트 마을이었다. 균제와 위관(偉觀)을 자랑하는 그 건물들을 사나이는 어쩌면 처음 보는지도 몰랐다.[14]

13 ― 안석주, "1931년이 오면", 《조선일보》 1931년 11월 28일자

14 ― 조해일, 〈뿔〉, 《황석영의 한국 명단편 101-05 생존의 상처》, (주)문학동네, 2015(초판), 211쪽

왕십리에서부터 흑석동으로 지게꾼을 앞세워 하숙집을 옮기던 '가순호'가 한강대교를 건너며 보았던 한강맨션아파트에 대한 인상이다. '균제와 위관을 자랑하는 그 건물들'은 정치적 폭거와 다름없는 1972년의 유신체제에 대한 일종의 은유라 해석한다지만 특별하달 것이 없는 장삼이사에게 모래먼지와 잡초가 무성하던 곳에 우뚝 들어선 한강맨션아파트는 생경함을 넘어 도드라진 인상으로 각인되었을 것이다. 예컨대 "알루미늄빛의 번쩍거림"만 해도 그렇다. 분양광고를 통해 한강맨션아파트 특징으로 꼽았던 '산뜻한 알루미늄 창'은 매우 특별한 것이어서 작가의 시선에 포획되었다. 한강맨션이 지어진 그해 1970년에 서울 중심가에 설치된 대한주택공사의 주택센터 안에서는 미국 알루미늄회사와 기술제휴 했다고 밝힌 알루미늄 창틀이 전시되어 세간의 눈길을 끌었고, 길거리를 거닐던 시민들의 걸음을 멈추게 했었다.

맨션의 빛과 그림자

서울 중산층 삶을 충실하게 기록한 작가, 박완서는 《세계의 문학》 1982년 1월호에 발표한 〈무중(霧中)〉에서 맨션아파트를 묘사했다.

너나 할 것 없이 십팔 평에 사는 주제에 말끝마다 맨션이었다. 여자들이 맨션, 맨션 할 때마다 그 표정까지 함박꽃처럼 염치없이 피어났다. 대개 처음 집 장만을 했거나, 연탄 때는 작은 땅집 아니면 연탄 때는 서민아파트에서 옮겨온 걸로 보이는 이들에게 맨션이란 몽매에도 그리던 지상의 목표였음직했다.[15]

아마도 맨션에 몸을 의탁하게 된 주민들이 맨션아파트에서 벌어지는 매일의 일상에 대해 스스로도 믿지 못하는 상황이었던 모양이다.

소설 속 배경은 최소가 40평인 한강변 맨션아파트로, 18평 아파트가 달랑 한 동 붙어 있는 곳이지만 그 동(棟) 반상회에 참석한 이들은 일제히 쥐약을 놓자는 반상회 공지사항을 알리자 그것은 서민 주택에나 해당하는 일이라며 맨션에 쥐가 어디 있으며,

15 — 박완서, 〈무중(霧中)〉, 《박완서 단편소설 전집3—그의 외롭고 쓸쓸한 밤》, (주)문학동네, 2011(2판2쇄), 313쪽

겨울에도 반소매를 입고 살아야 된다거나 "맨션에 문패를 다는 일이야말로 하이힐 신고 댕기꼬랑이 맨 꼴"이라는 등을 지껄이면서 스스로가 믿기지 않는 표정들이었다는 것이다. 그랬다. 당시만 하더라도 '맨션'은 비난의 대상이었지만 소시민들에게는 언제든 발화할 준비가 되어 있는 마음속 선망의 대상이자 다가서고 싶은 중산층의 표식이었다. 그리고 이는 이미 사회적 징표로 작동되기도 했으니 상대적으로 단독주택이며 다른 유형의 아파트를 낮춰보는 상징이었다.[16]

소위 구별 짓기의 기제로 맨션아파트가 본격 자리하게 된 것이다. 유명 백화점에서는 '맨션 사모님'만을 위한 특별 서비스가 제공되어 영국이나 유럽에서 명품으로 알려진 원단을 따로 수입해 판매하거나 아예 주문을 받아 물건을 공급하는 일도 있었다. 그러니 한강맨션아파트는 준공 후 바로 옆에 들어선 외국인용 아파트인 한강외인아파트와 서로 비교되면서 호화판 아파트로 알려진 한강맨션아파트와 외인아파트 가운데 어느 곳의 시설이 더 잘 되어 있느냐는 것이 맨션족 사이에서 심심찮게 벌어지는 논란이었다고 한다.[17]

신문이나 방송을 통해 벌어지는 맨션아파트에 대한 비난이야 다른 이들의 눈치도 볼 겸해서 조용히 고개를 주억거리면 될 일이었지만 마음속에서 부풀어 오르는 동경과 욕망은 통제할 수 없었다. 1976년에 발표된 박완서의 소설《휘청거리는 오후》에서 그저 돈을 많이 벌어야 했기에 고단했던 소설 속 주인공 '허성'의 헛헛한 일상이나 그의 아내 민 여사가 툭하면 내뱉는 '상류사회'라는 단어가 이때부터 통상 어휘로 회자됐다는 사실이나 제법 있는 집과의 맞선 후 파혼을 통보받은 딸 초희가 정신병원으로 옮겨지는 장면도 결국은 부풀린 꿈과 부르주아를 향한 욕망의 이면에 드리워지기 시작한 맨션아파트의 그림자였다.

겨울이면 연탄 배달을 하고 그렇지 않은 때에는 동네에서 벌어지는 크고 작은 일거리를 가리지 않는다는 임씨가 밀린 연탄 값을 받아야 할 곳이 가리봉동인데 날이 좋으면 다른 일을 해야 해 따로 갈 형편이 안 되고 궂은 날이 돼야 비로소 빚을 받으러 간다는 얘기를 하며, 이 돈을 받기만 하면 자신이 떠나온 고향으로 돌아가겠노라 했던

16 — 조사연구실, "아파트 실태조사 분석—서울지구를 중심으로(하)", 《주택》 제12권 제1호(통권 제27호), 대한주택공사, 1971. 6., 94~112쪽에는 당시 서울에 소재한 7개 유형의 아파트(주공, 공무원, 상가, 맨션, 민영, 시민, 시 중산층아파트) 실태조사를 언급하고 있는데 맨션아파트와 상가아파트가 여러 항목에서 상대적인 우위의 경제계층임을 나타냈다.

17 — "서울 새풍속도", 《경향신문》 1971년 5월 10일자

사내 임씨는 양귀자의 〈비 오는 날이면 가리봉동에 가야 한다〉에 등장하는 인물이다.

난 말요. 이 토끼띠 사내는 말요. 보증금 백오십만 원에 월세 삼만 원짜리 지하실 방에서 여섯 식구가 살고 있소. 가리봉동 그 새끼는 곧 죽어도 맨션아파트요, 맨션아파트! 임씨는 주먹을 흔들며 맨션아파트라고 외쳤는데 그의 귀에는 꼭 맨손아파트처럼 들렸다.[18]

맨션아파트는 계층을 가르는 표상이 됐다. 황석영은 이 소설의 끄트머리에 단 해설에서 그는 아마도 돈을 못 받았을 것이고, 만약에 받았다 하더라도 고향으로 돌아가서는 자신이 잃었던 땅을 되찾지 못했으리라 단언했다. 보증금 백오십만 원에 월세 삼만 원짜리 지하실 셋방에 살았던 임씨가 일 년 동안 외상으로 연탄을 대준 물건 값 80만 원을 스웨터 공장 사장으로부터 받았다 해도 스스로 마음속에 키운 도회에서의 욕망을 거세할 수는 없었으리라는 진단 때문이다.

'처복'이라는 말이 남자들 사이에서 유행하기 시작했고, 복덕방 대신에 부동산소개소가 등장했으며, 복덕방 영감 대신에 젊고 영리하게 보이는 젊은 신사들이 그 자리를 차지하기 시작한 풍속도 더불어 엿볼 수 있는 소설은 1975년 6월 《주간조선》에 발표한 박완서의 단편 〈서글픈 순방〉이다.

누구는 아예 아내가 시집올 때 시민아파트를 하나 가지고 와서 그걸 요리조리 잘 요령 있게 굴려 지금은 한강변의 삼십육 평짜리 맨션아파트 주인이라든가, 누구는 아내가 계 오야 노릇을 해서 목돈을 만들어 변두리에 사놓은 땅이 껑충 뛰어, 그걸 팔아 싼 땅을 사면 또 껑충 뛰고, 사는 족족 이렇게 뛰기를 몇 차례 되풀이하고 나더니 이젠 으리으리한 양옥집 주인에다가 변두리에 땅도 몇 백 평 갖고 있는 알부자라든지, 뭐 이런 얘기를 어디서 잘도 알아들었다.[19]

1975년의 일이다.

18 — 양귀자, 〈비 오는 날이면 가리봉동에 가야 한다〉, 《황석영의 한국 명단편 101-07 변혁과 미완의 출발》, (주)문학동네, 2015(초판), 289쪽

19 — 박완서, 〈서글픈 순방〉, 《박완서 단편소설 전집 1-부끄러움을 가르칩니다》, (주)문학동네, 2012(2판 7쇄), 408쪽

사각형 굴뚝과 '맨션 회색' 그리고 견본주택

한강맨션아파트는 매립지에 세워졌다. 수자원개발공사가 한강변을 매립할 때 제1한강교 인도교를 건너던 박정희 대통령이 남쪽에서 서울로 들어오는 관문에서 직접 바라볼 수 있는 곳이니만큼 서울의 얼굴이나 다름없으니 높은 건물을 계획해서 건립하도록 하라는 지시가 있었다. 지엄한 명령인지라 대한주택공사는 고층과 저층아파트를 섞어 배치하려 했으나 제한된 자금으로 인해 이를 실현하지 못했다. 그 대신 굴뚝을 서울의 얼굴로 만들자는 의견이 채택되었다. 철도가 지역 이동의 주된 수단이었던 이승만 정부 시절 대합실을 나와 서울역 광장에서 마주하는 남대문로가 서울의 관문이었다면 박정희 정권에서는 경부고속도로를 달려 한강을 넘는 과정에서 동서 방향으로 펼쳐지는 한남동이며 이촌동 일대가 수도 서울의 관문이 되었다는 것이니 서울역 앞 '관문빌딩'과 같은 사례를 만들어야 했던 것이다. 이런 연유와 곡절을 거치며 등장한 것이 바로 높이 58m, 둘레 17.6m의 한강맨션아파트 굴뚝이다.

그런데 이번에는 굴뚝의 형상이 또 문제였다.

대한주택공사 설계진은 굴뚝의 단면 형상을 원으로 하면 공장 굴뚝과 같아지지 않을까 염려했다. 게다가 고층아파트가 불발되었으니 굴뚝을 어떻게 하든 단지의 상징으로 만들어야 했다. 그래서 결국 사각형으로 결정, 시공케 되었다.[20]

《대한주택공사20년사》에는 이렇게 만들어진 굴뚝을 멀리서 보니 그 모양이 원형인지 사각형인지 구별되지 않을 것이 걱정되었지만 별다른 방법이 없어 그대로 만들어졌고, 대통령의 지시에 따른 의도와는 달리 대단한 상징물로서의 역할은 미흡했지만 그런대로 이색적이라는 평을 받았다고 내용이 실려 있다.

한강맨션아파트는 '맨션 회색' 혹은 '주공 회색'이라는 별칭도 얻었다. 최초의 맨션이 가질 특별함과 중산층 아파트로서의 다름을 드러내기 위해 '외벽에 칠할 페인트 색상에 대해 장동운 총재까지 자문에 나서 10여 개 합판에 여러 색깔을 칠해 학계와 미술계 권위자와 입주 희망자들에게 의견을 물은 끝에 회색으로 결정'했다. 이 일을 계기로 한강맨션에는 회색 페인트가 칠해졌고 그 일로 인해 '주공 회색' 혹은 '맨션 회색'이라

---

20 ─ 대한주택공사, 《대한주택공사20년사》, 1979, 369쪽

는 '별칭이 붙었다.[21] 이렇게 결정된 한강맨션아파트 외벽 색채에 대한 소문은 꼬리를 물고 이어져 총무처를 비롯한 정부부처 공무원들이 견학을 올 만큼 한동안 유명세를 탔지만 그로부터 5년쯤 지난 1975년에 이르러 날로 화려해지는 주위의 색깔과 어울리지 않는다는 비판에 직면했고, 대한주택공사는 1978년에 새로운 주택공사 컬러 체계를 마련함으로써 회색은 곧장 폐기됐고,[22] '주공 회색'이니 '맨션 회색'이니 불리는 별명도 더 이상 유통되지 않았다.

입주자들이 아파트 분양 대금을 먼저 지불하는 선납입주금에 의해 지어진 한강맨션 아파트는 선납입주라는 방식으로 인해 우리나라에서는 처음으로 견본주택을 선보인 곳이기도 하다. 당시 서울시내 대부분의 아파트는 소형 위주였고 관리 소홀과 너저분한 빨래 널기 등으로 궁핍을 드러낸 모습으로 인식되어 때론 빈민굴에 가깝다는 인상 비평이 이어졌다. 게다가 서울특별시 김현옥 시장이 밀어붙인 시민아파트 가운데 하나였던 와우시민아파트가 한강맨션 준공을 앞두고 붕괴되어 많은 인명 손실이 생기는 바람에 아파트에 대한 이미지는 최악이었다.

한강 백사장에 지어진 한강맨션아파트 견본주택은 분양사무실로 쓰인 공간을 제외한 모든 것이 새로 들어설 아파트와 동일하게 만들어졌고 아파트에 대한 인상을 바꾸는 도구로 쓰였다. 나름의 공간 정치가 제 역할을 해낸 것이다. 그 후 대부분의 모델하우스가 한강맨션의 견본주택처럼 실제와 똑같은 가짜 집을 만들어 전시하고 아파트단지 전체를 선전하는 수단으로 삼게 된 것이다. 대한주택공사 기록에 의하면 "예쁘게 꾸며놓은 실물 크기의 모델하우스에 연일 인파가 몰려와 대성황을 이루어 장안의 화제가 되었고, 이때부터 아파트를 건설할 때 모델하우스를 만드는 것이 주택건설업계의 관례가 되었다."고 했다.

한강맨션아파트의 평면 설계 역시 여러 가지 측면에서 특이했다. 가장 먼저 꼽을 수 있는 것은 완전 입식의 기거방식을 채택했다는 점이다. 실무자들은 면적과 비용의 제약에서 벗어나 나름의 창의력을 발휘할 기회를 한강맨션을 통해 얻은 까닭에 "입주자의 의식을 현대적으로 변화시키려고 의도했던 것"[23]인데, 1970년 당시만 하더라도 "계획가들은 서구적인 생활을 위한 주택, 외국인을 위한 주택에는 온돌난방방식은 부적합하

---

21 ─ 대한주택공사, 앞의 책, 369쪽 내용 요약

22 ─ 대한주택공사, 앞의 책, 369쪽

23 ─ 대한주택공사, 《대한주택공사30년사》, 369쪽

부산뿐만 아니라 서울에도 모델하우스를 둔 삼익주택의 부산 남천동 맨션타운 분양광고. 《동아일보》 1976년 3월 11일자

다"[24]고 생각한 까닭에 나름의 창의력을 바탕으로 한강맨션아파트를 통해 이를 구체적으로 실천하려 했다. 따라서 한강맨션아파트는 온돌방이 전혀 없었고 모든 공간이 입식으로 구성되었다. 이는 곧 중앙난방에 의한 라디에이터 방식이 적용되었음을 의미하는데 이러한 의도는 "젊은 층에게는 받아들여졌으나 전체적으로는 시기상조의 기획이라는 반박을 받았으며 특히 노인층의 반대가 심했다. 노인층은 입식으로 된 변기와 부엌 등에 난감해 하며 양변기 위에 올라가서 변을 보는 일"[25]도 있었다고 전해진다.

평면 구성의 두 번째 특징은 소위 식침분리(食寢分離)를 꾀했다는 점이다. 이는 전통적인 주택의 공간 구성 방식에서 벗어나 부부 중심의 생활공간을 의도하는 동시에 주간생활과 야간생활을 공간적으로 분리하는 계획 이념이어서 침실이 주거공간의 한쪽으로 편중하여 위치하는 것을 말한다. 식침분리는 일본건축계에서 정립한 주거 공간 분화의 원리로서, 식사실과 침실의 분리를 의미하는 것인데 이 과정을 거친 뒤 거실과 침실을 분리하는(공실과 사실을 분리하는) 공사실분리(共私室分離)로 진전되는 것으로 파악하는 시선이다.[26] 물론 욕실은 주간이나 야간에 모두 사용할 수 있도록 주간에 주로 사용하는 공간과 야간에 쓰는 공간의 중첩 영역에 두는 것이다.

24 — 공동주택연구회, 《한국공동주택계획의 역사》, 세진사, 1999, 354쪽

25 — 대한주택공사, 《대한주택공사20년사》, 369쪽

26 — 이런 의미에서 한국의 아파트와 일본의 아파트를 비교할 때 흔히 한국의 경우는 거실과 주방을 분리한 LK평면 방식을 택하였던 것에 반해 일본에서는 DK평면 구성 방식을 택했다고 구분한다. 즉, 한국의 경우는 아파트가 도입되면서 거실과 주방을 따로 두고 식사공간을 뚜렷하게 구분하지 않은 것에 비해 일본은 거실을 두는 것보다는 식사공간과 주방을 분리했다.

맨션아파트단지 삼각편대

한강맨션아파트의 뒤를 이어 1970년 9월과 1971년에 각각 착공한 여의도시범아파트와 반포주공1단지[27]는 착공 순서대로 1971년 12월과 1972년 12월에 준공했다.[28] 한강맨션아파트단지와 함께 이들 사례는 한강변 매립을 통해 확보된 부지에 대규모 아파트단지를 조성했다는 공통점이 있지만 보다 중요한 사회문화적 의미를 갖는 것은 세 가지 경우가 모두 중산층을 위한 한국의 대표적 맨션아파트였다는 사실이다.

물론 한강을 넘어 강남 개발[29]의 신호탄이 되었을 뿐만 아니라 지금도 여전한 부동산 시장에서의 절대적 위력뿐만 아니라 정치지리적 측면에서도 그 위세와 영향력이 적지 않다는 점에서, 그리고 생활문화사적 의미도 독특한 경향을 보인 사례로 보아 무방하다. 따라서 한강맨션아파트와 여의도시범아파트 그리고 반포주공1단지아파트를 통틀어 1970년대 맨션산업과 맨션아파트 붐을 선도한 삼각편대쯤으로 일컬어도 무리가 없겠다.

한강맨션아파트가 맨션시대를 선도해 견인한 대표적 경우였다면 여의도시범아파트와 반포주공1단지는 맨션 열풍을 부추겨 이를 더욱 증폭, 확대한 동시에 변이를 꾀한 경우다. 광고를 통해 '격조 높은 아파트'를 외치거나 '한강맨션과 유사하나 건물 사이의 간격이 더 넓으며, 단지 내 시설도 많은 개량이 이루어졌음'을 알렸다. 여의도시범아파트의 경우, 15평형, 20평형, 30평형, 40평형의 4가지 단위주택 유형이 만들어졌는데, 이 가운데 30평형 아파트는 두 세대를 터서 한 가족이 사용할 수 있는 수평 확장형 평면이 제시되었고, 반포주공1단지 아파트의 경우에는 32평 B형으로 구성된 2개 동(棟)이 위아래 두 층을 한 세대가 사용할 수 있도록 수직 확장형(복층) 평면으로 구성되었다.

---

27 — 반포주공아파트단지의 원래 명칭은 남서울아파트단지였다. 당시 서울에서는 반포라 하면 나루터를 연상하는 정도였고, 분양광고에 기록한 소재지조차 '서울 영등포구 반포동 강변5로변'이라고 애매하게 표기되어 있다. 남서울아파트가 반포아파트로 공식 명칭을 변경한 것은 1972년 11월 4일부터다.

28 — 반포주공아파트의 경우는 동별로 준공(1972.12.31~1974.12.25)이 이루어진 까닭에 최종 준공일을 언급하기가 모호하다. 또한 일부 단지는 AID 차관에 의해 건설되어 이를 '맨션아파트'의 범주에 넣는 것이 옳은가에 대한 논란이 있을 수 있다. 따라서 이 책에서 일컫는 맨션아파트단지는 주로 반포주공1단지를 의미한다.

29 — 서울 '강남'에 대한 최근의 사회학적 논의로는 《한국지역지리학회지》 제22권 제2호, 2016에 게재된 여러 연구자들의 강남 관련 연구 성과; 한신갑, "금 긋기의 곤혹스러움: 서울의 문화지리, 그 윤곽과 경계", 《서울사회학》, (주)나남, 2017(1쇄). 157~175쪽 참조. 도시지리와 계획사적 논의는 한종수, 계용준, 강희용, 《강남의 탄생》, 미지북스, 2016(초판1쇄) 참조

따라서 여의도시범아파트의 경우는 최대 60평형 아파트가, 반포주공1단지의 경우는 64평에 이르는 단위세대가 등장한 것이다. 1973년에 모든 세대가 복층으로 이루어진 '명수대 그린맨션'이 선보이고, 100평에 이르는 민간건설업체의 초대형 아파트를 시장에 등장시킨 촉매 역할을 했다.

당시 맨션산업의 선두주자로 꼽힌 삼익주택으로 대표되는 민간건설업체와 달리 서울특별시와 대한주택공사가 각각 공급한 맨션아파트가 60평형 이상의 중산층 아파트 공급주체로 나섰다는 사실은 공공주택을 공급해야 할 서울특별시와 대한주택공사의 입장에서 본다면 매우 볼썽사나운 일이었다. 그런 부끄러움을 이미 알고 있었는지 분양광고에는 기타 항목에 아주 조그만 글자로 수평으로 세대로 합해 사용할 수 있다는 내용을 언급(여의도시범아파트)하거나 아예 그런 내용조차 싣지 않기도 했다(반포주공1단지). 앞서 기술한 것처럼 국가주도의 경제성장을 위한 외화벌이와 국민 모두의 근검을 강조하던 사회 분위기를 반영한 것으로 판단된다. 물론 지금이라면 더한 뭇매를 맞았을지도 모를 일이다.

앞에서 이미 밝힌 것처럼 한강맨션아파트와 그 뒤를 이은 여의도시범아파트, 반포주공1단지 아파트는 모두 한강변 매립지에 세워졌다. 본래 사람이 살지 않던 곳이었을 뿐만 아니라 상습적인 침수지였던 까닭에 채마밭 정도로 쓰였을 뿐 사람들의 정주 조건이 미비한 곳이었다.[30] 당연하게도 대단위 아파트단지가 들어설 곳이라지만 주위에 상점이나 학교와 같은 생활지원 시설이 아예 없었다고 해도 과언이 아니다. 그래서 이 아파트단지에는 아케이드로 불리는 노선상가가 만들어졌고, 필요한 만큼의 학교가 단지 조성과 동시에 이루어졌다. 게다가 여의도시범아파트는 우리나라 최초의 12~13층 아파트였다.

권력의 시선을 확장하는 높이와 풍요의 다른 말인 규모의 확대와 넓이의 확장은 곧 모든 이에게 높고, 크고 넓은 것에 대한 욕망을 부추겼고 이를 지지하는 중앙난방과 야외수영장, 엘리베이터와 에스컬레이터 역시 동경과 욕망의 구체적인 대상으로 자리하

---

30 ― 일제강점기였던 1924년 6월 《동아일보》는 당시 경성의 186개 동리[85개 동(洞)과 101곳의 정(町)] 가운데 100곳을 임의로 골라 독자들로 하여금 각 동리에 명물로 꼽을 만한 것이 무엇인지를 밝히고 그 이유를 적어 보내달라는 일종의 독자 참여 기사 만들기 행사를 시행했다. 6월 25일부터 8월 15일까지 100곳의 동리가 "내 동리 명물"이라는 박스 기사로 묶여 하루에 2개 동리가 게재되었고, 8월 16일에는 100곳을 한데 모은 내용이 발표되었다. 후일 한강맨션아파트가 들어선 당시 이촌동(二村洞)은 '수해(水害)'가 꼽혔으니 과거 자료를 통해서도 이곳이 상습 침수지역이었다는 사실을 쉽게 확인할 수 있다. "내 동리 명물", 《동아일보》, 1924년 8월 16일자 참조

였다. 결국 1970년대를 가히 맨션의 시대라 불러도 좋을 만큼 맨션아파트는 빠르게 유행을 선도하고 선망의 대상으로 자리하였다. 30평 이상 아파트에는 메이드 룸으로 불리곤 했던 식모방을 두는 것은 이미 규범이자 공식이 되었고, 부부 전용 욕실이 구비되었다. 수도꼭지만 틀면 사시사철 더운 물이 쏟아지고 연탄불 갈 일이 전혀 없는 곳, 엘리베이터를 타고 집을 오가고 에스컬레이터를 이용해 오르내리며 소비를 자극하는 온갖 상품이 아름답게 진열된 아케이드를 거닐 수 있는 곳은 과연 꿈의 공간이었다. 게다가 단지 내에 야외수영장까지 갖춘 경우가 속속 등장하였으니 더할 나위 없었다.

나는 충격처럼 갑자기 내가 이 도시에서 몸을 함부로 굴리며 허덕이고 희구하던 소원이 뭔지를 깨달은 것 같았다. 그건 아파트를 하나 갖는 거였다. …(중략)… 내가 불 때거나 연탄 갈지 않고도 알맞게 따뜻한 방과 여성잡지 컬러 페이지의 싱크대 선전과 똑같이 생긴 부엌과 언제나 더운물을 쓸 수 있는 욕실이 있는 십팔 평짜리 아파트가 내 거라는 행복감이 쾌적한 온도의 따뜻한 물이 되어 젖가슴까지, 목까지 차올랐다."³¹

소설 〈무중〉 속의 그녀가 나이 지긋한 중년 남성의 성노리개 대가로 갖게 된 18평짜리 그 아파트가 바로 맨션아파트였던 것을 상기하면 욕망하는 상품을 향한 개인의 몰두를 익히 짐작할 수 있다.

　　그런 까닭에 한강맨션아파트와 여의도시범아파트, 반포주공1단지 아파트 준공 후 '맨션아파트'는 유행을 넘어 누구나 가질 수 있을 것 같은 욕망의 배출구이자 복제 대상이 되었다. 한강맨션아파트 준공 두 달 후에 입주한 17평형의 서(西)서울 아파트를 '소형맨션아파트'로 부르게 되었고 역시 한강매립지역에 지어진 잠실단지의 7.5평형 아파트는 더 넓은 아파트로 옮기기 위한 디딤돌이라는 뜻으로 대한주택공사가 부여했던 '성장형 아파트'라는 명칭 대신 욕망이 꿈틀거리는 시장에서는 '미니 맨션'³²이라는 별칭으로 불렸다. '불란서식 미니 2층'이 유행하던 때였다. 통상적인 것들에 비해 낮거나 좁은 것들에 '미니'를 붙인 것은 여성들의 짧은 치마 '미니 스커트' 유행에서 비롯되었다.

　　1969년 작가 김승옥이 발표한 《야행》은 1960년대의 욕망을 적나라하게 드러낸 작품이다. 욕심을 채워야만 하는 사회 구조 안에서 개인은 욕망의 실천을 마치 시대적 소명

31 ─　박완서, 〈무중(霧中)〉, 앞의 책, 301~302쪽

32 ─　대한주택공사, 《대한주택공사20년사》, 295쪽 참조

a   1973년의 여의도시범아파트. 국가기록원 소장 자료

b   1973년의 반포주공아파트. 국가기록원 소장 자료

c   1971년의 한강맨션아파트. 국가기록원 소장 자료

d   1980년에 지은 한남맨션, 2016 ⓒ박철수

처럼 받아들였는데 밤이면 시내의 번잡한 지역을 찾아 술 취한 사내들 사이를 비집고 누군가를 갈구하는 여성 '현주'의 행동은 이를 잘 드러낸다. 일종의 변태와 타락이 몰아치는 시대상을 그대로 보여 준 것인데 이 소설을 원작으로 김수용 감독이 1977년에 개봉한 같은 제목의 영화 속 여주인공 '현주'가 은행에서 함께 근무하는 박대리와 사람들의 눈을 피해 동거하는 거처가 반포주공아파트였다는 점은 의미심장하다. 소설이 발표될 당시에는 아직 지어지지 않았던 반포주공아파트가 영화 제작 시점에서는 동거인들의 거처로 감독의 눈에 포착됐다는 사실 때문이다.

비루하고 헛헛한 삶을 일거에 해방시켜 줄 것만 같은 욕망! 이 곤고한 한반도의 삶을 지탱케 하는 거의 유일한 목표! 생의 에너지를 온전히 쏟아 부어야만 하는 간절한 신기루! 비록 20년 장기 상환의 기나긴 멍에가 될지라도 우선은 그 공간 속으로 자신과 가족의 생애를 밀어 넣어야만 하는 생활의 전체, 곧 아파트라는 이 시대의 화두가 바로 저 가설물의 화려한 외장과 근사한 인테리어에 농축되어 있는 모델하우스.[33]

모델하우스를 찾아 매일 매일 펼쳐지는 축제에 열성적 관람객으로 참가하게 된 '우리'가 만들어진 과정이다. 가짜 집에서 진짜 집을 구매하는, 그래서 절대 당연한 것이라 할 수 없지만 누구나 당연한 것으로 이해하는 '상품에 포박된 우리'는 바로 맨션아파트가 만들어낸 괴물인 셈이다.

그리고 2017년에 다다른 우리는 여기서 한 걸음 더 나아가 모델하우스에 존칭을 붙이는 시절에 이르렀다.

이미 네 팀이 모델하우스를 둘러보고 있었고, 민정의 가족도 합류했다. 과장은 내내 모델하우스에 존칭을 써 가며 설명했다. "이건 27평형인데, 34평형하고 구조는 똑같으세요. 작은 방 두 개를 터서 오픈형 책장을 가벽 대신 설치하신 거구요, 안방 베란다 말고는 다 확장하신 거예요. 구조가 워낙 좋으셔서 세 식구면 사실 27평으로 충분하세요."[34]

현진건의 소설과 같은 제목을 붙인 조남주의 소설 〈운수 좋은 날〉은 '민주'라는 아이

33 — 정윤수, 《인공낙원》, 궁리출판, 2011, 94쪽
34 — 조남주, 〈운수 좋은 날〉, 《Littor(릿터)》 2017 2/3, (주)민음사, 2017년 2월, 13~14쪽

를 둔 '민정'과 '석준' 부부의 이야기다. 셋집의 보증금을 올려주느라 청약통장까지 해지한 민정에게 동갑내기 이웃이 청약통장이 필요 없는 재개발아파트 모델하우스 구경을 가보라는 권유에 따라 예약을 통해 모델하우스를 방문했다. 계약금은 분양가의 10%, 4,000만 원인데 모델하우스 방문 당일 2,000만 원을 계약금으로 내고 두 번에 걸쳐 매달 1,000만 원만 내면 된다는 모델하우스 과장의 말을 듣는 순간 그들처럼 모델하우스를 찾는 이들이 모두 주머니 속에 2,000만 원 정도는 가지고 다닌다는 사실을 둘 다 처음 깨닫는다.

조선 사람 많이 모여서 문화생활을 하고 있는 소위 문화촌은 어디냐

보고 배운 것이라곤
없는 징상스러운
인간들이 사는 곳,
아파트촌

구별짓기 수단으로 붙인 별칭 '촌'

1929년 9월 삼천리사에서 발행한 대중 잡지 《별건곤》 제23호에는 "대경성의 특수촌"이
라는 제목의 글이 실렸다. 당시 '경성'으로 불린 '서울'에서 별스럽다고 할 만한 곳으로
문화촌, 빈민촌, 서양인촌, 중국인촌, 공업촌, 노동촌, 기생촌 등을 꼽고 각각을 대표할
만한 곳을 가려 뽑으면서 조선인들의 궁핍한 삶을 일부 드러내면서 그와 대비되는 몇
몇 풍경을 글로 그려냈다.

　당시만 하더라도 유사한 모양의 집들이 모여 있거나 살림살이가 엇비슷한 계층이 한
데 어울려 살았거나 혹은 같은 직종에 종사하는 사람들이 서로 부대끼며 살 수밖에 없
었던 곳을 그저 뭉뚱그려 문화니 빈민이니 서양인이니 한 뒤 그 단어의 끄트머리에 '촌'
을 이어 붙였다. 문화촌은 동소문 안쪽 일대, 빈민촌으로는 광희문 밖의 신당동, 서양인
촌으로는 당연하게도 정동 일대를 꼽았고, 중국인촌으로는 서소문동과 관수동 그리고
소공동 일대를 망설임 없이 지목했다. 공업촌은 공장이 많이 생기면서 이곳저곳에 굴
뚝이 제법 높이 올라가고 있는 묵정동, 쌍림동, 장충동2가 등을 들었고, 노동촌으로는
봉래동 일대에서 약현에 이르는 고갯마루와 독립문 밖 현저동을, 기생촌으로는 다동과
서린동, 청진동, 관철동 부근을 대표적인 장소로 꼽았다.[1]

　서양인촌에 대해서는 다음과 같이 묘사했다.

그들의 생활 내면을 엿보기에는 좀 어려운 감이 있으며 늘 그곳을 지날 때 보면 아침이라
야 우리네들처럼 새벽밥을 먹고 공장으로 회사로 점심밥을 싸 짊어지고 나서는 사람을 구
경할 수가 없고 다만 새파란 눈동자를 도록거리고 책 두어 권을 옆에 끼고 공부하러 가는
그들의 아들딸을 보는 것 외에는 다른 곳으로 출근하는 사람을 별로 못 보겠다. 낮이 되
면 아이들은 학교-그들의 학교가 그 근처에 있다-에서 돌아와서 풀밭에서 생기 있게 뛰
놀며 다져놓은 테니스코트에서는 남녀가 짝을 지어 오후의 운동을 한다.[2]

물론 이들 가운데 가난한 생활을 하는 이도 있었겠지만 그들이 보여 주는 생활 자체가
곧 문화생활이고, 월급쟁이로 살아가는 일본인도 조선인에게는 당연히 문화생활로 보

1—　"大京城의 特殊村", 《별건곤》 제23호, 삼천리사, 1929년 9월호, 106~113쪽

2—　"大京城의 特殊村" 앞의 책, 107~108쪽

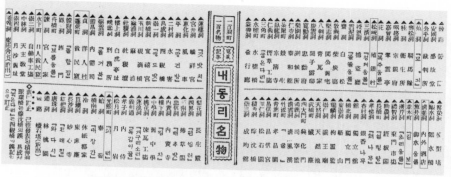

"내 동리 명물", 《동아일보》 1924년 8월 16일자

였다고 전하면서 조선인들이 많이 모여 문화생활을 한다는 문화촌도 꼽은 바 있다.

그러면 조선 사람 많이 모여서 문화생활을 하고 있는 소위 문화촌은 어디냐. 동소문(東小門) 안 근방을 칠까. 그러나 문화생활이라고 반드시 양옥을 짓고 위에 말한 것 같은 그러한 생활이 문화생활이라고만 할 수는 없다. 한간 초옥에 들어앉았더라도 조선 재래의 가족제도에서 벗어나 팥밥에 된장을 쪄서 먹더라도 재미있고 화락한 생활을 하는 것을 문화생활이라고 부르기에 넉넉하다. 동소문 안 근방을 문화촌이라기에는 얼른 보아서 너무 쓸쓸하다. 그러나 그들의 살림은 대개가 간단하고도 정결하다. 대개가 회사원이거나 그 외 타 여러 곳에서 월급쟁이로 다니는 사람이 많고 식자급(識者級)의 사람들이 한적한 곳을 찾아 그 근방에 새로이 주택을 짓고 간편하고 깨끗한 살림을 하고 있다. 아직은 전부랄 수가 없으나 앞으로는 그 근방은 교통도 더 편리해지면 조선 사람의 문화촌으로 이곳 밖에는 없고 다른 좋은 곳들은 다 빼앗겼다.[3]

총독부의 무단통치와 교묘한 공간정치 탓에 조선인의 거주 환경은 상대적으로 열악했고, 그나마 조선인들이 모여 사는 곳도 점점 상황이 나빠질 수도 있겠다는 우려를 함께 일갈했다.

　이보다 5년 전쯤인 1924년 8월에는 《동아일보》가 "내 동리 명물"이라는 이름을 달고

3 — "大京城의 特殊村", 앞의 책, 106~107쪽. 이 내용은 고쳐 쓴 것으로서 원문의 내용과 의미는 같으나 표기 방법은 우리말 맞춤법을 따랐다.

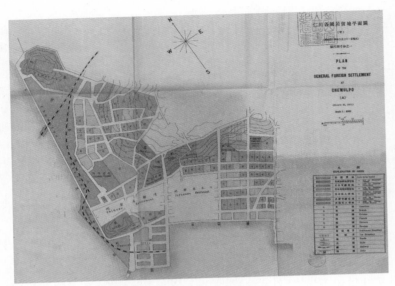

인천 각국 거류지 평면도, 1911. 출처: 국사편찬위원회

연재했던 기사를 다시 추려 압축한 적이 있다. 여기서도《별건곤》처럼 정동은 '양인촌 (洋人村)'으로, 봉래동은 '빈민굴'로 수하동은 '일인빈민굴'을 명물로 꼽았으며, 청진동과 병목정(並木町, 오늘날의 중구 묵정동/쌍림동 엠베서더 호텔 근처)은 '주점'과 '갈보'라는 단어를 갖다 붙였다. 창덕궁 일대에 해당하는 원동에 대해서는 '모기'를 명물로 뽑은 것처럼 광희동 일대는 '파리'로 알려졌다고 전했다.[4]

이촌향도(離村向都)나 여촌야도(與村野都) 등의 사자성어나 '촌스럽다'고 내뱉곤 하는 차별적 언어 습관을 통해서도 쉽게 짐작할 수 있듯 사실 '촌'은 '도회'의 상대어로, 마을이나 부락 혹은 시골을 뜻한다. 그런데 대도시 서울에서 '촌'이라는 말로 울타리를 둘러 얼추 그 경계를 구분했으니 본래의 뜻과 달리 모여 사는 이들의 출신지나 직업 혹은 계층이나 집의 모양새로 뭉뚱그린 것이다. 집단 구성원 스스로가 제 동리를 구별하기 위해 따로 불렀을 수도 있겠지만 대개는 다른 이들이 시선을 통해 질시와 배척 혹은 동경과 비난 모두를 담아내는 구별짓기 수단으로 붙인 별칭이다.

1911년 조선총독부가 작성한 인천의 각국 거류지 평면도는 조선을 강제 병합한 일본

4 — "내 동리 명물",《동아일보》, 1924년 8월 16일자

과 함께 미국, 영국, 중국(청나라), 프랑스, 독일, 러시아 등의 각국 거류지가 근대도시계획 도로망에 따라 정확하게 구분된 모습을 극명하게 보여 준다. 거칠게 미국촌, 영국촌, 독일촌, 프랑스촌 등으로 불렸음직하다.

비탄의 디아스포라 신한촌 그리고 한센인촌과 전략촌

《별건곤》 제23호에서 신당동을 꼽아 빈민촌의 풍경을 언급하기도 했다.

기름진 논밭전지를 다 뺏기고 먹으려니 밥이 없고 잠을 자려니 집이 없어 그리운 산천을 등지고 남부여대하여 강냉이 조밥이나마 얻어먹으려고 수천만 리 먼먼 길을 산 넘고 물 건너 몰려가는 것이 쪼들리고 구차한 조선 사람의 현상······.[5]

이보다 조금 상황이 나은 경우라 하더라도 "장안 살림을 지탱해 갈 수가 없고 집 없고 터전 없어 동문 밖 서문 밖 문밖으로 쫓겨나가는 것이 가난한 서울 사람의 한낱 피해 갈 곳"이라고도 했다. 그렇게 한반도에 남은 이들에게는 빈민촌이라는 딱지가 붙었고, 남부여대하여 먼 길 떠나 블라디보스토크에 이른 이들의 집락지는 겹겹의 배제가 만든 슬픈 공간 신한촌(新韓村)이 되었다.

19세기 말 3년 내리 계속된 조선 관북 지방의 가뭄으로 인한 기근은 농사짓던 이들로 하여금 두만강을 건너 북간도와 연해주 일대에 토막을 짓고 황무지를 개간하도록 강제했고, 여기에 한일 강제병합 뒤 망명한 지사들이 가담해 조선인 마을로 꾸린 항일 기지가 바로 신한촌이다. 굶주림과 망국의 설움, 러시아와 일본의 제국주의가 빚은 삼중의 질서와 배척이 만든 고독한 촌락이 바로 신한촌인 것이다.

슬픈 기억을 새긴 '촌'은 또 있다. 2016년에 100년째를 맞은 소록도 한센인촌이나 매년 4월이면 슬픔과 장엄의 분위기에 섬 전체가 휩싸이는 제주의 전략촌을 떠올릴 수 있다. 미국의 의료선교로 시작된 한센인촌은 일제강점기에 접어들며 공중위생과 치안을 명분으로 배척된 고독한 섬이다. 문명국을 자처한 일본에 한센인의 모습은 가당치 않다고 여긴 조선총독부는 이들을 분리, 집단 수용했다. 강제노동과 불임시술과 같은 반인

5 —　"大京城의 特殊村", 앞의 책, 107쪽

間島移住同胞로
大混雜한沙里院
놀라지마라하루에빅여명
北으로北으로몰리는白衣群

朔風寒雪中
徒步로間島에

a   블라디보스토크 신한촌 풍경

b   《조선일보》 1926년 12월 13일자에 실린 간도로 떠나는 조선인에 대한 기사

c   폐허로 버려진 소록도 한센인촌 ⓒ박철수

권적 조처가 행해졌다. 환자들 가운데 일부는 소록도로 옮겨지는 과정에서 일제가 선전한 '이상적 낙원'을 거부하며 바다에 뛰어들기도 했다. 이청준의 소설 《당신들의 천국》은 잊힌 섬, 소록도의 한센인촌을 그렇게 그렸다. 제주 전략촌 역시 크게 다르지 않다. 제주 4.3 사건을 다룬 현기영의 소설 〈순이 삼촌〉은 평화의 섬 제주의 양민들을 입산 폭도들의 약탈로부터 보호한다는 명분을 내세워 배척하고 감금한 절연의 공간이다. 뭍에서 온 순경들은 섬사람들을 몰아세웠고, 그들로 하여금 허기진 배를 안고 전략촌을 만들도록 강제하는 모습이 고스란히 소설에 그려진다. 슬픈 현대사의 잿빛 기억이다.

4.3사건 발발 당시, 산사람들에 의해 습격 받는 일이 잦아지게 되어 마을을 요새화하거나 이들을 토벌하기 위한 목적으로 중산간 마을에 대하여 소개령(疏開令)[6]을 내려 해변마을로 이주하게 하는 등 주거생활에 많은 변화가 있었다. 산사람들에 대한 토벌이 끝나갈 무렵인 1949년 봄에 들어서 해변마을에 소개하여 있던 주민들에 대한 복구지로서 소개민을 수용하면서 통제하기 용이하고, 산사람들과의 연계차단 혹은 동조세력의 색출을 목적으로 주민들을 강제로 동원하여 전략촌 혹은 재건마을로 불렸던 마을을 건설했다.[7]

재건이라는 미명 아래 행해졌을 폭력과 억압과 배제는 늘 공식적인 기록으로는 남겨지지 않는다.

귀리집이 노형 다랑굿에서 서로 이웃간에 살던 영순 어멍과 함께 들게 된 이 집은, 식구들까지 입산해서 텅 빈 도피자 집인데, 동짓달 시린 장판 냉기를 막아낼 요 한 장 없어 보릿짚을 잔뜩 집어넣은 것인데, 이불이란 것도 소까이(疏開) 내릴 적에 좁쌀자루 위에다 병풍과 함께 얹어 가져온 얇은 누비이불 하나다. 그래서 노상 오슬오슬 한기가 가시지 않는다. 한철 넘겨 묵은 보릿짚이라 두엄 삭는 것 비슷한 냄새가 났다. 안쪽에 누워 보릿짚 바스락거리던 영순이 모녀는 벌써 잠들었는지 기척이 없었다. 문득 보릿짚 속에 들어 있는 손끝에 깔끄러운 보리 가시랭이가 만져졌다. 쭉정이 이삭이지만 반가웠다. 귀리집은 손톱으로 이삭 모가지를 잘라 손바닥으로 가시랭이를 비벼 없애고, 앞니로 정성스레 껍질을 벗겼

6 — 당시 소개령이 내려진 후, 백여 개의 중산간마을이 폐허가 되었고, 가옥이 15,000호, 35,000동이 피해를 입은 것으로 기록되었다. 제주도, 《제주실록》, 1977, 44쪽 참조

7 — 김태일 외, 《제주인의 삶과 주거공간》, 제주대학교 출판부, 2007, 69쪽

a   제주 4.3 평화공원 안의 주검들 ©박철수

b   제주 4.3 평화공원 ©박철수

다. 쭉정이 보리알 세 낱이 입안에 떨어졌다. 앞니로 씹어봤다. 금방 끈적거리는 침이 한입 가득해지고 배에선 쪼르륵 소리가 났다.[8]

제주 4.3사건의 "정확한 피해자의 숫자가 집계되지는 않았지만 진압과정에 제주도민 약 2~3만 명이 사망한 것으로 알려진다. 이는 당시 제주도민 전체 인구의 1/9에 달한다."[9] 북제주군 조천읍 북촌리 마을 주민이 집단학살로 피범벅이 된 날은 1949년 1월 17일(음력 12월 18일)이다. 북촌리에 살던 양민 수백 명이 한날한시에 학살당한 역사의 비극인 이 사건은 전쟁 기간 중이라도 절대 금하도록 국제법으로도 규정하고 있는 집단학살의 대표적인 사건으로 알려지고 있다. 이런 까닭에 음력 12월 18일이면 낮에는 제사상에 오를 돼지 먹따는 소리가 마을을 울리고, 깊은 밤이면 살아남은 사람들의 곡소리로 이어지는 곳이 바로 북촌마을이라고 작가 현기영은 썼다.

군인들이 이렇게 돼지 몰듯 사람들을 몰고 우리 시야 밖으로 사라지고 나면 얼마 없이 일제사격 총소리가 콩 볶듯이 일어나곤 했다. 통곡소리가 천지를 진동했다. 할머니도 큰아버지도 길수형도 나도 울었다. 우익인사 가족들도 넋 놓고 엉엉 울고 있었다. 우는 것은 사람만이 아니었다. 마을에서 외양간에 매인 채 불에 타죽는 소 울음소리와 말 울음소리도 처절하게 들려왔다. 중낮부터 시작된 이런 아수라장은 저물녘까지 지긋지긋하게 계속되었다.[10]

슬픈 기억은 여기서 그치지 않는다. 1964년 《동아일보》 장편 공모에 당선된 홍성원 작가의 소설 《디·데이의 병촌(兵村)》의 배경이 된 육단리(六丹里) 마을을 신문연재 소설의 그림을 그린 이순재 화백과 함께 찾은 작가는 그곳이 '과부촌'으로 불리게 된 슬픈 사연을 소개했다.[11] 이 기사에 따르면 강원도 철원군 근남면 육단리는 주택영단이 지은 것 같은 똑같은 모양의 왜식 기와집이 모여 있는 마을인데 한국전쟁 중에 북한군이 대규모로 장기간 주둔했고, 남한측과 일진일퇴를 거듭하다가 미처 가족들을 챙기기 못한

8 — 현기영, 〈도령마루의 까마귀〉, 《황석영의 한국 명단편 101-05 생존의 상처》, (주)문학동네, 2015(초판), 85~86쪽

9 — 박태균, 《사건으로 읽는 대한민국》, (주)역사비평사, 2013(초판1쇄), 121쪽

10 — 현기영, 〈순이 삼촌〉, 《순이 삼촌》, (주)창비, 2008(개정판 4쇄), 65쪽

11 — 홍성원, 〈다시 찾아본 병촌〉, 《동아일보》 1965년 6월 12일자

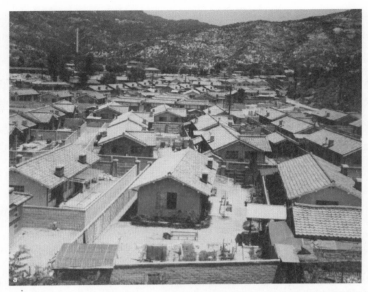

a   평화촌 혹은 문화촌으로 불린 불광동 국민주택, 1960. 국가기록원 소장 자료
b   1967년에 조성된 서울 문화촌아파트, 1968. 국가기록원 소장 자료

상황에서 별안간 퇴각하는 바람에 아이들과 그들의 아내가 남겨진 곳이라고 했다. 물론 그곳이 38도선 이북이지만 지금은 엄연한 남한의 땅이 되었고, 그들은 대한민국 국민으로 변신해야 했다. 이데올로기의 옳고 그름을 떠나 슬픈 현대사의 한 조각이 아닐 수 없다. 물론 남측에서도 전쟁에 나가 귀한 목숨을 버린 이들의 아내들을 위해 미망인촌이라는 이름을 붙인 부락을 조성한 적도 있다. '먼저 죽은 남편을 따라 죽어야 하는데 아직 그러지 못한 여인'이라는 의미의 폭력적 언어 미망인도 모자라 그런 상황에 처한 이들을 모두 한곳에 매어둔 셈이니 이중의 감금이나 다를 바 없다.

동경으로 만들어진 문화촌과 난민부락인 해방촌

일제의 한반도 강점 이후인 1916년 독일 유학을 마친 일본인 오야마 이쿠오(大山郁夫)는 "군국적 문화국가주의-독일 국민생활의 일면"이라는 글을 통해 '문화는 국가의 목적이고, 힘은 그 수단'이라 했다. 이는 일본과 당시 식민지 조선에서 문화촌과 문화주택이라는 단어를 등장시킨 계기가 되었다. '교양'의 의미도 있는 '문화'가 대체적으로 지배층 일본인들의 전유물이었던 탓에 조선인들에게 '문화'라는 단어와 함께 그것이 지시하는 대부분의 것은 비난의 대상인 동시에 욕망의 대상으로 자리했다.

《별건곤》 제23호 내용을 다시 보자.

문화촌이라면 소위 문화생활을 하는 사람들, 문화생활이라면 송판을 붙여 놓았더라도 집은 신식 양옥으로 지어 놓고 피아노에 맞춰 흐르는 독창 소리가 아니면 유성기판의 재즈밴드 소리쯤은 들려야 하고 지붕 위에는 라디오 안테나가 가로 걸쳐 있어야 할 것은 물론이거니와 하루에 한 번씩은 값싼 것일망정 양요리 접시나 부셔야 왈 문화생활이라고들 한다. 그러나 한 칸 셋방에 한 그릇 콩나물죽이 어려운 형편에 있는 조선 사람이, 더구나 찌들고 쪼들리는 서울 사람이 문화생활을 하고 있는 사람이 누구일 것이냐.[12]

문화촌에 대한 당시 조선 사람들의 대체적인 생각이었다.

해방과 한국전쟁을 거쳤건만 문화촌은 여전히 일제강점기의 그것인양 동경과 욕망의

---

12 — "大京城의 特殊村", 앞의 책, 106쪽

대상이었다. 서울 불광동이나 우이동과 같은 교외주택지에 새로 들어서는 집들은 소위 개량온돌과 함께 변소나 욕탕 등을 따로 갖추고 있었을 뿐만 아니라 판유리와 색깔 입힌 기와, 방수페인트 등을 사용해 문화촌의 중요한 판단기준을 만들었다. 당연히 문화촌은 상품이 되었고, 아파트에는 문화촌과 함께 '문화생활을 누리는 곳'이라는 이름이 붙어 다녔다. 새 것이라면 '문화'라는 이름이 당연히 따라 붙었고, 집단적, 계획적 방식이거나 전에 없던 유형의 주택이 생겼다면 문화촌이었고, 문화주택지였다. 일제강점기에 입에 붙은 단어와 그 단어가 지시하는 이미지가 너무도 강고했던 탓이리라. 일제가 물러난 뒤였으니 이제는 질시 대신 동경이 대상을 호명했고, 어디에나 문화를 붙이는 일이 성행했다. 문화촌, 문화주택, 문화생활은 모든 것을 빨아들이는 욕망의 블랙홀이 된 셈이다.

용산1가동 일부와 용산2가동이라는 명칭이 있음에도 불구하고 여전히 '촌'이 붙은 명칭으로 지금까지도 불리는 곳이 있으니 바로 서울 남산 자락의 해방촌이다. 피난민촌을 줄여 부른 난민촌은 해방촌과 짝패를 이룬다. 6.25 전쟁 중에 부산 아미동, 동대신동 일대의 피난민촌 풍경은 작가 김원일의 〈두 동무〉에 잘 묘사되어 있다. "45도가 넘는 산비탈에 층층의 계단을 만들어서 누더기 집을 마구잡이로 지어 놓은 대단위 풍경"이 바로 그것이다. 해방촌 묘사로는 늘 그렇듯 이범선의 〈오발탄〉을 꼽는다.

빈 도시락마저 들지 않은 손이 홀가분해 좋긴 하였지만, 해방촌 고개를 추어 오르기에는 뱃속이 너무 허전했다. 산비탈을 도려내고 무질서하게 주워 붙인 판잣집들이었다. 철호는 골목으로 접어들었다. 레이션 곽을 뜯어 덮은 처마가 어깨를 스칠 만치 비좁은 골목이었다. 부엌에서들 아무 데나 마구 버린 뜨물이 미끄러운 길에는 구공탄 재가 군데군데 헌데 더뎅이 모양 깔렸다. 저만치 골목 막다른 곳에, 누런 시멘트 부대 종이를 흰 실로 얼기설기 문살에 얽어맨 철호네 집 방문이 보였다. 철호는 때에 절어서 마치 가죽 끈처럼 된 헝겊이 달린 문 걸쇠를 잡아당겼다. 손가락이라도 드나들 만치 엉성한 문이면서 찌걱찌걱 집혀서 잘 열리지를 않았다. 아래가 잔뜩 잡힌 채 비틀어진 문틈으로 그의 어머니의 소리가 새어 나왔다. '가자! 가자!'[13]

1959년에 발표된 소설 속 내용이니 요즘에야 어디 그렇겠냐고 반문할 수 있다. 2010년

13— 이범선, 〈오발탄〉, 《암사지도/오발탄》, 동아출판사, 1995, 472쪽

에 발표된 문진영의 장편《담배 한 개비의 시간》을 읽는다면 상황은 달라진다.

나의 옥탑방은 이태원 해방촌 한가운데 위치한 사 층짜리 건물 옥상에 있었다. 한 층 한 층 올라갈수록 가팔라지고 좁아지는 계단을 꾸역꾸역 올라가면, 다닥다닥 붙어있는 건물들을 배경으로 멀리 남산타워가 보였다. 맘만 먹으면 옆집 옥상으로 뛰어넘어갈 수 있을 정도로 건물들의 간격은 좁았지만 외관은 어떤 연관성도 없이 동떨어져 있었다. 늘 다양한 언어로 다양한 이야기 소리가 들려왔고, 다양한 삶의 방식들이 얹혀 있는 다양한 옥상들이 보였다. 그런 동네였다. 건축 재료가 남았으니 대강 옥상에 벽이나 세워볼까, 하는 식으로 지어진 느낌의 세 평 남짓한 방 한 칸에는 다행히도 반 평의 부엌과 반의 반 평의 화장실이 딸려 있었다. 소형냉장고, 밥솥, 좌식 책상과 노트북, 조립식 책꽂이, 일인용 침대, 이것이 내 살림의 전부였다. 지금 뭔가 요리라도 할라치면 창문을 열어도 방 안이 열기로 가득 찼으며, 비가 오면 어김없이 곰팡이 냄새가 풍겼다. 여름에는 찌는 듯이 덥고 겨울에는 혹독하게 추운 곳이지만, 그런대로 살만했다. 내게 필요한 것은 그저 나만의 공간, 나만의 고요였으니 그것으로 충분했다.[14]

전쟁을 피해 남하한 피난민이 눌러 살던 곳이었지만 이제는 취업준비생이나 대학을 휴학하고 24시 편의점 아르바이트로 일상을 꾸려야 하는 그늘진 청춘들이 삶을 지탱하는 곳으로 그려지고 있다. 거대도시 서울, 자본주의의 중심지에서 국가가 정한 최저임금으로 자신의 시간을 버티고 있는 이들의 모습에서 우리는 60년 전 〈오발탄〉에서 마주쳤던 철호를 만난다. 분단과 전쟁, 탈향으로 인한 뿌리 뽑힘이 만든 불길하고 불온한 공간, '삼팔따라지들의 집합지'라 부르는 질시와 배제, 실향과 부적응의 공간이 그곳, 해방촌이다.

이밖에도 한국사회를 민낯으로 드러내는 '촌'은 차고도 넘친다. 베트남전쟁에 참전했다가 생명을 잃은 분들의 아내를 위한다는 명분으로 조성된 '미망인촌'이 있었는가 하면 전쟁에 목숨은 부지하였지만 몸을 다쳐 생계가 막연한 이들을 정치선전 도구로 활용한 '상이용사촌'이나 석탄 채굴의 효율화를 위한다는 명분으로 만들었지만 그곳에서 일하는 사람들 스스로가 막장 인생의 집합지라 부르곤 했던 '탄광촌'도 있다. 물론 기자들의 복지사업으로 조성된 '기자촌'도 있었고, 1960년대 이후 외화벌이를 위해 국가

14 — 문진영, 《담배 한 개비의 시간》, (주)창비, 2010(초판1쇄), 42~43쪽

서울 해방촌 일대, 2017 ⓒ배윤경

차원에서 추진한 '외인촌'도 어렵지 않게 찾아볼 수 있다. 일제강점기에 일본인 관료나 제국대학 교수들을 위한 '관사촌'이나 '교수촌' 역시 아직 남아 있으며, 6.25 전쟁 이후 외국 원조자금과 물자로 급하게 지은 후생주택들이 모인 '재건주택촌'도 생생하게 기억할 수 있다. 청계천 '판자촌'도 마찬가지다.

식은 무슨 식. 정화수 한 그릇 떠 놓고 맞절한다든가 뭐 그런 짓도 안 했어. 그냥 살기 시작했지. 유가가 출근하고 나면 미치겠데. 눈길과 발길이 자꾸만 몸 팔던 가게로 쏠리는 거야. 작부짓 그만두게 되었다고 그렇게 좋아했는데 말이지. 다시 작부가 되고 싶었던 것은 아니야. 그냥, 그랬다는 거지. 광산촌 사택년들의 괄시가 대단했어. 밑구녕 팔아먹던 년하고 같은 마당, 같은 우물, 같은 화장실을 쓰는 게 싫다고 노골적으로 까발리는 년도 있었지. 나는 떠나자고 했지. 무조건 떠나고 보자고, 도시든 시골이든 상관없다, 여기만 아니면 된다고, 졸라댔어. 하지만 유가는 엉덩이가 무거웠어. 이놈의 지긋지긋한 광산, 나도 떠나고 싶어. 누구는 뭐 있고 싶어 있간디. 헌디 떠나려면 돈이 있어야 될 것 아닌가베, 하다 못해 집 한 채 값은 있어야⋯(중략)⋯. 마지못해 이런 푸념이나 늘어놓더군. 그럼 답은 나온

거지. 나 혼자라도 떠날 수밖에. 하여튼 그 광산촌에서 조금만 더 살았었다면, 난 필시 돌 아버렸을 거야. 정말 잘 떠났지.[15]

이제는 많은 이들에게 잊혔지만 여전히 존재하고 있는 실제의 생활세계, 탄광촌에 대한 소설 속 묘사다.

보고 배운 것 없는 인간들이 사는 곳, 아파트촌

질시와 배제의 다른 이름이라고 했던 '촌' 가운데 그와는 정반대로 동경과 욕망의 대상 으로 호명된 '촌'이 있었으니 아파트촌과 외인촌이다. 1972년에 발표된 작가 조해일의 소설 〈뿔〉에서 "일고여덟 해 전만 해도 모래먼지와 잡초가 무성하던, 그러나 지금은 기 하학과 역학에 힘입은 바의 번듯하게 드높여진 한강변 위에 새로이 형성된 또 하나의 도시, 맨션아파트 마을"[16]이라고 했을 때의 '맨션아파트 마을'을 다시 풀어 쓰자면 '맨션 아파트촌'이다. 이 소설이 발표되고 한 해가 지난 뒤인 1973년에 발표된 조정래의 소설 《비탈진 음지》에는 이런 아파트촌을 언급하고 있다

오늘의 일터인 아파트촌도 일거리는 심심찮은 편이었다. 처음 이 아파트촌을 먼발치에서 보고는 무슨 공장들이 저렇게 한 군데에 빽빽이 몰려있을까 싶었다. 그런데 공장이라 하 더라도 그 숫자가 너무 많았고, 지나치게 깨끗했다. 그럼 학교일까? 학교라면 무슨 학교가 잇대어 있지 않고 토막토막 떨어져 있단 말인가. 그리고 역시 그 건물의 숫자가 너무 많았 다. 창고? 그 많은 서울 사람들이 먹고 사는 쌀을 넣어두는 창고? 그러나 이것도 저것도 아닌, 사람이 사는 '아파트'라는 이름의 집인 것을 알고 그만 깜짝 놀랐던 것이다. 1, 2층도 아닌 5층이나 6층의 높은 건물에 층층이 사람이 산다는 것이었다. 사람들이 살림을 하고 산다는 것이었다. 머리 위에서 불을 때고 그 머리 위에서 또 불을 때고, 오줌똥을 싸고, 그 아래에서 밥을 먹고, 그러면서 자식을 키우고 또 자식을 낳고, 사람이 사람 위에 포개지고 그 위에 또 얹혀서 살림을 하고 살아간다는 것이었다. 딸은 몰라도 아들을 키우는 데는,

15 ― 김종광, 〈낙서문학사 창시자편〉, 《낙서문학사》, 문학과지성사, 2006(2쇄), 48쪽

16 ― 조해일, 〈뿔〉, 《황석영의 한국 명단편 101-05 생존의 상처》, (주)문학동네, 2015(초판), 211쪽

서는 경우 머리 위에 걸리는 것은 대들보요 눕는 경우에 맞닿는 것은 벽뿐이어야 했다. 그래야 사내가 크게 되고 이름 높은 사람이 되는 것이었다. 아들을 뉘어놓고 에미라 한들 어디 감히 머리 위를 지나칠 수 있단 말인가. 어찌됐건 서울사람이란 보배운 데 없고 징상스러운 인종들이라 싶었다. 그런데 더욱 놀란 것은 그 아파트라는 집이 상상할 수조차 없도록 비싼 것이었다."

산업화와 함께 극한의 상황으로 치닫는 농촌사회의 피폐에서 벗어나는 일은 오로지 그곳을 떠나는 것뿐이라 생각했던 빈농 복천(福千) 영감이 건넛마을 홍씨네 배내기 암소를 빌려 시장에 내다팔고 서울로 야반도주한 뒤에 "카알 가아씨요. 카알 가아씨요"를 외쳐대며 칼 가는 일로 먹고사는 모습을 극사실적으로 묘사한 길지 않은 장편소설에서 아직은 무어라 단정하기 어려웠던 '아파트촌'이 등장한다. 역겨운 서울냄새와 서울사람들의 몰인정과 매정함을 접할 때마다 사무치는 회한만을 남긴 채 먼저 간 마누라와 소식 없는 큰 아들 그리고 끝없이 펼쳐진 푸르른 들녘을 그리는 복천 영감은 다른 처지로 멀리 보성에서 서울로 식모살이 온 아가씨 금자와의 대화를 통해 독자들의 눈물을 쏟게 한다. 그들은 그렇게 아파트촌에 일상을 의탁했다.

1978년 7월《조선일보》는 흥미로운 기사를 실었다. "아파트 16년사"라는 작은 제목을 단 이 기사는 복덕방과 복부인의 전성기가 왔다고 전하면서 여의도 목화아파트를 시작으로 프리미엄과 함께 청약이나 분양과 관련한 부조리가 새로운 용어로 등장했고, 급기야는 효자, 효부의 기준까지 달라지고 있다고 했다. 아파트의 짧은 역사를 소개한 이 글에서는 맨션아파트가 등장하기 시작한 1970년대 초까지는 아파트 열기가 거의 없어 부인들이 아파트를 빌려 하숙촌으로 사용했고 마당이 딸린 단독주택을 아파트보다 훨씬 선호한 까닭에 대지가 넓은 서울 동빙고동이나 서빙고동 일대 단독주택지에 도둑이 끊이질 않아 이 일대가 도둑촌으로 불렸다고 소개했다. 지금 생각하면 그런 시절이 과연 있었겠는가고 반문하겠지만 적어도 1970년대 초는 그랬다.

하지만 아파트 시대가 시작된 1970년대 후반인 1977년 3월부터 투기자금이 아파트 분양시장으로 급격하게 몰리면서 아파트 품귀 현상이 벌어졌고 정부는 가족계획의 일환으로 불임시술과 아파트 분양을 연계하는 조치를 취하게 되자 아파트단지를 우스갯말로 고자촌으로 불렀다고 한다. 언뜻 보기엔 일종의 비아냥처럼 들릴 수도 있는 얘기

---

17 — 조정래, 《조정래 문학전집 4: 비탈진 음지》, 해냄출판사, 1999, 112~113쪽

a　최신 문화아파트로 호명된 세운상가아파트, 《동아일보》 1967년 10월 14일자

b　문화연료로 불린 프로판가스, 《동아일보》 1964년 6월 11일자

이기도 하고, 점잖게 말해 프리미엄의 시대요, 아파트 시대라지만 옳게 표현하면 '돈이 전부인 세상'으로 변한 것과 다름 아니다. 질서와 배제의 공간이 어느 덧 동경의 대상으로 변했음을 치졸한 방식으로 응대한 것이기도 하다. "딸, 아들 구별 말고 둘만 낳아 잘 기르자"는 표어가 등장한 것이 1971년이고, 소득세 가운데 인적 공제 범위를 세 자녀까지로 한정한 세법 개정이 이뤄진 때가 1974년이다. 그 뒤 본격적 궤도에 접어든 가족계획 정책으로 인해 두 자녀 이하의 불임시술자에게는 공공주택 분양에서 우선권을 부여하는 시책이 채택되던 시절의 풍경이다. 지금이라면 어림없는 일이다.

　"새 시대의 문화생활은 아파트에서!"라는 광고 문안을 넣어 새로 지은 문화촌 아파트

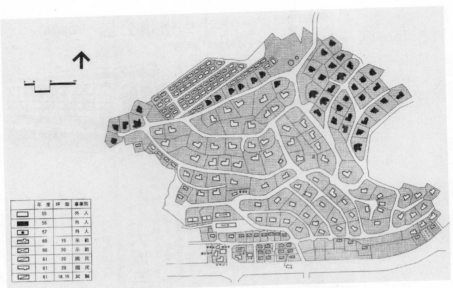

a

b

a   1955~1961년 사이에 조성된 이태원 외인주택. 출처: 대한주택공사, 《대한주택공사주택단지총람
     1954-1970》, 1979

b   이태원 외인주택, 1957. 10. 국가기록원 소장 자료

를 선전하던 시절에서 "문화연료인 프로판가스(대성프로판가스)"를 사용할 수 있는 "최신의 문화아파트(세운상가 상가아파트)" 홍보 시대를 지난 이제는 보통의 도시주택으로 아파트촌이 자리를 잡은 것이다. 그렇게 먼 거리를 돌아온 아파트촌에 다시 '마을'이라는 단어를 붙여 'OO마을'로 칭하는 것이 작금의 모습이니 역사는 반복한다 했던가.

도어에 잇달아 바로 리빙 룸이 나타나는 외인촌의 외인주택

작가 스스로 현재 서울 지하철 6호선 녹사평역에서 삼각지로 빠지는 그 사이의 길을 묘사한 것이라고 밝힌 바 있는 박순녀의 소설 〈외인촌 입구〉는 《사상계》 1964년 11월호에 발표한 소설로 외인주택지구의 당시 풍경을 가늠하기에는 더 없이 좋은 글이다.

외인촌으로 가는 군용도로는 멋없이 넓었다. 입술이 두툼한 흑인병이 걸어오고 가슴을 헤작하게 열어놓은 십팔구 세의 창부와 팔을 낀 금발의 백인 병사도 걸어왔다. 중무기를 실은 레인 카는 지동을 치며 달려가다가 헬멧의 MP가 손을 번쩍 드는 지점에서 바른쪽으로 꺾이어 캠프 통용문 속으로 사라져 버렸다. 우리가 찾아가는 외인촌은 그 캠프 맞은편의 양지바른 언덕에 자리 잡고 있었다. 한 구역을 점령한 철조망, 한국인과의 격리를 시도한 꽤 넓은 공지, 패스포드를 제시하고서야 들어서는 그곳 입구에는 맞지 않은 제복을 투박스럽게 입은 한국인 가드가 꾸부정한 걸음걸이로 움직이고 있었다. 그 속에서 달려 나온 대형차는 철조망 밖에서 기다리고 있는 찬우와 나한테 찰흙 먼지를 흠뻑 뒤집어씌워 놓고 달아났다. 캠프로 남편을 맞으러 가는 길인지 운전대에 탄 금발의 아가씨는 콧구멍을 벌름거리며 군용도로에서 교통정리를 하고 있는 MP를 내다보고 있었다. …(중략)… 찬우는 외인주택들이 서 있는 언덕으로 올라서자 하우스걸로 따라나선 나를 좀 알아야겠다는 생각이 든 모양이었다. …(중략)… 정면 도어에 잇달아 바로 리빙 룸이었다. 김순배라고 짐작되는 사나이가 긴 작대기 끝에 달린 걸레로 마룻바닥을 닦고 있었다. …(중략)… 식당 방 한구석에 놓여 있는 간이침대는 김순배의 침구, 그 옆의 방은 이제 본국에서 올 딸의 침실, 다음이 부부 침실, 그 맞은편이 아들의 방, 이 집에는 그렇게밖에 방이 더 없었다. …(중략)… 외인부락에 다시금 아침이 찾아왔다. 그리고 물탱크 차는 아침 급수를 위해 벌써 앞집에까지 올라와 있었다. …(중략)… 나는 창문을 열고 앞집에 온 물탱크 차가 몇

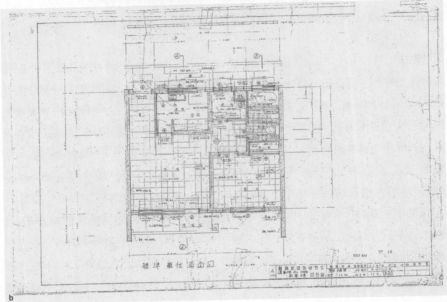

a 　서울 서초동 삼풍아파트 자리에 있었던 외인주택, 1976. 국가기록원 소장 자료

b 　건축가 엄덕문이 설계한 한남외인아파트 표준 평면, 1964. 대한주택공사 문서과 자료

개째의 스피아깡(예비로 준비한 물통)을 채우고 있나를 열심히 세어보았다.[18]

박순녀의 〈외인촌 입구〉는 미군부대에서 하우스보이와 하우스걸로 일하고 있는 한국인을 통해 한미관계의 불평등을 드러내는 동시에 민족주의적 시선을 보탠 소설이다. 하우스걸로 새로 취직한 소설 속 화자인 영문과 여대생 '나'를 통해 한때는 열렬한 반미주의자였으나 지금은 미군 장교인 커널 빌의 환심을 사 미국으로 이민을 가고자 하는 월남자 출신의 김순배와 상대적으로 민족주의적 태도로 무장한 국문과 출신의 김찬우를 상호 대립적인 인물로 배치했다. 미국 우월주의에다가 인종차별주의자인 동시에 이권에 탐욕을 부리는 타락한 미군 커널 빌은 백인 여성이 한국인을 유혹했음에도 불구하고 한국인인 찬우가 오히려 백인여성을 유혹했다는 식으로만 사유하는 인간이다. 이 과정에서 찬우는 커널 빌과 순배 모두를 때려눕힘으로써 불평등 문제에 나설 것을 오히려 의도한 소설이라지만 현실은 소설과 달랐다.

1950년대부터 조성된 외인주택지인 외인촌은 외화벌이를 위한 수단이었지만 다른 한편으로는 서구식의 문화적 생활이라 상상했던 것을 눈앞에서 경험하는 주요한 학습 대상이었다. 서울시내 곳곳에 조성된 외인촌은 그런 까닭에 한국인들에게는 늘 궁금증을 품게 하는 대상이었고, 그들의 삶은 때론 실제와는 다르게 부풀려져 동경과 욕망을 부풀게 하는 자극제가 되었다.

지금도 여전히 제 자리를 지키고 있는 힐탑아파트를 설계한 건축가 안병의는 다음과 같은 글을 썼다.

국내자본 2억 2천만 원, 외국자본 110만 불의 맘모스 아파트를 건설하려는 계획이 1965년 3월 결정(5월에 일본대성건설과 건설자재공급계약)되었고, 한남동 유엔 빌리지 동쪽 끝 1,900평, 지상 11층, 지하 1층, 건평 370평, 연면적 3,900평에 120세대를 수용하는 것으로 1침실 30호, 2침실 70호, 3침실 20개로 구성된 힐탑아파트는 중앙식 증기난방, 룸쿨러, 승강기, 전화시설, 세탁소, 어린이놀이터 등의 시설과 더불어 정원조성비, 가구비를 포함한 공사비를 책정하고 있는데 임대료는 평당 약 8불, 2침실 22평의 경우, 180불로 겨울철의

18 — 박순녀 지음, 최강민 엮음, 〈외인촌 입구〉, 《박순녀 작품집》, 지식을 만드는 지식, 2010(초판1쇄), 61, 63, 65, 68 85~86쪽

난방, 기타시설에서의 수입을 계상하면 연간 약 32만 불의 외화를 벌어들일 수 있었다.[19]

정부가 외화벌이에 앞장선 것인데 아주 흥미로운 사실 가운데 하나는 힐탑외인아파트 옥상층에 어린이놀이터가 설치되었다는 것이다. 이는 당연하게도 당시 세계 건축계에서 회자되고 있는 공중정원 혹은 공중가로 개념이 우리나라 고층아파트에 도입되었음을 의미하는 것으로, 르코르뷔지에의 위니테 다비타시옹을 연상시키는 것이다.

　힐탑아파트 준공 이후 외인아파트 건설은 더욱 확대된다. 박정희 정부의 외교 다변화와 더불어 외교관계를 맺는 국가가 증가하면서 주한외교관을 위한 주택 필요성이 커졌기 때문이다. 이와 함께 수출주도의 국가경제 체제가 외국상사의 편의 제공으로 귀착되면서 정부의 외국인 전용주택 보급 필요성이 증대되었던 것이다. 물론 주한 미군의 증가도 외인주택의 증가를 부추겼고, 그들의 일상은 늘 동경의 대상이 되었고, 서울의 경우 지금도 곳곳에 자리를 지키고 있는 주택이나 도시조직은 당시를 증언한다.

아파트촌에 가려진 쪽방촌과 자취촌

1970년대 중반 이후 촌은 아파트촌으로 수렴되거나 1980년대 중반 이후 고급연립주택의 다른 이름으로 불린 빌라촌으로 집중되었다. 경공업 정책에 따른 급격한 도시화 과정에서 논밭 가진 이들은 갈수록 느는 게 빚뿐인 시절이 되고 보니 야반도주가 심심치 않았다. 앞에서 본 것처럼 조정래의 소설 《비탈진 음지》에 등장하는 복천영감 역시 그렇다.

　과연 지금은 어떤 촌을 꼽을 수 있을까. 아파트촌을 만들기 위한 개발 붐에 밀려 삶의 현장에서 멀어진 세입자들이나 동강난 가족을 그리워하며 하루 일당을 벌어 생활하는 사람들의 공간, 쪽방촌을 먼저 떠올릴 수 있다. 여기에 원룸과 고시원으로 빽빽한 자취촌도 보탤 수 있다. 대학을 중심으로 뿌리처럼 뻗은 골목골목마다 원룸과 고시원이 맞붙어 들어차 있는 곳, 보통의 주택가와는 달리 늘 떠들썩한 그곳에는 '풀 옵션 신축' 따위의 플래카드를 건 말끔한 원룸 건물이 매일 들어선다. 정지향의 소설 《초록 가

19 —　안병의, "작품소개: 외인 차관아파트 계획안", 《주택》, 제7권 제1호(통권 제16호), 대한주택공사, 1966. 5., 87~90쪽 참조

죽소파 표류기》에서 그리고 있는 희망조차 가지지 못하는 젊은이들의 일상 공간, 자취촌이다.

C시에 사는 몇몇 아이들을 빼고는 대부분 자취를 하거나 기숙사에서 학기를 보냈어. 대학가인 걸 감안하더라도 유난히 자취촌이 넓게 들어서 있는 건 그런 이유에서였어. 학교를 중심으로 뿌리처럼 뻗은 골목골목마다 원룸과 고시원이 맞붙어 들어차 있었지. 늘 자취촌의 한 건물쯤은 증축이나 재건 공사중이었어. 산책을 다니다가 문득 낯선 느낌에 올려다보면 '풀 옵션 신축' 따위의 플래카드를 건 말끔한 원룸 건물이 서 있곤 했지. 자취촌은 등을 맞댄 주택가와는 대조적으로 늘 떠들썩했어. …(중략)… 기말고사가 끝나는 날이면 아이들은 캐리어나 박스에 짐을 넣어 하나둘 거리로 나왔어. 그리고선 학교 운동장과 플라타너스 길목에 늘어서서 그들을 기다리고 있던 부모의 차를 타고 어디론가 사라졌어. 방학 동안 학교를 둘러싼 학사주점과 당구장, 노래방들까지 문을 닫았지. 자연재해를 입어 폐허가 된 것처럼 텅 빈 자취촌 곳곳에 편의점들만 방공호처럼 덩그러니 남아 이십사 시간 내내 불을 밝히고 있었어. 새벽이면 골목을 돌며 아이들이 내놓은 술병을 주워 모으던 할아버지들도 사라져버렸어. 요조와 나는 방학 한가운데서도 그 동네를 어슬렁거리는 애들을 고아라 불렀고, 거기엔 우리도 포함됐지.[20]

소설 하나를 더 살펴보자. 성석제의 장편소설 《황만근은 이렇게 말했다》는 유복자로 태어났지만 지능이 모자라 아이들에게까지 반편이라는 놀림의 대상이 될 뿐만 아니라 염습과 산역, 똥구덩이를 파는 울력, 가축 도살 등 동리의 온갖 궂은일을 도맡아 한 인물 황만근이 어느 날 갑자기 마을에서 사라진 장면으로 시작된다. 군 입대를 위해 신체검사를 받던 날 외에는 단 하루도 마을을 벗어난 적이 없는 황만근의 부재는 곧 마을 사람들에게 실질적인 불편으로 다가오고 마을은 우왕좌왕 혼란에 빠진다. 있으나마나 한 존재지만 없어서는 안 될 사람, 황만근은 마을에서 없어진 지 일주일 만에 그 온순했던 모습은 간데없이 뼈가 되어 마을로 돌아온다. 농가부채 탕감 촉구를 위한 전국 농민 총궐기대회에 참가하기 위해 모두들 버스나 트럭·승용차를 타고 대회에 나가지만, 황만근은 이장의 지시 그대로 백리 길을 경운기를 끌고 갔다가 궐기대회에는 참가하지도 못하고 돌아오던 길에 그만 경운기가 차에 부딪는 바람에 논바닥에 처박혀 동사하

20 ─ 정지향, 《초록 가죽소파 표류기》, ㈜문학동네, 2014(초판), 13~14쪽.

고 만 것이다. '실종'과 '사망신고'. 이 두 가지가 모두 타인의 행위에 의해 비로소 성립되는 것처럼 촌 역시 타인에 의해 집단으로 호명되는 격리와 배제의 다른 이름이다. 황만근이 그러하듯 세상은 누군가의 부재를 생각하며 잠시 불편해하다가 언제 그랬냐는 듯 어김없이 일상을 지속한다. 그런 이유에서 우리 모두는 있으나마나한 존재들이다. 이 말은 누구나 평등한 존재 이유가 있다는 말이기도 하다. 세계인권선언 제29조는 공동체에 대한 의무를 규정하고 있다. 모든 이가 자유롭고 완전한 인격을 발전시킬 수 있는 공동체에 대한 의무가 누구에게나 있다고. 구별 짓고 가두어 격리시키지 말고 더불어 살자는 말이다. 이미 1948년 12월 10일 유엔총회에서 언명한 것이다. 굳이 살펴보자는 뜻에서 번역문을 붙인다.

제29조

1. 모든 사람은 자신의 인격을 자유롭고 완전하게 발전시킬 수 있는 공동체에 대하여 의무를 가진다.

2. 모든 사람은 자신의 권리와 자유를 행사함에 있어서, 타인의 권리와 자유에 대한 적절한 인정과 존중을 보장하고, 민주사회에서의 도덕심, 공공질서, 일반의 복지를 위하여 정당한 필요를 충족시키기 위한 목적에서만 법률에 규정된 제한을 받는다.

3. 이러한 권리와 자유는 어떤 경우에도 국제연합의 목적과 원칙에 반하여 행사될 수 없다.

'말'과 '단어'에 담긴
허구와 과잉

몰염치와 천박함

잠시 위임받은 국민의 권력을 마치 제 것인 양 휘둘러대는 자들의 몰염치와 정치인들이 만들어내는 천박한 언행이 고즈넉한 일상의 풍경을 여지없이 구겨버리는 일은 비일비재하다. 늘려 잡아도 100년, 아주 좁혀 보면 이제 환갑에 불과한 현재의 거처와 삶에 뿌리박고 있는 가치관이며 거주의식은 어떤 모습일까.

일컬어 주거문화라 에둘러 부르는 것 안에 똬리를 튼 채 언제든 튀어나올 욕망으로 잔뜩 부풀린 그것은 아마도 자본주의 체제가 낳은 가장 강력한 동기인 이윤에 대한 욕망일 것이다. 결국 삶의 토대라거나 거주의 장이라는 따위의 말은 책에나 실릴 법한 것으로 의미가 퇴색된 지 오래고, 그 자리를 대신한 것은 '집'으로 불리는 거처가 이미 '시장의 상품'으로 전락했다는 부정할 수 없는 사실이다.

이를 단순하게 권력자의 천박함이나 정치인들의 몰염치로 등치시켜 폄훼할 의도는 전혀 없다. 그럼에도 불구하고 문학평론가 김현의 말대로 이미 사고양식이 되어버린 아파트에서의 일상적인 삶을 통해 누구나 한번쯤은 되돌아보아야 할 것들이 아닐까 여겨지기에 잠시 짬을 내 되새김해 본다. 2016년 늦은 가을 사회관계망 서비스를 통해 읽은 내용인데, '대학 시절 은사님을 뵈러 재건축된 아파트단지에 갔는데, 단지 안에 카페가 있어 들렀더니 찻값은 아파트 카드로만 지불하고 다음 달 관리비에 청구된다는 것'이었다. 외부인에겐 찻값을 지불할 권리조차 사라진 '신세계'라 했지만 입주자들의 경우에는 오히려 무엇이 이상할까를 되묻고 싶은 심정일 것이다. 그들에게는 그저 사고양식이니 말이다.

박완서의 소설 〈옥상의 민들레 꽃〉은 "우리 아파트 칠 층 베란다에서 할머니가 떨어져서 돌아가셨습니다."로 시작된다. 누군가가 어디 사느냐 물었을 때 궁전 아파트에 산다고 하면 그렇게 묻던 사람의 얼굴에 담빡 부러워하는 빛이 역력해지는 그런 아파트에서 사람이 죽은 것이다.

그런데 이게 웬일입니까? 벌써 두 사람 째나 살기가 싫어서 스스로 목숨을 끊었습니다. 얼마나 사는 것이 행복하지 않으면 스스로 목숨을 끊고 싶어질까 궁전 아파트 사람들은 상상할 수 없습니다. 궁전 아파트 사람이 알 수 있는 것은 앞으로 이런 일이 다시는 일어나선 안 된다는 겁니다. 이런 일이 자꾸 일어나 소문이 퍼져 보십시오. 사람들은 궁전 아파트 사람들의 행복이 가짜일 거라고 의심할지도 모릅니다.

사람의 죽음보다는 다시는 이런 일이 일어나서는 안 된다는 생각만이 부풀어 오를 뿐이다.

만약 아파트에서 누군가 몸을 던져 자

살이라도 했다고 한다면 아파트 사람들은 마치 약속이나 한 듯이 누구도 그 일을 입에 올리지 않는다. 단독주택 밀집지역이라고 해서 전혀 다를 것이 없다. 혹시라도 집값이 떨어질지도 모르기 때문이다. 그러니 그곳에 사는 모든 사람들은 그저 돈을 좇고 부를 축적하는데 혈안이 되어 있는 사람들에 불과한 것이다. 자살을 택한 사람의 극한적 상황을 이해하기보다는 그 자살이 아파트 단지 안에서 일어났는지의 여부와 그것이 부동산 가격에 미칠 부정적 영향일 뿐이다.

하나 더 보자. 한수영의 소설 《조의 두 번째 지도》에 등장하는 묘사다.

조가 뛰어내렸다는 아파트에 사는 녀석은 부녀회장처럼 투덜거렸어. 지랄, 왜 남의 아파트에서 그런 거냐? 집값 떨어지게.

이 대목을 읽는 순간 소스라치게 놀라지 않을 수 없다. 작가의 다른 소설인 《공허의 1/4》에서 "잔뜩 발기한 것처럼 여기저기 솟아 있는 아파트 덩어리는 다시 거대한 난수표가 된다. 내 힘으로는 도저히 해독할 수 없는 난수표"라 했듯 새삼 스스로를 다독이지 않을 수 없게 한다. 세칭 교육특구에서 벌어진 고등학생 '조'의 투신을 통해 짐짓 아무렇지 않은 듯 행동하는 주변인들의 잠재적 불안은 곧 그런 상황에 대한 자각 주체가 '나'로 되돌아오기 때문이

다. 괴물로 변해버린 나 자신을 발견하고는 흠칫 놀라 주위를 둘러보게 된다.

결핍과 허영

알랭 드 보통은 《행복의 건축》에서 아름다움에 대한 의식이나 자각 혹은 드러냄의 본질은 기본적으로 결핍에서 비롯된다고 얘기했다. 그렇다면 우리가 집을 통해 드러내고자 하는 것, 집을 고를 때 판단의 기준으로 삼는 것 혹은 어떤 대상을 두고 호명하는 방식 등은 대부분 결핍에서 유래한다. 아이의 이름을 어떻게 지을 것인가를 두고 몇 날 며칠을 고민한 결과가 아이의 성장 과정이며 미래에 성취되길 바라듯 결핍에 들어 있는 다른 말은 소망이기도 하지만 때론 허영의 다른 이름이 되기도 한다. 장미 문양을 요란하게 박아놓은 가정용 식칼처럼 거의 모든 사물에는 소망과 결핍을 각인해 그것이 성취되거나 향유되기를 부풀리고 간절하게 바라는 것이다.

지금부터 50년 쯤 전인 1968년에 발표된 이범선의 소설 중에 〈문화주택〉이라는 단편이 있다. 동철이네 가족의 빈번한 이사와 관련한 일화를 그린 작품인데 부모가 함께 새벽부터 늦은 밤까지 곳곳에 문화주택을 지어 겨울을 나기 전에 다른 이에게 팔아치운 탓에 봄부터 가을까지 이

안양 만안구 역세권 23·33평형 248가구

대아건설은 경기 안양시 만안구에 짓는 아파트 248가구를 분양중이다. 23, 33평형 등 2가지 평형이며 평당 분양가는 3백85만~4백만원. 1층을 트는 「필로티」설계로 주차공간을 확대했으며 건물을 일자로 배치해 시계도 좋다. 33평형에는 「아트월」을 도입하고 체리원목 가구를 설치하는 등 실내를 고급화한다. 안양역에서

걸어서 5분 거리이며 중심가인 안양 1번지가 가까워 쇼핑과 교통이 편리하다. (0343)384-5005

b

[왼쪽 세로 신문광고]

2層단독 건평80坪짜리 1億5百萬원

住公잠실아파트 15坪型 坪當80萬원線

【本紙〇〇기자】

a

a   '로열박스' 아파트 시세 관련 기사, 《경향신문》
     1981년 1월 30일자

b   《경향신문》 1999년 5월 28일자에 실린 33평형
     아파트의 '아트월' 홍보 기사

미 일곱 번이나 집을 옮기자 동철의 누이가 엄마에게 투덜대는 장면이 흥미롭다. "식구가 들어 살아야 할 집, 그게 어째 상품이냐는 것이었다. 사실 동철도 누나의 그 말이 맞다."고 했다. 아이들의 눈에 비친 어른들의 세계다. 반세기가 지난 지금은 어떨까. 심해졌으면 심해졌지 결코 나아졌다 할 수 없는 것이 오늘의 풍경이고, 우리 모두의 자화상인 것이다.

우리가 만들어낸 말들 가운데 '로열층'이라는 것이 있다. 그나마 모두가 순진하던 시절에 생겨난 말이어서 가만히 읊조리면

귀엽다는 생각까지 들게 한다. 1982년에 발표된 박완서의 소설 〈로열박스〉에는 친절한 설명이 담겨 있다.

십사 층 아파트에서 십 층이면 로열의 첫째 조건 합격. 게다가 정남향이고, 코너가 아니고 엘리베이터 박스 옆이 아니고 앞의 녹지대가 넓어 전망 좋고 그런 위치를 로열박스라고 하는 거.

물론 여럿이 붙어 살 수밖에 없는 아파트에서 비가 샐 이유도 없고, 겨울에 춥고 여

286

름에 더울 일도 적을 뿐만 아니라 소음 역시 우려될 만한 곳이 아니니 살기에는 상대적으로 나을 것이라는 의미라지만 그 속내에 감추고 있는 진실은 비싼 값을 매겨 되팔 수 있다는 것 이상도 이하도 아니다.

로열층이 회자되던 그 시절로부터 거의 40여 년에 이른 지금 우리는 과연 어떤 말을 만들어 유통시키고 있을까. 천천히 지나온 세월을 거슬러 오르면 단박 만날 수 있는 말 가운데 하나가 '아트월'이나 '포인트 벽지' 쯤이 아닐까. 아트란 곧 예술이고, 예술이라면 회화나 조각쯤을 상정했을 시절이니 분명 문화적 결핍이 드러낸 욕망이다. 자주 접할 수 없었던 서양의 그림이나 조각을 어떻게 하면 늘 곁에 두어 문화의 동의어인 교양에 대한 결핍을 해소할 수 있을까를 시장 상품인 아파트가 고민해 낳은 결과가 곧 아파트 거실의 일정 부분을 도려내고 이태리에서 수입한 대리석을 붙여놓은 것이다. 아트월의 탄생이다. 이범선의 〈문화주택〉에서 등장한 바 있는 '벽에다 인조대리석 조각을 붙여 전면을 마감'했던 것이 집 안으로 들어온 것이다. 그것이 쉽지 않다면 장미칼에서 본 요란한 무늬와 색채를 가진 벽지로 거실의 한 면을 모조리 채우는 것이다. 아쉽지만 '포인트 벽지'라 부르며 위안을 삼았다. 김애란의 소설 〈입동〉에는 다섯 번의 이사 끝에 집을 장만하게 된 부부가 새로 구입할 아파트를 처음 보러 왔을 때를 묘사하고 있

는데, 포인트 벽지를 가장 인상적인 것으로 꼽았을 정도였다.

처음 이 집을 보러 왔을 때 가장 인상적인 건 부엌 벽면이었다. 남루하고 어지러운 세간 사이로 유일하게 '아름다움'을 주장해, 그렇지만 안간힘을 쓰듯 화사해 눈에 띄었다. 벽면에는 이미 한참 전에 유행한 꽃무늬 벽지가 붙어 있었다. 탐스럽다못해 징그러운 붉은 튤립이 송이송이 무더기로 박힌 포인트 벽지였다.

아름다움을 주장해 과잉으로 치달은 그래서 징그럽기도 한 포인트 벽지.

'역세권'이라는 말은 도시계획 분야에서 흔히 사용하는 전문용어였다. 도심교통난 해소를 위해 지하철이 등장하면서 정거장으로부터 500미터 이내의 지리적 범주를 일컫는 말이다. 아무래도 이곳은 많은 사람이 오가는 곳이니 땅값에 부합하도록 건축물의 용적을 높이고 시민의 편의를 위한 시설을 구비해야 한다는 것이니 바람직한 도시공간 구조를 만들자는 생각에서 비롯되었다. 서울 최초로 서울역-청량리 구간이 개통된 것이 1974년이니 비록 1960년대부터 역세권이 회자되었다 하더라도 시민들이 그 실제를 경험한 것은 채 50년에도 미치지 못한다. 그런데 지금은 도시계획이라는 전문영역에 비해 거리에서 마주치는 현수막에서 더욱 자주 그

용어를 보곤 한다. 물론 과잉이 거듭된 말로 변해버린 역세권이다. 역세권보다는 초역세권, 더블 역세권, 트리플역세권, 쿼드러플역세권까지 볼 수 있다. 물론 숲세권이라는 허명도 여전히 유통된다.

그런데 내용은 모두 다 분양이나 임대를 위한 술책에 불과한 허명이니 더블역세권이란 편리하게 사용할 수 있는 역과는 거리가 다소 있다는 말이고, 쿼드러플역세권은 사실상 지하철역과는 거의 관계가 없다는 말과 다르지 않다. 한때 다목적 홀이며, 다목적 운동장이 유행이던 시절이 있었다. 어느 한곳에 다목적 홀이나 다목적 운동장을 지어놓으면 모든 행사며 운동경기를 치룰 수 있다는 발상에서 비롯된 것이다. 그런데 축구전용경기장이나 돔 야구장 혹은 콘서트홀이 왜 필요할까. 다목적이라 이름 붙인 곳은 사실 어떤 운동경기에도 적합하지 않기 때문이다. 더블역세권이며 트리플역세권 등도 그렇다는 뜻이다. 그런데 또 요상하다. 그것을 지칭하고 정의한다는 용어에 하필이면 골프용어를 붙일 것은 또 무엇인가 말이다.

설마 하던 일도 벌어졌다. 2017년 6월의 일이다. 서울과의 행정구역 경계에 아파트 분양사업이 진행된 것 가운데 '옆세권'이라는 말이 등장한 것이다. 굳이 풀이하자면 아파트단지가 들어서는 곳의 행정구역이 비록 경기도라 하더라도 일상이 이루어지는 곳은 서울이라는 의미로 '한걸음 서울 생활권'이라는 설명을 따로 붙였지만 또 다른 결핍이 문구에 내장된 것이다. 그런데 '역세권'이라는 단어 앞에 붙인 '역'자와 우리들에게는 이미 익숙해진 '숲세권'이라는 말의 '숲'자를 합해 '옆'이라고 만들었을 것으로 믿겨지니 한편으론 우습기도 하지만 그 앞자리에 서울에서 밀려난 이들의 아쉬움을 달래기라도 하듯 '서울'이 붙었으니 광고전단을 보는 입장에서 창백한 연민이 자리하기도 한다.

껍데기는 가라

우연히 라디오에서 나오는 광고 내용을 들은 적이 있다. 과거에는 작업복이라 했고, 한때는 유니폼이라 했지만 지금은 '컴퍼니웨어'로 부른다는 것이다. 쓴 웃음이 났다. 노동의 조건이나 강도 혹은 노동자의 복지며 인권, 임금 등에 대한 전반적 여건은 별로 나아진 것이 없는데 작업복의 이름을 바꿔 부르는 것이 무슨 대수인가 말이다. 작업복이라 부르던 것을 '컴퍼니웨어'라 부르기까지 과연 그들의 인권이며 복지 수준이 얼마나 나아졌는가를 묻지 않고 따지지도 않는 것이라면 이 역시 호칭의 과잉에 불과한 것이고 차라리 허영이라 불러야 옳다. 지칭의 대상을 영어로 옮겨 부른다 해서 교양의 수준이 높아지는 것도, 부박한 삶이 나아지는 것도 아니지 않은가.

a   《경향신문》 1985년 9월 21일자에 실린 빌라 광고
b   동부이촌동 '빌라맨션', 2016 ⓒ박철수

다시 아파트로 돌아가자. 그리 멀지 않은 과거엔 아파트단지를 들고 나는 출입구를 정문으로 불렀고, 하나로 충분하지 않을 때 둔 다른 곳은 후문으로 불렀다. 지금은 이렇게 부르는 경우를 찾아보기 쉽지 않다. 특히 최근에 새로 만들어진 아파트단지라면 당연하게 이를 게이트라 바꿔 일컫는다. 내용은 그대로인데 호명의 방식만 달라졌을 뿐이다. 물론 형식에는 조금 덧붙여진 것이 있기는 하다. 문주(門柱)라 부르는 기괴한 장식물이다. 문주는 문설주에서 유래된 말이다. 문짝을 끼워 달기 위해 양쪽에 만든 기둥이 문설주다. "문설주에 귀 대고 엿듣고 있다"는 시어가 담긴 박목월의 시 〈윤사월〉의 고즈넉함이 정확하게 70년 만에 그 정반대의 의미로 귀환한

셈이다. 강고한 배격과 함께 타자를 철저하게 구별하는 장치요, 수단으로 변모한 것이다. 게다가 기괴한 형상의 구조물에 요란스런 LED 조명등까지 달아놓으니 디즈니랜드가 따로 없다.

'빌라'나 '타운하우스' 역시 마찬가지다. 고급 연립주택이나 다세대주택을 굳이 빌라나 타운하우스로 부르는 이면에는 역시 과잉과 허영, 구별 짓기 의식이 작동하고 있다. 이미 고깃집으로 용도를 바꾼 '가든'도 매한가지다. 1970년대 후반에 유행을 끈 '불란서식 2층 양옥'이 프랑스에서는 찾아볼 수 없는 주택양식이듯 대단위 단지형 아파트가 보편적인 도시주택의 규범이 되자 그것이 가지는 편리성을 유지하면서 작은 규모로 단지를 만드는 시장이 만들어졌

는데 아파트로 부르거나 연립주택으로 부르자니 구별이 쉽지 않으니 애써 만들어 낸 말이 빌라요, 타운하우스인 것이다. 빌라나 타운하우스에 사는 이가 건축물대장을 떼 확인하면 연립주택이나 다세대주택으로 분류되어 있을 것이니 이 역시 과잉이거나 허영이 빚은 산물이다.

이들 빌라 내부는 1천 4백만 원짜리 이탈리아제 욕조. 오스트리아제 크리스탈 샹들리에, 1천만 원씩 하는 싱크대 등 값비싼 수입품목으로 꾸며져 있으며, 바닥은 평당 50만 원씩 하는 대리석으로 깔려져 있다. 일부 빌라에는 엘리베이터와 유럽식 사우나, 실내 수영장까지 갖춰져 있다. …(중략)… 호화빌라들은 대개 분양가가 1천만 원이 훨씬 넘고, 이중 양재동 등 일부 강남지역 빌라들의 경우 매매가가 평당 1천 7백만~2천만 원에 달해 최고급 아파트로 손꼽히는 서초동 삼풍이나 압구정동 현대아파트 수준을 이미 뛰어 넘었다. 부유층에게 80년대가 대형 아파트의 시대였다면 90년대는 호화빌라의 시대인 셈……

이 묘사는 이순원의 소설《압구정동엔 비상구가 없다》에 묘사된 내용이다. 시장에는 늘 광풍이 분다. 신동엽 시인은 오래 전 몰염치와 천박함의 광풍 앞에서 '껍데기는 가라'고 외쳤다. 지금도 다르지 않다.

국토건설을 향한
국가의 욕망과
폭력적 국민동원

아빠, 빠이빠이

제1회 신인예술상 사진 전시회

5.16 군사정변으로 정권을 찬탈한 국가재건최고회의는 다음 해인 1962년 4월 21일 아침 '혁명 과업 1년 동안의 업적을 소개하고, 애국심 고취와 함께 국위 선양을 위한 기념 행사 계획'을 발표했다. 그리고 열흘 뒤 맞게 될 5월을 '국제적 예술행사와 국내 예술제 전으로 꾸며질 예술의 달'로 정했다. 국민들은 국가재건최고회의가 실질적으로 통할, 운 영하는 재건국민운동본부를 통해 선전되는 도덕혁명과 사회개혁에 적지 않은 기대를 걸었고, 지식인을 자처하는 사람들도 이에 동조했다. 문화예술인들은 교육 분야 주무 부서인 문교부가 문화예술정책을 관장하는 것보다는 문화부를 신설하는 것이 마땅하 다는 의견을 냈지만 이는 받아들여지지 않았다. 대신 국가재건최고회의는 언론 보도, 정보 수집과 공개, 선전영화 제작, 인쇄 및 정기간행물 출간, 방송 등의 사무를 모두 관 장하는 공보부를 신설했다. 1962년 1월 예총(한국예술문화단체총연합회)이 정부의 관리 아 래 사단법인으로 출범했다.

국가재건최고회의의 발표대로 그 해 5월 1일 공보부가 주최하고 새롭게 출범한 예총 이 주관한 '5.16 1주년 기념 제1회 신인예술상 사진 전시회'가 중앙공보관에서 열렸다. 신인예술상의 제정 목적은 "젊은 예술가들의 창작 의욕을 고취함으로써 5.16 혁명의 역 사적 의의를 선양하고, 나아가 민족문화의 발전에 이바지하기 위함"이라는 것이었다. 한국사진협회는 예총이 출범하는 과정에서 그 산하단체로 편입되었기 때문에 신인예 술상의 한 분야로 처음 참여했고, 사진 부문에서는 당연히 입상작을 냈다. 이때 출품 된 122점의 작품 가운데 심사를 거쳐 최고회의의장상에 해당하는 특상을 차지한 것이 바로 신현국의 흑백사진인데 작품의 제목이 "아빠, 빠이빠이"다. 엄마의 등에 업힌 아이 가 고사리 같은 손을 펼친 채 뭐라 말할 수 없는 표정으로 기차에 오른 아버지를 쳐다 보는 장면을 포착한 것이다. 그런데 특상을 받은 이 사진은 사진 예술로서의 작품성을 떠나 우울한 한국현대사의 한 장면으로서 보는 이의 가슴을 먹먹하게 한다. 국토건설 단 입단을 위해 부모며 아내, 자식과 한 동안 이별을 감내해야 하는 고통을 담고 있기 때문이다. "문명의 기록치고 야만의 기록이 아닌 것은 없다."고 한 발터 벤야민의 언설 을 떠올리게 하는 장면이다.

이뿐만 아니다. 서울 경복궁에서는 '군사혁명 1주년 기념 산업박람회'가 1962년 4월 20일부터 열렸고, 시내에는 이를 알리는 야간 광고까지 등장해 군사정변 이후 1년의 업적 홍보에 열을 올렸다. 개막 후 47일 동안 열린 산업박람회는 경제개발이 본격화되

1962년 4월 29일자 《경향신문》에 실린 '제1회 신인예술상' 사진 부분 특상작인 신현국의 "아빠, 빠이빠이"

기도 전에 그 성과를 대대적으로 선전한 행사였다. 그런 까닭에 박람회는 경제개발에 대한 구체적인 실적보다는 군사정변의 정당성을 선전하는 데 집중했고, 박람회장에 설치된 개별 주제관의 이름 역시 '혁명기념관', '반공관', '5개년경제계획관', '재건국민관' 등이었다. 국민들은 무능한 장면 정권에서의 배고픔과 피로를 잊고 다가올 새로운 대한민국에 도취했다.

그러나 가지가지 이유와 사연으로 국토건설단에 편입된 이들은 박람회장의 화려한 야간 불빛과도 거리가 먼 응달진 오지에서 공단을 조성하거나 산업도로를 부설하는 작업에 동원되었고, 철도부설이나 댐 건설 현장에서 폭력적 노동과 비인간적인 대우를 감내하고 있었다. 박람회와 신인예술상 전시회가 개막할 즈음 가혹한 폭력과 압제에 시달리며 집단 늑막염으로 극심한 고통을 겪어야 했으며, 건설현장에서의 사망 사고와 다수의 부상자 발생 등으로 불안의 나날을 보내고 있었다. 소위 국가 주도의 '국토건설'에 동원된 일부 국민들의 모습이다. 양지가 있으면 음지가 있기 마련이라고 할 수 있을까. '제1회 신인예술상 사진 전시회'에 내걸린 특상 작품은 예술까지 동원된 국가의 광범위한 폭력 현장을 웅변하는 것이다.

경우야 다르겠지만 일제강점기 조선을 강탈한 일제가 조선 강점 5년만인 1915년 9월

---

1 — 발터 벤야민 지음, 최성만 옮김, "역사의 개념에 대하여", 《발터 벤야민 선집 5: 역사의 개념에 대하여 / 폭력비판을 위하여 / 초현실주의 외》, 도서출판 길, 2008, 327~350쪽 참조

1962년 4월 20일 열린 군사혁명 1주년 기념 산업박람회 개막식 장면. 국가기록원 소장 자료

11일 시정 5년을 기념한다는 취지로 경복궁에서 '조선물산공진회'라는 대규모 박람회를 개최한 것처럼 정당성을 확보하지 못한 권부의 요란한 선전선동을 연상하게 한다. 조선물산공진회 이후 몇 년마다 한 번씩 박람회를 열어 조선통치의 실적을 선전했던 풍경과 '군사혁명 1주년 기념 산업박람회'가 겹쳐 보이는 이유다.

5.16 주도세력의 국토건설단 설치

5.16 군사정변 이후 무수히 많은 법령이 새로 제정되었다. 일제강점기에 제정된 "조선시가지계획령"을 "건축법"이나 "도시계획법" 등으로 분리해 새로 제정한 것도 여럿 있지만 폭력적 국민동원을 획책한 법령 또한 적지 않았다. 그 가운데 하나로 꼽을 수 있는 경우가 바로 "국토건설단설치법"과 그 하위 법령인 "국토건설단설치법시행령"이다. "국토건설단설치법"은 1961년 12월 2일 법률 제779호로 제정, 공포되어 같은 날 시행되었는데 소관부처는 국방부였다. 국토건설단은 5.16 군사정변 이전인 이승만 정권부터 이미 '국토건설본부'라는 이름으로 존재했는데[2] 군사정변 주도세력의 "국토건설단설치법"에

2 — 국토건설본부 창설과 함께 최초 단장은 장면 총리가 직접 맡았고, 기획부장에는 장준하, 강사진으로는 정헌주, 장준하, 주요한, 함석헌 등이 있다. 총 2,000여 명의 인력을 국토건설추진요원으로 선발하고 이들을 대상으로 1961년 1월 9일부터 2월 27일까지 사전교육을 했다. 이들은 입소 및 등·하교 형태로 2~4주간 교육을 받았는데, 제도, 작도방법, 측량, 건축 또는 토목 시공 실무에 대한 기술 교육을 받았다. 더불어 체력 단련은 물론 정신교육, 국가관, 이론 교육 등의 수업을 받았다.

段階別事業概要							
支園別	工事名	投入人員	事業期間				
			1962	1963	1964	1965	1966
第一支園	南江댐建設	2,258					
(1個分團)(個建設)	燈渼江댐建設	907					
第二支園	昭陽江댐 〃	1,390					
(5個建設隊)	春川댐 〃	868					
第三支園	産業道路 〃	1,794					
(3個分團)	迭菁線鐵道	3,166					
(16個建設隊)	蔚山工業地	2,210					
第五支園 (2分11隊)	慶北線鐵道	4,942					

a　《동아일보》 1962년 2월 11일자에 실린 국토건설단 단계별 사업 개요
b　진주 국토건설단 입단 모습, 1962. 국가기록원 소장 자료

따라 그 명칭은 유사하지만 내용은 완전히 다른 것으로 바뀐 것이다. 국토건설본부의 본래 취지는 '국토개발과 일자리 확충'[3]이었는데 "국토건설단설치법" 제정에 따라 이를 '국토건설단'으로 전환하고 동원 인력 대상을 군 미필자와 징집 면제자 등으로 바꾸고, 군대식 강제를 통해 사업을 추진하고자 했다.

　사실 1950년대까지 징병제가 목표한 바대로 작동하지 못해 광범위한 병역 회피자가 발생했는데 1960년대 초까지 입영 대상자 가운데 병역 회피자 비율은 35%에 달했다. 당시의 여러 조건들을 고려해 본다면 이는 실제보다 낮게 추산되었을 가능성이 높기 때문에, 입영 대상자의 절반 가까이 징집을 회피했다고 추정하기도 한다. 병역 회피의 이유가 생계를 위한 것이든 군 내부의 폭력적인 문화에 대한 공포심 때문이든 소수의 종교적 신념에 의한 것이든 징병제에 대한 개인적 회피, 소극적 저항이 상당[4]했다는

3 —　이승만 정부는 한국전쟁으로 어려워진 경제를 안정시키기 위해 미국의 경제 원조를 적극 활용했다. 미국의 경제 원조는 부족한 물자 문제를 해결하고 경제를 안정시키는 데 어느 정도 도움이 되었으나 폐허 속의 국토를 다시 일으키기에는 모든 것이 부족했다. 장면 내각은 어떻게 하든지 경제를 부흥시키는 게 목표였다. 그래서 경제 제일주의를 천명하면서 다양한 경제관련 정책을 추진했다. 이때 제시된 경제정책의 골자는 첫째, 국민정신의 혁명을 위한 국토건설사업의 시행, 둘째, 제1차 경제개발 5개년계획의 수립이었다. 이 중에 국토건설사업은 국민 대다수와 직접 관련된 사업으로 장면 내각이 심혈을 기울여 추진한 역점 사업이었다. 장면 내각은 한국전쟁 이후 고학력자들의 청년 실업 문제가 심각해지자 이를 해소하기 위해 국토건설사업을 기획, 발의하고, 국토건설사업을 현장에서 지휘·감독할 사람을 모아 국토건설본부(國土建設本部)라는 단체를 만들었다. 황은주, "국가기록원: 기록으로 만나는 대한민국—폐허 속 국토에 새 생명을", 국토건설단 http://theme.archives.go.kr/next/koreaOfRecord/build.do

4 —　오제연, "병영사회와 군사주의 문화", 《한국현대생활문화사 1960년대》, (주)창비, 2016(초판1쇄), 200쪽

것이 정설이다. 징집 저항이나 회피가 상당했던 이유 가운데 가장 중요한 것은 국민들의 고단한 살림 때문이지만 징집행정과 사무가 철저하지 못했던 것도 작용했다.

군사정변 주도세력이 이를 그대로 보고 둘 까닭이 없었다. 기존의 "병역법"을 전부 개정한다. 1962년 10월 1일의 일로 병무 행정 가운데 가장 중요한 징집 업무가 내무부 산하 행정관서에서 지방 병무청으로 전환됐는데 이는 "국토건설단설치법" 만큼이나 중요한 의미를 갖는다. 병무행정의 관할 권한이 내무부에서 국방부로 전환되었다는 단순한 사실에 그치지 않고 새로운 병역법에 따라 설치된 지방병무청의 장이 징집 업무에 관한 한 해당 관할권의 행정부서와 경찰관서에 대한 지휘감독 권한을 갖게 되었음을 뜻하기도 한다. 그런 이유에서 "징집과 관련한 문민통치가 군부통치로 바뀐 것"[5]을 뜻한다.

"국토건설단설치법"에 따라 "28세가 넘는 사람 가운데 병역의무를 마치지 못한 미필자(회피자)들이 18개월 동안 국토건설단에 편입해 국토건설사업에 참여하면 곧장 예비역으로 편입된다."는 정부 발표에 15만 명 이상의 병역 미필자가 자진 신고를 통해 국토건설단에 지원했다. 다만 자원한 경우는 특례를 두어 복무연한을 12개월로 감축하는 유인책도 마련했다. 그러나 28세 이상의 병역미필자만 국토건설단에 편입된 것이 아니었다. 국방부장관이 현역병으로 부적당하다고 인정한 자, 징병 적령자로서 징집이 면제된 자, "근로동원에관한법령"에 의해 동원되는 자 등이 모두 국토건설단의 건설원으로 신고해야 했고, 편입되었다.

권총으로 노름판 덮쳐 판돈을 빼앗았으니 특수강도가 되고. 권총으로 사람을 다치게 했으니 특수상해가 되어 재판을 받고 있는데, 군대에 안 간 게 다시 문제가 됐어. 그때 마침 새로 생긴 국토건설단이 나를 구해 주더군. 호적 나이 만 28세 안되는 덕에 전과도 털고 병역미필도 퉁치는(터는) 것으로 국토건설단에 들어가게 됐지. 뭐, 내가 '검거된 불량배'로 분류됐다던가.

이문열의 소설《변경》에 등장하는 인물이 국토건설단 제3지대인 태백산지구에 배치되던 당시를 친구에게 전하는 대목이다. 법령에서 정한 나이가 안 된 덕에 특수상해죄로 인한 전과자로 낙인찍히는 대신 국토건설단원으로 입소해 18개월 동안 노역을 해 병역을 필하게 되는 과정을 그렸다.

5 — 오제연, 앞의 책, 201쪽

국토건설단에 입단하려면 "병역법" 규정에 따라 징병 신체검사를 거쳐야 했고, 건설원을 지휘하고 감독하는 기간요원은 예비역이나 특수기술 소지자로서 국가공무원의 자격에 준하는 예우가 보장됐지만 건설원의 신분은 현역병에 준하도록 해 "병역법"을 따르도록 했다. 또한 건설원으로 편입될 자 또는 편입된 자가 그 복무의무를 면탈하거나 복무연한을 단축할 목적으로 도망, 잠닉, 신체훼손 기타 사위행위를 하였을 때는 1년 이상 3년 이하의 징역에 처하는 강력한 형벌이 주어지기도 했다.[6] 만약 건설원들이 규율을 어겼을 경우에는 군형법을 적용받았으며, 군법회의를 통해 재판을 하도록 했다. "아빠, 빠이빠이"는 징집이건 자원이건 간에 이런 사회 분위기 아래서 병역의무를 다하기 위한 어쩔 수 없는 개인의 선택을 포착한 것이다.

한마음 한뜻으로 겨레가 뭉치어
흘리자 땀방울을 국토 건설에
기름진 이 강토에 뿌린 이 정성
내일은 꽃이 되어 곱게 피리라
우리는 조국의 기둥이 된다
아~ 새 터전 이룩하는 국토 건설대

이 노래는 태백선 건설공사 당시 건설대원들이 아침마다 일터로 행진하면서 부른 노래다.[7] 얼핏 생각하면 대체 복무와 비슷한 것이려니 할 수도 있겠지만 상황은 전혀 그렇지 않았다.

울산으로 간 패거리는 잘 모르지만, 여기서 나와 함께 철도 깔고 도로 뚫은 건설단은 그야말로 뼛골이 녹아났지. 우리는 할당된 작업량에 따라 하루 열 시간이 넘는 중노동을 하면서도 현역병에 준하는 규율을 받았고, 그걸 어기면 바로 군형법이 적용됐어. 보통 4백 명 정도의 건설단에 20명 정도의 현역병이 기간요원으로 붙는데, 그들에게 우리는 인간

6 — 법제처 법령정보센터 연혁법 "국토건설단설치법"(시행 1961.12.2., 법률 제779호, 1961.12.2. 제정) 참조. 법령에는 국토건설사업을 구체적으로 특정했는데 1. 태백산지역종합개발사업, 2. 특정지역의 종합개발사업, 3. 다목적수자원개발 및 대간척사업, 4. 천재 또는 지변에 의한 긴급복구사업 등이다. 건설원들이 국토건설단 편입을 면탈하기 위해 도망하거나 신체를 훼손하는 일에 대해 공무원이나 의사 등이 도움을 줄 경우에는 건설원들보다 더욱 가혹한 징역 1년 이상 7년 이하의 형벌이 주어졌다.

7 — 황은주, 앞의 글, http://theme.archives.go.kr/next/koreaOfRecord/build.do

a	국토건설단의 강원도 도로공사 현장, 1962. 7. 국가기록원 소장 자료
b	예천 국토건설단을 시찰하는 박정희 의장, 1962. 9. 국가기록원 소장 자료
c	국토건설단 제2지단(춘천) 건설원 숙소, 1962. 4. 국가기록원 소장 자료

이 아니었어.[8]

역시《변경》제12권에 묘사된 국토건설단의 작업 현장 풍경 묘사다.

　국토건설단 창단식은 1962년 2월 10일 중앙청 홀에서 있었는데 그 자리에 참석하지 않았던 박정희 국가재건최고회의 의장은 치사를 통해 "후진과 빈곤의 근원을 깨닫고 부단한 노력으로 자연을 극복한 서구 복지국가의 번영을 인식해야 한다."고 한 뒤 "단원의 대부분이 병역 미필자로서 지난날의 과오를 깨끗이 청산하고 혁명 대열에 정진하게 된 것은 국가적으로 뜻 깊은 일"이라 했다.

　그러나 그로부터 채 4개월도 지나지 않은 1962년 중순 이후 혹독한 노동에 시달린 건설원들의 집단 늑막염 발생, 일부 건설원의 입소 기피, 현장에서의 사망 사고와 다수의 부상자 발생, 건설단 실상을 취재한 기자의 구속 등 크고 작은 사건사고가 잇따랐고 당장 다가올 겨울을 어떻게 날 것이냐는 등의 문제 제기에 따라 건설단 해체 움직임이 일기 시작했다. 그러나 무엇보다도 문제였던 것은 강압적인 군대식 조직 운영이었다. 여기에 여론마저 걱정을 넘어 비난으로 돌아서자 국가재건최고회의는 1962년 11월 29일 국토건설단 해체를 잠정 결정한 뒤 단원들의 1개월 귀향 휴가와 기간요원들의 공무원 임용 등의 후속 절차를 마무리하는 시간을 번 뒤 같은 해 12월 17일 법률 제1219호를 통해 "국토건설단설치법" 폐지가 공포되었고, 1963년 1월 1일을 기해 공식적으로 해체됐다.

막사 안의 광경은 전쟁이 끝난 격전지 같은 모습이었다. 한 놈도 살아있는 사람이 없었다. 모두가 총알을 맞고 때굴때굴 구르다가 죽어버린 것 같았다. '직속상관 관등 성명'이니 '건설대장 통솔 방침'이니 하는 장식물은 모조리 깨어져 버리고 여태까지 지켜오던 엄숙한 질서는 갈갈이 찢겨지고 말았다. 그들의 건설원 생활은 이로써 끝나버리고 만 것이다. 군인이 아니면서 군인인 척, 혁명과는 아무런 관계도 없으면서 혁명 과업을 완수하는 척, 노동자가 아니면서 노동자인 척, 애국자가 아니면서 애국자인 척하는 여태까지의 강요된 거

<hr>

8 —　1961년 12월 18일 제정, 시행된 "국토건설단설치법시행령" 제12조(작업 기준 시간)에 따르면, 건설원의 작업시간은 1일 8시간을 기준으로 1주일에 48시간을 초과할 수 없도록 규정하고 있다. 그러나 같은 법령 제23조(훈련)에는 1주일에 10시간을 초과하지 않는 범위 안에서 운영상 필요한 훈련을 시킬 수 있도록 추가 규정이 명시되어 있다.

짓 생활이 이런 비참한 꼴과 함께 깨끗이 끝나버린 것이었다.'

정을병의 소설 《개새끼들》에 묘사된 풍경인데, 건설단 해체 소식이 알려진 1962년 11월 28일 건설단에서 벌어진 술자리 풍경을 묘사한 내용이다.

주목해야 할 사실도 있다. "국토건설단설치법"이 제정(1961년 12월 2일)되기 전부터 경제기획원 소속 국토건설청(1961년 7월 22일 발족)이 엄연히 존재했고, 1962년 6월 이후에는 국토건설청이 건설부로 승격되어 중앙부처로서의 임무가 법률적으로 부여되었지만 "국토건설단설치법"은 제정부터 폐지에 이르기까지 국방부가 소관부처로 맡아 운영하였다는 사실이다. 더구나 국토건설단은 국토건설청 관리 아래 두고 건설청장이 단장을 겸하도록 법률로 명기하고 있었을 뿐만 아니라 지단장은 예비역 장교 중에서 국토건설청장의 제청으로 내각수반이 임명하도록 규정되었음에도 불구하고 "국군의 지원을 받을 수 있다."[10]는 단순한 조문으로 인해 군대식 조직과 폭압적 운영이 방기된 것이다. 1962년 10월 1일 "병역법" 전부 개정으로 인해 징집과 관련한 행정사무가 국방부로 일원화된 까닭이기도 하지만 5.16 군사정변으로 인해 문민통치가 군부통치로 완전하게 전환되었다는 사실을 일깨우는 대목이기도 하다.

국토건설본부처무규정과 국토건설단설치법시행령: 문민통치와 군부통치의 간극

5.16 군사정변이 발발하기 6개월쯤 전인 1960년 12월 28일 "국토건설본부규정"이 국무원령으로 제정되었다. 한국전쟁 이후 이렇다 할 기반시설 투자가 이루어지지 않은 상황에서 조림, 사방, 수리, 하천 정비와 도로 건설 및 다목적 수자원 개발 등 공공토목사업이 절실하던 때다. 게다가 도회를 중심으로 하는 고등교육을 받은 유휴노동력이 넘칠 때였다. 고학력 실업자들이 넘쳐났고 고용은 형편없을 정도였으니 모든 조건이며 상황이 불안한 정권으로 하여금 국민동원에 의한 국토건설을 잉태하게 했을 것이다.

국토건설본부는 철저하게 문민통치 원칙에 기초했다. 국무총리를 본부장으로 하고

9 — 정을병, 《개새끼들》, 서음출판사, 1993(초판), 292쪽

10 — 연혁법 중 "국토건설단설치법" 제4조, 법제처 법령정보센터

국무원에 본부를 두었으며 사무장은 부흥부 사무차관이 맡았다. 부장은 모두 4명으로 동원부, 기술부, 공보부 등으로 편성되었으며, 고문 약간 명을 두어 본부장의 자문에 응하도록 규정했다. 효과적인 국토건설사업을 위해 서울특별시, 도 또는 시, 군에 지방지부를 둘 수 있도록 하는 등 얼핏 보아 특별하달 것이 없는 법령의 형식과 내용을 택했다. 국무원령 제정 다음 해인 1961년 1월 20일에는 "국토건설본부처무규정"을 마련하고 국무총리훈령 제16호로 제정, 시행되었다. '국토건설본부의 사무에 관하여 필요한 규정은 본부장이 이를 정한다.'는 "국토건설본부규정" 제14조에 따른 업무처리 규정을 만든 것이다. 국토건설본부의 본부장은 국무총리였으므로 본부장이 정하도록 되어 있는 규정이 총리훈령으로 마련된 것이다. 내용은 '인사 및 보수', '예산, 결산 및 회계' 등으로 구성되어 있는 지극히 보편적인 법령이었고, 국토건설에 동원되었던 이들에 대한 임면, 상벌, 복무, 신분에 관해서는 모두 "국가공무원법", "공무원 임용령", "인사사무처리규정", "공무원 보수규정 및 고용원 규정" 등을 따르도록 했다.

다만, 재정은 조금 특별했다. "국토건설본부규정" 제12조에서 '부장 및 부원의 월 수당과 고문의 일당은 본부장이 정한다.'고 해 적어도 외형상으로는 문제가 없어 보였다. 하지만 '실비보상 정도'로 규정한 건설부원의 보수 가운데 절반이 곡물이나 면포와 같은 현물 지급이었다는 사실과 군인, 공무원, 학생 및 자발적 일반 참가자를 대상으로 '무상 참가'를 국가가 유인했다는 점은 당시의 허약한 국가재정을 참작한다 하더라도 분명한 국가의 폭력이었다. 물론 무상 참가의 경우에 그 공로를 표창하는 뜻에서 공무원으로 임용이나 사회 진출 과정에서 편익 보장이라는 방침이 정해졌다고는 하나 이 역시 국가 재정이 소요되는 경우에 해당하므로 거칠게 말하면 미봉책이자 유인책에 불과했다. 또한 "국민 개로(皆勞)의 정신에 입각하여 이 사업을 거국적으로 추진하는 데 그 뜻이 있다."[11]는 말을 되새긴다면 이를 쉽게 확인할 수 있다. 국민 모두가 합심하여 국토건설에 이바지하자는 정치적 선동에는 이미 합법적 폭력 독점기구인 국가의 저의가 담겼다는 말이다. 당연하게도 그 성과는 미미했고, 곧 5.16 군사정변을 맞아 이는 야만적으로 강화된다.

1960년 12월 28일 제정된 "국토건설본부규정"은 5.16 군사정변 후 채 보름도 지나지 않은 1961년 5월 29일 폐지되었다. 단지 5개월 동안만 법적 지위와 효력을 가졌을 뿐이었다. 그러니 새롭게 등장한 군부가 장면 정권에 대해 퍼부은 국토건설사업에 대한 성

11 — 《경향신문》 1961년 1월 19일자

과 비난은 정치적 비난이라고 할 수 있다. 성과를 내기에 충분한 시간이 주어지지 않았기 때문이다. 물론 장면 정권의 국가 운영에 대한 능력 부족과 허약한 지도력은 묵인할 수 없는 사실이지만 경제개발5개년계획의 토대가 박정희가 주도한 군사정변 이전에 이미 수립되었지만 별달리 특별한 공적을 따질 수 없을 정도로 미미한 것과 크게 다르지 않다.

5.16 군사정변 이후 법률 제779호로 제정, 시행된 "국토건설단설치법"은 폭력의 합법화와 국가 폭력의 독점을 더욱 강화했다. 물론 "국토건설단설치법"에서 규정하고 있는 내용을 제외한 건설원의 신분은 모두 "병역법"과 "근로동원에관한법령"을 준용한다고 명시하고 있지만 다른 법령을 준용할 필요조차 없을 정도로 신분이며 벌칙, 복무, 징계, 훈련에 이르기까지 세세한 규정을 담았다. 문민통치 시절에 만들어진 "국토건설본부규정"과 "국토건설본부처무규정", 그리고 군부통치 이후 제정된 "국토건설단설치법"과 "국토건설단설치법시행령"을 각각의 묶음으로 보아 비교하면 5.16 군사정변 이후 폭력성과 야만성이 얼마나 강화되었는가를 쉽게 파악할 수 있다.

이 가운데 특별히 주목해야 할 것은 앞서 언급했던 '국군으로부터의 지원'이다. 국토건설단은 업무 수행을 위해 필요하다고 인정할 때에는 국군의 지원을 받을 수 있도록 한 것인데, 단 한 문장으로 들어간 이 조문으로 인해 국토건설단 전체의 조직과 운영이 군대식으로 이루어졌다. 건설단은 지단(支團), 분단(分團), 건설대, 근무대 등으로 위계화된 조직을 갖췄으며 지단장에는 예비역 장교를 두도록 했으며, 기간요원 역시 예비역이 맡았다. 건설대와 근무대의 대장 역시 기간요원 가운데 예비역 장교를 임명해 국토건설청장이 겸직하는 '건설단장-지단장-분단장-건설대장/근로대장'으로 철저하게 위계를 갖춘 조직을 운영했다.

기간요원 이상은 국가공무원 신분에 준하지만 징병 회피자와 징집 면제자 등이 주를 이룬 건설원의 신분은 현역병에 준하도록 했다. 뿐만 아니다. 기간요원과 건설원은 모두 제복과 계급장을 착용하도록 했다. '군인이 아니면서 군인인 척, 혁명과는 아무런 관계도 없으면서 혁명 과업을 완수하는 척, 노동자가 아니면서 노동자인 척, 애국자가 아니면서 애국자인 척하는' 규율과 규범이 적용된 것이다. 결국 민주당 정권의 '거국적 국토건설사업' 아이디어를 계승한 군부가 조직 관리와 운영에서 군대식 규율을 강화해 '폭력적 국민동원에 의한 국토건설사업'으로 전환한 것이 바로 국토건설단이었다.

5.16 군사정변 전후에 벌어진 일들

1962년 2월 7일《동아일보》는 하룻밤 잠자리 값이 50원짜리인 서울시의 시영근로자합숙소 앞에서 입소허가원을 쥔 채 하루 종일 기다리다 발길을 돌리는 사람들의 소식을 전했다. 한 끼니 값이 50원이었으니 입는 것을 뺀다면 하루 200원이었다. 당시 50원은 버스 한 번 타고 내리는 비용이었기에 200원은 생명 유지를 위한 생활의 단위였다. 당시 근로자의 대명사는 지게꾼이었는데 시영근로자 합숙소의 경우 수용인원 192명 가운데 30명 정도가 지게꾼이었다. 당시 경제는 말로 다하지 못할 정도로 형편없어 일할 능력을 갖춘 사람의 7할 정도가 실업 상태에서 극한의 수입으로 살아갈 수밖에 없었다. "국토건설이라도 하면 지게 품 자리라도 많아지겠거니 하던", 그야말로 만성적이고 구조적인 불경기 시기였다.

그러니 신문 기사가 전하는 것처럼 서울에 마련된 3개의 합숙소는 마치 서대문형무소 만큼이나 명물이 될 것 같다고 했다. 서울특별시가 조성한 시영근로자 합숙소는 방 하나에 나무로 만든 2층 침상을 4개씩 두어 모두 8명이 방 하나를 차지하는 구조로, 이렇게 생긴 방이 모두 34개 있는 숙소였다.

신문 기사에 소개된 지게꾼의 희망 섞인 푸념처럼 "국토건설단설치법"과 "국토건설단설치법시행령"이 제정되었지만 본격적인 국토건설단 출범이 이루어지지 않던 때라 날

서울 창신동 채석장 아래 건설된 노숙자 합숙소와 공동 침실. 1962. 국가기록원 소장 자료

품을 팔던 노동자들에게 국토건설사업은 일종의 희망으로 비춰졌다. 결국 국토건설사업은 만성적이고 구조적인 불경기와 고용 조건의 지체 속에서 최소한의 공공재정을 통한 최대 고용의 유일한 수단이었다. 그런 까닭에 장면 정권의 핵심 정책 사업이 군부통치 시절까지 이어진 것이다. 다만 문민통치의 기반이 군부통치의 폭압적, 반민주적 성격으로 바뀌었을 뿐이다.

4.19 혁명 이후 장면 총리 시절인 1960년 12월 28일 국무원령 제147호로 제정, 시행된 "국토건설본부규정"에서 정의한 국토건설사업은 '국민의 총력으로써 국토의 보전과 개발을 이룩하기 위하여 하는 사업으로서 주로 조림, 사방, 소규모 수리, 하천정리, 도로건설, 다목적 수자원개발, 기타 공공 토목사업 등 조직된 노동력 또는 유휴노동력을 집단적으로 동원하여 사용할 수 있는 사업'이었다. "국토건설본부규정"이 제정된 그해의 연평균 경제성장률은 2.3%로 박정희 정권이 몰락하는 1979년까지를 통틀어 볼 때 가장 낮은 수치였다. 한국전쟁 이후 이뤄진 미국의 경제 원조는 부족한 물자 문제를 해결하고 경제를 안정시키는 데 어느 정도 도움이 되었으나 폐허 속의 국토를 다시 일으키기에는 모든 것이 부족했다. 장면 내각은 어떻게 하든지 경제를 부흥시키는 게 목표였다. 총 2,000명의 국토건설추진요원을 선발해 사전 교육을 마친 뒤 지방으로 분산 파견해 국토개발 사업과 건축, 도로 공사 등의 임무를 수행하도록 한 정책은 무엇보다 심각했던 실업자 구제에 상징적, 실질적 도움이 되었다는 것이 정설이다. 하지만 국토건설추진요원들이 각 발령지에서 국토건설사업을 진행하던 중 5.16 군사정변이 발생했다.

군사정변 이전인 1961년 2월 21일 대한민주청년회가 주최하는 국토건설 총궐기대회가 서울시청 앞 광장에서 벌어졌고, 국토건설사업에 참가하는 이들에게 최소한의 교육이 필요하다는 점에서 추진된 강연은 중앙청에서 종강식을 마친 뒤 서울 시내 퍼레이드를 하는 등의 동원 행사가 1961년 2월 27일 진행됐다. '거지왕'으로 알려진 김춘삼이라는 인물을 단장으로 하는 '한국합심자활개척단'도 1961년 5월 1일 출범하고, 5.16 군사정변이 발생하기 수일 전인 5월 12일에는 국토건설이념 보급을 내세운 강연회도 열렸다. 민주당 정권이 국토건설사업을 촉진하기 위해 마련한 여러 가지 정치적 활동이 한창 열기를 높이던 때였다.

그러나 5.16 군사정변 이후에 그 모습은 사뭇 달라졌다. 넝마주이들을 모아 취업 선서식을 하는가 하면 걸인 400명으로 구성한 국토건설단이 만들어져 대관령 등의 건설 사업 현장으로 떠나는 행사 등을 곳곳에서 치렀다. '혁명'이라는 이름을 붙여 '국토건설 혁명 완수'를 혈서로 쓰는 일도 벌어졌다. 그러니 5.16 군사정변은 기존의 국토건설 방

a 광주교도소 갱생건설단 발단식. 1967. 6.
  광주교도소 역사관 소장 자료

b 대한청소년개척단 225쌍 합동결혼식.
  1964. 11. 서울사진아카이브

c 넝마주이 결단식. 1965. 12. 국가기록원
  소장 자료

d 《경향신문》 1961년 12월 27일자에 실린
  강력한 국토건설단의 등장을 알리는 삽화

식을 훨씬 강제적이고 야만적인 수법으로 바꾼 계기가 되었고, 건설 현장에서의 사업 추진 방식 역시 강압적, 폭력적 상황으로 치닫게 된 것이다. 깡패를 선도해 갱생의 길을 걷게 한다는 명분을 내세워 무력으로 국민을 구분하고 갱생이 필요하다고 그들이 정한 사람들을 건설 사업에 강제 동원했는가 하면 도시미화를 위한다는 명목을 내세워 권력자 집단의 눈에 거슬리는 부류를 유형화하거나 마치 물건처럼 따로 분류해 이들을 건설현장에 내팽개쳤다.

물론 이러한 방식은 모두 합법적인(?) 것이었다. 민주당 정권에서 입법된 "국토건설본부규정"을 전범(典範)으로 삼았기 때문이다. 그러나 새롭게 정권을 찬탈한 군부의 입장에서 그 구체적 내용은 성에 차지 않았다. 보다 효율적이고 생산적인 방식으로 이를 전화해야 했다. 그런 정치적 노림수 끝에 "국토건설본부규정"을 새로운 방식으로 구성, 운영하기 위해 만들어진 것이 바로 "국토건설단설치법"이었다. 1961년 12월 27일 《경향신문》에 실린 삽화에서 철모를 쓴 군인처럼 보이는 자가 양복 차림에 넥타이를 매고 '민주당'이라고 쓰인 확성기를 든 이를 불도저로 밀어내는 모습이 전하는 바다. 물론 불도저 뒤편으로는 삽자루를 어깨에 맨 무수한 국토건설단원이 오와 열을 맞춰 불도저를 따랐다.

근로재건대, 청소년건설단, 새서울건설단, 갱생건설단, 근로보국대

국토건설본부의 뒤를 이은 국토건설단은 관련법령의 폐기로 인해 사라졌지만 역사의 교훈이 늘 일러주는 것처럼 당장 눈앞에서 모습만 감추었지 완전하게 사라진 것은 아니었다. 근로재건대, 청소년개척단, 새서울건설단, 갱생건설단 등과 같이 건설단, 개척단, 갱생단 등의 이름을 달고 다시 역사의 전면으로 등장했다. 물론 그 이전과 특별하게 달라진 것은 없었다. 강제 조직으로 출현해 반인권적, 반노동적 조직으로 야만을 일삼았기 때문이다.

부산 시장이던 김현옥이 박정희 대통령의 부름을 받고 서울특별시장으로 취임하고 얼마 지나지 않은 1966년 7월 1일 서울시는 새서울건설단을 창단했다. 전과가 있거나 한국전쟁 중에 피붙이를 모두 잃고 이제는 나이를 먹은 갱생 대상자와 연장 고아 등 200명이 건설단의 일원으로 편성되었다. 이들은 일당 170~180원을 받고 택지 조성과

도로 포장 등에 동원되었는데 이러한 일이 권력자의 눈에 들었던 때문인지 이번에는 법무부가 나서 갱생건설단과 갱생소년건설단을 창설했다. 1967년의 일이다. 이들 모두 합법적인 법률과 규정을 따랐음은 물론이다.[12]

왜 1967년일까. 당연하게도 대통령의 천명이 있었다. 1967년 10월 16일 박정희 대통령은 1968년도 예비안 지출에 즈음한 시정연설을 했다. 연설 가운데 문교·사회·공보부문에 이르러서는 "법의 공정 신속한 운용과 국가를 상대로 하는 소송 및 배상제도의 합리적인 운용으로 국민의 이익을 최대한으로 보장할 것이며, 국가안위에 관한 범죄와 경제발전을 저해하는 각종범죄의 단속을 철저히 할 것이고 인권 옹호제도의 확립으로 사회정의 실현에 힘쓸 것이며, 민주적이고 교육적인 행형제를 확립하고, 갱생건설단 활용으로 수형자들에게 건설 사업에 참여할 수 있는 기회를 제공함으로써 그들의 사회복귀를 촉진할 것"이라고 했던 때문이다. 중요한 것은 '수형자들에게 건설 사업에 참여할 수 있는 기회를 제공함으로써 그들의 사회 복귀를 촉진할 것'이라는 천명이다.

이는 곧 형기가 2년 미만인 재소자 1,600명과 16세 이상의 소년원생 500명을 도로공사, 제방공사, 산림녹화 등 국토건설사업에 동원한다는 것이었다. 다만, 국가보안법, 반공법, 내란, 외환, 살인강도, 마약사범, 비상사태 하의 특별조치 위반자 등은 그 대상에서 제외하고, 도로확장, 산지개간, 농경지정리사업 등에 투입했다. 1967년 4월 1일부터 본격적으로 사업에 인력을 투입했다. 오늘날 광교신도시로 불리며 뭇 사람들의 부러움을 사는 신도시 광교의 저수지 제방공사는 4월 10일부터 투입된 인력이 이룬 사업이다. 이들에게는 근로사업을 통해 속죄한다는 마음가짐이 중요하다는 훈육이 이루어졌고, 모범적인 경우는 가석방과 가퇴원, 잔여 형기 면제 등의 특전을 준다는 회유책이 제시됐다.

국가 폭력에 의한 국민 분류와 동원이 어느 정도까지 치달았는가는 충남 서산의 대한청소년개척단 사례에서 쉽게 찾아볼 수 있다. 여기에 소속되었던 개척단원 225명이 한때 윤락여성으로 서울시립부녀보호지도소에서 직업 교육을 이수한 여성들과 합동결혼식을 치른 것이었다. 1964년 11월 24일 오전 윤치영 서울시장의 주례로 결혼식을 한 이들에게 종로5가의 여관 주인은 고무신 한 켤레씩을 선물로 주었으며, 대한금융단에서는 현금 20만 원씩을 전달했다. 결혼식을 마친 225쌍의 부부는 워커힐을 둘러보고

---

12 — 법무부령 제100호, "갱생건설단및갱생건설소년단규정", 1967년 8월 1일 제정, 시행

《조선일보》 1939년 6월 9일자에 실린 흥아청년근로보국대 관련 기사

다과회에 참석한 뒤 하루를 묵고 다시 서산 건설 현장으로 돌아갔다.[13] 국가가 나서 결혼을 강제한 것이며 그들이 정한 방식대로 갱생을 정의하고 규정한 것이다.

이런 풍경은 1960년대를 거쳐 1970년대에 서서히 사라졌다. 물론 완전히 사라졌을 까닭이 없다. 역사는 반복되기 때문이다. 지긋지긋한 일이기는 하지만 1980년대 전두환 신군부에 의한 삼청교육대가 먹구름처럼 1960년대의 풍경을 덮는다.

국가라는 이름을 빌어 자행된 폭력

국가라는 이름을 빌어 자행된 이러한 무자비하고 폭압적인 국민동원은 과연 언제, 어디서부터 비롯된 것일까. 멀리 일제강점기로 되돌아가자. 1938년 6월 18일자 《조선일보》는 총독부 학무국에서 조선의 모든 학도들에게 여름방학 기간 동안 노동을 체험함과 아울러 인고단련의 정신을 함양한다는 취지에서 근로보국대(勤勞保國隊)를 조직하고자 총독부에서 열린 각도 학무과장회의의 결정 내용을 실었다. 남학생의 경우는 주로 토목사업에 투입하도록 하고, 여학생은 실습지와 실습림의 손질이며 신사(神社) 청소, 군대 용품의 보조 작업, 육군병원에 준하는 관립 혹은 공립병원의 보조 작업에 동원한다는 것이다. 거의 모든 학교를 대상으로 하되 우선 공공교육기관으로 시작하며 여자중학교의 기숙사를 숙소로 한다는 것 등이었다.

13 — 《경향신문》 1964년 11월 24일자

a　온양지구 국토건설사업 노동 장면, 1961. 8. 국가기록원 소장 자료
b　육군공병단의 서울 재건사업 참여 모습, 1957. 11. 국가기록원 소장 자료

　　이보다 1년 정도 뒤인 1939년 일본 동경에서 11,000명에 달하는 흥아청년근로보국대(興亞靑年勞動保國隊)가 조직되어 선발대 262명이 6월 7일 문부성(文部省)에서 장행식(壯行式)을 마친 뒤 장도에 올랐다. 이들은 여름 방학을 맞아 만주(滿洲)와 북지(北支, 화베이)로 갈 것인데 우에노역(上野驛)에 도착한 뒤 동경으로 들어와 궁성 요배를 마친 뒤 메이지신궁(明治神宮)과 야스쿠니신사(靖國神社)를 참배하고, 밤 열시 반에 다시 우에노역에서 출발해 신석(新潟)에서 만주환(滿洲丸)[14]을 타고 6월 8일 오후 2시 경에 출발, 북조선을 거쳐 만주에 간 뒤 하얼빈에서 현지 배치와 훈련 후 동경에서 별도로 출발하는 본대를 맞을 준비와 함께 근로 작업에 투입된다는 것이다.《조선일보》1939년 6월 9일 기사다. 그로부터 20여년 뒤 대한민국에서 벌어질 국토건설을 위한 국가의 국민동원과 다를 것이 없다.

14 ─　만주환(만슈마루)은 인천─하관(下關, 시모노세키)을 왕복하던 배로 일본의 조선 강제병합 이전인 1907년 12월 5일 이토히로부미(伊藤博文)가 순종의 어린 태자인 11살의 영친왕 은(垠)을 유학을 핑계로 일본에 볼모로 데려가며 탔던 기선이다. 일본우선(日本郵船)이나 조선우선(朝鮮郵船)과 같은 여느 정기 여객항로와는 다르게 운영되었다. 최초의 연락선이었던 일기환(壹岐丸, 1905년 9월 취항)과 대마환(對馬丸, 1905년 11월 취항)은 이른바 '현해탄(玄海灘)'의 섬에서 따온 이름이었다. 반면에 고려환(高麗丸, 1913년 1월 취항), 신라환(新羅丸, 1913년 4월 취항), 경복환(景福丸, 1922년 5월 취항), 덕수환(德壽丸, 1922년 11월 취항), 창경환(昌慶丸, 1923년 3월 취항) 등은 식민지 조선이 이미 자기네의 영역에 완전히 흡수되었음을 과시하는 상징적인 명칭으로 채택한 것이라고 알려진다. 만주환(滿洲丸) 역시 마찬가지로 보인다. 민족문제연구소 이순우 책임연구원, http://ibuild.tistory.com/215 참조

깡패를 생산적으로 이용한 것은 5.16 직후 군정이 추진한 초법적 강제노동이었다. 만주에서 이루어진 개척 사업, 갱생 사업 같은 것이 거국적으로 추진된 셈이다. 군이 비상시에 인적·물적 자원을 징발할 수 있는 법적 근거는 한국전쟁 막바지에 제정된 "전시근로동원법"이다. 이 법으로 한국전쟁 후 수만 명의 노무자가 박봉으로 위험 지역에 투입됐다. 장면 정부도 국토건설사업을 입안한 적이 있다. 경제 제일주의를 천명하고 경제개발5개년계획의 목표에 따라 농촌의 유휴 노동력을 흡수하는 국토개발계획을 세웠다. 그리고 장면 정부와 가까운 장준하 등 《사상계》의 지식인들에게 약 2천 명의 요원들을 선발케 했다. 지식인들이 참고한 것은 이스라엘이나 덴마크의 '국토 가꾸기'였다. 그러나 요원들이 어깨에 삽을 메고 행진하는 발대식만 했을 뿐 실질적인 성과는 없었다.[15]

장면 정권의 국토건설본부에 관한 언급이다. 결국 장면 정권이나 5.16 주역들의 군부가 택한 방법이 일제강점기 만주에 그 뿌리를 둔다는 사실을 새삼 확인하게 된다.

다시 '국토건설단'으로 되돌아가자. 건설단원에 의한 "건설공사는 국군의 '지원', 사실상 명령으로 이루어졌다. 예비군 출신 기간요원은 1~8등까지의 계급장을 달아 군대 조직을 방불케 했다. 기간요원 밑의 건설원에는 징병 부적격자나 거리에서 포획된 이들이 포함됐다. 군정은 폭력 행위 단속에 관한 특별법으로 각 지검과 지청에 '취역심사위원회'를 두어 폭력 행위자를 간단히 체포해 취역명령서를 발부한 뒤 근거리, 원거리의 국토건설 사업장에 투입했다. 이는 사실상 강제수용소 생활이었다. 가혹한 규율과 노동으로 집단 발병과 반발이 이어져 연말에 해체를 발표했으나, 제주도 등지에서 꾸준히 유지됐다. 1969년 봄에 강원도 도로 공사장 6곳에도 투입되는 등 국토건설단은 1960년대 한국 건설의 이면에 존재한 숨은 노동력이었다. 정부는 1969년 10월, 국토건설단의 완전한 해체를 선언했다. 아감벤에 의하면, 수용소는 생명 정치가 이루어지는, 즉 벌거벗은 생명인 호모 사케르를 주권이 생산·관리하는 현장, 예외 상태가 규범적으로 실현되는 구조다. "1960년대 국토건설단원은 한국판 호모 사케르였다."[16]는 언급은 쉽게 동의할 대목이다.

다만 법제처 법령정보센터의 자료에 의하면 1962년 12월 17일 법률 제1219호를 통해 "국토건설단설치법" 폐지가 공포되었고, 1963년 1월 1일을 기해 국토건설단은 공식적으

---

15 — 한석정, 《만주모던: 60년대 한국 개발체제의 기원》, (주)문학과지성사, 2016(1판1쇄), 198쪽

16 — 한석정, 앞의 책, 199쪽

로 해체됐다고 기록되어 있지만 한석정은 이와 다르게 1969년 10월 국토건설단의 완전한 해체 선언을 언급하며 《한국경찰사》의 기록[17]을 근거로 삼았다. 물론 기록의 차이보다 먼저 주목할 것은 국가의 폭력적 국민동원이 있었다는 사실이다.

"군인 통치 30년은 한국 자본주의가 유례없는 고도성장을 구가한 시기였으나, 거리와 학교와 공장과 쉼터 도처엔 치욕과 불안, 의심과 강박이 복병처럼 도사린 납빛의 나날"[18]이었다고 지난 시간을 기억하기도 한다. 포용과 배제는 국가의 자의적 편견이고, 왜곡된 의지의 결과가 낳는 현상이다. 그렇다면 폭력을 독점한 국가에서 국민이란 과연 누구인가. 또 국가란 무엇인가 되묻지 않을 수 없다. 일제강점기와 만주, 그리고 1960년대의 개발체제를 연속적으로 읽어야 할 이유가 생겼다.

17 — 내무부 치안본부, 《한국경찰사》, 1985, 525쪽; 한석정, 앞의 책, 199쪽 재인용

18 — 이세영, 《건축 멜랑콜리아》, 반비, 2016(1판1쇄), 111쪽

송파는 강남 바로 턱밑,
분당은 미니 강남,
강동도 진군중

인생 성공의
바로미터,
강남과 아파트에
관한 잡설

욕망의 용광로, 강남

강남은 욕망의 용광로다. 긍정적인 뜻이건 부정적인 의미건 그렇고, 배제와 포용이라는 틀에 넣어 봐도 크게 다르지 않다.[1] 우영창의 소설 《하늘다리》에서 화자인 맹소해 대리가 읊는 대목은 자신의 거주지인 강남을 특권적 공간으로 표현하고 싶어 하는 욕망 그 자체다.

송파면 강남 바로 턱밑이야, 분당은 미니 강남이고. 강동도 진군중이잖아. 강북하고도 상계는 정말 두통 나는 곳이지. 상계동에서 몇 년이세요? 7년. 집값이 은행 이자는 나왔나 모르겠다. 주식으로 치면 저가 대형주지. 바닥을 기는. 일산은 상계에 비하면 그래도 나은 것 같더라.[2]

이런 표현은 또 어떤가.

시부모님 덕분에 연탄 때는 작은 아파트지만 처음부터 따로 날 내 집도 있었고. 아이들 과외 공부시켜 대학까지 보내놓고 나서 빚 없이 강남의 오십 평 아파트에 산다면 나름대로 성공한 인생.[3]

대형교회에서 만난 중년의 부인들이 홀로 사는 어르신들을 위해 봉사활동을 하자는 데 기꺼이 동의하고, 그 가운데 할아버지들에게 목욕봉사를 하자는 것에 의견 일치를 본 뒤 그 과정에서 벌어지는 모임 회장의 위선에 대한 수다로 시작되는 소설이다. 따로 살림을 날 때 아파트를 사준 시아버지의 속옷은 집게로 집어 세탁기에 넣지만 어떤 친분이나 연고도 없는 홀로 사는 할아버지는 성기까지 닦아주는 행동 사이의 위선을 그린 작품인데, '아파트'와 더불어 '강남'이 인생 성공의 바로미터로 등장한다.

1 — 지주형, "강남 개발과 강남적 도시성의 형성", 《한국지역지리학회지》 제22권 제2호, 2016, 308쪽에는 "강남 거주민의 경우에는 강남을 다른 지역과 구별하는 동시에 자신의 거주지를 그러한 특권적 공간으로 표현하고 싶어 한다. 반면에 강남 외부에 사는 사람들은 강남의 지리적 범위를 비교적 넓게 그림으로써 자신도 언젠가는 강남 주민이 될 수 있다는 희망을 표현한다."고도 했다.

2 — 우영창, 《하늘다리》, 문학의 문학, 2008(초판3쇄), 186~187쪽

3 — 박완서, 〈마흔아홉 살〉, 《친절한 복희씨》, (주)문학과지성사, 2007(2쇄), 97쪽

《동아일보》 1971년 9월 1일자에 실린 남서울아파트(영등포구 반포동) 분양광고

물론 현실도 다르지 않다. 재건축 관련 법령이나 제도가 바뀐다는 소식이 전해질 때마다 텔레비전 배경 화면에는 그렇게 해야 하는 법이 있는 것처럼 강남구 대치동 은마아파트가 등장한다. 엄청난 물량의 재건축사업이나 재개발사업 인가에 따른 주변지역 전세가격 앙등 소식이 전해질 때마다 전문가로 알려진 이들이 특별히 편성된 프로그램에 나와 해설을 할 때도 강남은 처음부터 이들의 입길에 오른다.

아무튼 "강남을 강남으로 만드는 것은 옛 행정구역이 아니라 그 공간의 정치적, 경제적, 문화적 의미와 특성이다. 즉 강남이란 사회에서의 공간적 실천을 바탕으로 사람들의 환경과 심상 속에 존재하는 공간으로 존재"[4]한다고 해야 크게 어긋남이 없다. 처음에는 영등포구였지만 동작구에 편입되었다가 지금은 행정적으로나 관념적으로 강남의 한복판이라 불러 마땅한 서초구 반포동도 1970년대 초만 하더라도 서울의 남쪽 '남서울'이었다.

"사랑의 거리"와 "강남 멋쟁이"

서울 은광여자고등학교 2학년이던 1986년 학교 장기자랑에서 선배가수 주현미의 "비내리는 영동교"를 부른 것이 계기가 되어 다음 해부터 본격 활동하기 시작한 트로트

4—　지주형, 앞의 글, 308쪽

315

a 1972년 11월 7일자로 '남서울아파트'를 '반포아파트'로 개칭한다는 1972년 11월 7일자 《경향신문》 광고

b '광교그릴'을 '강남그릴'로 변경했다는 광고. 1947. 5.

c 종로4가 상업은행 옆 '강남의원' 광고. 1949. 3.

d 천호동 토지구획정리사업지구를 '강남'으로 명명한 《동아일보》 1971년 5월 10일자 택지 분양광고

가수 문희옥의 노래 가운데 두 곡은 서울 강남의 탄생 과정에 불렸던 그곳의 명칭을 순서대로 노랫말에 담았다는 점에서 매우 흥미롭다. 이 가운데 하나는 정재은이 1984년에 먼저 취입해 불렀지만 문희옥이 이 노래를 2집의 타이틀곡으로 리메이크하면서 원래 2절이던 노래에 1절을 한 번 더 보태 반복하는 3절로 만들어 1989년에 경쾌한 리듬으로 부른 "사랑의 거리"고, 다른 하나는 1990년에 발표한 "강남 멋쟁이"다.

"사랑의 거리" 1절과 2절의 각 소절 시작에는 각각 "여기는 남서울 영동 사랑의 거리"와 "여기는 남서울 영동 연인의 거리"가 등장하고, 각 소절은 "아~아~ 여기는 사랑을 꽃피우는 남서울 영동 사랑의 거리"로 끝맺는다. "강남 멋쟁이" 역시 비슷한 형식을 취했다. 매 소절은 "네온이 꽃피는 강남의 밤거리", "사랑이 꽃피는 강남의 밤거리"로 시작하지만 끄트머리는 "미소를 받는 강남 멋쟁이"로 마무리 짓는다. '남서울-영동-강남'으로 바뀌며 불리게 된 오늘날의 강남이 불리던 순서대로 노랫말에 담았다. 1983년 4월 개원 당시 '영동'세브란스 병원이 2008년에 '강남'세브란스 병원으로 바뀐 사실을 상기한다면 문희옥의 노래는 이보다 시대를 앞선 것이다.

1966년 1월 서울시에서 발표한 "남서울계획"은 화신백화점의 주인이었던 화신실업의 박흥식 회장이 1963년에 구상한 남서울계획을 그대로 인용한 것이다.[5] 그러니 거칠게 보아 1960년대 초에 지금의 강남, 서초 일대를 일컬어 '남서울'이라 칭했음을 알 수 있다. 그렇게 불린 남서울이 '영동'으로 불리게 된 직접적인 계기는 영동지역 개발이 결정된 1966년부터이고, 1968년부터 본격화된 영동1지구 토지구획정리사업이 본격적 동기였다. 물론 모두가 아는 것처럼 '영동'이라는 호칭은 '영등포의 동쪽'이라는 의미로, 특별한 지명이라기보다는 영등포와의 지리적 관계에 의해 지역이 상대화되었음을 뜻한다. 그러니 지금의 강남은 영동으로 불릴 적만 하더라도 거의 방치되었던 정도의 미개발지였다.

강남의 등장에 결정적 역할을 한 것은 1975년 구자춘 서울시장의 3핵 도시 구상이다. 서울을 3개의 중심지로 나눠 집중적으로 육성한다는 것이었는데 이때 영동 일대가 금융업무 중심지로 상정되면서 도심, 영등포 산업중심과 함께 서울에서 스스로의 위치적 중요성을 갖게 된 것이다. 아울러 1975년에 강남구가 신설되었고, 1988년에는 강남구에서 서초구가 분구되기에 이르렀다. 강남구 신설과 더불어 도심지 학교와 공공시설의 강남 이전과 더불어 고속터미널 이전이 이뤄졌고, 1977년에는 학군 조정으로 강남 일대가 8학군으로 자리 잡았다. 남서울에서 영동을 경유해 비로소 강남에 도달하게 된 것이다.

---

5 — 서울역사박물관, 《서울반세기종합전 II 강남 40년: 영동에서 강남으로》, 2011 참조

a　　1970년 1월 21일자 《경향신문》의 경향만평, "강남에 사러리랐다"

b　　1970년 12월 9일자 《매일경제》의 경제세평, "친구따라 강남"

　　일제강점기부터 해방 직후까지 강남은 주로 청계천 일대를 지칭했으니 그로부터 15년여 만에 청계천에서 한강으로 강남을 칭하는 자연적 경계가 급속하게 남하한 것이다. 지금의 반포 일대를 남서울이라 했던 그 무렵인 1970년대 초까지만 해도 강남은 목동과 화곡동 일대 혹은 천호동 등을 일컫기도 했다. 그런 까닭에 이들 지역 일대의 택지며 주택 분양광고 문구에는 늘 강남이 붙곤 했다. 더 이상 청계천 언저리나 그 남쪽 지역을 강남이라 부르는 일은 없었지만 오늘날의 강남구와 서초구 일대를 특정해 강남이라 부를 정도는 전혀 아니었다. 그저 한강 이남지역이라면 어느 누구 눈치 볼 필요도 없이 강남으로 부르던 시절이다.

　　물론 영동1지구 개발과 함께 강남은 사람들의 입에 오르내렸고, 입에서 입으로 전해졌다. 1970년 7월 7일 경부고속도로가 완공되고, 1917년 한강대교, 1965년 제2한강교의 뒤를 이어 1969년 12월 25일 제3한강교(지금의 한남대교)가 준공되며 영동 일대가 강북 지역과 직접 소통하는 계기가 마련됐다. 본격적인 강남시대를 맞게 된 것이다. 혜은이가 부른 노래 "제3한강교"가 발표된 것도 1973년이다. 당연하게도 주춤하던 영동토지구획정리사업은 탄력을 받아 정상 속도로 궤도에 오를 수 있었고, 영동개발을 위한 정부의 강북 억제정책도 서서히 효과를 나타내기 시작했다. 바야흐로 강북이 지고, 강남이 뜨는 시대를 맞이한 것이다.[6] 이제 '영동이 강남'이고, '강남이 곧 영동'이던 때가 되었다. 1970년 한 해 동안 여러 신문은 만평이나 세평을 통해 강남을 반복적으로 호명했다.

말죽거리 신화와 아파트지구, 강남 최초의 아파트

1966년 제3한강교 공사가 시작되면서 한산한 농촌지역이던 영동 일대의 땅값이 꿈틀대기 시작했다. 1969년 드디어 제3한강교가 완공되고 그 뒤를 이어 1970년에 경부고속도로가 개통되자 압구정동과 신사동의 땅값은 천정부지로 뛰어올랐다. 1963년에 평당 300~400원 정도이던 땅값은 1967년에 1,000원을 넘어섰고, 경부고속도로 개통과 함께 3년 전의 10배 이상인 평당 10,000원에서 15,000원으로 뛰었다. 물론 땅값 앙등을 부추긴 것은 다름 아닌 복덕방이다. 경부고속도로가 시작되는 말죽거리에는 복덕방촌이 생기고 투기꾼이 줄을 이었다. 이렇게 땅값이 천정부지로 뛰어오른 현상 자체를 일컫거나 혹은 그 차액으로 인해 엄청난 돈을 챙긴 상황 자체를 이르는 말이 바로 '말죽거리 신화'다.

말죽거리 신화는 당연하게도 투기꾼을 불러 모았고 돈을 쥔 자들은 남녀를 가리지 않고 영동지역으로 몰렸다. 그럼에도 불구하고 지금도 여전한 비하 혹은 혐오성 오명을 뒤집어쓴 대상은 여성이었다. 마치 일제강점기 만주를 노리던 일제가 후방지역인 경성의 화신백화점 일대를 거니는 여성들을 향해 현진건 선생의 부인을 본받으라고 외친 경우와 크게 다르지 않았다. 당시 현진건은 서울 자하문 밖에서 생계를 위해 닭을 길렀는데 양계장 노동의 대부분을 작가의 부인이 감당했던 탓에 여사의 손마디가 굵어지고 손등은 거칠기 짝이 없었다며 잡지사 기자가 모던 걸을 비난했는데, 그와 동일하게 덮어씌운 오명이 바로 말죽거리 신화 속에 당연하게 등장하는 '복부인'이었다.

투기꾼의 전형적인 수법은 거액의 자금을 동원한 아파트 무더기 청약을 통해 경쟁률을 높이고 당첨되면 또 다른 가수요자나 실수요자들에게 이를 되팔아 차액을 남기는 것이다.《경향신문》1978년 2월 14일자 기사에 의하면 15명이 한 조가 되어 수억 원대

---

6 — 서울시는 1972년 4월 '특정시설제한구역'이라는 것을 설정해 강북지역 개발억제 정책을 지원했다. 강북지역에는 백화점, 도매시장, 공장 등의 신규 시설을 제한했고 1973년에는 종로구와 중구의 상당한 지역을 재개발지구로 지정해 건축물의 신축, 개축, 증축을 허가하지 않았다. 이로 인해 중구의 무교동과 다동 일대의 유흥접객업소들이 결정적 타격을 입었고, 상대적으로 규제가 거의 없고 취득세와 같은 세금도 상당 부분 감면해 주는 강남지역으로 이들 업소가 이전하게 되었다. 1988년에 발표된 가수 주현미의 "신사동 그 사람"이나 1989년에 문희옥이 고쳐 부른 "사랑의 거리"가 이때부터 만들어진 셈이다. 荻野千尋(오기노 치히로), 〈강남 8학군 지역의 형성〉, 서울대학교 지리학 박사학위논문, 2004, 141~142쪽에 따르면, 1965년 서울에서 종로와 중구지역의 유흥음식점이 차지하는 비율은 71.3%였으나 1975년에는 69%로 낮아졌고, 1980년에는 48.9%, 1995년에는 17.8%로 낮아졌다. 반면 강남, 서초지역은 1990년에 20.1%였다가 1995년에는 22.2%로 강북지역을 완전히 능가했다.

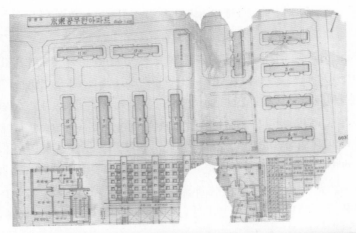

1971년 12월 준공한 강남 최초의 아파트인 영동 공무원아파트 도면(서울역사박물관 소장자료)과
항공사진(서울특별시 항공사진서비스)

를 모아 투기에 가담하고 하룻밤 사이에 여러 명의 손을 거치면서 땅값이며 아파트 값이 뛰도록 했다. 복덕방 직원들은 거액을 동원하는 투기꾼의 비위에 맞추느라 말솜씨와 수완이 좋은 젊은이들로 바뀌었고 '복덕방'이라는 이름 대신 '○○개발' 따위의 이름으로 간판을 바꿔 달았다. 박완서의 소설 〈서글픈 순방〉에 묘사된 것처럼 말이다. 결국 이로 인해 정부는 양도소득세와 공한지세 등을 강화하는 부동산 투기 억제정책을 강남에 집중할 수밖에 없었고, 부동산 경기가 침체되면 각종 규제를 완화했다가 다시 강화하는 등의 조치를 취하면서 오늘에 이르고 있다. 냉탕과 온탕을 왔다 갔다 한다는 말도 이때부터 사람들의 입에 오르내리게 됐다. '말죽거리 신화'와 전혀 다른 뜻으로 이해되는 영화 "말죽거리 잔혹사"도 당시를 담은 것이다. 그럼에도 불구하고 '말죽거리'라는 별칭도 혼용되었다.

　부동산 투기 전쟁터가 된 배경은 여러 가지 있겠지만 아파트지구 지정이 큰 몫을 차지한 것은 분명하다.

한강변에서 좀 안쪽의 반포, 서초동 일대는 강변도로보다 지대가 낮은 저지대였다. 원칙대로라면 매립을 해야 했지만 서울시는 막대한 비용 때문에 그렇게 하지 못하고, 대신 고지대와 저지대를 구분하여 하수관을 따로 설치하고 저지대에 유수지와 배수펌프장을 만들었다. 하지만 심한 홍수가 나거나 벼락이 쳐서 배수펌프장에 전기 공급이 중단되면 저지대는 꼼짝없이 물이 차게 된다. 그래서 당시 서울시장이던 양택식은 저지대 지역은 모두 3층 이상으로 집을 짓게 하는 고육지책을 내놓았다. 최악의 경우 주민들이 3층 이상으로 대피하면 인명 피해는 없을 거라는 계산이었다. 물론 이런 사실은 시민들에게 밝히지는 않았다. 만약 사람들이 이 사실을 알면 아파트를 짓는 업체들의 사업이 큰 타격을 받을 수 있었고, 사실 을축년 대홍수 수준의 물난리가 매년 나는 것도 아닌 데다 펌프만 잘 작동한다면 큰 문제는 없다고 본 것이다. 침수되는 지역까지 전부 아파트지구로 지정된 데에는 이런 이유가 있었다. 이리하여 유례없이 아파트만 지을 수 있는 '아파트지구'가 강남에서 공식 탄생했다.[7]

강남지역이 본격 개발되던 1975년의 일이다. 영동지구의 25%가 아파트지구에 편입되었다. "빚 없이 강남의 오십 평 아파트에 산다면 나름대로 성공한 인생"이라는 소설 속

7 ―　한종수·계용준·강희용, 《강남의 탄생》, 미지북스, 2016(초판1쇄), 55쪽

묘사처럼 아파트가 곧 인생 성공의 바로미터가 된 이면에 아파트지구 지정이 도사리고 앉았던 것이며, 이 역시 서울 강남이 최초였다.

영동1, 2지구를 통틀어 이 지역에 가장 먼저 들어선 아파트는 공무원아파트였다. 물론 공무원아파트는 이미 서부이촌동이며 지방에도 있었다. 그럼에도 강남지역에 가장 먼저 들어선 아파트는 많은 이들의 추측과 달리 공무원아파트였다. 1971년 4월 24일 착공해 같은 해 12월 28일에 완공된 공무원아파트는 5층짜리 아파트 12개 동으로 모두 360세대가 입주했다. 당시만 하더라도 영동지구는 여전히 서울시민들에게는 먼 곳이었고, 아직 서울이라고 흔쾌히 받아들일 정도가 아니어서 서울시 공무원 가운데 주택을 소유하지 않은 사람들에게 특별 분양되었다. 요즘의 논현동이 공무원아파트가 들어선 곳이다.

평수는 12평과 15평이었는데 당시 기준으로는 제법 큰 편이었다. 공무원아파트는 값이 쌌고, 한남대교를 건너면 시청까지 20여 분이면 갈 수 있어 교통도 편했다. 너도 나도 공무원아파트에 입주했다. 하지만 편의시설이 없고 주위가 너무 황량해서 상당수는 다시 강북으로 돌아갔다.[8]

공무원아파트 준공 후 얼마 지나지 않아 촬영한 서울특별시 항공사진을 보면 한산한 도로 주변에 마치 천수답처럼 보이는 평평한 땅을 발견할 수 있는데 분양을 위해 터만 닦아놓은 것이고, 게딱지처럼 보이는 집들은 토지구획정리사업을 마치기는 했지만 아직 다른 곳으로 이주하지 못한 원주민들의 살림집이다. 그저 '골목길 사진작가'로 알려진 김기찬은 당시의 장면이며 풍경을 카메라에 자주 담았다. 그로테스크하다고 밖에 말할 수 없는 작가의 당시 영동 일대 사진은 폭력적 개발에 대한 개인의 저항으로 읽히기도 한다.

현대아파트와 성수교 아파트

기왕 아파트 얘기를 꺼냈으니 하나 더 짚고 넘어가자. 흔히 영동 1, 2지구인 서울의 강

8 — 한종수·계용준·강희용, 앞의 책, 64~65쪽

남지역에 회사 이름을 붙인 최초의 아파트로 압구정동 현대아파트를 꼽는다. 그런데 꼼꼼하게 살피면 이런 설명이나 추측은 반은 맞고 반은 틀린 것이다.

어떤 의미건 기념비적인 압구정동 현대아파트는 아파트에 회사 이름을 붙인 첫 번째 단지로도 역사에 남았다. 그 전에는 대개 종암아파트, 마포아파트, 회현시민아파트 등 지역 이름을 붙였는데, 압구정동 현대아파트 이후 다들 회사 이름을 붙이게 되었다. 이에 대해 최근 '이런 식으로 회사 이름을 홍보해주는 나라는 없다'고 혹독한 비판이 나오기도 하지만, 이유야 어쨌든 아파트 작명법에 중요한 변화가 일어난 것은 분명한 사실이다.[9]

2017년 5월 발간된 《현대건설70년사: 프로젝트사》에는 이렇게 쓰여 있다.

1970년대 들어 주택수요가 급격히 증가하자 대단위 공동주택 건설을 위한 민간주도 주택사업의 중요성이 부각되기 시작했다. 주택사업은 뛰어난 잠재 가치를 지닌 주요 산업 중 하나로 등장하기 시작했으며, 규모 또한 점차 대형화하는 추세로 흐르게 됐다. 이 같은 배경 속에서 탄생한 서빙고 현대아파트는 '양질의 시공으로 편리하고 쾌적한 주거환경을 실수요자에게 공급한다.'는 목표 아래 현대건설이 독자적으로 사업을 시도한 첫 번째 아파트였다. 현대건설의 이름을 딴 첫 아파트였던 만큼 수요자의 취향에 맞춰 건물의 배치에서부터 재료의 선택, 조경, 부대시설에 이르기까지 최선의 주거환경을 구현하는 데 중점을 뒀다. 1973년 7월 공사에 착수해 1975년 11월까지 총 3차에 걸쳐 12~15층 건물 8개동 607세대와 상가 및 부속건물 일체를 완공했다.[10]

현대건설 스스로 회사 이름을 붙인 첫 번째 아파트로 서빙고 현대아파트를 꼽았다. 서빙고동이라면 당연하게도 용산구에 속하는 곳이고, 행정구역으로는 한강 언저리를 포함하고 있지만 분명히 한수 이북이니 강북이 분명하다. 따라서 좀 더 정확하게 말하자면 회사 이름을 아파트 앞에 붙인 최초의 아파트는 서빙고 현대아파트이고, 압구정동 현대아파트는 강남지역에서 맨 먼저 회사 이름을 붙인 아파트라야 옳겠다. 그런데 이 대목에서 더욱 흥미로운 사실은 지금의 압구정동 현대아파트 가운데 일부는 '성수교

9 — 한종수·계용준·강희용, 앞의 책, 177쪽

10 — 현대건설, 《현대건설70년사: 프로젝트사》, 2017, 227~228쪽

《매일경제》 1979년 9월 19일자에 실린 강남구 압구정동의 '성수교 아파트 분양' 광고

아파트'라는 이름으로 분양되었다는 사실이다.

1979년 가을의 일이다. 그런데 고개를 갸웃하게 하는 일이 있다. 현대건설은 성수교 아파트 분양이 시작되기 5~6년 전에 한국에서는 처음으로 회사 이름을 아파트에 붙인 서빙고 현대아파트를 지었는데 왜 강남구 압구정동에 들어설 아파트단지엔 '성수교 아파트'라는 명칭을 따로 붙였는가에 대한 의문이 그것이다. 이유는 간단하다. '성수교' 때문이다. 지금이야 성수대교로 불리지만 한강의 열한 번째 교량인 성수교는 1977년 4월 착공해 1979년 10월 16일 준공했다. 영동대교(1973)-천호대교(1976)-반포대교(1976, 잠수교 제외)의 뒤를 이은 것이다. 성수교의 준공 시점과 강남구 압구정동에 위치할 현대건설의 아파트 광고가 등장한 시점을 비교해 보자. 아파트 분양광고 등장 이후 한 달 뒤에 성수교가 개통되었다. 영동대교 아니면 반포대교를 통해 접속할 수 있던 지역이 성수교의 개통으로 인해, 그것도 새로 만들어진 교량 남단에서 바로 접속할 수 있는 아파트단지가 들어설 것이니 '압구정동 현대아파트'보다는 '성수교 아파트'로 명명했을 가능성이 높다. 1979년만 하더라도 여전히 서울의 중심은 강북이었기에 어떤 아파트단지라도 강북 도심과의 관계성에 따라 규정되었기 때문이다.

강남의 원조는 동작구 상도동

한종수·계용준·강희용이 함께 펴낸《강남의 탄생》에는 "1917년 인도교인 제1한강교(지금
의 한강대교)가 놓이면서 다리 남단인 오늘날 동작구 노량진 본동과 흑석동 일대가 처음
으로 '강남'의 지위를 갖게 된다."고 쓴 뒤 "실제로 서울에서 이름에 '강남'을 붙인 첫 번
째 기관은 동작구 대방동에 있는 강남중학교였다. 지금도 동작구에 가면 강남초등학
교, 강남중학교, 강남교회 등 이름에 '강남'이 붙은 곳들이 적지 않다. 즉 강남의 원조
는 바로 동작구인 셈"이라 언급했다.[11]

　강남중학교는 1959년 4월 3일 서울공업고등학교 병설 강남중학교로 인가를 받았으
며, 1962년 11월 30일 고등학교 병설이던 학교를 따로 떼어내 강남중학교라 했다. 그러
나 지금의 상도동에는 이미 일제강점기였던 1941년 4월 1일 '강남'이라는 이름을 붙여
개교한 초등학교가 있었으니 지금의 서울강남초등학교가 바로 그곳이다. 개교 당시 명
칭은 '강남심상소학교'였는데 해방 이후인 1945년 11월 2일 가설교사 4학급으로 강남
국민학교를 개교[12]했다. 그러니 굳이 따질 일은 아니지만 상도동의 강남심상소학교가
대방동의 강남중학교보다 먼저 강남이라는 명칭을 사용했다고 하겠다.

　해방 직후 청계천 일대의 몇몇 유흥업소나 의원 등에서 이미 강남이라는 명칭을 상
호로 사용했다. 그런데 그보다 6~7년이나 앞선 일제강점기에는 지금의 동작구 등에서
이미 강남을 학교 앞에 붙인 강남국민학교가 존재했다는 것이니 서울의 강남구와 서초
구 등으로 좁혀 부르는 강남의 원조 격은 동작구였다. 압구정동, 신사동, 반포동 등 강
남을 대표한다는 곳으로 굳이 좁혀 당시의 경우로 특정하자면 상도동이 제격일 것이다.

　'경성부주택지경영지구도(京城府住宅地經營地區圖)'는 이러한 주장에 보탬이 된다. 그림
아래쪽에 상도지구가 표기되어 있다. 상도지구는 용산을 거쳐 한강을 건너는 제1한강
교로부터 쉽게 접속될 수 있는 지역이었다. 당시 상도동 주택 가운데 일부는 1941년
7월 설립된 대한주택영단에서 공급했는데, "완만한 구릉지로서 송림이 우거진 한적하
고 평화로운 전원적 색채를 띤 이상적인 주거지로서 교통편은 노량진 전차 종점에서
도보로 15분 정도에 다다를 수 있으며, 도심으로 나갈 경우도 30~40분 정도면 충분"[13]

11 — 한종수·계용준·강희용, 앞의 책, 19쪽

12 — 강남초등학교 홈페이지 http://www.kangnam-se.es.kr/schoolContent/schoolHistory.do

13 — 대한주택공사,《대한주택공사20년사》, 1979, 179쪽

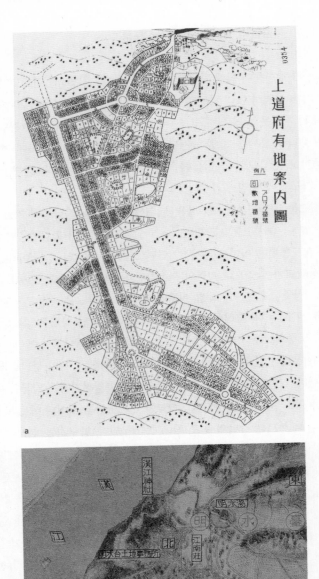

a   상도부유지안내도에 표기된 강남공립국민학교, 1942. 국가기록원 소장 자료

b   1936년에 발행된 《대경성부대관》에 표시되어 있는 '강남장(江南莊)'. 서울역사박물관 소장 자료

하다고 선전한 계획적 주거지였다. '전원'을 강조함으로써 '도심이 아님'을 드러냈지만 1930년대 이후 일본의 오사카 교외지역을 중심으로 급격한 유행을 불러일으킨 교외전원주택지 개발 양식과 일정한 유사성을 가졌음을 짐작할 수 있다. 중간층의 주택 수요를 견인한 상품이었다는 점에서 일본인들의 주거지로 상정했음을 의미한다. 그런 배경이며 이유에 따라 강남심상소학교가 1941년 4월 1일에 설치된 것이다. 현재 이 학교의 도로명 주소는 서울특별시 동작구 강남초등길 15(서울특별시 동작구 상도1동)다. 아예 도로명 주소에도 자신이 원조라는 사실을 암시하듯 '강남'이 들어 있다.[14] 1936년 8월 1일 발행된《대경성부대관(京城府大觀)》이라 이름 붙인 파노라마식 지도에도 현재의 흑석동 일대에 해당하는 명수대 주택지가 특별히 표기되어 있는데 주택지 서측 끄트머리를 '강남장'으로 불렀음을 알 수 있다.

결국 일제강점기부터 해방 이후에 이르는 동안 강남이라는 용어가 요즘과 같이 특정 권역을 구체적으로 일컫는 경우가 아니라 청계천이나 한강과 같은 하천을 끼고 있는 곳을 에둘러 지칭했다는 편이 옳다. 물론 지금의 강남구 일대는 아직 서울에 편입되지 않은 시절이니 서울 사람들의 머릿속에 상정조차 된 경우가 아니라는 것은 분명하다. 앞서 언급한 것처럼 영동1지구 개발이 본격화된 1968년 이후 비로소 강남은 특정한 지리적 권역을 지시하게 된다.[15]

그럼에도 불구하고 1970년대 중반까지 강남이라는 용어는 주로 구로동, 독산동, 당산동 등지의 아파트와 주택 분양 등에 흔하게 사용되었다. 1973년 10월에는 구로구 독산동에 지어질 '강남아파트' 입주자 모집공고가 있었으며, 한강맨션아파트로 인해 불붙은 맨션 열기가 최고조에 이르렀던 1974년 6월엔 영등포구 당산동 '강남맨션아파트' 분양공고가 등장했다.[16] 물론 같은 달에 성동구 신사동(지금의 강남구 신사동)에서도 '강남상가아파트' 분양광고가 신문에 실렸다.[17] 당시까지 지금의 '강남'은 거의 '영동'이었고, 오히려 서울 도심에서 영등포로 이어지는 방면의 여러 곳에 '강남'이 사용된 것이다.

14 — 상도동 일대의 영단주택지에 대해서는 공동주택연구회, 《한국공동주택계획의 역사》, 세진사, 1999(1판1쇄), 79~87쪽 참조.

15 — 언론 매체에서는 1970년부터 집중적으로 '강남'이라는 용어를 동원해 영동지구의 개발과정과 투기를 보도한다.

16 — 《동아일보》 1973년 10월 16일자와 1974년 6월 1일자

17 — 《동아일보》 1973년 10월 16일자와 1974년 6월 28일자

a 《동아일보》 1973년 10월 16일자에 실린 영등포구 독산동(구로동) '강남아파ー트' 입주자 모집공고

b 영등포구 당산동5가 강남맨션아파트 항공사진, 1978. 6. 서울특별시 항공사진서비스

"30평형은 두 개를 합하여 사용할 수 있습니다"

1970년 8월 19일 서울특별시 내부 결재를 통해 확정된 문건의 제목은 '여의도시범아
파트 입주자 모집공고'였다. 그리고 이 공문에 적힌 그대로 1970년 8월 20일자《경향신
문》에는 "서울특별시 공고 제169호"라고 번호를 붙인 "여의도시범아파트 입주자 모집공
고"가 게재되었다. 민간자본을 동원해 서울시가 직접 짓는다는 여의도시범아파트 입주
자 모집공고에는 다양한 선전 구호가 동원되었다. "갖는 자랑, 사는 즐거움, 꿈이 있는
'마이 홈'", "정서 어린 새마을, 격조 높은 '아파트'", "건강을 얻는 곳, 시간을 얻는 곳, 부
귀를 얻는 곳" 등이다.

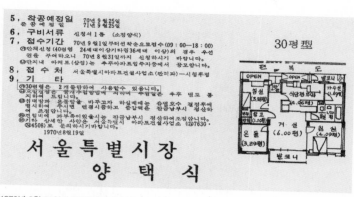

1970년 8월 20일자 《경향신문》에 실린 여의도시범아파트 입주자 모집공고 중 일부

그런데 이보다 더욱 흥미로운 내용이 담겼으니 이른바 한국 최초의 '병합형(倂合型) 아파트'의 시초를 알린 문구다. "30평형은 두 개를 합하여 사용할 수 있습니다."라는 내용이다. 15평형, 20평형, 30평형, 그리고 40평형의 4가지 평면으로 구성된 아파트에서 30평형의 경우만 한정해 옆으로 두 집을 터서 60평 규모의 아파트로 쓸 수 있다는 뜻이다. 철근 콘크리트 라멘구조였기에 가능한 일이었다. 건축물의 모든 하중을 기둥과 들보가 받아내는 구조형식이기 때문에 기둥을 제외한 벽체는 필요에 따라 털어내도 건축물은 절대 무너지지 않기 때문이다.

아파트 두 세대를 합해 한 가족이 넓혀 사용할 수 있도록 가변성을 확보한 것이다. '수평 확장형 아파트'로 부르기도 한다. 일본에서는 흔히 '2호1호화 주택(2戶1戶化住宅)'으로 부르곤 한다. 이 개념은 주택정책상 필요에 따라 등장했다.

당장은 경제능력이 낮은 계층을 대상으로 소규모 주택을 공급하는 것이 필요하지만 향후 전반적인 경제발전과 소득수준 상승에 따라 국민들의 주택수요가 점차 큰 규모의 주택으로 이전되어 갈 것이므로, 이때 예상되는 소규모 주택의 공가(空家) 발생 사태에 대비하기 위한 것이다.[18]

---

18 — 공동주택연구회, 《도시집합주택의 계획 11+44》, 도서출판 발언, 1997(초판1쇄), 82쪽

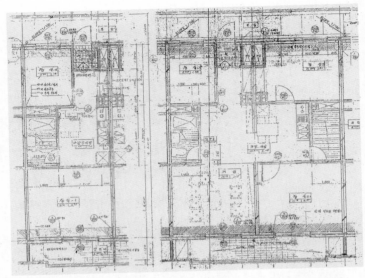

1989년 11월 작성된 서울 번동 영구임대아파트의 전용면적 31㎡ 규모 아파트의 2호 병합 전후 평면도. 대한주택공사 문서과 자료

소규모 주택의 수요 감소 현상이 도드라질 때 두 개의 소규모 주택을 합해 규모가 확대된 재고주택을 먼저 확보한다는 점에서 신축에 비해 비용이 저렴하고 공기도 짧은 양질의 주택 확보 정책에서 비롯된 것이다. 최근 일본에서 '단지재생'이라는 이름으로 오래된 아파트를 개조하는 경우에도 간혹 쓰인다.

그런데 모두가 예상하겠지만 '병합형 주택(아파트)'은 국가나 공공이 소유, 관리하는 임대주택에 적용해야 하는 개념이다. 개인이 소유하는 시장주택으로서의 분양주택에서는 거주자의 주택 규모 증대 욕구가 주거 이동을 통해 실현되기 때문에 매우 특별한 경우를 제외하면 실질적 효과를 전혀 기대할 수 없기에 더욱 그렇다. 따라서 중산층용 아파트로 서울시가 최초로 시도한 여의도시범아파트의 30평형 병합 기획은 오히려 60평형 아파트 공급을 의도한 것으로 보아야 옳다. 서울시가 나서서 대형아파트를 공급한다는 비난을 모면하기 위한 꼼수라 볼 수 있다.

본래의 개념과 의도에 따라 병합형 아파트가 기획된 것은 여의도시범아파트 이후 10여 년이 지난 1981년 성남 하대원 주공아파트에서였다. 5층 아파트 910호 가운데 10평형 42호와 13평형 78호가 병합형 아파트로 건설, 공급되었다. 그러나 '사회적 요구에 대한 새로운 가능성을 제시하는 도시형 집합주택의 공급'이라는 의도와 달리 아쉽게도 철저한 실패로 끝났다. 공급자 입장에서는 본래의 취지와 달리 병합 가능성을 원천 봉쇄하는 '분양'으로 주택을 공급했고, 아파트를 분양받은 이들은 향후 병합에 대한 생각을 거의 가지지 않았기 때문이다.[19] 결과적으로 본다면 시기상조였다.

시행착오를 거친 이 실험은 10년 정도가 경과된 1980년대 말 노태우 정권에서 다시 시도되었다. '보통 사람들의 시대'를 내건 노태우 정권은 우리나라에서는 처음으로 영구임대아파트를 공급한다는 공약을 제시했고, 그 첫 번째 사례인 서울 번동 영구임대아파트에서 병합형 아파트가 시도되었다. 이를 계기로 서울특별시 도시개발공사(현재의 서울주택도시공사, SH공사)의 임대아파트 가운데 영구임대아파트의 경우는 대부분이 병합형 평면으로 설계된다. 물론 여의도시범아파트의 경우와 달리 기둥-보 구조(라멘구조) 형식이 벽식 구조 형식으로 바뀐 탓에 세대 사이의 벽체 일부를 콘크리트 대신에 상대적으로 변경이 수월한 시멘트벽돌과 같은 조적조로 시공함으로써 거주자의 규모 증대 욕구를 대비한다는 것이었지만 영구임대주택의 절대 부족으로 인해 병합이 이루어진 경우는 아직까지 없다. 아파트 두 채를 합해 하나로 만들면 영구임대아파트만 한 채가 줄어든다는 생각 때문이다. 말로는 질의 시대라 하지만 여전히 현장에서는 양이 중요한 탓이다. 이런 상황이니 다시 생각해 보면 설계기획 과정에서 힘만 뺀 꼴이 됐다.

영구임대아파트 거주자 역시 경제형편이 나아져 주택 규모 증대 욕구가 커진다면 다른 곳으로의 이주를 절대적으로 선호한다. 영구임대아파트의 낙인화 때문이다.[20] 뿐만 아니라 경제형편이 일정 수준 이상으로 나아진 영구임대아파트 거주자는 관련 규정에 따라 영구임대아파트 입주와 거주 자격 자체를 박탈당하기 때문에 거주자 입장에서는 아무런 실효성을 기대할 수 없기에 스스로도 병합을 원치 않는다.

강남과 아파트 얘기를 하겠다고 전제한 뒤 뜬금없이 여의도시범아파트의 병합형아파

19 — 박영기 외, 《공동주택 거주 후 평가방법 개발에 관한 연구》, 대한주택공사, 1986, 173~174쪽. 성남 하대원 주공아파트 입주자를 대상으로 조사한 결과를 보면, 해당 아파트가 병합형이라는 사실을 전혀 몰랐다는 응답이 84%에 달했을 뿐만 아니라 앞으로 형편이 나아지면 병합할 의사가 있느냐는 질문에는 15.8% 정도가 그렇다고 응답했다.

20 — 서울 수서동 영구임대아파트를 대상으로 쓴 김운영의 소설 〈철가방 추적작전〉에는 "강남의 외딴섬, 또는 강남의 음지로 불리는 수서의 임대아파트 단지는 그 큰 규모에도 불구하고 여전히 인근 주민들의 눈엣가시였다. 우리 학교는 그렇다 쳐도 수서갑중학교에 배정되는 일반 단지 애들은 꼭 한 번씩 난리를 치곤했는데 기어이 전학을 시키거나 강남교육청을 고소하는 일도 있었다. 집값 떨어진다고 하는 정도는 불평 축에도 못 꼈다. 임대아파트 애들이랑은 놀지 말라며 문둥병자 취급하는 부모들 중에 박사며 교수며 의사가 있었다."고 했다. 김운영, 〈철가방 추적작전〉, 《루이뷔똥》, 창작과비평사, 2002, 121~123쪽

트를 꺼낸 이유는 두 가지다. 하나는 아파트가 물질적 욕망의 대상으로 자리하게 된 동기 가운데 하나가 한강맨션아파트와 여의도시범아파트였고, 그 뒤를 이은 것이 강남의 반포주공아파트였기 때문이며, 다른 하나는 반포주공아파트에서는 여의도시범아파트의 병합형(수평확장형)과 유사하지만 다른 방법인 복층형(수직확장형) 아파트가 한국에서 처음 선보였기 때문이다.

'1+1 상품' 판매 전략, 복층형 아파트

분당, 일산, 평촌, 산본, 중동 등 소위 수도권 제1기 신도시 건설이 본격 궤도에 오르며 정부는 분양가 상한제를 완화하고 두 차례에 걸쳐 표준건축비를 상향 조정했다. 한 지역에 동시에 아파트를 분양해야 하는 민간건설업체는 판매 경쟁에 사활을 걸 수밖에 없었다. 분양아파트의 경우 복도식아파트가 계단식아파트로 바뀌었고 판상형 아파트에 비해 초고층아파트가 단지 내 외부공간을 넓게 해 시원한 느낌을 준다는 이유로 각광을 받았다. 상대적으로 인기가 덜했던 최상층아파트의 경우는 바로 아래층과 함께 사용할 수 있도록 복층구조로 만들어 판매에 나섰다. 일컬어 '최상층 복층형 아파트'가 등장한 것이다. 그리고 여기에 보탠 이름이 바로 '단독주택이나 연립주택처럼 세대 분리 효과를 얻을 수 있다'는 것이었다.

이 말은 단독주택이나 연립주택은 두 개의 층을 묶어 한가족이 동시에 사용했다는 전례를 언급한 것이고, 당연하게도 결혼한 자녀세대가 부모와 동거할 경우 아파트는 뭔가 부적절하거나 미흡했다는 점을 전제한 것이다. 이미 1930년대에는 2층 한옥이 도심에 등장했으며, 한국전쟁 이후에는 미국의 원조물자를 이용한 근대식 2층 주택이 부흥주택이나 국민주택 등의 이름으로 널리 존재했다. 뿐만 아니라 1977년에는 화곡동 구릉지시범주택이라는 이름으로 두 개 층을 한 세대가 사용하도록 조성한 연립주택도 있었고, 1980년대 중반에는 대도시 변두리 지역을 대상으로 두 개 혹은 세 개 층을 한 가족이 사용하는 고급 연립주택이 '빌라'라는 이름으로 지어져 뭇사람들에게 동경의 대상이 되기도 했다.

그런데 아파트의 경우에는 그런 일이 쉽게 일어나지 않았다는 점에 착안한 건설업체들이 수도권 신도시 건설 과정에서 여기에 주목한 것이다. 물론 부모 세대와 더불어 두 개 층을 사용하는 결혼한 자식세대가 없었을 까닭이 없지만 그들의 주택판매 전략은

a   1977년 화곡동 구릉지시범주택단지 안에 조성된 복층형 연립주택. 출처: 대한주택공사,
        《대한주택공사 주택단지총람 1971–1977》

b   1972년 준공한 반포주공아파트(표기 부분이 복층형 아파트 2개동). 출처: 대한주택공사,
        《대한주택공사 주택단지총람 1971–1977》

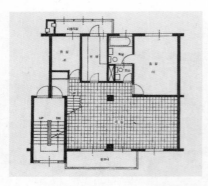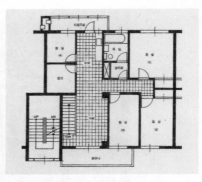

반포주공아파트 32평형 복층아파트의 1, 2층 평면도. 출처: 대한주택공사, 《대한주택공사 주택단지총람 1971-1977》, 1978

소위 3세대가 동거할 수 있는 아파트를 공급한다기보다는 상대적으로 분양시장과 재고 부동산 매매시장에서 선호도가 낮거나 가격이 낮게 거래되는 최상층을 그 바로 아래층과 묶어 '1+1 상품 판매 전략'으로 전환한 것이다. 상술이다. 그런데 이보다 앞선 전례가 있었으니 대한주택공사가 1971년대 시도한 '강남'의 반포주공아파트다.

아파트에서 두 개 층을 한가족이 온전하게 사용할 수 있도록 만든 아파트 역시 강남이 처음인 셈이다. 반포주공1단지는 6층짜리 2개 동을 제외하고는 모두 5층으로 건설되었다. 다른 경우와 달리 도드라지게 6층을 택한 95동과 96동이 바로 복층아파트인데, 2개 층을 한가족이 사용하도록 짝을 짓기 위해 짝수인 6층으로 만들었다. 모두 60호가 건설되었는데 당시 서울사람들의 마음속에 자리한 2층 단독주택을 아파트라는 형식에서 구현한다는 의지를 반영했다는 것이 대한주택공사의 설명이다. 아파트에서 처음 시도한 것이니만큼 여러 고민이 있었을 것이다.

집합주택에 있어서의 복층주택의 계획 특성에 부합되지 않아 보이는 애매한 부분이 적지 않다. 승강기가 없는 계단실형 아파트에 복층주택을 구성함으로써 계단실 공간이 이용 빈도에 비해 과다해졌을 뿐 아니라 내부공간의 차이에 관계없이 상하층이 동일한 외관으로 처리되어 겉으로는 복층주택임을 구분하기 곤란하다. 실내 공간구성에서도 상하층에 모두 부엌이 계획되는 등 계획 의도가 불분명한 부분이 많다.[21]

21 ─ 공동주택연구회, 《도시집합주택의 계획 11+44》, 87쪽

《동아일보》 1973년 10월 8일자에 게재된 전세대 2층식 아파트 광고

그럼에도 불구하고 평면계획을 보면 아쉬운 구석이 적지 않다. 32평형 아파트를 위아래 합한 것이니 64평형 아파트가 되는 셈인데 6개의 침실과 상하층에 각각 마련된 2개의 부엌과 2개의 다용도실이 눈길을 끈다. 맨션아파트의 등장과 함께 30평형 이상에서는 '식모방'을 두는 것은 당시 마치 규범과도 같았다는 점에서 1층과 2층의 부엌에 접한 작은 방 가운데 하나를 식모를 위한 침실로 생각하더라도 나머지 침실은 5개에 달한다. 부모를 봉양하는 자녀세대가 많았다는 점에서 흥미를 끄는 사례다.

예를 들어, 혼인한 자녀세대가 부모와 아이들과 함께 이 아파트에서 살 경우를 상정한다면 어떤 방식의 공간 사용 규범이 존재했을까. 1960년대 중반 이후 본격 등장한 단독주택의 식모방에 대해 전문가들은 "그 면적은 1.5평에서 2평 정도면 충분하다"[22]고 했다. 따라서 이를 추정의 근거로 삼아 반포주공아파트 1단지 복층형 아파트 평면을 살펴보는 것은 유익할 것이다. 1층과 2층 부엌에서 각각 접속되는 1층의 침실(2)와 2층의 침실(4) 면적은 각각 2.48평과 1.89평이다. 또한 당시 민영주택의 식모방 크기를 상대적으로 볼 때 통상적으로 주택 내 가장 큰 침실 규모의 1/4~1/6 정도에 불과했다는 점에서[23] 1층의 침실(1) 면적 5.66평과 2층에서 가장 넓은 침실(1) 면적이 4.14평이었다는 점을 생각의 출발점으로 삼아보자.

1층 침실(2)에 비해 상대적으로 좁은 2층의 침실(4) 크기는 이 아파트에서 가장 넓은 1층 침실(1)에 비해 0.33 정도에 불과하고, 2층에서 가장 넓은 규모인 침실(1)과 비교하면 0.46 정도에 해당한다. 따라서 아이가 셋이고 부모님을 모신 자녀세대가 이 아파트

22 — 정인국, "식모방", 《현대여성 생활전서 ⑪ 주택》, 여원사, 1964, 104쪽

23 — 안영배·김선균, 《새로운 주택》, 보진재, 1965 참조

에 거주했다면 1층은 부모세대가 손주 한 명과 함께 사용하고, 2층은 가장 좁은 침실 (4)을 식모방으로 사용하면서 나머지 두 자녀와 자녀세대 부부가 사용했을 것으로 추정할 수 있다. 부모세대보다 자식세대가 더 넓은 방을 아무 거리낌도 없이 사용할 수 있던 시절은 아니었기 때문이다. 다만, 1층 침실(1)은 어떤 공용공간을 거치지 않고 방에서 직접 출입 가능한 독립적 욕실을 갖췄다는 점에서 자녀세대가 사용했을 가능성도 전혀 배제할 수 없다.

공간의 사용 규범이 어떤 방식이건 아파트에서 복층시대를 연 것은 강남이 시초였고, 반포주공아파트가 그 시작이었음은 분명한 사실이다. 반포주공아파트의 복층형 아파트가 시도된 뒤 민간아파트에서도 복층형 아파트가 제법 새로운 상품으로 시장에 등장했고, 삼성기업주식회사는 제1한강교 남측에 모든 세대가 복층으로 만들어진 아파트인 강변 그린맨션을 분양하기도 했다.

3대 가족형 아파트로 발전한 복층형 아파트

반포주공1단지 복층형 아파트의 공간 사용 규범을 추정한 이유는 후일 상계신시가지에서 시도한 '3대 가족형 아파트'를 설명하기 위함이다. 물론 반포주공아파트 건설 이후 한남동 외인아파트(1978~1982)와 목동신시가지(1983~) 1단지, 올림픽선수촌아파트(1985~)의 53평형과 64평형 등에서 지속적으로 복층형 아파트가 시도되었다. 그렇지만 이들 사례는 고정화된 아파트 평면의 탈피를 위해 개별성을 모색하거나 거실 부분의 천장 높이를 다른 곳과 달리 높게 만드는 방법처럼 주로 건축적 공간 기획에 주목한 것들이었다. 물론 시장에서의 상품 경쟁력 우위를 확보하기 위한 전략인 것이다.

그러나 대한주택공사 주택연구소가 주축이 되어 상계신시가지를 개발할 당시 구상한 복층형 아파트는 일명 '3대 가족형 아파트'로서 "노부모 공간과 자녀 부부공간을 수직적으로 분리하려는 의도로 복층주택을 계획"[24]한 것이다. 1986년부터 건설된 상계신시가지의 19단지(중랑천 서측의 창동)에서 시도된 이 사례는 겹쳐 구성되는 층의 위와 아래가 폭(bay, 베이)을 달리하는 방식으로 지어졌다. 그런 까닭에 한쪽에만 복도가 늘어서

---

24 — 공동주택연구회, 《도시집합주택의 계획 11+44》, 89쪽. '3대 가족형 아파트', 혹은 '3대 동거형 주택' 등에 대해서는 같은 책 52~55쪽 참조

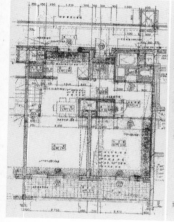 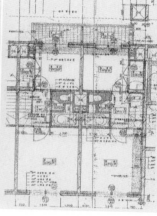 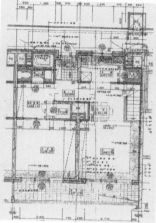

상계신시가지 19단지에 건설된 3대 가족을 위한 복층형 아파트 외관(ⓒ최종언)과 1987년 5월에
작성된 평면도. 대한주택공사 문서과 자료

는 통상적인 15층 아파트와 제법 다른 외관을 드러내는 나름의 성과도 있었다. 전두환 정권 당시 전용면적 85m²를 초과하지 않는 범위에서 아파트를 공급하도록 제한받았기 때문이다. 물론 이 사례는 우리나라에서는 처음으로 일반 가족형이 아닌 특수 가족형을 대상으로 주택을 기획한 사례로 기록되었다.

그러나 이러한 노력은 안타깝게도 몇몇 의미 있는 시도로 기록되었을 뿐 보편화되지 못하고 말았다. 여기에는 여러 가지 이유와 사정이 깔려 있다. 무엇보다도 중요한 이유는 목동신시가지와 올림픽선수촌아파트와 같이 기획 의도와 개발 과정에서 정책적 의지와 시장의 주목을 받는 경우를 제외하고는 복층주택이 시장주택으로서 경쟁력을 갖추지 못한다는 상황 때문이다. 팔기 위해 집을 사는 이상한 일이 당연시되는 상황에서 복층아파트는 교환가치가 현저하게 떨어져 보편적 상품으로 자리하지 못하는 것이다.

즉 "서구에서는 보편화 되어 있는 복층형 평면이 여간해서는 시장의 성공으로 이어지지 못하고 있다."[25]는 사실 때문이다. 다시 설명하면 '한국 주거공간에서 지속되고 있는 특유하고도 중요한 개방적 공간 구성 욕구'에 복층형 아파트가 부합하지 못한다는 것이다. 외부공간이나 내부공간을 막론하고 시원스럽게 트이고 넓어야 하는 한국인 특유의 공간 욕구에 대해 한 층에서 이를 해결하는가와 두 층으로 나눠 같은 크기를 확보하는가 사이의 경쟁에서 복층형 아파트는 당연히 늘 패자로 남게 된다. 이런 상황에서 강한 실험성을 가지고 시도된 복층형 아파트의 숫자는 비교할 수 없을 정도의 절대적 열세를 면치 못한다. 당연하게도 복층형 아파트의 공간 학습에 대한 경험 역시 거의 전무하다. 민간부문은 이런 상황에서 굳이 모험에 나설 필요가 없으며, 공공부문은 과거와 달리 시장주택을 추종하는 구조가 고착화됐다. 공공주택 공급기관이 이제와는 다른 자세와 태도로 시장에 맞서야 할 상황임은 분명하다.

25 ─ 공동주택연구회, 《한국공동주택계획의 역사》, 346쪽

그곳은 축제의 날처럼 붐볐다

조선 최초의 모델하우스

그곳은 축제의 날처럼 붐볐다. 성채처럼 화려한 건물 위에 푸르고 붉은 깃발이 휘날리고 있었다. 62평, 55평이라고 적힌 집을 지나 27평 모델하우스에 들어서자 남자 하나가 내게 따라붙으며 말을 걸었다. 사모님, 저쪽 주방으로 가보시죠. 사모님처럼 젊은 분게서 정말 좋아하실 완벽한 시스템키친이거든요. 사모님? 내게는 그런 호칭으로 불린 기억이 없다. 식기세척기와 세탁기가 장착된 환한 부엌을 보면서 나는 들떠 있었다. 흠 잡을 데 없이 꾸며진 세 개의 방. 베란다의 실내정원에는 물을 뿜는 작은 정원조차 있었다. 저처럼 예쁜 공간에서 차를 마시면 남편과 나의 세계도 그렇게 환해질 것 같았다. 그는 내게 말할 것이다. 여보, 믿어지지 않아. 그리고…… 아직껏 이따금 잠결에 부르는 이름도 그의 꿈속에서 사라지리라. 어쩌면 우리는 예쁜 아이를 낳을 수도 있으리라. 나는 얼른 남편을 그곳으로 오게 하고 싶었다. 그 순간처럼 그가 간절히 그리웠던 적은 없는 것 같았다. 기쁨의 간격으로 일그러지다 환하게 밝아질 남편의 얼굴이 목이 아프도록 보고 싶었다. 내 표정을 읽은 남자가 명함을 건네며 친절하게 말했다. 로열층이 많이 나와 있습니다. 저희 사무실로 가시죠.[1]

축제의 날처럼 붐비는 성채처럼 화려한 건물 안의 시스템키친, 식기세척기와 세탁기, 베란다의 실내정원. "아파트 자체에 설비되어 있는 목욕조, 웨스턴 토일렛, 응접실, 키친에서 직접 던질 수 있는 쓰레기통, 허리를 구부리지 않고 그릇을 닦을 수 있는 싱크대"[2]라고 마포아파트에 감탄했던 영화감독 문여송의 글과 크게 다르지 않다. 모델하우스의 통상적인 풍경이고, 이곳을 찾는 사람들이 가질 법한 느낌이다. 아파트 설비에 대한 찬사지만 이 둘 사이에는 간극이 있다. 하나는 모델하우스에 대한 감상이고, 다른 하나는 실제 생활공간에 대한 경험을 에둘러 표현한 말이다. 시간으로 치면 40년의 간극이 둘 사이에 존재한다.

이 비루하고 헛헛한 삶을 일거에 해방시켜 줄 것만 같은 욕망! 이 곤고한 한반도의 삶을 지

1 — 서하진, 〈모델하우스〉, 《라벤더 향기》, 문학동네, 2000, 48~49쪽

2 — 문여송(영화감독), "주택살롱", 《주택》, 제9권 제1호(통권 제22호), 1968. 12., 대한주택공사, 115쪽

탱케 하는 거의 유일한 목표! 생의 에너지를 온전히 쏟아 부어야만 하는 간절한 신기루![3]

모델하우스는 대한민국을 설명하는 아주 중요한 징표 가운데 하나다.

《국민일보(國民日報)》1915년 3월 16일자에는 "가정의 문제는 옛날과 마찬가지로 의식주의 문제가 중심이 되는 법인데, 신시대의 의식주와 구시대의 의식주는 서로 상이한 점이 있다. 시대에 적합한 가정 및 가정생활을 이론상으로 설법하지 않고, 있는 그대로 실제 보여주기 위해 가정박람회는 기획"되었다는 기사가 나온다. 이 기사의 끄트머리에는 "무릇 가정의 일원이 되는 남녀노소를 막론하고 모두 이곳에 와서 가정 규범을 볼 필요가 있다."[4]고도 했다. 조선 최초의 모델하우스가 등장한 것이다. 100여 년 전의 일이니 우리나라에서 모델하우스가 등장한 이력도 꽤나 오래된 셈이다. 그러니 《해리포터와 마법사의 돌》얘기만큼이나 현실성이 없어도 온가족의 나들이 장소로 모델하우스를 꼽고 아파트 구조야 다 거기서 거기고, 결국 마감재라는 결론에 도달하면서 물욕에 대한 마음속 욕망을 마음껏 분출하는 곳"[5]으로 모델하우스를 상정하는 일은 오랜 학습의 경험이기도 하다.

모델하우스는 마치 마법과도 같은 공간이다. 모델하우스가 내뱉는 나른한 주술은 "가짜 집을 구경하면서 진짜 들어가 살 집으로 착각하게 하는"[6] 마법을 부린다. 그리고 그 마법은 풀리지 않은 채 여전히 "공적 냉소와 사적 정열이 지배하는 사회"[7]에 대한 학습의 장소로 그 역할을 강화하고 있다.

"단위주택 내의 설비와 마감재 고급화에 대한 반복적 학습효과"[8]가 주택을 가전제품과 같은 상품의 반열에 놓은 뒤 나와 내 가족의 공간에 대한 열정주의를 부추기면서 가족주의를 강화했을 뿐만 아니라 아파트에서의 삶을 내향적이고 자폐적으로 만들어

3 —   정윤수, 《인공낙원》, 궁리출판, 2011, 94쪽

4 —   요시미 순야(吉見俊哉) 지음, 이태문 옮김, 《박람회》, 논형, 2004, 176쪽에서 재인용

5 —   전혜성, 〈소기호씨 부부의 집나들이〉, 《소기호씨 부부의 집나들이》, 문학동네, 2004, 117~118쪽

6 —   박철수, 《아파트의 문화사》, 살림출판사, 2006, 34쪽

7 —   강준만, 《한국인 코드》, 인물과사상사, 2006, 27쪽. 강준만은 이 책에서 "오늘날 한국인에게 가장 필요한 건 정열과 냉소의 이중성을 타파하는 일"로 규정하고 "공적 냉소와 사적 정열"은 다시 "공적 불신, 사적 신뢰"(65쪽)로 이어지고, 궁극적으로는 '공적 소극성, 사적 적극성'(145쪽)으로 나타난다고 언급하고 있다.

8 —   박철수, 앞의 책, 35쪽

공간의 소통뿐만 아니라 더 나아가 "공공적 문제에 대한 관심과 참여의 억제 기제"[9]로 작동하기도 한다.

1915년 9월 11일 개최된 가정박람회는 단순한 가정용품의 전시에 그치지 않고 집의 꼴이며 방의 모양까지 실제를 보임으로써 "조선의 구식 가옥과는 전혀 다른 모던 주택이 행복한 가정의 척도로 등장"[10]하게 한 계기가 되었다. 조선 최초의 '모델하우스'였으며, 조선의 중류가정을 통해 근대기획의 이상을 제시한 것이었다.[11] "중요한 것은 이벤트와 미디어, 그리고 소비생활이라는 3개의 요소가 여기서(박람회에서) 결합되었다는 점"[12]이며 이는 오늘날의 모델하우스와 다를 것이 없다.

아파트 견본주택의 등장

아파트 생활과 일상적 공간소비의 실제를 미리 선보이는 오늘날의 모델하우스 원형이 우리나라에 처음 등장한 것은 서울의 한강변 정비사업(강변도로 건설)을 거쳐 조성된 한강맨션아파트다. 물론 그 이전에도 일부 민간업체에서 외국인을 위한 특수 견본주택을 만든 경우가 있지만[13] 주택을 상품으로 기획해 일반 대중을 위해 만든 견본주택으로는 한강맨션아파트가 처음이다. 1969년 10월의 일이다. 한강맨션아파트의 견본주택은 때론 샘플하우스라고도 불렸으며 점포를 제외한 660호 가운데 258호로 가장 많은 숫자를 차지한 32평형 아파트를 모델로 삼아 한강 백사장에 독립적으로 설치했다.

1975년 1월 31일 잠실주공아파트 기공식 날 아파트가 들어설 자리에 횟가루를 대강 뿌려 공간을 구획한 뒤 여기가 온돌방이요, 이곳은 거실인데 현관 옆 변소와 거실 맞은

9 — 박철수, 《아파트: 공적 냉소와 사적 정열이 지배하는 사회》, 마티, 2013(초판1쇄), 139쪽; 박인석, 《아파트 한국사회: 단지 공화국에 갇힌 도시와 일상》, 현암사, 2013(초판1쇄), 263~268쪽

10 — 백지혜, 《스위트홈의 기원》, ㈜살림출판사, 2005, 28쪽

11 — 《매일신보(每日申報)》 1915년 8월 21일자 기사에는 "가정박람회에서 내지(일본) 사람의 모범될 중류가정의 모양을 진열하여 일반의 관람에 이바지 하고자 하는 목적"이 달성되었다고 언급한 바 있다.

12 — 요시미 순야 지음, 이태문 옮김, 앞의 책, 177쪽

13 — 대한주택공사, 《대한주택공사20년사》, 1979, 259쪽. 한강맨션아파트는 본격적인 중산층을 위한 것이었고, 대지 23,500평에 5층의 주거동 23개로 만들어진 곳이다. 아파트는 27평형 144호, 32평형 258호, 37평형 198호, 52평형 40호, 55평형 20호 등으로 구성되었으며 동부이촌동의 가로변에는 점포 40호가 설치되었는데 1970년 9월에 준공되었다.

편은 부엌임을 알게 할 정도로 푯말을 세운 것을 상기한다면 그보다 6년쯤 전에 비록 가짜 집이고 아직은 소박한 모양이긴 하지만 벌써 별도의 독립적 건물을 지어 내부 공간을 체험하게 한 것은 획기적인 일이었다. 아파트에서의 거주 경험이 전혀 없던 사람들을 위해 있는 그대로의 모습을 보여 주어야 하기 때문이었다. 게다가 한강맨션아파트는 대한민국에서 처음으로 기획한 중산층 주택이었고, 한강맨션아파트가 한창 지어질 때 예기치 못하게 와우아파트 붕괴사고가 생겨 아파트라는 주택 형식에 대한 대중들의 부정적 인식을 불식시켜야 했다. 당시만 하더라도 아파트는 서민들의 집이고, 부실공사의 원흉이기도 했으며 단독주택으로 옮겨 가기 전 잠시 머물면서 아쉬움을 달래는 곳이라는 인상이 짙었다.

사실 더 중요한 정책적 배경도 있다. 한강맨션아파트가 조성되기 전까지 대한주택공사나 서울특별시 등이 공급한 대부분의 아파트는 공영주택에 가까웠다. 때론 민간건설업체가 지은 아파트를 채권 발행을 통해 확보한 현금으로 인수한 뒤 전세로 임대하거나(이럴 경우, 특별히 인수주택 혹은 인수아파트로 부르기도 했다) 분양했으며, 재정 부족으로 인해 골조만 지어 분양한 뒤 내부 칸막이며 설비는 입주자가 자비를 들여 채우도록 하는 방식(대표적인 경우가 김현옥 시장 시절의 서울시민아파트)이 사용되었다. 그런 까닭에 아파트는 여전히 서민용 주택이었고, 설상가상으로 와우아파트까지 붕괴되었으니 아파트에 대한 대중들의 인식이 좋을 까닭이 없었다. 한강맨션아파트는 이런 상황에서 선납금에 의해 아파트를 짓는, 다시 말해 선분양 방식의 최초 사례였기 때문에 공을 들일 수밖에 없었다.

1969년 9월 22일 대통령에게 제출된 "한강 맨션단지 건설사업계획"에 따르면, "저소득층에게만 국한 공급되어 온 아파트를 중소득 계층의 중견 시민에게도 공급하기 위해 한강맨션아파트를 건립키로 했으며, 사치스러운 단독주택을 현대식 고층 집단주거 형식으로 전환하기 위한 시범사업으로서 주거생활의 새로운 풍토 조성과 함께 토지이용 효율도 높이고 나아가 도시 미화에도 기여할 것"으로 보고되었다.

1970년 6월 23일 대통령 비서실을 통해 다시 대통령에게 보고된 "한강맨션아파트 준공 보고" 문건에는 "공사금액은 입주금을 선납 받아 준공"했다는 사실을 힘주어 강조하고 있다. 이런 여러 가지 사정들이 대한주택공사로 하여금 견본주택(모델하우스)을 만들도록 한 것이다.

"견본주택을 만들어 선전을 했으나 와우아파트 붕괴의 여파로 아파트의 인기가 하

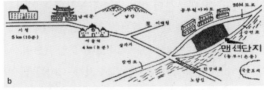

락한 때문인지 분양은 부진했다.”[14] 모델하우스라는 수단을 동원해 중산층을 위한 아파트를 홍보했음에도 그 성과는 미미했다. 한국 최초의 중앙집중식 온수 공급 보일러도 소용이 없었고, 교육시설 완비, 산뜻한 알루미늄 창, 어린이놀이터와 정원, 주차장 확보 등 당시 대한주택공사가 내세운 각종 선전 문구도 분양에 특별한 효과를 미치지 못했다. 결국 장동운 총재가 나서 주택공사 직원들을 옥죄고 분양 촉진비를 주는 등 강제 수단을 동원한 뒤에야 분양은 마무리됐다.[15]

14 ─   대한주택공사, 《대한주택공사20년사》, 260쪽

15 ─   한강맨션아파트 분양과정에는 흥미로운 얘기가 더러 보태졌다. 《선데이서울》 1970년 9월 13일자 기사는 '안방극장의 극성파 주인공 강부자 양은 요즈음 모처럼 마련한 새집 단장에 여념이 없다. 한강 '맨션·아파트' 34동 203호. 남편 이묵원(李默園) 씨와 함께 탤런트부부 합동작전으로 '셋방신세 3년 만에 내 집 마련했습니다'라는 머리기사가 실렸으며, 《월간조선》 2006년 7월호엔 '주거혁명의 기수, 장동운'이라는 기사를 빌어 탤런트 강부자 씨가 한강맨션아파트의 최초 입주자가 된 비화를 장동운 당시 총재의 입을 통해 밝힌 내용을 실었다.

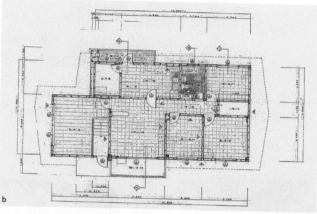

a   한강 백사장에 지어진 한강맨션아파트 32평형 견본주택
b   한강맨션아파트 견본주택 평면도. 대한주택공사 문서과 자료

　육사 8기생으로 5.16 군사정변 주도 세력과 동기인 장동운은 쿠데타 직후인 1961년 7월 현역 대령의 신분을 유지한 채 대한주택영단 이사장으로 발령 받았다. 1963년 공화당 사무차장으로 자리를 옮기면서 육군 준장으로 예편했다가 대한주택공사 4대 총재로 다시 취임했다. 그는 한강맨션아파트 건설을 주도하면서[16] 대한민국에서 '맨션'이

16 ―　장동운 총재는 1953년 미군 공병학교 고등군사반에서 교육을 받기 위해 미국에 있던 중에 '아파트'를 본 적이 있었고, 어느 날 영어잡지를 읽다가 아파트에 대한 기사를 본 뒤 한 건물에 수십 가구가 사는 아파트 건물들이 거대한 단지를 형성한 것을 보게 되는데 전쟁이 끝나고 민주국가를 건설하는데 아파트가 제격이라는 생각을 가졌다고 회고한 바 있다. 즉, 우리나라는 땅이 좁으니까 아파트를 지으면 국토를 효율적으로 이용할 수 있지 않겠느냐는 생각을 했다는 것이다. 이는 1962년 박정희 국가재건 최고회의 의장의 마포아파트 준공식 치사를 통해 고스란히 반복된다. "주거혁명의 기수, 장동운", 앞의 책 참조. 그러나 1978년 7월 7일자 《조선일보》 4면에는 건축가 김수근의 "시론"이 '아파트와 주거문화의 추락'이라는 이름을 달고 실렸는데, 이 글에서 건축가 김수근은 한강맨션아파트와 주택공사를 주거문화 추락의 본보기이자 주체라고 비난하면서 이런 아파트를 짓는 일은 '사육장건설작업'이라고 강도 높게 비난한 바 있다.

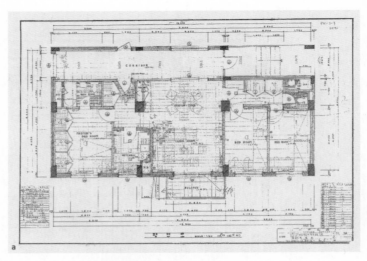

a 남산외인아파트 견본주택 평면도. 대한주택공사 문서과 자료
b 한강민영아파트 견본주택. 대한주택공사 문서과 자료

라는 용어를 처음 사용한 인물이다. 결국 한강맨션아파트는 여의도시범아파트, 반포주
공아파트와 더불어 서민에서 중산층으로 아파트 공급 대상을 전격 전환한 선도적 사
례 가운데 하나이자 지금과는 달리 선착순으로 이루어지던 당시 아파트 분양시장에서
선분양에 의한 사전 아파트 수요 확보를 위해 광고와 홍보 수단으로 모델하우스를 지
은 최초의 사례를 만든 경우다. 여러 면에서 중요한 선례에 해당한다.
   중산층을 겨냥한 새로운 아파트의 분양 홍보를 위해 견본주택이 필요했는데, "시대적
상황을 타개하기 위한 하나의 상징적 견본(model)을 보인 것이라 할 수 있다."[17] 중산층

17 ─ 신운경, 〈아파트 견본주택 변천과정 연구〉, 서울시립대학교 대학원 석사학위논문, 2008, 81쪽

한국의 모델하우스에 집중한 2006 베니스 건축비엔날레 한국관 내부. 신혜원 제공(촬영: 김재경)

을 위한 아파트의 실체를 있는 그대로 드러내는 가설 전시장인 동시에 정치적 국면 전환을 위한 공간기획의 결과물이 곧 한강맨션아파트 견본주택이다. 1960년대의 마포아파트단지 건설이 일반 대중의 생활혁명을 위한 시범적인 무대의 마련이었다면 1970년 벽두의 한강맨션아파트는 아파트와 서민의 등식을 부등식으로 바꾼 공간정치의 또 다른 실험이었다.

모델하우스야말로 양가성(equilibrium)을 드러내는 구체적 실체이자 마치 마법과도 같은 주술적 공간이다. 모델하우스가 내뱉는 나른한 주술은 "가짜 집을 구경하면서 진짜 들어가 살 집으로 착각하게 하는" 마법을 부린다. 그리고 그 마법은 풀리지 않은 채 여전히 "공적 냉소와 사적 정열이 지배하는 사회"에 대한 학습의 장소로서 역할을 강화하고 있다. 첨단 설비와 마감재의 고급화로 우리를 자극하는 모델하우스는 반복 학습의 장으로서 주택을 가전제품과 같은 상품으로 전락시키고 나와 내 가족의 공간에 대한 열정주의를 부추기면서 가족주의를 강화하는 자만의 공간이다.

평면 확장, 층고 확대를 수반한 견본주택 규모 증가

한강아파트(한강맨션아파트와 한강민영아파트 모두를 포함하는 호칭) 건설의 연장선상에 있는 반포아파트단지 견본주택에서는 흥미로운 변화를 볼 수 있다. 한강맨션아파트 견본주택과 마찬가지로 단층으로 지어졌지만 면적이 대폭 증가됐다. 대표적인 평면 하나만을 보

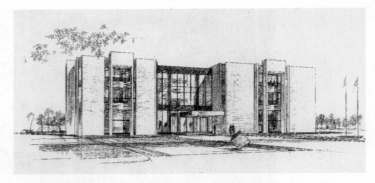

강남구 삼성동에 대한주택공사가 마련한 주택전시관 투시도, 1974, 대한주택공사 문서과 자료

여 주던 방식에서 벗어나 견본주택의 건물 동수도 두 동으로 늘려 네 가지 평형으로 확대했다. 뿐만 아니라 지하공간에는 별도의 전시실을 꾸미고 실내의 반자높이도 용도에 따라 차이 나도록 만들어 내부 공간의 느낌이 다채로워 보이게 했다.

그 뒤를 이은 잠실고층아파트 견본주택이나 도곡, 둔촌지구의 고층아파트 견본주택 등은 커다란 홀과 전시실을 중심으로 방사형으로 단위주택을 전시하는 방법을 택했다. 전체 바닥면적의 50% 이상이 홀 등의 서비스 공간이나 전시공간으로 꾸려졌으며 상품을 판매하기 위한 사무공간도 대폭 확장했다. 문을 열고 들어가면 바로 아파트 내부를 만나는 것이 아니라 아파트 건설에 쓰일 재료와 설비부품 등을 먼저 보게 되는 전시장이 된 것이다. 뿐만 아니라 앞으로 지어질 아파트단지에 대한 기초 정보를 시각 자료로 보여 줌으로써 기대를 부추겼다. 아파트가 서서히 도시주택의 전형으로 자리를 잡아 감으로써 수요자들에게 단위주택의 구성과 내용을 보여 주기보다는 오히려 소비재로서의 주택에 대한 구매 의욕을 북돋는 방법으로 변모한 것이다.[18]

대한주택공사는 1974년 5월 상설 주택전시장을 영동지구에 마련해 각종 자재와 신기술 등을 견본주택과 함께 전시하기 시작했고, 여기에 연구소 기능을 덧붙여 후일 주택연구소로 사용하기에 이른다. 새로운 자재와 공법이 궁리되면 실물을 전시하고, 각종 세미나와 강좌를 이곳에서 열었다. 주택마련을 위한 실수요자들의 발길이 끊이질 않았으며, 넓은 부지 곳곳에는 실제와 동일하게 지어진 각종 시범주택 실물이 들어서기도

18 — 잠실고층아파트 견본주택의 연면적은 737.38㎡인데 이 가운데 25평 타워형, 25평 A형, 23평 B형 등의 단위주택 전시공간을 제외한 면적이 496.48㎡를 차지하고 있어 전체 바닥면적의 67%를 홀과 서비스공간이 점유하고 있다.

해 후일 수도권신도시 건설과 함께 분당에 자리한 분당 주택전시관의 전범이 됐다.

대형공간을 통한 견본주택의 체적도 확장되고 크게 증가했다. 1986년에 지어진 상계 군인아파트(현재의 상계보람아파트)의 견본주택은 소형 평형 위주로 4개 평형의 단위주택이 포함되었고, 나머지 면적의 대부분은 홀 등으로 배분했다. 그 이전의 경우와 크게 다를 것이 없지만 단층임에도 불구하고 견본주택의 바닥에서 천장까지의 높이를 8.2m로 높여 입체적 공간감을 확장하는 방법을 택했다. 오늘날의 모델하우스 혹은 주택문화관이나 갤러리, 전시관 등으로 불리는 주택전시장의 기본적 골격을 갖춘 셈이다. 여기에 1980년대 후반부터 야간조명이며 각종 선전문구 등을 붙여 주택 수요자를 소비자로 바꿔 유혹하는 방식으로 변모했다. 외양이 크게 변하고 전시공간과 함께 풍부한 옥외 공간도 만들어 유토피아거나 낙원의 모습으로 변신을 꾀했다. 미약하나마 주택을 공공재로 인식하던 생각은 어느새 사라지고 상품 경쟁의 각축장이 되었다.

가설건축물과 상설건축물로서의 견본주택

우리나라 주거문화의 한 단면이라 할 수 있는 아파트 견본주택은 아직 지어지지 않은 아파트를 단위세대의 분양과정을 통해 일반적인 소비재처럼 잠재적 수요자에게 전시하고 판매하는 데 그 목적이 있다.[19]

흥미로운 사실은 견본주택의 대부분이 건축법상으로는 가설건축물[20]이라는 점이다. 따라서 단기간에 축조되어 일정 기간 사용하고 목적이 달성된 뒤에는 철거해야 하는 일

---

19 — 신운경, 앞의 글, 4쪽

20 — 건축법시행령 제15조에 따르면 가설건축물이란 "1. 철근콘크리트조 또는 철골철근콘크리트조가 아니며, 2. 존치기간은 3년 이내일 것. 다만, 도시·군계획사업이 시행될 때까지 그 기간을 연장할 수 있고, 3. 전기·수도·가스 등 새로운 간선 공급설비의 설치를 필요로 하지 아니하며, 4. 공동주택·판매시설·운수시설 등으로서 분양을 목적으로 건축하는 건축물이 아닐 것"을 말한다. 또한 건축법 제20조 제3항에서 '재해복구, 흥행, 전람회, 공사용 가설건축물 등 대통령령으로 정하는 용도의 가설건축물'을 규정하고 있는데 견본주택(모델하우스)의 경우는 "특별자치시장·특별자치도지사 또는 시장·군수·구청장이 도시미관이나 교통소통에 지장이 없다고 인정하는 가설흥행장, 가설전람회장, 농·수·축산물 직거래용 가설점포, 그밖에 이와 비슷한 것"에 해당한다. 가설건축물도 국토교통부령으로 정하는 바에 따라 가설건축물대장에 이를 기재, 관리하여야 한다. "건축법" 및 "건축법시행령"을 중심으로 2017년 8월 규정을 축약해 정리했다.

시적 건축구조물인데 우리나라에서는 일정한 유형으로 존재한다고 해도 과언이 아니다. 여러 가지 목적으로 건조되는 가설건축물 가운데 견본주택은 '흥행'과 '전람회'에 주로 쓰일 가설건축물에 해당된다.

따라서 가설건축물로 아파트 견본주택을 꾸민다는 사실은 아파트를 상품으로서의 소비재로 간주한다는 속내를 그대로 드러내는 현상이기도 하다. 정주를 위한 터전을 사상누각과 같은 가설건축물에서 구입하니 말이다. 어처구니가 없는 일이기는 하지만 모델하우스를 '영원한 임시 건축'[21]이라 부르는 까닭이 여기에 있다. 가설건축물에서 정주하고자 하는 사람들을 온갖 사탕발림으로 꼬드기고 소비를 구매하도록 강요하는 중요한 도구가 바로 견본주택, 모델하우스, 주택문화관인 셈이다.

견본주택이 일시적으로 공간을 점유했다가 흔적도 없이 사라지는 관행으로부터 벗어나 오랜 기간 같은 자리를 차지하면서 내용을 바꾸는 방식으로 전환한 초기 사례는 1987년에 선보인 ㈜한신공영의 모델하우스이다. "한신공영 견본주택의 경우 영업부서와 샘플하우스를 계획한 것은 기존의 견본주택과 다르지 않으나 샘플하우스를 일회적 사용 후 철거하는 것이 아니라 그 공간을 다시 새로운 샘플하우스로"[22] 재활용하는 새로운 방식이다. 게다가 견본주택의 규모도 2층으로 확장되면서 모델하우스의 새로운 전기를 마련했다. 이런 방법은 1989년부터 시작된 수도권 5개 신도시(분당, 일산, 평촌, 산본, 중동)[23] 건설로 이어지며 분당 주택전시관에서 최대 규모로 확대된 뒤 주택문화관이나 갤러리 등의 이름을 붙여 새로운 건축유형으로 변모했다.

새로운 건축유형으로 거침없이 진화

1980년대 말은 한국 경제가 사상 유례를 찾아보기 힘든 호황을 통해 급성장하면서 사회, 경제, 문화 등 모든 측면과 함께 주택시장에 새로운 국면이 전개되는 전환점을 이

---

21 — 신혜원, "카탈로그 시티", 《2006 제10회 베니스 비엔날레 국제건축전 한국관: 오래된 도시 순간의 장소》, 도서출판 동녘, 2006, 112쪽

22 — 신운경, 앞의 글, 29쪽

23 — 수도권 5개 신도시 건설계획에 따른 주택공급 물량은 성남 분당이 97,334호, 고양 일산이 69,000호, 부천 중동이 42,500호, 안양 평촌이 42,164호, 그리고 군포 산본이 42,039호 등으로 배분되었다.

루는 시기다.[24] 특히 서울올림픽 개최 이후인 1988년 말의 경기 호황은 절정에 달했다. 1988년 말부터 1990년 사이에는 무역수지에서 대규모 흑자를 기록했다. 이러한 경제호황은 부동산 시장으로 확산되면서 1988년과 1989년에 각각 연 13.2%, 14.6%로 상승하던 주택가격이 1990년에는 21%까지 상승하는 상황이 전개되었으며,[25] 주택보급률은 1987년에 69.2%의 최저 수준을 기록한 뒤 1990년에 72.4%로 상승하기도 했다. 그러나 1991년에 들어서면서 주택가격 상승률은 전국적으로 2~5% 상승에 그치는 정도로 둔화되었고, 이후 1997년까지 한자리 수의 상승률을 꾸준히 유지하다가 국제통화기금 (IMF)의 긴급 구제금융 지원에 따른 경제위기를 거치며 급락하게 된다.

1997년 외환위기 이후 정부는 경기회복과 아파트 시장의 활성화를 위해 분양가 자율화를 시행하였고 민간건설업체는 생존경쟁에서 살아남기 위해 소비자 중심의 확장적인 공간 마케팅에 나섰다. 부동산 시장의 침체는 실질 수요자들로 하여금 분양가 상승이라는 악재 속에서 환금성을 보장할 수 있는 주택으로의 선호도 쏠림을 부추겼고, 치열한 시장 확보 경쟁 구도 아래서 건설업체들은 차별화를 통한 시장 우위 확보 방안의 하나로 독자적인 브랜드명을 개발하게 된다.[26] "주택건설업체들은 분양가가 자율화됨으로써 가격을 올려 수지를 개선할 수 있게 되었지만, 움츠린 구매력을 이끌어내기 위해서는 이전과는 다른 자세와 전략을 마련하지 않을 수 없게"[27] 된 것이다. 이때 구사된 커다란 두 가지 전략이란 각각 인쇄광고물에 의한 전략적 홍보 강화와 견본주택의 획기적 변화다.[28]

첨단설비와 과학적 설계, 인테리어 디자인의 격조 높임, 내장재의 고급화와 주부에

24 — 공동주택연구회, 《한국공동주택계획의 역사》, 세진사, 1999, 65쪽

25 — 임서환, 《주택정책 반세기》, 대한주택공사, 2002, 260쪽

26 — 고영환 외, 《대한민국 아파트 브랜드 전쟁》, 유미커뮤니케이션스(주), 2007, 243쪽에서는 우리나라의 독립 브랜드 아파트 출현을 모두 5시기로 나누면서 분양가 자율화 시기를 제4시기로, 모기업과의 상관성을 크게 가지지 않는 독립적인 아파트 브랜드가 일반화된 시기를 제5시기로 구분했다. 또한 국내 최초의 브랜드는 삼성중공업의 쉐르빌이었으며 그 뒤를 이어 삼성 래미안 등 현재까지 지속하는 많은 브랜드가 등장하게 되었다고 기술하고 있다.

27 — 신중진·임지영, "아파트 분양가 자율화 이후의 차별화계획요소에 관한 연구", 《대한건축학회논문집》 16권 12호, 2000, 21쪽

28 — 박철수, "인쇄광고물 분석에 의한 서울 및 수도권의 1990년대 아파트 분양특성 연구", 《서울학연구》 통권32호, 서울학연구소, 2008 참조. 이 글은 1990년부터 1999년까지 10년 동안 전국을 대상으로 하는 중앙일간지에 실린 아파트 광고 내용 433건을 분석한 것인데 1996년을 기점으로 인쇄물에 의한 이미지 광고가 그 전에 비해 2배로 격증하고 처음으로 3도 컬러광고가 등장했다.

대한 배려 설계, 공간의 활용성 극대화 등과 같이 견본주택을 통해 직접 확인할 수 있는 것들만이 당시 인쇄광고물의 주된 홍보 내용이 아니다. 이런 내용은 1990년대 10년 동안 중앙일간지를 통해 확인한 433건의 아파트 광고물 가운데 20% 정도에 그친다. 매년 10건 정도의 수치를 기록한 것에 불과하다. 1999년에는 아파트 단위주택의 고급화와 충실화를 집중적으로 광고하는 선전 활동이 폭발적으로 증가했다. 전용공간의 첨단 설비, 마감재 고급화, 개별공간의 특별함 강조 등이 도드라지며 한 해 전인 1998년에 비해 양적으로 4~5배의 급신장을 기록했다. 물론 1999년에 등장한 '삼성 쉐르빌'이라는 브랜드 아파트 등장과 밀접한 관계가 있다.[29]

민간건설업체들은 이러한 움직임의 변화에 민감했고 견본주택을 통해 아파트 브랜드를 홍보하면서 제품 우위성의 확보, 브랜드 이미지의 구축과 강화, 시장점유율의 확대, 이익의 극대화 등에 주목하기 시작했다. 이에 따라 주택 수요자는 이제 집을 구매하는 것이 아니라 유행을 구매하고 폐기하는 전천후 소비자가 되었다. 견본주택 역시 이전의 경우와는 전혀 다른 모습과 내용으로 급속도로 변모했다.

용인아파트의 인기가 정점을 찍은 것은 1999년 가을이었다. 그해 9월부터 LG건설, 현대산업개발, 현대건설, 삼성물산, 금호건설 등 유명 건설업체들이 용인의 노른자위 땅으로 통하는 수지와 죽전 지역의 아파트 분양을 시작하면서 모델하우스의 분위기는 뜨겁게 달아올랐다.[30]

《매일경제》 1999년 10월 1일자 기사이다. 변모하는 모델하우스를 일컫는 것이다.

2004년 건설교통부는 "주택공급에관한규칙" 제8조 제8항을 통해 견본주택 건축기준을 고시했다. 1990년에 이미 "견본주택의건설및관리제도개선에관한업무지침"이 건설교통부에 의해 만들어졌지만 치열한 상품 경쟁과정에서 과대선전과 과소비 풍조 조장

---

29 — 브랜드 아파트의 효시라 할 수 있는 삼성중공업의 '쉐르빌'은 1999년 2월 서울 광진구 구의동의 철골조 초고층주상복합아파트에서 처음 시작되었다. 조선업을 주종으로 하는 기업이 건설업에 진출했다는 사실과 당시의 경기침체 하에서 40층이 넘는 주상복합아파트를 분양하면서 대부분 부정적으로 보았으나 결과는 100% 분양으로 마감되었다. 이는 다른 건설업체로 하여금 철근콘크리트로 만들어진 통상적인 아파트에 브랜드를 달아 출시하는 마케팅에 매력을 느끼게 하는 사건이었다. 그 후 삼성물산(주)이 철근콘크리트 판상형을 기본으로 하는 일반 아파트를 대상으로 한 한국 최초의 아파트 브랜드 '래미안'을 2000년 초에 시장에 출시했다. 고영환 외, 앞의 책, 119~126쪽 참조

30 — "'용인 대형 아파트 분양 열기", 《매일경제》, 1999년 10월 1일자; 박해천, 《콘크리트 유토피아》, 자음과모음, 2011, 328쪽에서 재인용

a   Xi 주택문화관. SKM Architects 제공(촬영: 김재윤)

b   래미안 갤러리. 삼성물산 제공

이 심해졌고, 아파트 청약자와 건설업체의 분쟁이 급격하게 늘었기 때문이다. 이 기준에 따라 견본주택의 배치, 구조 및 유지관리 등에 관한 규정이 다시 만들어졌다.[31] 가설건축물이라는 이유로 화재와 재난 등에 대한 안전규정을 정하고 있는 소방기술기준에서 제외되었던 대부분의 견본주택들이 과거의 일회적 구조물이 아니라는 점에 주목한 조치였다. 이에 따라 견본주택의 배치(인접한 대지와의 경계), 구조 및 유지관리(내화구조, 불연재료, 피난출구 확보 등) 등에 관한 규정이 마련되었지만 이는 모델하우스의 발 빠른 변모를 뒤따르는 것에 불과했다.

오늘날의 견본주택은 과거의 일회적 전시공간에서 벗어나 도시의 공간을 상당 기간 점유하면서 가로 풍경을 만들고 있는 규정하기 어려운 건축공간이자 가설구조물이며 복합기능을 담고 있는 유기체라 할 수 있다. 때론 건설업체의 아파트 분양을 담당하는 영업공간이 되기도 하며 재개발, 재건축 조합원의 단체 관광을 위한 홍보공간으로 활용되기도 한다. 건설회사 임직원의 교육공간으로 쓰이는가 하면 자사 브랜드 아파트의 입주자들을 모아 차별적인 프로그램을 만들어 특별한 문화행사로 치장해 베푸는 이벤트공간으로 쓰이기도 한다. 드물기는 하지만 지역 문화시설임을 자처하면서 아파트 자체가 아닌 기업 이미지의 홍보에 주력하는 곳이 된 지 오래다. 무어라 한정하기 어려운 경계에 놓인 모호한 건축이며, 변태를 거듭하는 생물체가 바로 견본주택이다. 때론 "모델하우스의 과잉발전이 야기한 사회적 폐단"[32]으로 비난받기도 한다.

견본주택 관람의 학습효과와 "트루먼 쇼"

모델하우스의 관람은 그저 내 집 마련의 기대와 뒤섞인 시각적 쾌락만을 안겨준 것은 아니었다. 왜냐면 모델하우스는 미래의 거주자들이 바로 그러한 시각적 쾌락을 경험함으로써, 전시된 실내공간을 '구경'하는 법을 훈련받는 공간이기도 했기 때문이다. 바닥재를 환히 비추는 휘황찬란한 백색의 조명 아래, 손때와 먼지라곤 찾아볼 수 없는 고급스러운 가구들이 조용히 새 주인의 눈길을 기다리며 제자리에서 묵묵히 전시되는 곳, 그곳에서 주

31 — 건설교통부고시 제2004-17호, "견본주택건축기준", 2004. 1. 26

32 — 전상인, 《아파트에 미치다》, 서울, 숲, 2009, 127쪽에서는 이 같은 현상을 "사회적 폐단이며 모델하우스의 과잉발전"이라고 했다.

금호건설 갤러리 303. 운생동+금호건설 제공(촬영: 남궁선)

거의 판타지는 실제 스케일로 시뮬레이션 되었다.[33]

견본주택에서 시작된 모델하우스는 결국 '구경하는 법을 훈련받는 공간'이며, 그 결과 우리는 1969년 이후 반세기에 이르는 동안 반복적인 훈련 과정을 통해 부정할 수 없는 '학습 효과'를 몸 안에 장착했다. 그런데 그 학습 효과가 참으로 모질어서인지 집을 구할 때도 마치 신도시 외곽의 대형마트에서 물건을 구매하듯 칸칸이 나뉜 가짜 집을 들락날락한다. 장화를 신고 아무것도 지어지지 않은 허허벌판을 헤매던 촌스런 시절을 거쳐 깔끔한 주차장과 호화로운 외관을 가진 휘황찬란한 가짜 집을 찾고 그 안에서의 현란한 중산층 생활을 구경하는 시대로 세상은 달라졌다.

물론 오랜 기간 누적된 모델하우스 학습 효과는 전혀 눈치 챈 적이 없다. "아파트가 그 안에 사는 사람들을 자기 세계에 가두는 경향은 우리나라의 경우 이른바 모델하우스의 역할과 관련하여 특히 심한 편"[34]이라지만 이러한 사실을 자각하는 경우는 물론

33 — 박해천, 앞의 책, 100쪽

34 — 전상인, 앞의 책, 126쪽

없다. 모델하우스를 통해 훈육된 학습 효과란 곧 '자폐적 공간관'이다. 국가가 주도한 선분양제도를 통해 자리 잡은 생산자 중심의 메커니즘이 빚은 기형적 산물인 모델하우스는 실제 아파트가 들어설 곳과는 전혀 다른 장소에 상설이 아닌 가설건축물로 지어진 인위적 연출공간이지만 이곳을 찾는 이들은 이러한 가상의 세계를 실재하는 자신의 일상공간으로 번역한다. 그리고 그곳에서의 공간경험을 반복적으로 학습하는 과정을 거쳐 자폐적 공간관의 중독 현상에 빠져들고 만 것이다.

자폐적 공간관이란 전용공간 중심의 내향적 주거관이거나 폐쇄적 단지에 대한 선호 현상으로 바꿔 말할 수 있다. 화려하고 으리으리한 홀에 마련된 축소된 단지의 모형을 스쳐 지나치듯 관람한 뒤 단위주택의 규모가 미터법으로 표기된(예를 들면, 85m² A형) 공간으로 들어서면 외부와는 철저하게 차단된다. 동서남북 어느 한 곳도 열리지 않는 캄캄한 무대에 스포트라이트를 받는 배우가 된다. 전면과 후면에 있지도 않은 발코니를 확장했다고 보여 주는 곳에는 투명한 유리 분합문이 설치되는데 이곳을 통해 볼 수 있는 풍경이란 인쇄된 낙락장송이나 물기 머금은 대나무 숲이 전부다.

"트루먼 쇼"가 시작된다.

실제 아파트가 들어설 곳도 아니고 밖으로 창을 낼 수도 없는 가설구조에 방을 꾸몄으니 밖을 볼 수 없다는 사실을 인정하지 않을 수 없다. 할 수 없이 실내공간을 이리저리 오가며 요모조모를 살핀다고 둘러보지만 방의 개수와 위치 그리고 각 방의 크고 작음에 대한 가늠 정도에 불과하다. 그리고 다시 한 번 실내를 돌아다닌다고 이리저리 둘러봐야 기껏 분양가에 포함되어 있는 부엌가구나 욕실의 설비 그리고 수납장 등을 열고 닫는 일에 그칠 뿐이다. 때론 분양가에 포함되지 않았다는 조그만 딱지가 붙은 화려한 가구들과 첨단을 달린다는 고급 가전제품을 부러운 눈길로 바라볼 뿐이다. 모델하우스 구경은 거기서 끝이다. 생각해 보라. 약간 이상하지 않은가 말이다. 집을 구입하러 와서 가전제품을 구경한 셈이 됐다.

모델하우스를 찾는 사람은 영화 "트루먼 쇼"에서 배우 짐 캐리가 맡은 인물과 하등 다를 것이 없다. 누군가가 교묘하게 기획한 무대에 올라 반복되는 소소한 일상을 잠깐 연기하고 나온 것이다. 그 가설의 무대를 박차고 뛰쳐나온 짐 캐리의 표정을 떠올리면 곧 긍정하기 싫은 내 모습과 겹친다.

결국 모델하우스에서 학습하고 경험한 것이란 주변을 싹둑 잘라 만든 단지 모형을 하늘에서 본 것과 철저하게 기획된 전용공간에서 서랍을 여닫거나 냉장고 문을 열어 본 것에 불과하다. 이웃하는 집과 어떤 공간에서 어떻게 만나는가에 대해서는 누구도

가르쳐주지 않을 뿐만 아니라 물어볼 생각조차도 한 적이 없다. 들어가 살 집에서 거실 방향에서는 무엇이 보이고, 주방의 작은 창을 통해서는 또 어떤 풍경이 다가올지 알 도리가 없다. 모델하우스 홀에 마련된 화려하고 거대하기까지 한 축소된 단지모형을 통해 번쩍거리는 화려함만을 느꼈을 것이다. 전용공간에 국한된 생각은 자연스럽게 담으로 둘러싸인 단지를 긍정하게 되고, 자연스럽게 단지의 폐쇄성에 대해 긍정하거나 당연한 결과라는 믿음을 키운다. 학습 효과다.

한국 사람이라면 누구나 장착하고 있는 마치 유전자와도 같은 내향적인 전용공간 중시 경향은 선분양제도와 모델하우스를 통해 우리에게 학습된 것이다. 나와 내 가족이 오롯이 사용할 수 있는 면적이나 공간은 최대로, 이웃과 나누거나 교류할 수 있는 공간은 최소화해야 한다는 논리가 모델하우스에 이미 내재되어 있고, 우리는 그렇게 연출된 무대에서 지난 반세기 동안 학습 받고 훈육되었다. 그러니 발코니 확장은 아무런 저항 없이, 오히려 환영을 받으며 받아들여졌고 공용공간은 누구도 거들떠보지 않는 애물단지로 전락했다. 그리고 이런 학습 효과는 단위세대에서 동(棟)으로, 그리고 다시 단지 단위로 확장되었다. 그리고 이는 다시 이익결사체가 되어 구별 짓기의 맹목적 수단이 되었다.

나와 내 가족만이 오롯하게 사용할 수 있는 전용공간의 확장과 철저한 내 공간 지키기 이외에는 아무런 관심을 주지 않는 태도는 하나의 단지 안에서 분양아파트와 임대아파트를 다시 분명하고도 철저하게 가르는 태도를 의심 없이 받아들이게 됐고, 급기야는 단지 전체를 굳게 닫은 성채(gated society)로 만들었다. 그러니 아파트와 아파트단지는 "구멍마다 개별적인 삶이 숨 쉬고 있으리라고는 생각되지 않는 거대한 성채"[35]라는 비유에 고개를 주억거리게 된다. "'공적 냉소와 사적 정열이 지배하는 사회'라는 한국 사회의 부끄러운 자화상이 아파트 모델하우스의 학습 효과로 야기된 것이라면 너무 심한 비약일까.

계획의 단위는 곧 건설의 단위로 연동되며 건설의 단위는 곧 관리의 단위로 귀착된다. 또한 관리의 단위란 궁극적으로 생활의 단위로 규정된다.[36]

---

35 — 오정희, 〈마흔에 다시 쓰는 일기〉, 《돼지꿈》, 랜덤하우스코리아(주), 2008, 104쪽

36 — 박철수, "현재성을 갖는 과거", 《공간》 통권430호, 2003, 102쪽

계획의 단위는 당연히 시장 수요로부터 비롯된다. 그러나 시장은 이미 선분양제도의 틀 안에서 모델하우스라는 가설건축물을 통해 내부공간의 충실화와 고급화에 머물고 있으니 모델하우스를 통한 학습 효과가 실질적인 아파트단지에서의 일상생활의 공간단위가 된다는 말과 다름 아니다. 모델하우스를 통해 가질 수밖에 없는 내향적, 자폐적, 폐쇄적 공간감이 내 집, 우리 동, 우리 단지로 확장되며 '집-동-단지가 모두 사설 오아시스'로 변모한 것이다.

다시 한 번 힘주어 말하지만 "공간적 절연은 사회적 절연으로 이어지는 것"이며, 도시는 사설 오아시스의 물리적 집합이 아니라 사회구성원들의 연대와 공감을 통한 화학적 결합으로 이어진다는 사실을 잊지 말아야 한다.[37]

---

37 — 이 글은 박철수, 《아파트: 공적 냉소와 사적 정열이 지배하는 사회》, 159~192쪽의 내용을 다시 고쳐 쓴 것이다.

연로한 부모님을
모시는 아파트
주민들의 걱정

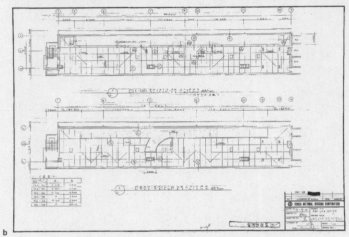

a   잠실 5단지 주공아파트 준공 후 출입구와 옥상에 설치된 곤돌라 관련 장치들. 대한주택공사 홍보실
             자료

b   1977년 7월 작성된 잠실 고층아파트(5단지) 편복도형 옥상 곤돌라 운행구간 평면도. 대한주택공사
             문서과 자료

곤돌라에 매달려 비를 맞을 내 초라한 이삿짐

1981년 6월 30일자 《동아일보》 "청론독설"에는 '얻은 것과 잃은 것'이라는 제목을 단 작가 박완서의 글이 실렸다. 한옥에서 살다 아파트라는 곳으로 처음 이사하기 전날의 느낌을 담은 글인데 "내 초라한 이삿짐이 곤돌란가 뭔가 하는 괴물스러운 것에 매달려 비를 맞을 생각에 잠이 오지 않았다."고 했다. 생활의 모든 편의가 망설임 없이 즉각 공급되는 아파트라는 비인간적 환경에 사람들이 날로 늘어나는 것이 못마땅하지만 작가 자신도 그런 부류의 일종이니 서글픈 마음이라는 것이었다. 게다가 나만의 살림이며 세간이 비오는 날에 까발려진 채로 공중에 둥둥 떠 옮겨진다는 사실에 조바심이 들었다는 것이다.

물론 경우는 전혀 다르지만 그로부터 한 해 반 정도 지난 1982년 12월 20일자 《동아일보》는 민망하고 당혹스러운 기사를 실었다. 잠실 고층아파트 주민 심경을 전하는 "아파트 주거 밀집시대"라는 제목을 단 글이다.

마당 없는 아파트에서 상(喪)을 당할 경우 문상객을 어떻게 맞을까, 곡(哭)을 하다 이웃집의 항의를 사지나 않을까 하는 걱정도 걱정이지만 정작 문제는 운구(運柩)에서 벌어진다.

고층아파트에서는 엘리베이터와 계단 이용이 쉽지 않아 돌아가신 분을 모시는 일이 곤돌라에 의존하지 않을 수 없음을 딱한 시선으로 바라본 것이다. 요즘이야 집 밖에서 태어나 집 밖에서 죽음을 맞는 세상이려니 하는 것이 사람들의 통념이지만 당시만 하더라도 볼썽사나운 모습임에는 틀림이 없었으리라. 고층아파트의 본격적인 등장 이후에 벌어진 일이다. 물론 운구용 설비를 구비한 엘리베이터를 갖췄다는 아파트가 세간의 눈길을 끌기도 했다.

1970년대 후반부터 1980년대 초반까지는 고층 건축물의 본격적인 건설과 더불어 고층아파트의 일반화까지 겹쳐 도시 풍경의 일대 변화가 가속되던 때다. 대한주택공사가 실시한 "입주자 실태조사보고서"에 따르면 1986년의 경우 저층아파트와 고층아파트에 대한 주민의 선호도가 각각 73.4%와 26.6% 정도로 저층 주택에 대한 선호도가 압도적이었지만 1987년부터는 상황이 역전됐다. 저층아파트 선호도가 1987년 40.6%에서 1990년에는 33.4%로, 1991년에는 다시 20.8%로 해가 가면서 급격하게 낮아졌다.

이렇게 대중들의 선호도가 저층에서 고층아파트로 돌변한 까닭은 무엇일까. 서울의 경우, 1971년의 여의도시범아파트가 12층으로 건설된 이후 여의도와 용산 일대를 중심으로 11~17층의 고층아파트가 이미 지어졌는데 강남의 경우는 여전

a   1965년의 이사 풍경. 출처: e영상역사관
b   "언덕 위의 하얀집"에 나오는 1978년의 이사 풍경. 출처: e영상역사관

히 저층아파트가 주를 이루었다. 그러던 중에 서울시가 1975년 5월에 아파트 층수를 12층으로 제한하는 건축심의기준을 제정, 운영했고, 1977년 4월에 이를 철폐하게 되었다. 따라서 그 이후에는 아파트의 층수가 보편적으로 15층으로 바뀌게 되어 5~6층에서 10~12층 아파트 시대를 뒤로 하고 15층 아파트의 보편화 시대를 맞게 된 것이다.

12층 아파트가 정착되었다가 다시 15층으로 높아지게 된 결정적 이유는 지하층 규정 때문이다. 당시 건축법에서 규정하던 지하층 설치기준이 지상연면적의 1/12이었는데, 15층의 경우에는 이를 1/15로 완화할 수 있도록 함으로써 12층을 짓는 것보다 15층을 짓는 것이 지하공간 설치 면적을 줄일 뿐만 아니라 공용면적을 획기적으로 줄일 수 있는 중요한 동기가 된 것이다. 공급자 입장에서는 15층으로 지을 경우 아파트 분양시장에서 유리하고, 수요자 입장에서는 15층 아파트의 경우와 12층 아파트를 단순 비교할 때 15층의 경우가 공용면적이 적어지는 효과가 생겨 상대적으로 저렴한 가격에 아파트를 분양받을 수 있는 구조가 마련된 것이다. 이런 이유로 1970년대 후반부터 1980년대 중반에 이르며 15층 아파트가 고층아파트의 주종을 이루게 되었고, '곤돌라'는 '화물용 엘리베이터'를 설치하는 것보다 훨씬 적은 비용이 들었던 까닭에 '곤돌라 이사 시대'가 열렸다. 리어카와 삼륜차로 이삿짐을 나르던 풍경은 희미한 추억이 되었으며, 1972년 통인 익스프레스로 시작된 포장이사의 시대도 더불어 열렸다.

a 《매일경제》 1979년 3월 21일자에 실린 운반기기 전문메이커인 광명기계공업주식회사의 광고
b 《매일경제》 1983년 7월 14일자에 실린 아파트용 곤도라 전문 업체인 삼성엘리베이터주식회사의 광고

이사 풍경의 돌변

단독주택이 주를 이루던 시절에서 아파트 중심으로의 무게 이동, 그리고 저층에서 고층으로의 급격한 변화 등은 이사 풍경도 확 바꿨다. 1972년 발표된 조해일의 단편 〈뿔〉에서 하숙생 가순호가 지게꾼을 앞세워 왕십리에서 흑석동으로 단출하게 하숙을 옮기는 모습은 더 이상 찾아보기 어려운 풍경이 되었으며, 김영하의 소설 〈이사〉에서 보듯 아파트에 사는 이들이라면 가릴 것 없이 포장이사 업체에 세간을 맡기는 모습이 일상이 되었다. 옮길 곳이 고층 아파트에서 다른 고층아파트라면 이창동의 소설 〈녹천에는 똥이 많다〉와 은미희의 소설 〈편린, 그 무너들〉에서 묘사한 것처럼 우리는 "허공에 아슬아슬하게 매달린 23평의 내 보금자리"에서 "중력을 느끼지 못한 채 슬금슬금 떠다니는 포자들"로 바

뀐 셈이다. 포장업체를 이용한 곤도라 이사 방식이 자리를 잡은 것이다.

풍경이 이렇게 바뀔 즈음인 1979년 8월 7일 《매일경제》는 흥미로운 기사를 실었다. 외화 절감 등을 위해 정부가 나서 추진한 기계류 국산화 촉진과 관련된 것인데 금액 기준으로 국산화율이 60% 이상인 경우를 대상으로 국산1호기로 선정되면 정부와 공공기관에서 해당 기업의 기계류를 수의계약으로 구매하고, 내외자(內外資) 지원에서 최우선 혜택을 부여할 뿐만 아니라 생산자금도 정부가 지원한다는 것이었다. 외화절감과 더불어 공업입국을 국가가 주도하기 위한 방편으로 기계공업진흥회를 통해 신청서를 접수하는 사업이었다. 신청서 마감 결과 모두 40개 업체가 신청했다. 그 가운데 하나가 바로 신성공업사가 신청한 '비상 승강장치 곤도라'였고, 이 업체는 같은 해 11월 6일 상공부에 의해

다른 20개 제품과 더불어 국산1호기 비상 승강장치(곤돌라) 지정을 받았고, 이후 아파트용 곤돌라는 민간업체의 유력한 상품으로 급부상했다.

당연하게도 업체는 우후죽순 많아졌고, 이사철을 맞으면 무허가 업체 단속이며 뒷돈 거래 등이 횡행했다. 신문에서는 봄·가을 이사철을 맞으면 앞을 다퉈가며 실용 정보를 실었다. 아파트의 고층화와 시기를 같이 한 1977년 4월 15일《경향신문》을 통해 당시 세태며 풍경을 엿볼 수 있다. 기사를 볼라치면 이삿짐을 운반하기 위해서는 서울 시내의 경우 100여 곳의 이삿짐센터가 있지만 이 가운데 정식 허가를 받은 곳은 30곳에 불과하다는 점과 함께 차를 이용한 이사 비용을 간추렸다. 삼륜차는 통상 1.5~2톤 정도의 이삿짐을 옮기는데 좋으며, 타이탄은 2.5톤, 복사는 4톤 정도가 적당하다는 조언과 함께 곤돌라가 설치되어 있는 아파트의 경우라면 일반 단독주택에 비해 비용이 1/2에 불과하다고 했다. 이와 함께 이사 2~3일 전에는 아파트 관리사무실에 이사 시간을 통보한 뒤 곤돌라 사용을 예약해야 하는데 비용은 따로 생각해야 하고, 대개는 10,000~15,000원 정도가 든다고도 했다. 아파트 관리주체는 인양기의 사용료를 별도로 부과할 수 있도록 "공동주택관리령"이 규정했기 때문이다. 바로 이런 상황에서 고층아파트 주민들이 우려한 것이 바로 운구 문제였던 것이다.

서울시의 경우는 1979년에 아파트 옥상에 잔디를 심어 녹화하는 것을 조건으로 아파트 사업승인을 하겠다는 방침을 정했는데 정작 이러한 지침을 시행한 후 6개월이 지난 뒤에도 사업승인은 원활하지 않았다. 문제는 곤돌라였다. 옥상에 녹화를 하면 곤돌라의 이동에 장애가 될뿐더러 옥상의 녹지 관리도 어렵고, 누수며 하중도 문제가 된다는 이유를 들어 업체가 반발했고, 결국 서울시가 뒤로 물러서며 사업 승인이 이루어진 경우도 있었다. 곤돌라를 이용하는 과정에 크고 작은 사고나 인명 손실이 빈발했음은 물론인데 당시 하루가 멀다 하고 곤돌라 추락사고 소식이 이어지기도 했다.

유물로 남은 곤돌라

1988년 세상은 온통 올림픽 열기에 들떠 있었다. 1960년대에 문화주택으로 불렸던 아파트에 장독대며 빨래 널기가 무슨 망측한 일이냐 비난했듯 올림픽을 앞둔 서울시는 이번엔 아파트의 옥탑이며 옥상의 배관망, 나아가 곤돌라를 지목하면서 이들을 경관을 해치는 시설로 분류한 뒤 그런 시설들이 밖으로 드러나지 않도록 적극 개입하겠다고 나섰다. 게다가 획일적인 一자형 아파트를 강력 규제해 타워형, Y자형, 물결

무늬형(~형)을 적절히 섞도록 하겠다는 발상이었다. 일컬어 "아파트 품위 향상 방안"이었는데 건설업체가 건축비를 줄이느라 디자인 개념을 사실상 무시해 왔다는 사고에 기초한 것이었다.

물론 이는 큰 효과를 발휘하지 못했고 1990년대 초까지만 하더라도 7층 이상인 아파트에는 이삿짐 등 화물운반시설로서 곤돌라(인양기) 또는 화물용 승강기 가운데 하나를 선택적으로 설치하도록 하는 법적 강제가 지속됐다. 문제는 건설업체 입장에서 선택지로 주어진 두 가지 가운데 하나는 거의 선택할 가능성이 적다는 것이었다. 공사비에서 여전히 상당한 정도를 차지하는 화물용 승강기 대신 곤돌라를 설치하는 것이 사업자 입장에서는 상대적으로 유리했다. 분양시장에서 경쟁력을 잃을 것이 우려되었기 때문이다.

이런 논란은 당장 수그러들지 않았고, 1992년 7월 16일에 이르러서야 국무회의는 "주택건설기준등에관한규정" 개정을 의결하기에 이른다. 같은 해 10월부터 시행에 들어갈 것을 전제한 개정안의 주요 내용 가운데 몇 가지는 오늘날의 입장에서 보아도 매우 의미 있는 것들이었다. 무엇보다도 눈길을 사로잡는 것은 그동안 아주 당연한 것으로 여겨왔던 고층아파트에서의 곤돌라 사용이 16층 이상의 경우에는 금지되고 대신 화물용 승강기를 설치하도록 한 것이다. 아울러 아파트의 편리를 대변하면서 각 층 혹은 각 세대에 설치되었던 쓰레기 투입구(더스트 슈트) 설치 규정이 폐지됐다. 그 대신 옥외 쓰레기 수거용기를 설치하도록 한 것이다. 이와 함께 공동주택에서 화재 등 위급상황이 발생할 경우 인접세대로의 파난을 고려해 발코니 경계에 비상구를 설치하거나 벽체를 쉽게 파괴할 수 있도록 경량 칸막이 벽체를 설치하는 방법이 강제되었다. 소위 재난에 대비하는 안전 확보, 안전을 담보하지 못해 벌어진 빈번한 곤돌라 추락사고 방지와 함께 위생과 청결 문제가 논란이었던 쓰레기 투입구가 사라지게 된 것이니 어떤 점에서는 1992년을 기점으로 대한민국이 다른 나라를 향해 가는 모습이라고도 하겠다.

그리고 2001년 4월 30일 "주택건설기준등에관한규정"이 일부 개정되며 그동안 7층 이상 15층 이하의 공동주택에는 이삿짐 운반을 위하여 화물용승강기에 갈음하여 인양기를 설치할 수 있도록 했던 선택적 규정이 화물용 승강기만 설치하도록 바뀌었다. 물론 종전에 설치된 인양기는 이삿짐 운반 장비의 발달로 사용하는 경우가 거의 없을 뿐만 아니라 사용하지 않는 인양기에 대해서는 유지·보수비용 부담 문제와 안전사고의 위험 등을 들어 철거할 수 있도록 했다. 고층아파트 옥상마다 대공포처럼 하늘을 향해 비스듬한 각도로 하늘을 향하는 철제 구조물이 녹슨 풍경으로 남은 이유다.

a   둔촌주공아파트의 곤돌라 관련 시설과 장비. 대한주택공사 홍보실 자료

b   신반포 한신아파트 옥상 곤돌라 ©최종언

c   재건축사업으로 여러 집이 동시에 집을 옮기게 된 둔촌주공아파트의 이사 모습. 2017 ©이인규

이사 풍경은 전혀 달라졌다. 새로 지은 아파트라면 누군가 이사하는 날을 쉽게 알아차릴 수 있다. 1층 엘리베이터 입구를 두꺼운 비닐이나 종이로 감싸고 엘리베이터 내부도 꼼꼼하게 헝겊 따위로 여민 뒤 각종 세간이며 살림살이를 옮기는 모습을 어렵지 않게 볼 수 있기 때문이다. 화물용 승강기가 별도로 구비되었기에 가능한 일이다. 그렇지 않은 곳이라면 30층 가까이까지 오르내릴 수 있는 사다리차를 동원해 거실의 큰 유리창을 들어내고 이삿짐을 옮기는 것이 통상의 모습이기 때문이다. 갑자기 상을 당하면 어떻게 할 것인가를 걱정하던 운구 문제는 어느 날부터인가 쓸모없는 걱정이 되고 말았다.

생활의 모든 편의가 망설임 없이 즉각 공급된다. 필요할 땐 언제라도 즉각 온수를 쓸 수 있는 편의를 얻은 대신 혼자서 불의의 위협에 처했을 때 악을 써도 즉각 달려와 줄 이웃을 잃은 것은 아닐까.

박완서 작가의 말대로 세상은 이웃을 잃은 것은 아닌지 묻는 세상이 됐다. 이웃이 이사하는 날 이른 아침부터 제 일 물리치고 나와 아쉬움을 나누는 이웃의 풍경은 이미 사라진 지 오래고, 세 들어 살던 오래전 집 주인을 찾아 추억을 나누는 일은 거의 없다 해도 과언이 아니다. 하긴 전 세계 국가 가운데 한곳에 머물며 사는 기간이 가장 짧은 곳이 대한민국이라고 하니 우리는 소설 속 묘사처럼 그저 "공중을 떠다니는 포자"에 불과하다. 한 곳에 오래 정주하지 못하니 뿌리가 뽑힌 삶이고, 그래서 납작한 삶이라 부르는 모양이다. 오늘도 아파트단지마다 요란한 소리를 내는 사다리차가 바쁘게 움직인다. 이주 기간이 결정된 재건축 아파트단지라면 매일이 요란하다. 새로 지은 아파트로 이사하는 꿈의 행선일지라도 한번쯤은 오래도록 정 붙였던 장소의 기억을 더듬을 일이다. 누군가에게는 그곳이 태어나 자란 고향이기 때문이다. 고향을 잃는 것이니 때론 부박한 삶의 여정이 시작되는 것이기도 하다.

마치며

긴 여행을 마쳤다. 1900년에 발행된《황성신문》에 실린 복덕방 관련기사부터 당장 지금 창밖으로 눈 돌리면 마주하게 되는 아파트의 소소한 풍경에 이르기까지 한 세기가 훨씬 넘는 시간의 세상을 구경한 셈이다. 때론 지금부터 400여 년 전의 세상 풍물이며 세태를 엿보기도 했다. 그러나 이 책에서 주목한 것은 지금 삶의 풍경이고, 그 근원과 기원이 어디에서 비롯되었는가를 살피는 것이었다. 이승만 정권으로부터 촛불 정국에 이르기까지의 크고 작은 사건이며 단편적인 도시 풍경과 구차한 일상의 모습을 거듭 포착했다.

누군가가 벗어놓은 철 지난 외투처럼 누추하고 허름한 도시 풍경을 어떻게 해석하고 이해해야 하는가를 묻기도 했고 '오래된 것은 다 아름답다'는 말이 감춘 의미가 과연 무엇인가를 다시 생각해보기도 했다. 때론 내 안에 똬리를 틀고 앉은 것의 실체가 무엇인가 자문해 보기도 했고, 나만의 독자적인 사고방식이 국가가 만든 고도의 전략으로 인해 생겨난 것이라는 믿음도 새삼 확인했다. 불란서식 2층 주택이라는 판타지는 어떻게 아파트단지로 이행되었는가를 궁금한 질문으로 삼아 그 먼 길을 혼자 걸어보기도 했다. '국가-시장-개인-상품'으로 이어지는 파란만장의 시간 속에서 우리는 한낱 벌거숭이로 남은 것이 아닌가 회의하기도 했으며 오래 되어서 귀한 것을 오래 되었다고 버리는 시대에 삶을 의탁하고 있는 자신을 잠깐이나마 탓하기도 했다. 제주도를 여행하면서 60년 전의 목장을 구경하기도 했으며 과부촌이며 쪽방촌 나아가 아파트촌의 사회문화적 의미도 되짚어 보았다. 그리고 새삼 확인한 것은 삶의 내용은 여전히 남아 존재하고 형식은 늘 새롭게 모습을 바꾼다는 사실이었다. 야만적인 국가의 폭력과 일상에 대한 교묘한 개입이 어떻게 공간 환경을 만들고 유지하고 있는가에 대한 나름의 고민도 드러냈다.

어쭙지않은 시선으로 인권이라는 논제를 들춰보면서 잠깐이나마 기도하는 심정으로 글을 쓰고 새삼스럽게 읽어보기도 했지만 세속의 욕망이 그런 바람과 소망을 모질게 꺾는 풍경도 바라보았다. 그리고 우리가 믿었던 진실이라는 것이 과연 변치 않는 것인가를 자문하기도 했으며 시간의 경과가 반드시 문명의 진보를 견인하는 것은 아니라는 사실도 새삼 확인하고 말았다. 우리를 쉼 없이 채찍질하는 욕망과 결핍은 결코 지치지 않는다는 생각에 빠져 허우적대며 출구가 어딘지를 찾아야 한다는 모두의 숙명을 안타까운 마음으로 바라보기도 했다.

지금의 우리를 만든 힘의 원천이 무언가를 찾아낸다는 것이 책을 꾸리게 된 이유였지만 속 시원한 답을 내지는 못하고 말았다. 개인의 취향과 기호가 과연 나로부터 잉태된 것인가, 혹시라도 누군가가 몰래 던져놓은 덫에 걸려들고 만 것은 아닌가에 대해 끊임없이 묻고 따지려들었다. 그래서 확인한 것이 무력하게도 시장은 곧 우리의 운명이라는 것이었지만 법령과 제도가 개인을 규정하고 말았다는 회의도 더불어 확인했다. 애석하고도 안타까운 일이지만 벗어날 수 없는 욕망과 힘없이 반복되는 일상을 꾸려야만 하는 무기력을 탓하기도 했으며 사라졌다고 믿었던 야만이 모양을 바꾼 채 다시 눈앞에 버티고 있다는 점도 알아차릴 수 있었다. 매일 만나는 사소한 장면에도 녹록지 않은 존재 이유와 얘기가 담겼음을 엿볼 수 있었고, 질시와 배제가 만연한 공간 환경이며 도시를 만나기도 했다.

이 모든 것은 국가라는 상상의 공간 안에서 삶을 영위했던 우리가 만든 결과다. 오래전 신동엽 시인이 몰염치와 천박함이 몰아치는 광풍 앞에 홀로 서서 외쳤던 '껍데기는 가라'는 금언은 여전히 유효하다고도 썼다. 잘못된 믿음이기를 간절하게 바라지만 현실은 그리 녹록지 않다는 점은 독자들도 공감하리라 믿는다. 이렇게 쓰고 나니 너무 슬픈 독백이 되고 말았고, 거울에 비친 모습은 남루하고 난처한 풍경이 되고 말았다. 1920년대 식민지 운영주체들의 폭정을 견디다 못해 무명옷 한꺼풀만 걸친 채 삭풍을 견디며 사리원에 도착한 이들이 아직도 갈 길 먼 북간도를 바라본 심정이 그랬을지도 모른다.

슬픈 자화상을 그리려던 것은 아니다. 그런 어려움 속에서 한 줄기 희망의 빛을 찾아가는 여행으로 글이 읽히기를 바랐고, 여전히 그 끈을 붙들고 싶다. 길모퉁이를 돌 때마다 만나는 어떤 모습에도 아직도 적지 못한 사연이며 삶의 역사는 녹아 있다. 세상의 모든 것이 그저 공식 문서에 남는 출생과 사망으로만 기록되지 않았으면 싶다. 출현과 소멸이라는 간극을 지탱하는 것은 이루 말로 다 헤아릴 수 없는 엄청난 더께다. 그것이 기억이 되었건 추억이 되었건 말이다. 주어진 시간을 살아낸다는 말은 거주라는 단어로도, 주거라는 말로도 설명할 수 없는 것이다. 그리고 그렇게 담긴 세월은 실존적 개인들의 서로 다른 역사로 가득 채워져 있을 것이다. 새삼 기억과 기록의 의미를 다시 반추하고 싶다.

찾아보기

주거 명칭 및 유형

법령과 제도

377

참고 문헌

논문

권기혁·박철수, "수유리 시험주택 B형과 제주 테쉬폰 구조물 추적·조사연구", 《대한건축학회논문집》(계획계), 제31권 제2호, 2015

김규형, 〈서울 시민아파트 연구〉, 서울시립대학교 대학원 석사학위 논문, 2007

김란기, "근대 한국의 토착민간 자본에 의한 주거건축에 관한 연구", 《건축역사연구》 1권1호, 한국건축역사학회, 1992

박철수, "박완서 소설을 통해 본 1970년대 대한민국 수도-서울 주거공간의 인식과 체험", 《대한건축학회논문집》 제30권 3호(통권 305호), 대한건축학회, 2014

박철수, "수유리 시험주택 B형과 제주 테쉬폰 주택의 상관성 유추", 《대한건축학회논문집》(계획계), 제30권 제7호, 2014

박철수, "인쇄광고물 분석에 의한 서울 및 수도권의 1990년대 아파트 분양특성 연구", 《서울학연구》 통권32호, 서울학연구소, 2008

박한진, 〈아파트 단지 내 부대복리시설 설치기준의 변천에 관한 연구〉, 서울시립대학교 도시과학대학원 석사학위 논문, 2016

신운경, 〈아파트 견본주택 변천과정 연구〉, 서울시립대학교 대학원 석사학위논문, 2008

신중진·임지영, "아파트 분양가 자율화 이후의 차별화계획요소에 관한 연구", 《대한건축학회논문집》 16권 12호, 2000

荻野千尋(오기노 치히로), 〈강남 8학군 지역의 형성〉, 서울대학교 지리학 박사학위논문, 2004

지주형, "강남 개발과 강남적 도시성의 형성", 《한국지역지리학회지》 제22권 제2호, 2016

황은주, "국가기록원: 기록으로 만나는 대한민국-폐허 속 국토에 새 생명을", 국토건설단

James Waller, "Method of molding in situ concrete arched structures", 1952

단행본

강만길, 《한국현대사》, 창작과비평사, 1994

강영환, 《한국주거문화의 역사》, 기문당, 1994

강준만, 《한국인 코드》, 인물과사상사, 2006

고영환 외, 《대한민국 아파트 브랜드 전쟁》, 유미커뮤니케이션스(주), 2007

공동주택연구회, 《도시집합주택의 계획 11+44》, 도서출판 발언, 1997

_____, 《한국공동주택계획의 역사》, 세진사, 1999

권영덕, 《1960년대 서울시 확장기 도시계획》, 서울연구원, 2013

김경민, 《건축왕, 경성을 만들다》, 이마, 2017

김미영·김백영·박우·변미리·서우석 지음, 《서울사회학》, (주)나남, 2017

김성보, 김종엽, 이혜령, 허은, 홍석률 기획, 《한국현대생활문화사 1950년대》, (주)창비, 2016

_____, 《한국현대생활문화사 1960년대》, (주)창비, 2016

김성홍, 《길모퉁이 건축: 건설한국을 넘어서는 희망의 중간건축》, 현암사, 2011

김태일 외, 《제주인의 삶과 주거공간》, 제주대학교 출판부, 2007

내무부 치안본부, 《한국경찰사》, 1985

대한국토·도시계획학회 편저, 《이야기로 듣는 국토·도시계획 반 백년》, 보성각, 2009

대한민국 역사박물관, 《한국의 무역성장과 경제·사회변화 연구용역 최종보고서》, 2014

대한주택공사, 《대한주택공사20년사》, 1979

_____, 《대한주택공사30년사》, 1992

_____, 《대한주택공사주택단지총람 1954-1970》, 1979

_____, 《대한주택공사주택단지총람 1971-1977》, 1978

_____, 《주택건설》, 1976

_____, 《주택건설총람 1981-1982》, 1987

문옥표 외, 《신여성》, 청년사, 2003

박영기 외, 《공동주택 거주 후 평가방법 개발에 관한 연구》, 대한주택공사, 1986

박인석, 《아파트 한국사회-단지공화국에 갇힌 도시와 일상》, 현암사, 2013

박일영 지음, 홍정선 감수, 《소설가 구보씨의 일생-경성 모던보이 박태원의 사생활》, (주)문학과지성사, 2016

박재형, 《희망을 준 목자 맥그린치 신부》, 가톨릭출판사, 2005

박종관, 《길은 살아있다》, 도서출판 화남, 2005

박철수, 《아파트: 공적 냉소와 사적 정열이 지배하는 사회》, 마티, 2013

_____, 《아파트의 문화사》, 살림출판사, 2006

박태균, 《사건으로 읽는 대한민국》, (주)역사비평사, 2013

박해천, 《콘크리트 유토피아》, 자음과모음, 2011

박현채, 《청년을 위한 한국현대사》, 소나무, 1992

발터 벤야민 지음, 최성만 옮김, "역사의 개념에 대하여", 《발터 벤야민 선집 5: 역사의 개념에 대하여 / 폭력비판을 위하여 / 초현실주의 외》, 도서출판 길, 2008

백지혜, 《스위트홈의 기원》, (주)살림출판사, 2005

보건사회부원 원호국편찬, 《주택관계참고법령집》, 1959

사토 마사루 지음, 신정원 옮김, 《흐름을 꿰뚫는 세계사 독해》, (주)위즈덤하우스, 2016

서울역사박물관, 《1784 유만주의 한양》, 서울역사박물관, 2016

_____, 《서울반세기종합전 II 강남 40년: 영동에서 강남으로》, 2011

세진기획, 《아파트백과》, 1998

신철식, 《신현확의 증언》, 메디치, 2017

아르코미술관, 《즐거운 나의 집》, 프로파간다, 2014

안영배·김선균, 《새로운 주택》, 보진재, 1965

여원사, 《현대여성생활전서 ⑪ 주택》, 여원사출판부, 1964

오영욱, 《그래도 나는 서울이 좋다》, 페이퍼스토리, 2012

요시미 순야(吉見俊哉) 지음, 이태문 옮김, 《박람회》, 논형, 2004

이세영, 《건축 멜랑콜리아》, 반비, 2016

이외수, 《감성사전》, 동숭동, 2002

이임하, 《서해역사문고 1: 계집은 어떻게 여성이 되었나》, 도서출판 서해문집, 2004

이충렬, 《한국 근대의 풍경》, 김영사, 2011

이한섭, 《일본어에서 온 우리말 사전》, 고려대학교 출판문화원, 2015

이호철, 《서울은 만원이다》, 이소북, 2003

이현종 편저, 《동양연표》, 탐구당, 1971

임동근, 《서울에서 유목하기》, 문화과학사, 1999

임서환, 《주택정책 반세기》, 대한주택공사, 2002

임서환 외, 《공동주택 생산기술의 변천과정》, 대한주택공사, 1995

장림종·박진희 지음, 《대한민국 아파트 발굴사》, 효형출판, 2009

전남일, 《집: 집의 공간과 풍경은 어떻게 달라져 왔을까》, 돌베개, 2015

전봉희·권용찬, 《한옥과 한국 주택의 역사》, 동녘, 2012

전상인, 《아파트에 미치다》, 숲, 2009

정수복, 《한국인의 문화적 문법》, 생각의 나무, 2007

정윤수, 《인공낙원》, 궁리출판, 2011

정을병, 《개새끼들》, 서음출판사, 1993

조정래, 《조정래문학전집 4: 비탈진 음지》, 해냄출판사, 1999

주영하, 《서울의 근현대 음식》, 서울특별시 시사편찬위원회, 2014

지순·원정수, 《집: 한국주택의 어제와 오늘》, 주식회사 간삼건축, 2014

차일석, 《차일석 회고록: 영원한 꿈 서울을 위한 증언》, 동서문화사, 2005

최근희, 《서울의 도시개발정책과 공간구조》, 서울학연구소, 1996

최원준·배형민 채록연구, 《원정수·지순 구술집-목천건축아카이브 한국현대건축의 기록 5》, 마티, 2015

한국문화예술진흥위원회 지음, 《2006 제10회 베니스 비엔날레 국제건축전 한국관: 오래된 도시 순간의 장소》, 도서출판 동녘, 2006

한나 아렌트 지음, 이진우·박미애 옮김,

《전체주의의 기원》, 한길사, 2006

한석정, 《만주 모던: 60년대 한국 개발체제의 기원》, (주)문학과지성사, 2016

한종수·계용준·강희용 지음, 《강남의 탄생》, 미지북스, 2016

황두진, 《무지개떡 건축》, 메디치, 2015

현대건설, 《현대건설70년사: 프로젝트사》, 2017

西村伊作, 《裝飾の遠慮》, 文化生活研究會, 1922

內田青藏+大川三雄+藤谷陽悅, 《圖說 近代日本住宅史》, 鹿島出版社, 2002

Cyril M. Harris ed., *Dictionary of Architecture and Construction*, McGraw-Hill, New York, 1975

Diederik Veenendaal, Mark West, Philippe Block, "History and overview

of fabric formwork: using fabrics for concrete casting Block", *Structural Concrete*, vol. 12, No. 3, 2011

Harold MacLean Lewis, *Planning the Modern City*, Volume 2, New York, John Wiley & Sons, 1957(3rd printing)

Jeremy Williams, "An Irish Genius: J.H. De W Waller 1884-1968", *Irish Arts Review*, 1996

Veenendaal, "History and overview of fabric formwork: using fabrics for concrete casting Block", *Structural Concrete*, vol. 12, No. 3, 2011

소설

공선옥, 《내가 가장 예뻤을 때》, (주)문학동네, 2009

김숨, 《여인들과 진화하는 적들》, (주)현대문학, 2013

_____, 〈그 밤의 경숙〉, 《2013 현대문학상 수상소설집》, (주)현대문학, 2012

김애란, 〈성탄특선〉, 《침이 고인다》, (주)문학과지성사, 2007

김운영, 〈철가방 추적작전〉, 《루이뷔똥》, 창작과비평사, 2002

김원일, 〈두 동무〉, 《푸른 혼》, 이룸, 2005

김종광, 〈낙서문학사 창시자편〉, 《낙서문학사》, 문학과지성사, 2006

김진초, 《교외선》, 개미, 2009

김채원, 〈푸른 미로〉, 《지붕 밑의 바이올린》,
　현대문학, 2004

문진영, 《담배 한 개비의 시간》, (주)창비, 2010

박민규, 〈비치보이스〉, 《더블 side B》, (주)창비, 2010

_____, 〈야쿠르트 아줌마〉, 《카스테라》,
　(주)문학동네, 2005

박순녀 지음, 최강민 엮음, 《박순녀 작품집》, 지식을
　만드는 지식, 2010

박완서, 《아주 오래된 농담》, 실천문학사, 2000

_____, 〈닮은 방들〉, 《그 가을의 사흘 동안》,
　나남출판, 1997

_____, 〈로열박스〉, 《박완서 단편소설 전집3: 그의
　외롭고 쓸쓸한 밤》, (주)문학동네, 2011

_____, 〈마흔아홉 살〉, 《친절한 복희씨》,
　(주)문학과지성사, 2007

_____, 〈무중(霧中)〉, 《박완서 단편소설 전집3:
　그의 외롭고 쓸쓸한 밤》, (주)문학동네, 2011

_____, 〈서글픈 순방〉, 《박완서 단편소설전집 2:
　배반의 여름》, 문학동네, 2006

_____, 〈옥상의 민들레 꽃〉, 《자전거 도둑》, 다림,
　1999

_____, 〈촛불 밝힌 식탁〉, 《친절한 복희씨》,
　(주)문학과지성사, 2007

박진규, 《수상한 식모들》, 문학동네, 2005

박태순, 〈정든 땅 언덕 위〉, 《정든 땅 언덕 위》,
　민음사, 1973

박태원, 〈골목 안〉, 《황석영의 한국 명단편 101-01
　식민지의 어둠》, (주)문학동네, 2015

서하진, 〈모델하우스〉, 《라벤더 향기》, 문학동네,
　2000

손창섭, 《인간교실》, 예옥, 2008

알랭 드 보통 지음, 정영목 옮김, 《행복의 건축》,
　청미래, 2011

양귀자, 〈비 오는 날이면 가리봉동에 가야 한다〉,
　《황석영의 한국 명단편 101-07 변혁과 미완의
　출발》, (주)문학동네, 2015

오정희, 〈마흔에 다시 쓰는 일기〉, 《돼지꿈》,
　랜덤하우스코리아(주), 2008

우영창, 《하늘다리》, 문학의 문학, 2008

이문열, 《이문열 대하소설: 변경》, 민음사, 2014

이범선, 〈문화주택〉, 《신동아》, 동아일보사, 1968년
　5월호

_____, 〈오발탄〉, 《암사지도/오발탄》, 동아출판사,
　1995

이순원, 《압구정동엔 비상구가 없다》, 중앙 M&B,
　1992

이태준, 《복덕방: 현대문학 100년, 단편소설 베스트
　20》, 가람기획, 2002

임재희, 《비늘》, 나무 옆 의자, 2017

전혜성, 〈소기호씨 부부의 집나들이〉, 《소기호씨
　부부의 집나들이》, 문학동네, 2004

정을병, 《개새끼들》, 서음출판사, 1993

정지향, 《초록 가죽소파 표류기》, (주)문학동네, 2014

조경란, 〈2007, 여름의 환(幻)〉, 《풍선을 샀어》,
　(주)문학과지성사, 2008

조남주, 〈운수 좋은 날〉, 《Littor(릿터)》 2017 2/3,
　(주)민음사, 2017

조선작, 《영자의 전성시대》, 민음사, 1974

조정래, 〈비탈진 음지〉, 《조정래 문학전집 4》,
　해냄출판사, 1999

조해일, 〈뿔〉, 《황석영의 한국 명단편 101-05
　생존의 상처》, (주)문학동네, 2015

최서해, 〈갈등〉, 《한국소설문학대계 12: 탈출기 외》,
　동아출판사, 1996

최인호, 〈미개인〉, 《다시 만날 때까지-나남문학선
　15 최인호》, 나남출판사, 1995

한수영, 《공허의 1/4》, 민음사, 2004

_____, 《조의 두 번째 지도》, (주)실천문학, 2013

현기영, 〈도령마루의 까마귀〉, 《황석영의 한국
　명단편 101-05 생존의 상처》, (주)문학동네,
　2015

_____, 〈순이 삼촌〉, 《순이삼촌》, (주)창비, 2008

황정은, 《백(百)의 그림자》, (주)민음사, 2015

_____, 〈웃는 남자〉, 《제11회
　김유정문학상수상작품집》, 은행나무, 2017

잡지, 기록

《開闢》 32호, 1923년 2월호
《건축가》 vol. 2, 한국건축가협회, 1964년 2월호
《건축사》, 대한건축사협회, 1981년 9월호
《공간》 통권430호, 2003
《별건곤》 23호, 1929년 9월호
《뿌리 깊은 나무》, 1978년 9월호
《새 국어생활》, 11권 제1호, 봄호, 국립국어연구원, 2001
《선데이서울》 1970년 9월 13일자
《시범주택》, 보건사회부, 1957년 12월
《신동아》, 1968년 5월호
《신두영 비망록(1) 제1공화국 국무회의(1958.1.2.~1958.6.24.)》, 국가기록원
《여성》, 1939년 2월호
《여원》, 1957년 11월호
《여의도아파트단지사업계획서 1973-1978》, 서울합동기술개발공단
《월간조선》 1984년 4월호
《제주실록》, 제주도, 1977
《조선지광》, 1928년 5월호, 조선지광사
《주택》, 대한주택영단
《주택》, 대한주택공사
《春秋》 2권7호, 1941년 8월호
《한국의 무역성장과 경제·사회변화 연구용역 최종보고서》, 대한민국 역사박물관, 2014

신문

《경향신문》
《동아일보》
《매일경제》
《조선일보》
《한겨레신문》
《황성신문》

인터넷

UN Archives https://archives.un.org
강남초등학교 홈페이지 http://www.kangnam-se.es.kr
국가기록원 http://archives.go.kr
국립국어원 표준국어대사전 http://stdweb2.korean.go.kr
국사편찬위원회의 http://db.history.go.kr
네이버지도 http://map.naver.com
민족문제연구소 http://ibuild.tistory.com
서울특별시 서울사진아카이브 http://photoarchives.seoul.go.kr
서울특별시 항공사진서비스 http://aerogis.seoul.go.kr
옥스퍼드 온라인 사전 http://www.oed.com
제이누리(제주 인터넷신문) http://www.jnuri.net
특허청 http://www.kipo.go.kr